LA MENTE MILLONARIA

THOMAS J. STANLEY

LA MENTE MILLONARIA

EDICIONES OBELISCO

Si este libro le ha interesado y desea que le mantengamos informado de nuestras publicaciones, escríbanos indicándonos qué temas son de su interés (Astrología, Autoayuda, Psicología, Artes Marciales, Naturismo, Espiritualidad, Tradición…) y gustosamente le complaceremos.

Puede consultar nuestro catálogo en www.edicionesobelisco.com

Colección Éxito
LA MENTE MILLONARIA
Thomas J. Stanley

1.ª edición: marzo de 2022

Título original: *The Millionaire Mind*

Traducción: *David George*
Corrección: *Sara Moreno*
Diseño de cubierta: *Enrique Iborra*

© 2001, Thomas J. Stanley
Publicado originalmente por Andrews McMeel Pub.,
división de Andrews McMeel Universal Company
Kansas City, Missouri, USA
(Reservados todos los derechos)
© 2022, Ediciones Obelisco, S. L.
(Reservados los derechos para la presente edición)

Edita: Ediciones Obelisco, S. L.
Collita, 23-25. Pol. Ind. Molí de la Bastida
08191 Rubí - Barcelona - España
Tel. 93 309 85 25
E-mail: info@edicionesobelisco.com

ISBN: 978-84-9111-824-4
Depósito Legal: B-2.365-2022

Impreso en los talleres gráficos de Romanyà/Valls S. A.
Verdaguer, 1 - 08786 Capellades - Barcelona

Printed in Spain

Para Janet, Sarah, Brad y un millón de visitas de Mr. Flashlight

Capítulo 1

UNA INTRODUCCIÓN
A LA MENTALIDAD DEL MILLONARIO

Viven en unos hogares encantadores situados en excelentes vecindarios. Su actitud ante a la vida es el equilibrio. Son económicamente independientes, pero disfrutan de la vida: no son ese tipo de personas que siempre están trabajando y nunca disfrutan. La mayoría se convirtió en millonarios en una generación. Ni su estilo de vida ni su riqueza se generaron por ser personas con grandes ventajas económicas. No son adictos a los créditos. ¿Cómo lo consiguieron? ¿Cómo equilibraron su necesidad de convertirse en ricos y económicamente productivos con su necesidad de disfrutar de la vida?: tienen la mentalidad del millonario.

Al principio de mi trayectoria profesional del estudio de la gente rica, pude vislumbrar a este segmento de la población de los millonarios. En 1983 me pidieron que entrevistara a sesenta millonarios de Oklahoma. Lo que aprendí de ellos fue sencillo y, pese a ello, el mensaje tuvo un impacto duradero en mí: no puedes disfrutar de la vida si eres un adicto al consumo y al uso del crédito. Estos millonarios de Oklahoma eran justo lo contrario, tal y como quedó demostrado con un grupo de sondeo de diez de ellos. Los diez eran veteranos propietarios de negocios, ejecutivos o profesionales. Todos eran ricos de primera generación. Algunos fueron adictos a los créditos al principio de su trayectoria profesional, pero acabaron viendo la luz. Tuvieron síndrome de abstinencia al romper el ciclo de pedir préstamos para el consumo, ganar dinero para consumir y pedir prestado cada vez más dinero. Otros nunca se volvieron adictos al crédito ni necesitaron exhibir su éxito.

Los diez eran multimillonarios. Vivían en casas excelentes en vecindarios respetables y antiguos. Conducían coches de fabricación estadounidense. Disfrutaban de la vida. No eran adictos al trabajo. Pasaban mucho tiempo con su familia y amigos, pedían pocos préstamos y, en la mayoría de los casos, fueron ricos antes de cumplir los cuarenta y cinco años. Estaba programado que mi entrevista con este grupo durara unas dos horas, pero en realidad de prolongó hasta las casi cuatro horas. Sólo tenía que formular algunas preguntas: los miembros disfrutaron explicando sus historias sobre hacerse ricos. Si existiera un Salón de la Fama para los grupos de sondeo, estos diez millonarios serían admitidos durante la primera ronda.

Se dijeron muchas cosas importantes sobre cómo uno puede convertirse en alguien exitoso económicamente, pero una afirmación resultó cautivadora. La hizo Gene. Mencionó que aquellos que son «dependientes de los créditos» están, de hecho, controlados por otra persona, por alguna institución.

Gene tenía cuarenta y muchos en esa época. Registró su ocupación como «propietario de un negocio de rescate». Compraba o «rescataba» bienes raíces de varias entidades financieras. Estas entidades «tienen préstamos que estaban en situación de impago [...] durante seis meses o más tiempo».

Algunas semanas antes de la entrevista, Gene «rescató» sesenta y ocho viviendas, un centro comercial y cinco complejos de apartamentos de una entidad financiera con la que ya había hechos muchos tratos anteriormente. Inmediatamente después de la firma del acuerdo, el director del departamento de créditos le hizo un gesto a Gene y ambos se dirigieron hacia la gran ventana que había en la oficina del director, en el último piso del edificio. Era un edificio alto desde el que podían verse kilómetros y kilómetros. Había miles y miles de edificios comerciales a todo su alrededor. Gene incluso podía ver algunos de los barrios residenciales en el horizonte.

Mientras miraba por la ventana, el director le señaló todos los edificios, viviendas, oficinas, garajes, tiendas, etc., y dijo las palabras que provocaron un impacto duradero en Gene:

Nosotros [los prestamistas] lo poseemos todo [...] todo. ¿Ese negocio de ahí? [...] Vosotros [los prestatarios] simplemente dirigís estos negocios para nosotros. Vosotros los dirigís para nosotros, las entidades financieras.

¿Cuánta gente hoy, en Estados Unidos, dirige «sus negocios», «sus consultas o bufetes profesionales» pero, de hecho, trabajan para los prestamistas o están bajo su control? ¿Cuánta gente vive en casas de lujo, pero, pese a ello, trabaja duro para satisfacer los pagos al principal propietario de la hipoteca? ¿Cuánta gente cuida de coches que arriendan al verdadero propietario?: demasiada. Pero Gene no se encuentra entre ellos (ni ninguno de los otros miembros de este grupo de sondeo). Todos poseían la mentalidad del millonario. Ninguno tenía a un director de créditos personal distribuyéndoles dinero. Todos ellos vivían en casas maravillosas, pero ninguno tenía una «hipoteca descomunal».

La lección que aprendí de Gene se vio repetida muchas veces por parte de los millonarios a los que encuesté para este libro. Todos ellos poseen la mentalidad del millonario, creen que es posible disfrutar de la vida y, sin embargo, hacerse ricos. Creen que la independencia financiera y buena parte del éxito económico puede alcanzarse sin adoptar un estilo de vida espartano, pero debe haber ciertas restricciones, tal y como se comentará más adelante en este libro.

Algunas personas no están controladas por las entidades de crédito. Para ellas es justo lo contrario: se ven controladas por la avaricia. Son tacaños. Incluso engañan a su cónyuge y sus hijos. El dinero es su Dios. Esta gente no tiene la mentalidad del millonario. Otro millonario que posee la perspectiva adecuada dijo:

Les enseñé a mis hijos e hijas que el dinero no es su Dios. Tú lo controlas, y no debes permitir que él te controle a ti.

La mayoría de la gente descrita en este libro se convirtió en exitoso económicamente en una generación. Surgieron partiendo de una base económica nula. La mayoría no heredó dinero. Nunca recibieron los beneficios de una herencia ni ingresos de una cuenta de fideicomiso. ¿Cómo lo lograron? Una vez más, tienen la mentalidad del millonario.

Puede que nunca seas capaz de generar los abundantes ingresos que muchos de estos millonarios han ganado, y quizás no te conviertas en millonario en unos pocos años, pero puedes seguir beneficiándote del hecho de comprender cómo estas personas mantuvieron un estilo de vida agradable mientras, al mismo tiempo, estaban acumulando riqueza. Sólo algunas personas, incluso entre las que tienen unos ingresos elevados, saben cómo puede conseguirse esto. Aquéllos con la mentalidad del millonario saben cómo hacerlo y aparecen descritos en este libro.

LA BÚSQUEDA

La investigación llevada a cabo para mi anterior libro, *El millonario de la puerta de al lado,* y los resultados reportados en él han expandido el conocimiento acerca de las características de la gente más acomodada de Estados Unidos. Decidí ampliar el tamaño y el alcance de mi siguiente estudio para incluir a muchos más participantes de una base de población significativamente más rica. La nueva encuesta también se centraba en un conjunto distinto de atributos y estilos de vida, diseñados para proyectar una mirada más profunda y completa sobre la mentalidad del millonario. Los resultados de ese estudio se presentan en los siguientes capítulos. Es mucho más fácil describir las características de la gente que tiene la mentalidad del millonario que encontrarla. ¿Por qué no encuestar a los hogares estadounidenses? Porque sólo alrededor del 4,9 % de los hogares de EE. UU. dispone de un patrimonio neto de un millón de dólares[1] o superior. Tampoco puedes simplemente encuestar a toda la gente que reside en viviendas caras. Frecuentemente, estos «propietarios de grandes casas» son lo que llamo personas ricas en cuanto a su cuenta de resultados. Disponen de unos ingresos elevados, grandes viviendas y una deuda elevada, pero de poco patrimonio neto. Son expertos en preparar solicitudes de préstamos, la mayoría de los cuales no preguntan acerca del nivel real de patrimonio neto de alguien.

Muy por el contrario, están aquéllos a los que llamo ricos en cuanto al estado de su situación patrimonial. Esta gente tiene la mentalidad del millonario. Se centran en acumular riqueza. Sus activos superan con creces a sus obligaciones crediticias. Frecuentemente no tienen un saldo acreedor o éste es poco destacable.

---

1. Cuando hablemos de dólares, se entenderá que son estadounidenses. A finales de abril de 2021, la cotización de un dólar era de 0,83 euros. *(N. del T.)*

Si encuestaba a gente que vivía en hogares excelentes a lo largo y ancho de todo EE. UU., ¿con qué me encontraría? Con demasiados encuestados ricos en cuanto a su cuenta de resultados. Pese a ello, siempre había creído que ciertos tipos de vecindarios atraen a las personas de la variedad rica en cuanto a su situación patrimonial y retienen a aquéllos con la mentalidad del millonario, y esos mismos vecindarios pueden resultar poco atractivos para los ricos en cuanto a su cuenta de resultados. Mi hipótesis se vio confirmada por los resultados de la encuesta llevada a cabo para este libro.

Para ayudar a desarrollar una muestra representativa de gente con la mentalidad del millonario (los ricos en cuanto a su situación patrimonial), busqué el consejo de mi amigo y socio Jon Robbin. Es la principal autoridad en geodemografía, que es el término utilizado para describir el estudio de las características de la gente en áreas geográficas definidas. Frecuentemente, estas zonas se establecen a nivel de su código postal, pero para mi encuesta quería bajar a un nivel incluso inferior: los vecindarios o grupos de manzanas. Algunos de estos vecindarios tenían menos de cincuenta hogares.

Le expliqué mi problema a Jon y lo resolvió rápidamente. Jon es un matemático y un brillante investigador que se formó en Harvard, y su base de datos geodemográfica también es extraordinaria. Desarrolló un sofisticado modelo matemático que estima las características del patrimonio neto para la mayoría de las manzanas/vecindarios de Estados Unidos.

Jon se encontró con que algunos vecindarios tienen una gran concentración de gente que dispone de unos importantes ingresos procedentes de inversiones y que, por tanto, poseería la mentalidad del millonario. De su base de datos nacional de 226399 vecindarios, Jon seleccionó 2487. Su modelo matemático predijo que éstos contendrían una elevada concentración de personas que, de hecho, eran ricas, en contraposición con aquellas que tenían grandes casas con unas hipotecas elevadas pero un bajo patrimonio neto. Se generó una muestra nacional escogiendo, al azar, 5063 hogares de esos vecindarios.[2] Se envió a cada hogar seleccionado un cuestionario.

---

2. Los detalles sobre la muestra basada en la metodología geodemográfica se proporcionan en el apéndice 1.

De las 1 001 respuestas completamente rellenadas, 733 eran de millonarios. Cada uno de ellos tenía un patrimonio neto igual o superior a un millón de dólares. Esta encuesta nacional a 733 millonarios proporcionó buena parte de la base empírica para este libro. La mayoría de los encuestados vivía en vecindarios antiguos y respetables de clase media-alta, en hogares construidos en la década de 1950, o incluso en la de 1940 o antes. ¿Qué? ¿Ninguna casa con cinco jacuzzis? ¿Qué? ¿Ninguna zona residencial nueva y ostentosa ni ninguna finca de nueva construcción en las afueras? ¿Podría ser que aquéllos con la mentalidad del millonario no estén «a la moda» cuando se trata de escoger su hogar y vecindario? Parece ser que así es. Además, la mayoría de los encuestados tenía un saldo hipotecario sorprendentemente bajo o no tenía una hipoteca en absoluto.

La metodología sobre cómo cada encuestado se escogió de forma aleatoria se había descrito anteriormente en un artículo (véase Stanley, T. J. y Sewall, M. A. (1986): «The response of affluent consumers to mall surveys». *Journal of Advertising Research,* junio-julio 1986, pp. 55-58). El cuestionario de nueve páginas rellenado por cada encuestado contenía 277 preguntas. Este proyecto fue el más completo que he emprendido. Los datos de la encuesta fueron recogidos y tabulados por una de las principales organizaciones de encuestas de EE. UU.: el Survey Research Center, del Institute for Behavioral Research de la Universidad de Georgia, Athens.[3] Esta organización también llevó a cabo los análisis informáticos univariados y multivariados de los datos.

Antes, el cuestionario y la metodología de la encuesta se examinaron previamente con una muestra *ad hoc* de 638 millonarios. Todos tenían unas características con respecto a su cuenta de resultados y su balance general que les haría candidatos a unas hipotecas enormes. Esta prueba piloto de la encuesta la llevaron a cabo el autor y su personal.

Además, se desarrollaron importantes casos prácticos a partir de una serie de entrevistas personales y grupos de sondeo. Estos casos se detallan a lo largo del libro y proporcionan una pieza importante del rompecabezas. No es fácil comprender en su totalidad la mentalidad del millonario. Los resultados resumidos en este libro tienen la intención de ayudar a la

---

3. Ni el Survey Research Center ni la universidad tienen ninguna responsabilidad por los análisis o interpretaciones que presentamos aquí.

gente a desarrollar un conocimiento y valoración del significado de un estilo de vida equilibrado.

UN ESBOZO DEMOGRÁFICO

Tenemos, a continuación, un resumen demográfico de los resultados de la encuesta. Expandiendo y ampliando el retrato de los millonarios estadounidenses hechos a sí mismos proporcionado en *El millonario de la puerta de al lado*, aquí tenemos un esbozo, expresado con sus propias «voces», de nuestros hombres y mujeres más económicamente productivos.

UNA FAMILIA TRADICIONAL

- Soy un hombre de cincuenta y cuatro años. Llevo casado veintiocho años con la misma mujer. Uno de cada cuatro llevamos con el mismo cónyuge treinta y ocho o más años.

- Tenemos, de media, tres hijos.

- La mayoría (el 92 %) estamos casados. Y de los casados, el 95 % tiene hijos.

- Sólo el 2 % nunca ha estado casado. Alrededor de un 3 % somos viudos.

RIQUEZA, INGRESOS Y ALGUNAS CARACTERÍSTICAS

- Somos económicamente solventes. De media, nuestros hogares tienen un patrimonio neto de aproximadamente 9,2 millones de dólares. El nivel típico o mediano de patrimonio neto es de 4,3 millones de dólares. La cifra media está sesgada en un sentido ascendente por parte de aquellos encuestados que tiene unos niveles de riqueza muy elevados.

- Los ingresos anuales totales obtenidos por nuestro hogar son de 749 000 dólares. La cifra mediana de ingresos es de 436 000 dólares. Aquéllos que tenemos unos ingresos de un millón de dólares o más (el 20%) sesgamos la media en sentido ascendente.

- A pesar de nuestra riqueza e ingresos, el miembro típico de nuestro grupo nunca se ha gastado más de 41 000 dólares en un coche o 4 500 dólares en un anillo de compromiso. Ni nuestros cónyuges ni nosotros nos hemos gastado nunca más de 38 dólares (incluyendo la propina) por un corte de pelo. Uno de cada cuatro nunca se ha gastado más de 24 dólares en un corte de pelo, o más de 340 000 dólares en una vivienda, o más de 30 900 dólares en un automóvil, o más de 1 500 dólares en un anillo de compromiso. Algunos (alrededor de un 7% de los que estamos casados) no tuvimos que comprar un anillo de compromiso. Nos lo legó uno de nuestros familiares.

ACERCA DE LA RIQUEZA HEREDADA

- Vivimos en una casa excelente, pero sólo el 2% heredó todo o parte de nuestra vivienda y propiedades.

- Algunos de nosotros hemos heredado parte de nuestra riqueza. Casi el 8% heredó el 50% o más de su patrimonio neto. Como notable diferencia, el 61% nunca recibimos ninguna herencia, regalos económicos o ingresos procedentes de una herencia o un fideicomiso.

ALGUNOS NOMBRES Y LUGARES

- Se nos puede encontrar en más de dos mil vecindarios antiguos y respetables en poblaciones y ciudades con nombres como Shawnee Mission (Kansas) 66208; New Canaan (Connecticut) 06840; Richmond (Virginia) 23224; Pittsburgh (Pensilvania) 15238; Fort Worth (Texas) 75225; Kenilworth (Illinois) 60043; Columbus (Ohio) 43209; Atlanta (Georgia) 30327; Summit (Nueva Jersey) 07901; Englewood (Colorado) 80118 y Tulsa (Oklahoma) 74137.

El estilo de la casa

- Casi todos nosotros (el 97%) somos los propietarios de nuestra vivienda.

- Hace unos doce años compramos nuestra casa actual por un precio medio de 558 718 dólares. El precio mediano fue de 435 000 dólares. Hemos disfrutado de una revalorización relativamente buena de nuestra vivienda. De media vale, actualmente, 1 381 729 dólares. El valor mediano actual es de aproximadamente 750 000 dólares. Así pues, nos hemos beneficiado económicamente y hemos añadido capital a nuestro patrimonio neto gracias a la revalorización de nuestra casa.

- A pesar del elevado valor de nuestra casa, generalmente tenemos un saldo hipotecario pendiente bajo.

- La mayoría (el 61%) vive en casas que actualmente están valoradas en más de un millón de dólares, pero sólo uno de cada cuatro (el 25%) pagó un millón de dólares o más por su vivienda actual.

- Uno de cada diez adquirió una vivienda en los tres años siguientes a la caída de la bolsa de 1987. Muchos de los que lo hicimos estábamos buscando una ejecución hipotecaria.

- Vivimos en una casa que se construyó hace cuarenta años (año mediano). Uno de cada cuatro vivimos en casas que se construyeron antes de 1936. Sólo alrededor del 10% vive en casas construidas en los últimos diez años.

- La mayoría (el 53%) no nos hemos mudado en los últimos diez años. Sólo el 23% de nuestro grupo se ha mudado dos o más veces durante ese mismo período.

- Sólo una minoría (el 27%) de nuestro grupo se ha hecho construir una vivienda. Los que tenemos la mentalidad del millonario creemos que es mejor comprar una vivienda ya existente que «implicarnos en la industria de la construcción». Consume mucho menos tiempo y probablemente cuesta menos adquirir viviendas «incluidas en un inventario ya existente».

- ¿Quiénes de nosotros es menos probable que nos hagamos construir una vivienda?: ¡los abogados! Tenemos que preguntarnos por qué son tan reacios a edificar.

Nuestra vocación

- Alrededor de uno de cada tres (el 32 %) somos propietarios de negocios o empresarios. Casi uno de cada cinco (el 16 %) somos ejecutivos superiores de una empresa privada. Una de cada diez (el 10 %) de las personas de nuestro grupo somos abogados. Casi la misma proporción (el 9 %) somos médicos. Otro tercio de nuestra población está compuesto por jubilados, ejecutivos medios de empresas privadas, contables, profesionales de ventas o directivos de desarrollo de nuevos negocios, ingenieros, arquitectos, maestros, profesores universitarios o amas de casa.

- Los propietarios de negocios o empresas son, en general, los más ricos de nuestro grupo, pero los altos directivos suelen pertenecer frecuentemente al grupo de los multimillonarios. Suponen el 16 % de los millonarios, pero son casi el 26 % de los decamillonarios: aquéllos con un patrimonio neto igual o superior a 10 millones de dólares.

- Casi el 50 % de nuestras esposas no trabaja fuera de casa. Aquellas que están empleadas son propietarias de empresas o emprendedoras (el 7 %), profesionales de ventas (el 5 %), directivas medias de empresas privadas (el 4 %), abogadas (el 4 %), maestras (el 3 %), ejecutivas superiores de empresas privadas (el 3 %) y médicas (el 2 %). Alrededor del 16 % de las esposas empleadas fuera del hogar están jubiladas actualmente.

- Alrededor de las dos terceras partes de los decamillonarios informan de que sus esposas no trabajan fuera del hogar. Alrededor de la mitad de esas esposas que trabajan lo hacen a tiempo parcial.

EDUCACIÓN

Todos hemos recibido una buena educación. El 90 % poseemos un título universitario. Más de la mitad (el 52 %) tenemos estudios de posgrado.

UN BREVE VISTAZO AL INTERIOR DE LA MENTALIDAD DEL MILLONARIO

Además de las características demográficas listadas anteriormente, mi encuesta proporcionó la siguiente imagen a la mentalidad del millonario. Los siguientes capítulos amplían este vistazo en forma de un retrato detallado.

- Somos económicamente independientes, pero pese a ello tendemos a llevar un estilo de vida cómodo y no derrochador.

- Muchos nos «juntamos» en ciertos vecindarios de clase media-alta de todo Estados Unidos. Vivimos en hogares excelentes, pero tenemos una deuda pequeña o inexistente. Tendemos a comprar viviendas cuando muchos otros están vendiendo.

- Casi todos estamos casados y tenemos hijos. De hecho, la mayoría creemos que tener una familia nos complementa y no compite con el proceso de acumular riqueza.

- Somos personas prósperas hechas a sí mismas.

- De media nos vamos de vacaciones al extranjero aproximadamente una vez cada dos años.

- Pocos pertenecemos a una asociación de antiguos alumnos universitarios sobresalientes, y tampoco obtuvimos una puntuación de 1 400 o superior en nuestras pruebas de acceso a la universidad.

- La mayoría estamos encantados con la vocación elegida o, tal y como afirmó uno de nuestros miembros más ricos: «No es trabajo, es una obra de amor».

- Pocos necesitamos despertarnos a las tres o las cuatro de la mañana cada día laborable para acumular riqueza.

- Muchos jugamos al golf o al tenis de forma regular. De hecho, hay una potente correlación entre el jugar al golf y el nivel de patrimonio neto.

- Debemos admitir que no nos interesan las tareas de bricolaje. Quienes estamos interesados tendemos a poseer una menor riqueza que la media en nuestro grupo.

- Nos hicimos ricos sin poner en compromiso nuestra integridad. De hecho, le reconocemos a nuestra integridad el contribuir de forma importante a nuestro éxito.

- No somos adictos al trabajo y pasamos mucho tiempo socializando con nuestros amigos y familia. Cuando trabajamos, trabajamos duro. Concentramos nuestra energía para maximizar el beneficio por nuestros esfuerzos.

- Pasamos tiempo planificando nuestras inversiones y frecuentemente consultamos a asesores fiscales; pero muchos también disponemos de tiempo para asistir a los servicios religiosos y somos activos en la recaudación de fondos para causas nobles.

- Creemos que es más que posible equilibrar los objetivos económicos y un estilo de vida agradable. Existe una correlación positiva entre el número de actividades de nuestro estilo de vida en las que tomamos parte y nuestro nivel de patrimonio neto.

- Frecuentemente, las actividades propias de nuestro estilo de vida nos ponen en contacto con personas que acaban convirtiéndose en clientes, compradores, pacientes, proveedores o grandes amigos.

- En muchas de nuestras actividades nos hemos encontrado con que el viejo refrán es cierto: las mejores cosas de la vida son gratis o por lo menos tienen un precio razonable. No cuesta mucho asistir al evento deportivo de tu hijo o hija, visitar un museo o jugar a las cartas con buenos amigos. Valen menos que un viaje a un casino.

LOS FACTORES DEL ÉXITO

En el capítulo 2 («Los factores del éxito»), los millonarios dicen lo que piensan sobre los factores que consideran muy importantes para explicar su éxito económico. Sus puntos de vista puede que sorprendan a algunas personas. Los factores a los que otorgan reconocimiento no concuerdan con muchas ideas populares. Sus puntos de vista son especialmente distintos a los de los perfiles típicos retratados como reales por Hollywood: la belleza y la figura de un o una supermodelo nunca fueron mencionados por ni siquiera un millonario encuestado. Ni siquiera una vez.

Muchos progenitores, mentores y profesores bienintencionados, e incluso algunos de los mejores gurús de Wall Street, están fuera de sintonía con respecto a las opiniones que sostienen la mayoría de los millonarios. ¿Y qué hay de todos esos anuncios de lotería y de los sorteos de Publishers Clearing House (una compañía de *marketing* directo que comercializa suscripciones a artículos y revistas con sorteos y juegos basados en premios)? Los millonarios tienen una explicación distinta para sus éxitos.

¿Cuáles son los cinco principales factores mencionados más frecuentemente por los millonarios como muy importantes para explicar su éxito económico? Después de leerlos (aparecen a continuación), toma una tarjeta o un papel y anota estos cinco elementos del éxito económico. Lleva la lista contigo en tu cartera o monedero y pega una copia en tu televisor. Luego, la próxima vez que veas un anuncio de una lotería, el sorteo de una revista o el anuncio de un casino, echa un vistazo a la lista. Los anuncios te dicen que puedes ganar mucho dinero con una de estas apuestas, pero ¿qué dice la lista? Las piedras angulares del éxito económico son:

- Integridad: Ser honesto con todo el mundo

- Disciplina: Aplicar el autocontrol

- Habilidades sociales: Llevarse bien con la gente

- Un cónyuge que apoye

- Trabajar duro: Más que la mayoría de la gente

¿Qué lugar ocupa el elemento de la suerte? Se encuentra cerca de la parte inferior de la lista de treinta factores del éxito, en el puesto número veintisiete. Pero en este contexto, los millonarios se referían más a factores incontrolables –como la economía– que pueden tener un impacto, y de hecho lo tienen, sobre el patrimonio neto de la gente. Ningún millonario entrevistado tuvo nada bueno que decir de las apuestas. Se aporta un análisis más detallado sobre los hábitos de juego o la falta de ellos en el capítulo 9: «Los estilos de vida de los millonarios: Reales frente a imaginados».

Algunos pueden argumentar que mucha gente, y no sólo los millonarios de EE. UU., posee los cinco elementos del éxito mencionados anteriormente, pero, pese a ello, no son millonarios en la actualidad. Estos cinco son elementos básicos. ¿Qué sucede si careces de uno o más de ellos? De acuerdo con la gran muestra de millonarios estudiados, las probabilidades para convertirte en exitoso económicamente estarán en tu contra. Pero si posees esos elementos más algunos otros, puede que seas rico en el futuro, si no lo eres ya. Una vez más, deja que los millonarios hablen por sí mismos.

- ¿Cómo nos convertimos en millonarios en una sola generación? La mayoría vimos una oportunidad económica que otros simplemente ignoraron, y tuvimos la voluntad de asumir un riesgo económico dada la promesa de una buena ganancia. Esto es especialmente cierto para quienes somos trabajadores autónomos, pero sabemos que existe una fuerte correlación entre la voluntad de alguien de asumir un riesgo económico y su nivel de riqueza. No tiene tanto que ver con invertir en el mercado de valores y sí mucho más con invertir en nosotros mismos, nuestra trayectoria profesional, nuestra consulta o bufete profesional, nuestra empresa privada, etc.

- La mayoría diremos que tenemos unas buenas cualidades de liderazgo. Tenemos la capacidad de vender nuestras ideas a nuestros empleados y proveedores y nuestros productos a un público cuidadosamente escogido.

- ¿Por qué ha sido la economía estadounidense tan generosa a la hora de recompensarnos? Porque proporcionamos un producto o servicio con una gran demanda, pero con pocos proveedores que satisfagan esa demanda. No seguimos a la multitud. Eso es aplicable tanto a lo que vendemos como a cómo invertimos.

¿SUPERDOTADOS?

¿Son los millonarios unos superdotados? ¿Fueron todos ellos graduados pertenecientes a una asociación de antiguos alumnos universitarios sobresalientes de las mejores universidades? Suele creerse que la gente superdotada posee una gran inteligencia analítica. A su vez, se supone que la inteligencia analítica se valora mediante pruebas estandarizadas que miden el cociente intelectual. En lugar de usar las puntuaciones del cociente intelectual, las he reemplazado por las puntuaciones de las pruebas de acceso a la universidad, que son más fáciles de obtener. Existe una correlación positiva entre estas dos medidas. Además, me he encontrado con que las autoevaluaciones por parte de los millonarios de su inteligencia analítica, de su desempeño en las pruebas de acceso a la universidad y de sus calificaciones universitarias están relacionadas.

TABLA 1-1

EL EXPEDIENTE ACADÉMICO DE LOS MILLONARIOS: LA MEDIA DE LAS CALIFICACIONES EN LOS ESTUDIOS DE GRADO* Y LA PUNTUACIÓN EN LAS PRUEBAS DE ACCESO A LA UNIVERSIDAD

CATEGORÍAS PROFESIONALES

Puntuaciones académicas	Propietario de un negocio/ emprendedor	Ejecutivo superior de una empresa privada	Abogado	Médico	Otros	Todos los millonarios
Media	32 %	16 %	10 %	9 %	33 %	100 %
Media de las calificaciones en los estudios de grado (N = 715)	2,76	2,93	3,04	3,12	2,96	2,92
Puntuación en las pruebas de acceso a la universidad (N = 444)	1235	1211	1262	1267	1090	1190

*En una escala de 4,00 puntos. Sobresaliente = 4, notable = 3, etc.

¿Creen los millonarios que poseen una inteligencia superior? Incluso de forma más básica: ¿qué importancia tiene la inteligencia para explicar las variaciones en el éxito económico? Estas y muchas preguntas relacionadas aparecen detalladas tanto en el capítulo 2 («Los factores del éxito») como en el capítulo 3 («La etapa escolar»). Como introducción a estos temas, piensa en los siguientes datos sobre los millonarios:

- Haber recibido una buena educación no significa que nos graduáramos con grandes distinciones en la universidad. Nuestra media de las calificaciones en nuestros estudios de grado fue de 2,92 en una escala de 4,00 puntos, tal y como se muestra en la tabla 1-1.

- La puntuación media de nuestras pruebas de acceso a la universidad, que fue de 1190, se encuentra significativamente por encima de la media, pero no se considera lo suficientemente elevada como para permitir el acceso a las llamadas facultades selectivas o competitivas. La mayoría no estudió en esos centros. Al ser encuestados tampoco indicamos que el graduarnos en una universidad de élite fuera importante para explicar nuestro éxito económico.

- Pero incluso la cifra de 1190 puntos en las pruebas de acceso a la universidad puede que esté un poco inflada. Casi el 90 % de nuestro grupo que fueron estudiantes de sobresaliente en la universidad lo recordaron e informaron de su puntuación en la prueba de acceso a la universidad. Curiosamente, sólo alrededor de la mitad de nuestro grupo que fueron estudiantes de aprobado pudieron recordar su puntuación en la prueba de acceso a la universidad. Sabemos que las puntuaciones en las pruebas de acceso a la universidad y la media de las calificaciones en los estudios de grado están significativamente correlacionadas. ¿Qué sucedería si esta cifra de 1190 puntos se ajustara para reflejar los resultados esperados de la media de las calificaciones en los estudios de grado de aquellos estudiantes de aprobado que no podían recordar su puntuación en sus pruebas de acceso a la universidad? Se estima que se podrían rebajar casi 100 puntos de esa media de 1190 puntos.

- A la mayoría, alguna figura de autoridad o los resultados de los exámenes estandarizados nos dijeron que:

- No teníamos la suficiente capacidad intelectual
- No estábamos hechos para estudiar Derecho
- No teníamos madera de estudiantes de Medicina
- No estábamos cualificados para cursar un máster en Administración de Empresas
- No éramos suficientemente inteligentes para triunfar

• Frecuentemente nos preguntamos cómo nosotros, como grupo, llegamos a alcanzar tal éxito económico, dado el hecho de que pocos fuimos calificados de «superdotados». Así pues, cuestionamos la relación entre el intelecto, el desempeño académico y el éxito económico. ¿Tenemos éxito a pesar de nuestro intelecto o porque siempre sentimos que teníamos que trabajar más duro para compensar nuestras deficiencias?

LECTURA RECOMENDADA

Puedes mejorar tu conocimiento sobre las relaciones menos importantes entre el intelecto/inteligencia analítica y varias estimaciones del éxito leyendo *Successful intelligence* (Simon & Schuster, Nueva York, 1996), de Robert J. Sternberg. El doctor Sternberg, una destacada autoridad en el ámbito de la inteligencia humana, ha averiguado que la inteligencia exitosa tiene tres componentes mientras que la inteligencia analítica sólo tiene uno. Los otros son la inteligencia creativa y la inteligencia práctica o sentido común. ¿Podría ser que la mayoría de los millonarios sean económicamente exitosos porque son creativos y tienen mucho sentido común? Esta pregunta y otras relacionadas se abordan a lo largo de *La mente millonaria*.

LA ETAPA ESCOLAR

¿Qué experiencias escolares y universitarias influyeron en los millonarios para que se convirtieran en adultos económicamente productivos? La respuesta a esta pregunta aparece detallada en el capítulo 3 («La etapa escolar»), pero está claro que los millonarios aprendieron mucho más en el colegio de lo que se exponía en los libros de texto. La mayoría nos dice que aprendió algo sobre la tenacidad, el llevarse bien con la gente, la autodisciplina y el discernimiento.

Una buena parte de la población de los millonarios está compuesta por gente que trabajó duro en la escuela, pero que no se graduó con sobresaliente en todas las asignaturas. Los millonarios cuya puntuación en las pruebas de acceso a la universidad no fue espectacular tienen su propio lugar en este libro. Los retrato bajo el encabezamiento de «El club de los 900 puntos»: sólo se admitía a aquellos millonarios cuya puntuación en los exámenes de acceso a la universidad fue inferior a 1 000. Dicen que:

- Algunos obtuvimos menos de 1 000 puntos en las pruebas de acceso a la universidad, pero, pese a ello, nos hicimos millonarios. ¿Qué experiencias en la escuela y la universidad nos influyeron para que nos convirtiéramos en adultos económicamente productivos? Un 72 % de los miembros de nuestro club de los 900 puntos dijo que consistió en:

  Aprender a luchar por nuestras metas, porque alguien nos etiquetó como poseedores «de una capacidad media o inferior».

- La gran mayoría creemos que nos beneficiamos de la experiencia educativa. La mayor parte (el 93 %) indicamos que nuestra experiencia escolar y universitaria fue:

  Influyente para determinar que el trabajo duro era más importante que el intelecto elevado de origen genético para tener éxito.

- La mayor parte también creía que la escuela fue importante para potenciar nuestras capacidades para:

  Distribuir el tiempo adecuadamente y realizar valoraciones acertadas sobre la gente.

La población de los millonarios contiene mucha gente que no fueron estudiantes que sacasen sobresalientes en todas las asignaturas, pero sí que aprendieron mucho en el colegio. No fueron sólo las asignaturas principales las que resultaron clave. La disciplina elemental y la tenacidad avanzada también fueron partes importantes de la experiencia escolar.

LA OPORTUNIDAD Y CÓMO ENCONTRARLA: UN PERFIL DE WARREN BIELKE

Una persona que se describe a sí misma como un estudiante promedio cree tan firmemente que la gente como él debe encontrar sus propias oportunidades que ha creado una beca para intentar replicar su propia experiencia. Warren Bielke ha creado un fondo de becas de un millón de dólares en su antiguo instituto de Minneapolis. Cada año, diez estudiantes con unas calificaciones medias, un buen registro de asistencia y una actitud positiva reciben alrededor de la mitad del coste de su educación universitaria en una facultad estatal. Espera que trabajen para conseguir el resto del dinero, y quiere que vivan en el campus, de forma que tengan un contacto estrecho con gente de distintos orígenes.

¿Por qué pone tantas esperanzas Bielke en esos estudiantes que suelen ser ignorados desde el punto de vista académico? «Para los chicos inteligentes, a veces es demasiado fácil –dice–. A veces, pasan por alto oportunidades porque no tienen que implicarse y trabajar tan duro. Los muchachos promedio se implican y se topan con más oportunidades».

Bielke hace hincapié en la palabra «oportunidades». Espera que una educación universitaria exponga a estos chicos a más oportunidades, y piensa que son el tipo de gente que sabrá cómo sacarles provecho.

«Creo que el éxito realmente tiene que ver con las situaciones en las que te implicas y la gente a la que conoces –dice–. Nadie puede tener éxito por sí solo. Todo consiste en las relaciones que desarrollas con la gente que hay a tu alrededor. A lo largo de mi vida me he encontrado con gente que me ayudó a aspirar a algo mejor».

Bielke es el vicepresidente de relaciones con inversores de la empresa Advanced Bio-Surfaces, en Minnetonka (Minnesota). La compañía está desarrollando un polímero que actualmente se está sometiendo a pruebas clínicas fuera de Estados Unidos y que se inyecta en la articulación de la rodilla para ayudar a la gente que padece osteoartritis a evitar un reemplazo total de rodilla. Ésta es la séptima compañía de dispositivos médicos en la que Bielke está implicado en cuanto a su puesta en marcha y su financiación inicial. ¿Cómo acabó un estudiante promedio encontrando compañías médicas de vanguardia y haciendo que cotizaran en bolsa o vendiéndolas por millones de dólares a grandes conglomerados financieros?

Cuando fue al instituto Roosevelt, su familia no tenía mucho dinero. Fue criado por su madre, que trabajaba doce horas al día en una tintorería. Él trabajaba en una gasolinera por las noches. Ver a su madre le proporcionó los cimientos de la disciplina y el trabajo duro que le hicieron aguantar hasta el final en el instituto, pese a que no sobresalía académicamente. «Si quieres triunfar, debes estar ahí –dice–. Yo no era un gran estudiante, y no estudiaba mucho, pero asistía a clase cada día».

Un orientador escolar del instituto fue el primero en orientarle hacia la oportunidad. El orientador convenció al estudiante de último año para que hiciera las pruebas de acceso a la universidad a última hora. ¿Los resultados? No fueron geniales, pero sí lo suficientemente buenos para acceder a una universidad estatal con carreras de cuatro años.

«No tenía intención de ir a la universidad –comenta–. Ningún Bielke había ido nunca». Pero el orientador hizo que todo eso y que la dirección de la vida Bielke cambiaran. También le ayudó a conseguir un empleo en la Universidad Estatal de Moorehead para ayudarle a pagar sus gastos. Bielke vivió en un colegio mayor, y los estudiantes y profesores con los que entró en contacto allí le mostraron otro camino en la vida.

«Yo no era un gran estudiante –dice–. Acabé con una media de aprobado alto o notable; pero sin la ayuda de este orientador para que fuera a la universidad, hubiera aceptado un empleo a jornada completa en la gasolinera». Las becas son la forma que tiene Bielke de devolver algo al instituto Roosevelt.

Después de su paso por la universidad, encontró un trabajo en el sector de los productos sanitarios. Fue ascendiendo, fundó su propia empresa y se implicó en las inversiones en empresas emergentes en el campo de la medicina.

¿Su consejo para los estudiantes promedio?: «Suena como un cliché, pero todo consiste en el esfuerzo que le dediques a algo: consiste en lo duro que trabajes –dice Bielke–. La honestidad también es importante. La gente invertirá en ti si cree que eres honesto y trabajador. Eso es lo que me sucedió a mí.

»Leí en algún lugar: "En realidad no se trata de lo inteligente que seas, sino de qué forma eres inteligente". No puedo ni decirte cuántas personas con doctorado he tenido trabajando para mí. Son gente muy muy inteligente en sus especialidades –comenta–, pero trabajan para mí.

»Tienes que aprovechar las distintas oportunidades que se te presenten en la vida».

NO ESTÁN EN LA CIMA... ESO NO ES CIERTO

Uno de nuestros ciudadanos más económicamente productivos falleció hace poco. En su biografía vale la pena mencionar varios elementos clave sobre su experiencia universitaria. Piensa en las siguientes citas:

«No acabó entre los primeros de su curso, pero no fue porque no lo intentara [...]. Le costaba aprobar o conseguir buenas calificaciones. [E incluso uno de sus profesores dijo] "No me hubiera imaginado que él [Roberto Goizueta] se convirtiera en un alto ejecutivo en la Coca-Cola Company"». (Greising, D.: *I'd like the world to buy a Coke.* John Wiley & Sons, Inc., Nueva York, 1997, pp. 14-15).

¿Podría ser que Goizueta aprendiera mucho más en la universidad de lo que refleja su expediente de calificaciones?

LA VALENTÍA Y LA RIQUEZA

¿Qué es lo que tienen en común la mayoría de los millonarios hechos a sí mismos?: son valientes. ¿Tienes el coraje de asumir un riesgo económico dado un beneficio adecuado? Si lo tienes, entonces dispones de la mentalidad que poseen la mayoría de los millonarios. Pero tener la valentía de asumir riesgos económicos no significa que los millonarios sean jugadores. Pocos hacen apuestas. De hecho, cuanto mayor es el patrimonio neto de un millonario, menos probable es que hagan apuestas. Pese a ello, existe una correlación positiva entre asumir riesgos económicos y el patrimonio neto.

Obviamente, el apostar y el asumir riesgos económicos no suponen el mismo tipo de comportamiento. La forma más básica de asumir un riesgo económico está relacionada con la elección de la profesión o vocación. Un porcentaje desproporcionadamente elevado de millonarios, multimillonarios y decamillonarios son trabajadores autónomos propietarios de un negocio o empresa y emprendedores o profesionales autónomos.

¿Qué es tan arriesgado del hecho de ser trabajador autónomo? Estás tú solo y no hay un empleador que te respalde. Si no logras proporcionar lo que el mercado pide, quizás te quedes sin trabajo mañana. Lo peor es que puede que pierdas todo el dinero invertido en forma de activos.

Aquellos que poseen la mentalidad del millonario consideran el ser trabajadores autónomos de forma muy distinta al «escenario del fracaso» que se ha expuesto antes. Tienen la actitud de que es arriesgado *no* ser trabajador autónomo. Ser empleado por cuenta propia significa que tienes el control de tu propio destino. Los beneficios obtenidos son tuyos, y no existe un techo real con respecto a cuánto puedes ganar. Los millonarios dijeron:

- Pensamos en el éxito, y no en el fracaso. Asumimos riesgos, pero estudiamos los resultados probables, y hacemos todo lo que podemos para potenciar las probabilidades de generar ganancias.

- ¿Cómo eliminamos o reducimos el miedo y las preocupaciones y reafirmamos nuestra valentía? Practicamos el creer en nosotros y el trabajo duro.

- ¿Cómo reafirmamos nuestra creencia en nosotros mismos? Nos concentramos en asuntos clave, preparamos y planeamos cómo tener éxito y estamos bien organizados para lidiar con grandes cuestiones.

- Algunos hemos condicionado nuestra mente para compensar los miedos y ciertas limitaciones mediante la fortaleza mental que hemos desarrollado practicando deportes competitivos. Entre nosotros hay muchos que hemos compensado las deficiencias teniendo lo que llamamos el corazón de un atleta. Este término hace referencia tanto a la tenacidad como a la valentía físicas y mentales.

- Casi cuatro de cada diez (el 37 %) reducimos los miedos y las preocupaciones relacionadas con la toma de decisiones críticas relativas a los recursos económicos de otra forma: recurrimos a nuestra fuerte fe religiosa. De hecho, aquellos que poseemos una fuerte fe religiosa tenemos una mayor propensión a asumir riesgos económicos que los demás.

VOCACIÓN, VOCACIÓN Y VOCACIÓN

Según el diccionario *Webster*, el término «as» denota a alguien que sobresale en algo. También es un título que se otorga a los pilotos de combate que han obtenido por lo menos cinco victorias en el aire. La segunda guerra mundial dio lugar a más pilotos de combate que se convirtieron en ases que cualquier otro conflicto, y 1285 pilotos se ganaron este título durante ese período («The last ace», *The Wall Street Journal*, 29 de enero de 1999, p. W11). ¿Cómo lograron esta gesta? La mayoría lo hicieron de la forma tradicional, en combates aéreos. Muchos acabaron derribados, pero por lo menos dos lo hicieron de forma muy distinta. Su singular método y la justificación de su uso tienen importancia para la gente que quiere convertirse en económicamente productiva. Al igual que esos dos ases, la mayoría de los millonarios encuestados se convirtieron en exitosos económicamente porque aprendieron a concentrar sus energías y otros recursos de forma que maximizaban sus resultados. ¿Pero qué los condujo a este enfoque concentrado?

Los dos pilotos que «lo hicieron de forma distinta» fueron más que ases (véase Toliver, R. F. y Constable, T. J.: *The blond knight of Germany*. Aero Books, Blue Ridge Summit, Pensilvania, 1970). Uno de ellos, el comandante Erich Hartmann, es conocido en la literatura militar como el As de Ases. Obtuvo 352 victorias confirmadas en combates aéreos. El otro piloto que tenía la misma estrategia singular fue el sargento «Paule» Rossmann, el mentor de Hartmann. Obtuvo más de ochenta victorias.

Fue Rossmann el que inventó el enfoque que acabó dando lugar al extraordinario éxito de Hartmann. Al principio de su carrera, Rossmann sufrió una lesión en un brazo que nunca se curó, y fue incapaz de participar en combates aéreos. En un combate aéreo típico, la victoria la obtienen quienes tienen una fortaleza física superior. Rossmann sabía que nunca podría sobrevivir a este tipo de batalla, por lo que desarrolló una técnica compensatoria. Sustituyendo la estrategia varonil de los combates aéreos por un método mucho más calculador, planeaba cuidadosamente todos y cada uno de los ataques. Pasó mucho más tiempo analizando diversos objetivos de oportunidad que, de hecho, disparando proyectiles a su enemigo. Atacaba sólo cuando se encontraba en la mejor posición posible para ganar. Entonces concentraba todos sus recursos sobre el blanco ideal: el que le proporcionaría el máximo rendimiento por su inversión. Hartmann reconoce el mérito del enfoque de Rossmann: el método de «observar y decidir antes de disparar», con el que obtuvo su propio éxito. También explica cómo Hartmann sobrevivió a 1 425 misiones de combate y pese a ello nunca resultó herido.

¿Qué tiene que ver todo esto con convertirse en un exitoso económicamente en EE. UU.? La mayoría de los millonarios comprenden que tienen ciertas limitaciones, y desarrollaron un conocimiento de sus fortalezas y limitaciones incluso antes de completar sus estudios. Al igual que Rossmann, se dieron cuenta de que tenían algún tipo de «brazo lesionado», algún tipo de limitación. Por lo tanto, desarrollaron su propia estrategia singular para convertirse en personas económicamente productivas.

La mayoría de los millonarios, por ejemplo, no son gente superdotada analíticamente. No obtuvieron sobresalientes en todas las asignaturas en la escuela, ni pertenecían al club de los 1 400 puntos o más en las pruebas de acceso a la universidad. Ésa es la razón por la cual decidieron no competir en entornos como los de los combates aéreos varoniles, en los que una inteligencia analítica superior es un requisito para triunfar.

Estas mismas personas generalmente no obtuvieron unas calificaciones suficientes en los exámenes estandarizados que suponen un requisito para poder entrar en las facultades de Derecho o Medicina o las escuelas de estudios de posgrado. Muchos millonarios no tenían una media de calificaciones en los estudios de grado como para ser contratados por las grandes compañías. Pese a ello, siguieron queriendo convertirse en gente económicamente exitosa, por lo que muchos decidieron convertirse en trabajadores autónomos. Se contrataron a sí mismos cuando otros empleadores no lo hacían.

Muchos millonarios que se denominaron a sí mismos como «no dotados intelectualmente» están, de hecho, dotados en otros aspectos. Poseen abundancia de sentido común y tienen lo que algunos llaman creatividad. ¿De qué otra forma podríamos explicar su capacidad para descubrir oportunidades económicas que la mayoría de los supuestos genios fueron incapaces de ver?

Después de estudiar a los millonarios durante más de veinte años, he llegado a la conclusión de que si tomas una decisión importante de forma correcta, puedes convertirte en alguien económicamente productivo. Si eres lo suficientemente creativo para seleccionar la vocación ideal, puedes ganar y hacerlo a lo grande. Los millonarios realmente brillantes son aquellos que escogieron una vocación que aman: una que tiene pocos competidores pero que genera grandes beneficios.

Elegir una vocación es como construir una casa. Si la construyes en un lugar que no es el ideal, si el terreno es arenoso o pantanoso, el resto importará poco. Puedes gastarte millones con lo que hay encima del terreno, pero no importará: tu casa será inestable. Te encontrarás en un constante combate aéreo con las arenas movedizas, el agua y el pantano; pero si tus cimientos se encuentran sobre un lecho de roca firme, tu casa soportará con facilidad el viento y la lluvia. Te verás aislado del combate aéreo con los elementos.

¿Qué sucede si escoges la base del lecho de roca firme de la vocación ideal? Te encantan los productos que produces. Sientes afecto por tus clientes y proveedores. Además, sabes más sobre tu nicho de mercado que ningún otro. Y a tus clientes no les importa si fuiste un estudiante que sacaba aprobados en la universidad. Para ellos eres aquel que está iluminado.

Por lo tanto, quizás deberías sentir lástima por aquellos estudiantes superiores, los superdotados. Frecuentemente, aquéllos a los que se les dice que están dotados se sienten económicamente invencibles. Asumen, con demasiada frecuencia, que una inteligencia superior se traducirá en unos ingresos y un nivel de riqueza superiores; pero quienes lo creen se encontrarán con una dura llamada de atención. Demasiados eligen vocaciones llenas de competidores, todos los cuales poseen también un elevado intelecto analítico. Puede que sean uno de los cientos de miles de graduados con un máster en Administración de Empresas que han obtenido su título en los últimos veinte años. Fueron contratados por importantes compañías porque obtuvieron sobresaliente en excelentes escuelas de negocios. Quizás pasaron directamente de esas escuelas a los combates aéreos. Entraron, inconscientemente, en un sector de nuestra economía en el que hay muy pocos jefes y directores ejecutivos. Simplemente pregunta a una muestra de personas de mediana edad con un máster en Administración de Empresas en cuántos combates aéreos han estado implicados en los últimos veinte años. ¿Cuántos fueron derribados o despedidos?

Ciertamente, todos ellos eran brillantes, pero se olvidaron de una cosa: la elección de su vocación. El lugar en el que combatas es mucho más importante para ganar que lo que hagas una vez que empiece el combate aéreo. Incluso algunos de los mejores y más brillantes estudiantes de un máster en Administración de Empresas a los que he dado clases perdieron la mayoría de sus combates aéreos.

¿Por qué no escoger una vocación y un objetivo en el que puedas emerger más fácilmente como el ganador? Es más fácil amar lo que haces para ganarte la vida cuando ganas la mayor parte de las veces, por no decir todas las veces. ¿Qué es lo que la mayoría de los millonarios me dice que ha aprendido en sus años de juventud? Aprendieron a:

Pensar de forma distinta al resto de la gente.

Gran parte de este libro se ha diseñado alrededor de ese tema central: vale la pena ser diferente. Los millonarios dicen:

- ¿Cómo nos hicimos ricos en una generación? Tiene mucho que ver con nuestra selección de la vocación adecuada. Así pues, las leyes de la economía y la psicología están a nuestro favor. De otro modo estaríamos nadando a contracorriente.

- Creemos que una minoría de la población general puede decir, honestamente, que su vocación actual les permite emplear, de forma completa, sus capacidades y aptitudes. Pero somos diferentes. Nosotros tenemos la mentalidad del millonario. Nosotros fuimos inteligentes en la selección de la vocación ideal dadas nuestras habilidades y aptitudes y nuestro gran interés en convertirnos en gente económicamente independiente.

- ¿Nos sugirió nuestra vocación ideal un agente de empleo o un cazatalentos? Sólo para el 3 % fue así. Tampoco descubrimos nuestra vocación ideal en un foro de empleo.

- Muchos somos creativos, además de intuitivos. ¿De qué otra forma podríamos, si no, escoger tales maravillosas oportunidades económicas?

LA ELECCIÓN DE CÓNYUGE

Es una idea popular: si quieres hacerte rico, simplemente cásate con un millonario. También podrías casarte con el hijo o la hija de un millonario. Con el tiempo, tu cónyuge heredará un cofre lleno de riquezas, y tú asumes que tu marido o tu esposa compartirá su prosperidad contigo. O puede que sea más fácil y productivo no casarse en absoluto. De ese modo no tendrás que compartir tus recursos económicos con un cónyuge y tus hijos.

Los datos indican claramente que ninguna de estas hipótesis es cierta. Sí, la elección del cónyuge es importante como causa de las variaciones en la riqueza, pero la mayoría de los millonarios no escogieron a su cónyuge debido a sus características relacionadas con la fortuna. Tampoco se vieron atraídos inicialmente por sus maridos o mujeres debido a que sus padres «tuviesen dinero». De hecho, el factor monetario ni siquiera fue valorado por nuestros millonarios como una cualidad importante de un cónyuge que contribuyese a un matrimonio exitoso.

Pese a ello, existe una correlación importante entre el número de años durante los que una pareja está casada y la riqueza que acumula; y una gran mayoría (el 92 %) de los millonarios está casada. Sólo el 2 % nunca han estado casado, y alrededor del 2 % está divorciado o separado actualmente. El resto son viudos. ¿Hay ciertas economías de escala relacionadas con estar casado en contraposición a ser soltero? Los datos muestran claramente que la respuesta es «Sí».

¿Significa esto que la pareja en la que sus dos miembros tienen una carrera universitaria son el hogar millonario prototípico? En absoluto. De hecho, cuanto mayor es el patrimonio neto de una pareja, más probable es que la esposa no trabaje fuera de su hogar. Compara esto con los hogares de parejas casadas que obtienen unos ingresos elevados pero que no pertenecen a la escala de los millonarios: casi el 70 % de las esposas de esos hogares trabaja fuera de casa. Trabajan como profesoras, ejecutivas de nivel medio en empresas privadas y abogadas. Sólo alrededor de una esposa de cada tres de los hogares decamillonarios trabaja fuera de casa. Los millonarios nos dicen:

- La pareja típica de nuestro grupo de millonarios lleva veintiocho años casada. La mayoría (ocho de cada diez) creemos que «tener un cónyuge que nos apoye» fue muy importante o importante para explicar nuestro éxito económico.

- ¿Qué cualidades nos interesaron inicialmente en nuestros cónyuges? ¿Qué cualidades de nuestros cónyuges son las que contribuyen de forma más importante a nuestros matrimonios exitosos? Esto va mucho más allá del atractivo físico. Estas cualidades son complementos para acumular riqueza y forman parte de la mentalidad del millonario.

Estas y muchas otras preguntas aparecen detalladas en el capítulo 6: «La elección de cónyuge».

UN PERFIL DE PAULETTE RAKESTRAW, DIRECTORA EJECUTIVA Y PROPIETARIA DE AMS CORPORATION

Como divorciada de veintiún años y madre de una niña, Paulette Rakestraw estaba desarrollando un negocio de publicidad directa por correo en su apartamento. Desde luego, no estaba buscando un cónyuge cuando conoció a Von, su marido actual. Su conducta solícita y la forma en la que trataba a su hija se encontraron entre las cualidades que hicieron que se sintiera atraída por él.

Hoy, la fundadora de AMS Corporation dice que él está muy centrado en su familia y que le gusta pasar su tiempo libre con sus tres hijos. «Simplemente conectamos –dice ella–. Es muy tranquilo, se deja llevar: es, sencillamente, un buen compañero».

Incluso durante los años en los que los dos trabajaron juntos levantando el negocio de ella, se llevaron de maravilla. «Estábamos juntos veinticuatro horas al día (vivíamos juntos, trabajábamos juntos) pero nunca nos peleamos», explica.

Rakestraw inició su realización y su negocio de publicidad directa por correo en 1988, después de que la compañía para la que trabajaba tuviera varias malas experiencias con los servicios de correo. «Esto es ridículo –recuerda que pensó–. Estamos pagando mucho dinero por esto, y no es ingeniería aeroespacial». Por lo tanto, empezó a contratar a amigos y a familiares para llevar a cabo proyectos para la empresa para la que trabajaba. Pronto otras compañías le estaban pidiendo que coordinara sus proyectos de publicidad por correo. «Simplemente estaba decidida porque había necesidad de ello e iba a llevarlo adelante», dice.

Las distintas personalidades de Paulette y Von se complementan entre sí. Ella es una persona a la que le gusta asumir riesgos y él no. Ella siente propensión por la acción, mientras que él potencia el pensar acerca de las cosas y que se tomen su tiempo.

«A veces él tiene que frenarme y yo tengo que tirar de él –comenta Rakestraw–. En general, es una buena asociación. De algún modo, nos complementamos y nos bajamos mutuamente de las nubes».

Otra diferencia: él piensa en el dinero y es un gran ahorrador, mientras que ella se centra en desarrollar la compañía. «Todo mi deseo ha sido siempre que me encanta hacer esto y quiero proporcionar un servicio de calidad –dice ella–. Él siempre pensaba: "¡Caramba! ¡Puedes ganar mucho dinero con esto!", mientras que mi interés a lo largo del crecimiento de la compañía siempre ha sido el servicio».

En los inicios de la empresa, vivían y trabajaban en un apartamento con un alquiler mensual de 325 dólares. Cuando ella quiso poner un anuncio que costaba 800 dólares al mes en las Páginas Amarillas, él le dijo que estaba loca.

«Lo hice, de todas formas –explica–. Se lo dije meses después, cuando el anuncio se había publicado, y él se puso contento porque hizo que nuestros teléfonos sonaran continuamente».

En la actualidad, la compañía tiene a muchas empresas del índice bursátil Fortune 500 como clientes. En lugar de un «negocio desde un apartamento», la compañía consiste en un complejo de oficinas de 4 600 metros cuadrados. ¿Qué cualidades concretas hicieron, inicialmente, que Paulette se sintiera atraída por su marido? Le consideró sincero, con los pies en la tierra, educado, afectuoso, tranquilo, de mentalidad abierta, tolerante, sensato, alentador, alegre y compasivo. Y durante más de diez años de matrimonio su valoración inicial ha resultado ser correcta.

EL HOGAR ECONÓMICAMENTE PRODUCTIVO

Sigue adelante: pasa una semana o un mes con estas personas, con la gente con la mentalidad del millonario. Probablemente llegarás a la conclusión de que su comportamiento con respecto a las compras supone una contradicción.

En primer lugar, pregúntales sobre sus ingresos y su patrimonio neto. Luego pregúntales sobre las acciones relativas a las compras que emprenden para reducir los costes de gestión de su hogar. Tal y como han afirmado anteriormente:

- De media, nuestros ingresos totales anuales son de 749 000 dólares.

- Nuestro hogar posee un patrimonio neto medio de 9,2 millones de dólares.

Dadas estas cifras medias de ingresos y de patrimonio neto, estos hogares se encuentran en el grupo del 1 % superior con respecto a los ingresos y la distribución de la riqueza en EE. UU. ¿Darías por sentado que a esta gente no le preocupa reducir los costes y mejorar la productividad de su hogar? Ya basta de suposiciones basadas en las estadísticas relativas a la riqueza y los ingresos. De hecho, los millonarios dicen:

- La mayoría (el 70 %) ponemos suelas y reparamos nuestro calzado.

- Casi la mitad otros (el 48 %) volvemos a tapizar nuestros muebles en lugar de comprar unos nuevos.

- Alrededor de siete de cada diez (el 71 %) hacemos una lista de la compra antes ir al supermercado.

- Casi la mitad compramos artículos para el hogar al por mayor en grandes superficies con precios reducidos.

Lo que a ti te parece una contradicción no lo es para quienes tienen la mentalidad del millonario. Ésta es sensible a las variaciones en cuanto al tiempo y el dinero relacionadas con las compras y la toma de decisiones relativa a la adquisición de productos.

- Básicamente, pensamos que llevar el calzado al zapatero es mucho más barato que comprarse uno nuevo. Lo mismo ocurre en el caso de volver a tapizar los muebles.

- Creemos, firmemente, que el tiempo es oro. Lleva mucho menos tiempo poner suelas o restaurar que comprar algo nuevo.

- La mayoría disponemos de una lista de la compra antes de poner un pie en un supermercado. No sólo ahorramos dinero y evitamos las compras impulsivas, sino que también nos encontramos con que el tiempo que pasamos haciendo la compra se ve enormemente reducido si tenemos una lista para minimizar el tiempo que pasamos en el supermercado. Preferimos dedicar el tiempo ahorrado a trabajar o a nuestra familia y amigos en lugar de pasear aleatoriamente y comprar por impulso en un supermercado.

Si quieres gestionar un hogar productivo, empieza a pensar como los millonarios. Adopta su actitud. En el capítulo 7 («El hogar económicamente productivo») exponemos trece acciones productivas que llevan a cabo los millonarios y su lógica para llevar a cabo estas actividades.

LA CASA

Los millonarios me han contado que fueron criticados por la elección de su casa. ¿Por qué pagaría alguien más de 500 000 dólares hace doce años por una casa de treinta, cuarenta o incluso cincuenta años de antigüedad? ¿Por qué irían a pagar tanto por una vivienda que normalmente tendría sólo cuatro habitaciones? Muchos millonarios tienen tres hijos: ¿dónde alojan a los invitados que se quedan a pasar la noche?

Dados los escenarios que hemos descrito, podrías preguntarte si la mentalidad del millonario se queda un poco corta en la sección cerebral dedicada a los bienes inmuebles, pero ése no es el caso. En general, sus casas se han revalorizado de forma significativa en los últimos doce años aproximadamente, y estas casas tienden a estar muy bien construidas:

muchas son de ladrillo o piedra, algunas tienen tejados de pizarra y la mayoría tienen el suelo de madera.

Pese a ello, no hay ninguna duda al respecto: no se trata de viviendas modernas. ¿Por qué tanta gente con la mentalidad del millonario escoge una casa más antigua en lugar de una más nueva? Eso tiene algo que ver con la calidad de los vecindarios en los que se encuentran estas viviendas. Se trata de barrios homogéneos en términos de las características socioeconómicas de la gente que reside en ellos. Nueve de cada diez de los residentes son graduados universitarios. La mayoría es gente muy exitosa. Pero como grupo, estos propietarios de negocios, ejecutivos de empresas privadas, abogados, médicos y otros ganadores muy productivos son conservadores o tradicionales en cuanto a las casas que escogen. Es probable que las casas modernas y más nuevas sean mucho más grandes y que tengan cinco, seis, siete o incluso ocho dormitorios. Y no olvidemos los techos abovedados de seis metros, los cuatro jacuzzis y las saunas, que forman parte del paquete.

¿Cómo podría cualquier millonario dejar pasar estas casas nuevas por algo tan viejo? Las viviendas no son como los coches, y los millonarios no son como la mayoría de las personas. Nuevo no significa necesariamente «mejor», «mejorado», «muy superior al modelo del año pasado». Pertenecemos a una cultura que ha sido educada para ser «sensible a lo nuevo», creyendo que lo nuevo siempre es preferible a lo viejo; pero quienes tienen la mentalidad del millonario no son como la mayoría de la gente.

Existe un claro riesgo de deterioro de la situación si se compra una vivienda de un millón de dólares en una zona residencial completamente nueva llena de casas de un millón de dólares. ¿Quién puede asegurar que las viviendas cuestan de verdad el precio de venta? ¿Dónde están el historial y los datos sobre las tendencias de los precios? No existe ninguno. ¿Qué tipo de personas tienden a adquirir viviendas caras en esos vecindarios completamente nuevos? No son mala gente, pero tienden a ser ricos en cuanto a su cuenta de resultados: es decir «grandes ingresos, pero un patrimonio neto bajo». Tienden a estar enamorados de lo «nuevo» y de los muchos dispositivos que forman parte de la estrategia de ventas relacionada con lo «nuevo». ¿Quién vive actualmente en los vecindarios más antiguos en los que el valor de una casa es de 1,4 millones de dólares? Son tipos distintos de personas. Tienden a ser ricos en cuanto al estado de su situación patrimonial, con un elevado patrimonio neto y un bajo uso de los créditos al consumo.

Esto no significa que todos los compradores de una vivienda nueva sean ricos en cuanto a su cuenta de resultados, pero los números son reveladores: la gente que acumula riqueza tiende a vivir y comprar viviendas en vecindarios respetables, y sólo una minoría de los millonarios se construyen una vivienda nueva (ya sea la principal, la secundaria o la vacacional). Muchas de las razones para esta reticencia a construirse una casa se detallan en el capítulo 8 («El hogar»). Según los propios millonarios:

- Para obtener un buen negocio con las viviendas que compramos, nunca pagamos el precio inicial solicitado por ninguna casa y estamos dispuestos a abandonar un trato en cualquier momento.

- La mayoría tenemos hipotecas, pero el 40 % no la tenemos. Menos del 5 % tenemos un saldo hipotecario pendiente de un millón de dólares o superior. Sólo alrededor de uno de cada tres (el 34 %) tenemos un saldo hipotecario pendiente de 300 000 dólares o superior.

- ¿Cuál es el saldo hipotecario pendiente mediano de quienes pertenecen a nuestro grupo de millonarios? Se encuentra justo por debajo de los 100 000 dólares, o de alrededor del 7 % del valor actual de mercado de nuestra vivienda. No somos, tal y como dicen algunas personas, tipos aficionados a los créditos.

- Parte de nuestra actitud consiste en adquirir hogares que se revaloricen. A su vez, parte de esta revalorización está en función de las escuelas públicas de excelente calidad que hay en nuestra zona. Enviar a nuestros hijos a escuelas públicas (desde preescolar hasta el último curso del bachillerato) nos ahorró cientos de miles de dólares con respecto a los costes relacionados con los gastos propios de las escuelas privadas.

- La mayoría de la gente, incluso aquélla cuyos salarios ni siquiera se acercan a los ingresos que generamos, puede, sin embargo, beneficiarse de nuestra orientación con respecto a la casa.

ESTILOS DE VIDA

¿En qué actividades se implican los millonarios? Recuerda que, en general, estas personas se encuentran en la parte superior en cuanto a las escalas de ingresos y patrimonio neto de EE. UU. Viven en hogares valorados en 1,4 millones de dólares ubicados en excelentes vecindarios. Sus vecinos y amigos son exitosos propietarios de negocios, altos ejecutivos de empresas privadas y grandes abogados y médicos. La mayoría son graduados universitarios. En términos de clase social, la mayoría de nuestros millonarios forman parte de los estratos de las clases medias-altas. Las actividades propias del estilo de vida en las que se implican es probable que sean bastante distintas de las que la mayoría de la gente imagina.

- No hacemos las mismas cosas que los miembros de la alta sociedad y los privilegiados. De hecho, las personas que siguen las modas podrían decir que nuestras actividades e intereses en general son aburridos. A pesar de nuestra posición económica, sólo el 3% se fue de crucero alrededor del mundo el año pasado. Sólo el 4% esquió en los Alpes. Pese a ello, el 20% nos fuimos de vacaciones a París el año pasado. Por supuesto, algunos de los que nos fuimos de vacaciones al extranjero vimos nuestros viajes parcialmente subvencionados debido a «finalidades comerciales».

- ¿Qué hemos hecho con nuestro tiempo de ocio en los últimos doce meses? La mayoría (el 85%) consultó a un experto fiscal, el 81% fuimos a un museo y el 68% se implicó en actividades comunitarias/cívicas.

- La mayoría no llevamos a cabo actividades de bricolaje o apenas las realizamos. Sólo uno de cada cinco (el 19%) segó su césped el año pasado. Tampoco es probable que se nos vea pintando nuestra casa o haciendo reparaciones de fontanería. La mentalidad del millonario nos dice que trabajemos duro en nuestra principal vocación y que disfrutemos del resto de nuestro tiempo libre haciendo cosas agradables.

- Nuestro diario mensual de actividades es igual de revelador. Algunos pueden llegar a la conclusión de que somos «citas baratas» porque la mayoría de nuestras actividades no son caras. Tanto si eres rico como si no, las mejores cosas en la vida son gratis, o casi. Recibir visitas de amigos, estudiar inversiones y ver cómo nuestros hijos practican deportes son actividades que no son caras, y, pese a ello, éstas son las cosas que a la mayoría nos gusta hacer.

- Nuestro estilo de vida es congruente con el fortalecimiento de las relaciones con nuestros amigos y familiares, y muchas de nuestras actividades no son sustitutivas de la acumulación de riqueza, sino complementos de ella.

Estos asuntos y otros similares se comentan en detalle en el capítulo 9 («Los estilos de vida de los millonarios: Reales frente a imaginados»).

Capítulo 2

LOS FACTORES DEL ÉXITO

¿Estás desconcertado? Se supone que Estados Unidos es la tierra de las oportunidades, pero después de años de buscar y estudiar oportunidades, te sientes abrumado. Toda la gente a la que has consultado dispone de una fórmula singular para convertirse en exitoso económicamente en EE. UU., y has hablado con muchísima gente. Cuando le preguntas a estas personas si puedes echar un vistazo a su balance general, la prueba de su patrimonio neto, la mayoría dice que será rica mañana y que su estado económico actual es completamente irrelevante. Pero eso es algo muy relevante para ti: tú vas en busca de la verdad. ¿Cuáles son estos factores subyacentes al éxito económico en EE. UU.?

Cada semana te pasas por la gasolinera para llenar el depósito. Pagas en metálico en la tienda. Por tanto, sueles tener que hacer cola junto con gente que está esperando para comprar billetes de lotería. Por lo tanto, formulas la gran pregunta: ¿es la lotería la forma de hacerte rico y alcanzar el éxito económico en EE. UU.? Todos ellos te contestan lo mismo: la riqueza es cuestión de suerte, y la lotería es la forma más directa para llegar a la Ciudad de los Millonarios. Pese a ello, ninguna de estas personas parece millonaria. Muchas incluso tienen los zapatos agujereados.

Entonces te pasas por la oficina bancaria de tu localidad. Una vez más preguntas acerca del camino hacia la riqueza. El cajero te dice que todo tiene que ver con los certificados de depósito. Mientras estás haciendo cola, un hombre que está de pie detrás de ti se presenta. Johnny Brown es un corredor de seguros. Te susurra al oído: «Toda la vida y anualidades».

Dice que puede proporcionarte la clave para el éxito económico. «Simplemente pásate hoy por mi oficina», te dice. Tu rechazas su oferta. En lugar de eso, te pasas por el instituto local porque es día en el que los profesores de tu hijo se reúnen con los padres de los alumnos. Mientras estás ahí, hay cinco profesores que dicen lo mismo: el éxito económico es una función matemática directa de las calificaciones de alguien en la escuela; pero muchas de las personas menos exitosas fueron, en un tiempo, estudiantes de sobresaliente. ¿Hay excepciones a la regla? ¿Cómo es posible que algunos estudiantes de sobresaliente no sean económicamente exitosos? Ahora te encuentras más confundido que nunca.

Así pues, te vas a casa a relajarte. El televisor está encendido y tus hijos están zapeando. En uno de los canales de televisión por cable, un tipo te dice que puedes ser rico si escuchas sus audios. Tienen un precio especial de 399 dólares más gastos de envío.

En el siguiente canal, una mujer está vendiendo sus «servicios profesionales de búsqueda de pareja». Afirma que el camino para llegar a la Ciudad de los Millonarios es a través del matrimonio. Mala suerte, porque tú ya estás casado. Justo entonces suena tu teléfono. Es la llamada no solicitada de un corredor de bolsa. Quiere enviarte su tarjeta e información. Mientras le tienes al teléfono, le haces la gran pregunta sobre el éxito económico. Te dice que él es el camino hacia la riqueza en Estados Unidos. Él es la única persona en EE. UU. que puede venderte acciones de una compañía que acaba de descubrir un tratamiento contra el sida. Por lo tanto, le pides que te envíe una copia de su estado financiero. Por alguna razón te cuelga el teléfono.

Y así siguen las cosas sin parar.

- El tipo que habla por la radio esta mañana dice que te harás rico comprando futuros de soja.

- La dueña de la joyería local te dice que la clave consiste en ser propietario de gemas con calidad para invertir en ellas.

- El anticuario local dice: «No podrías creer la cantidad de gente que se ha hecho rica con el negocio de las antigüedades».

- Los miembros de la banda de rock de tu hijo te dicen: «Todo tiene que ver con el rock and roll».

- La mayoría de los chicos del equipo de baloncesto del instituto te dicen que la riqueza en EE. UU. es cosa segura si eres un atleta.

- Un sábado especial, el pasado otoño, los muchachos que estaban haciendo cola para hacer las pruebas de acceso a la universidad te dijeron: «Es la puntuación que obtengas en las pruebas de acceso a la universidad. Obtén una buena puntuación y lograrás ir a una universidad formidable, y más adelante en la vida ganarás mucho dinero».

- El señor Aladino, que trabaja en la tienda de iluminación, promete algo distinto. Si le compras su marca especial de lámparas aparecerá un genio y te harás más rico de lo que puedas imaginar.

Toda esta información sobre las claves para convertirse en alguien económicamente exitoso es muy confusa. ¿Cómo se hicieron ricos los millonarios en EE. UU.? La mejor forma de contestar a esta pregunta es preguntarles a ellos.

¿QUÉ FACTORES EXPLICAN TU ÉXITO ECONÓMICO?

A los 733 millonarios que respondieron a mi encuesta se les pidió que clasificaran treinta factores del éxito. La lista no es exhaustiva: se sintetizó a partir de más de cien factores del éxito mencionados por millonarios que participaron en una serie de entrevistas preliminares personales y a grupos de sondeo que llevé a cabo. Sin embargo, los treinta factores del éxito seleccionados se encontraban entre aquéllos mencionados más frecuentemente y representaban muchos factores redundantes. La tabla 2-1 nos ofrece los resultados.

La mayoría de los millonarios dan importancia a caminos hacia el éxito que son muy diferentes a los mencionados anteriormente. Hacerse rico es el producto de elementos que son más básicos que las habas de soja, los seguros de vida o la lotería. Es incluso más básico que la media de las calificaciones en los estudios de grado, las puntuaciones en las pruebas de acceso a la universidad o graduarse entre los mejores alumnos de tu curso, tal y como demuestra la lista.

Las siguientes secciones comentan los verdaderos factores del éxito en detalle. Los he agrupado en grupos de respuestas de la siguiente forma:

SOCIALES

- Llevarse bien con la gente
- Tener unas grandes cualidades de liderazgo
- Tener la capacidad de vender mis ideas, productos, etc.
- Tener unos buenos mentores

ORIENTACIÓN CON RESPECTO A LAS CRÍTICAS

- Ignorar las críticas de los detractores
- Tener un espíritu o personalidad competitivo
- Tener la necesidad de ser muy respetado
- Tener una energía extraordinaria
- Estar en forma

TABLA 2-1

FACTORES DEL ÉXITO DE LOS MILLONARIOS (N = 733)

	Porcentaje de millonarios que indicaron que el factor es muy importante (importante)	Clasificación[1]
Ser honesto con toda la gente	57 (33)	12
Ser muy disciplinado	57 (38)	12
Llevarse bien con la gente	56 (38)	3
Tener un cónyuge alentador	49 (32)	4
Trabajar más duro que la mayoría de la gente	47 (41)	5
Amar mi trayectoria profesional/negocio	46 (40)	6
Tener unas grandes cualidades de liderazgo	41 (43)	7
Tener un espíritu/personalidad muy competitivo	38 (43)	8

	Porcentaje de millonarios que indicaron que el factor es muy importante	Clasificación[1]
Ser muy organizado	36 (49)	9
Tener la capacidad de vender mis ideas/productos	35 (47)	10[2]
Hacer inversiones inteligentes	35 (41)	10[2]
Ver oportunidades que otros no ven	32 (40)	12
Ser mi propio jefe	29 (36)	13[2]
Estar dispuesto a asumir riesgos económicos si hay un buen beneficio	29 (45)	13[2]
Tener unos buenos mentores	27 (46)	15[2]
Tener la necesidad de ser muy respetado	27 (42)	15[2]
Invertir en mi propio negocio/empresa	26 (28)	17
Encontrar un nicho de mercado rentable	23 (46)	18[2]
Tener una energía extraordinaria	23 (48)	18[2]
Estar en forma	21 (44)	20
Tener un cociente intelectual elevado/una inteligencia superior	20 (47)	21
Especializarse	17 (36)	22
Estudiar en una universidad excelente	15 (33)	23
Ignorar las críticas de los detractores	14 (37)	24[2]
Vivir por debajo de mis posibilidades	14 (29)	24[2]
Tener una fe religiosa fuerte	13 (20)	26
Ser afortunado	12 (35)	27[2]
Invertir en acciones de compañías que cotizan en la bolsa (empresas públicas o sociedades anónimas)	12 (30)	27[2]
Tener unos excelentes asesores de inversiones	11 (28)	29
Graduarme entre los mejores de mi curso	11 (22)	30

1. La clasificación se computó de acuerdo con el porcentaje de millonarios que indicaron que ese componente del éxito era muy importante para explicar su éxito económico.
2. Empatado en este puesto con otro factor.

Integridad y valores morales

- Ser honesto con toda la gente
- Tener un cónyuge alentador
- Tener una fe religiosa fuerte

Inteligencia creativa

- Ver oportunidades que otros no ven
- Encontrar un nicho de mercado rentable
- Especializarse
- Amar mi trayectoria profesional o mi negocio

Invertir: El mercado de valores o el propio negocio

- Invertir en acciones de compañías que cotizan en la bolsa (empresas públicas o sociedades anónimas)
- Tener unos excelentes asesores de inversiones
- Hacer inversiones inteligentes
- Invertir en mi propio negocio/empresa
- Ser mi propio jefe
- Estar dispuesto a asumir riesgos económicos si hay un buen beneficio
- Vivir por debajo de mis posibilidades

Suerte frente a disciplina

- Ser afortunado
- Ser muy disciplinado
- Ser muy organizado
- Trabajar más duro que la mayoría de la gente

- Tener un cociente intelectual elevado/una inteligencia superior
- Estudiar en una universidad excelente
- Graduarme como uno de los mejores de mi curso

La orientación intelectual es de especial interés. La he comparado con los grupos de características relacionadas con las habilidades sociales, la orientación con respecto a las críticas, la integridad y la inteligencia creativa. Aunque mucha gente pronosticaría que la orientación intelectual (un cociente intelectual elevado y similares) superaría a los factores de estos otros grupos de características, los datos demuestran justo lo contrario.

EL AMANECER EN BIRMINGHAM: INTELIGENCIA SUPERIOR FRENTE A HABILIDADES SOCIALES

Llegué a Birmingham (Alabama) una mañana nublada de un unes de invierno justo antes del amanecer. El comienzo de mi seminario estaba programado para las 08:30 h, pero llegué casi una hora antes y tuve la oportunidad de charlar con algunos de los doscientos ejecutivos que iban a asistir durante el desayuno continental previo al seminario.

Un alto ejecutivo de ventas (le llamaré Hugh) me dijo que había jugado para el entrenador Paul *Bear* Bryant en Alabama. Durante nuestra conversación aprendí muchas cosas sobre los factores responsables del éxito de este ejecutivo en los negocios. No me sorprendieron algunas de las cosas que Hugh me contó. Mencionó que había varios ejecutivos más en la sala que habían jugado al fútbol americano para el entrenador Paul *Bear* Bryant, y recordé que había conocido a otras personas a lo largo y ancho de EE. UU. que habían jugado al fútbol americano para este mismo entrenador.

Había algo particularmente cautivador sobre los extraordinarios logros de Paul *Bear* Bryant. Sus equipos habían ganado muchos campeonatos de fútbol americano y frecuentemente eran los números uno. Incluso antes de conocer a Hugh esa nublada mañana de invierno, reconocí que la productividad era la marca distintiva del entrenador Bryant. Estableció un récord superlativo sin ser el que más gastaba o sin reclutar talento procedente de los cincuenta estados de EE. UU. Quería preguntar por qué el entrenador Bryant tenía tanto éxito, pero pensé que llevaría horas que este antiguo jugador de fútbol me respondiese. Así pues, le hice a Hugh una pregunta distinta: «¿Cuál fue la primera cosa que el entrenador Bryant te dijo a ti y a los demás atletas becados después de llegar al campus?». Sorprendentemente, el entrenador Bryant preguntó al grupo:

¿Todavía no habéis llamado a vuestros padres para darles las gracias?

Según Hugh, después de escuchar esas palabras, los jugadores parecían confundidos: la mayoría tenía la boca abierta. Se miraron incrédulos los unos a los otros. Aparentemente ninguno de ellos se había esperado esta pregunta.

Estos atletas, estudiantes de primer año, llevaban en el campus menos de veinticuatro horas, pero ya habían obtenido su primera lección en cuanto a la productividad de un equipo. Entiendo que ese día ninguno de los presentes en la sala reconoció haber llamado a su casa con palabras de agradecimiento. ¿Cuál era la esencia de esa lección?

Hugh dijo que el entrenador Bryant dio continuación a su pregunta inicial con una segunda frase:

Nadie alcanza este nivel nunca sin la ayuda de los demás. Llamad a vuestros padres. Dadles las gracias.

En otras palabras, el entrenador tenía noticias para esos talentosos estudiantes de primer año. Un talento atlético natural extraordinario no explica por completo el éxito en el fútbol americano. Sin el apoyo, la protección y el sacrificio de sus progenitores por ellos, no habrían tenido la oportunidad de jugar al fútbol americano en Alabama.

Hugh me explicó que nunca olvidó esa experiencia inicial. Le fue de gran utilidad a él y a sus compañeros de equipo durante cuatro años muy exitosos jugando al fútbol americano. También otorga un gran reconocimiento a esta lección y a otras lecciones relacionadas por parte del entrenador para explicar su éxito y sus logros en los negocios.

Es raro que alguien alcance el éxito sin la ayuda de otros. Un grupo de personas, independientemente de lo talentosas que sean, no constituye un equipo. ¿Qué corredores *(running backs)* han logrado ser unos de los mejores en EE. UU. sin que sus defensas les facilitaran oportunidades?: ninguno. Hacerse rico en EE. UU. es muy parecido. Nunca he conocido a ninguna persona próspera que se atribuya todo el mérito de su éxito económico. La mayoría otorga su reconocimiento a su cónyuge, empleados clave, mentores y otros. Ningún hombre ni mujer son una isla, tanto si el contexto es el de los deportes, los negocios o el acumular riqueza: nadie llega a las cimas más altas sin la ayuda de otros.

Puede que resulte relativamente fácil tener éxito cuando ciertas condiciones están presentes. Puede que formes parte de un equipo muy talentoso que juega contra rivales mucho más débiles, o puede que tu negocio y tu patrimonio neto estén subiendo como la espuma bajo unas condiciones económicas favorables; pero ¿qué sucede si el rival es muy fuerte o si las condiciones del mercado son desfavorables para tu negocio? Entonces ni siquiera tendrás la oportunidad de ganar si no buscas y promueves importantes recursos humanos.

Sin un apoyo así, probablemente te veas sobrepasado. El miedo y la preocupación se asentarán: el miedo es la madre del pánico, y el pánico es el precursor de las malas decisiones y el fracaso. Tal y como demuestra mi encuesta, a lo largo de la vida la gente más exitosa se esfuerza para atraer, motivar, agradecer y apoyar a asesores, proveedores y empleados clave.

LAS HABILIDADES SOCIALES SUPERIORES FRENTE A UNA INTELIGENCIA SUPERIOR

Nótese lo valioso que fue el mensaje del entrenador en vista de los resultados de esta encuesta a un gran número de adultos económicamente productivos, de millonarios. ¿Cómo explican su enorme productividad? ¿Es un asunto de haber nacido con una inteligencia superior? En absoluto.

Casi todos los millonarios encuestados (un 94 %) valoraron el «llevarse bien con la gente» como muy importante (el 56 %) o importante (el 38 %) como responsable de su éxito económico (*véase* la tabla 2-2). Basándonos en el porcentaje de encuestados que lo consideraron «muy importante», este factor alcanzó el tercer puesto en la importancia general en comparación con los otros veintinueve factores del éxito estudiados.

Así pues, ya sea en los deportes o en los negocios, la capacidad de llevarse bien con los demás es fundamental. Pese a ello, demasiados creemos que el éxito está predeterminado y que es resultado directo de la genética, y que la gente exitosa simplemente tiene un cociente intelectual superior a aquella que es «menos exitosa». Así pues, ¿qué sucede si sacas sobresalientes en todas las asignaturas en el colegio y unos resultados casi perfectos en las pruebas de acceso a la universidad? Así pues, ¿qué sucede si tu cociente intelectual está por las nubes en la escala de la inteligencia? ¿Te asegurarán estos factores un lugar entre las filas de los millonarios estadounidenses? Eso es algo dudoso si no te llevas bien con la gente. Ésta no es sólo mi opinión. A la gran muestra de millonarios encuestados se les preguntó sobre la importancia de la inteligencia a la hora de explicar su éxito económico.

Tal y como muestra la tabla 2-2, sólo uno de cada cinco (el 20 %) pensaba que «tener un cociente de inteligencia elevado o una inteligencia superior» era muy importante. La inteligencia superior alcanzó el vigésimo primer puesto en la lista. Se vio que otras dos medidas de la inteligencia estaban muy correlacionadas con este factor. Sólo alrededor de uno de cada diez (el 11 %) indicó que «graduarme entre los mejores de mi curso» y sólo alrededor de uno de cada siete (el 15 %) pensó que «estudiar en una universidad excelente» fueran elementos muy importantes para explicar su éxito económico.

Algunos millonarios creen que su cociente intelectual fue un factor en sus logros exitosos, aunque la mayoría piensan justo lo contrario. Esto puede explicarse, en parte, teniendo en cuenta los grupos profesionales que tienden a valorar su cociente intelectual como un factor importante: los abogados millonarios están en primera línea, seguidos de los médicos. La razón es obvia, ya que, como norma general, uno debe obtener buenos resultados en los exámenes estandarizados para que le admitan en una facultad de Derecho o de Medicina, y los resultados otorgados por estos resultados están muy correlacionados con el cociente intelectual. Si se elimina a los abogados y médicos millonarios de la muestra nacional a nivel de EE. UU. (estos dos grupos combinados constituyen casi uno de cada cinco millonarios), la importancia de la «inteligencia» se reduce significativamente.

TABLA 2-2

FACTORES DEL ÉXITO DE LOS MILLONARIOS: INTELIGENCIA SUPERIOR FRENTE A HABILIDADES SOCIALES (N = 733)

PORCENTAJE DE MILLONARIOS QUE INDICAN QUE EL FACTOR ES MUY IMPORTANTE (IMPORTANTE) SEGÚN LA CATEGORÍA PROFESIONAL

	Propietario de un negocio/ Emprendedor 32 %	Alto ejecutivo de una empresa privada 16 %	Abogado 10 %	Médico 9 %	Otros 33 %	Todos 100 %	Clasificación[1]
POSICIONAMIENTO INTELECTUAL							
Tener un cociente intelectual elevado/ una inteligencia superior	16 (45)	18 (49)	34 (49)	24 (50)	20 (47)	20 (47)	21
Estudiar en una universidad excelente	12 (31)	12 (31)	18 (50)	23 (31)	16 (30)	15 (33)	23
Graduarme entre los mejores alumnos de mi curso	5 (16)	8 (22)	26 (34)	20 (29)	8 (24)	11 (22)	20
HABILIDADES SOCIALES							
Llevarse bien con la gente	61 (35)	59 (37)	43 (47)	47 (47)	56 (38)	56 (38)	3
Tener unas grandes cualidades de liderazgo	45 (43)	43 (39)	29 (51)	37 (43)	35 (43)	41 (43)	7
Tener la capacidad de vender mis ideas, productos, etc.	45 (47)	41 (50)	16 (46)	17 (46)	35 (45)	35 (47)	10[2]
Tener unos buenos mentores	28 (43)	29 (51)	15 (56)	30 (52)	26 (43)	27 (46)	15[2]

1. La clasificación se computó de acuerdo con el porcentaje de millonarios que indicaron que ese componente del éxito era muy importante para explicar su éxito económico.
2. Empatado en este puesto con otro factor.

Hay otro resultado interesante si se eliminan los datos de los abogados y los médicos de la encuesta: la importancia de «llevarse bien con la gente» y otros factores relacionados con las habilidades sociales es todavía más pronunciada.

Nótese que el 61 % de los millonarios de las categorías «propietario de un negocio o emprendedor» y el 59 % de los altos ejecutivos de empresas privadas creen que «llevarse bien con la gente» es muy importante. Un porcentaje significativamente menor de abogados (el 43 %) y de médicos (el 47 %) valoraron este factor como muy importante.

Esto no resulta sorprendente cuando consideras que un ejecutivo o el propietario de un negocio o empresa exitosos forman parte de un equipo con mayor frecuencia que la mayoría de los abogados o los médicos; pero en todas las categorías vocacionales, las habilidades sociales en general ocupan un puesto superior para más encuestados que los factores intelectuales.

Nótense que los cuatro componentes del ámbito de las habilidades sociales listados en la tabla 2-2 están correlacionados de forma muy significativa: en otras palabras, los encuestados que valoraron el «llevarse bien con la gente» como importante también tendieron a valorar de forma similar el «tener unas grandes cualidades de liderazgo», «tener la capacidad de vender mis productos, ideas, etc.» y «tener unos buenos mentores».

LOS BUENOS VENDEDORES VAN UN PASO POR DELANTE

Reflexiona por un momento e imagina a un gran *coach* diciéndole a su público: «No podréis alcanzar el siguiente nivel sin la ayuda ni la cooperación de otros». Llevarse bien con la gente hoy es la base de convertirse en un líder fuerte mañana, y los líderes (y no los seguidores) tienden a ser gente económicamente exitosa; pero para convertirte en un líder también debes tener la capacidad de vender tus ideas, tu estrategia, tu sueño, tu producto o tus servicios.

No es sorprendente que entrenadores como Paul Bryant dieran lugar a tantos ejecutivos exitosos mediante la enseñanza de habilidades sociales. Esto es especialmente cierto en el campo de las ventas y el *marketing*. Los profesionales de las ventas no pueden tener éxito, ni sobresalir, ni serán ascendidos nunca sin generar ingresos. Por lo tanto, vender se parece mucho al fútbol americano: en ambos campos ganas si consigues más puntos que el competidor.

El mejor vendedor que he conocido nunca es William *Billy* Featherstone Gilmore Jr. Gilmore es un descendiente directo del coronel W. S. Featherstone, un héroe de la guerra civil estadounidense que sirvió en el Ejército del Norte de Virginia. El padre de Bill fue un piloto de bombarderos condecorado que luchó con la Octava Fuerza Aérea, que llevó a cabo cincuenta misiones en Europa durante la segunda guerra mundial. Ciertamente, su hijo Billy heredó parte de la valentía de su padre, ya que hace falta mucho coraje para vender y verse recompensado estrictamente basándose en el rendimiento.

He llevado a cabo muchos estudios sobre las características de los mejores profesionales de las ventas, y me he encontrado con que conseguían una clasificación muy alta en cuanto a su coraje y sus sobresalientes habilidades sociales. Billy sobresale en ambos aspectos. Hace algunos años participó en una de mis clases en la Universidad de Georgia. El examen de mitad de trimestre que me entregó después de horas contenía sólo un párrafo. Al principio puse un «muy deficiente» en la parte superior de la primera página de su examen, pero luego pensé: «Eso no es lo adecuado para un examen tan malo». Lo multipliqué exponencialmente: muy deficiente al cubo; y escribí: «Apreciado Featherstone, éste es el peor examen que he leído en mi vida. Abandone el curso», y se lo dije frente a noventa y nueve de sus colegas.

He tenido a más de diez mil alumnos a lo largo de mi carrera profesional en la enseñanza, pero sólo uno tuvo la audacia, la valentía y el coraje de presentarse en mi casa, sin previo aviso, y pedirme que le cambiase la nota: William Featherstone Gilmore Jr. Nos sentamos, tomamos una copa de vino y me dijo: «Olvidó usted una cosa en su clase. Si tienes valentía puedes ganar. No tienes por qué ser el más rápido o el más inteligente. Tienes que tener tenacidad».

Desde entonces he visto frecuentemente a Billy Gilmore vender. Sigue resultando difícil asimilar que un compañero con una media de calificaciones en sus estudios de grado de 2,01 pueda tener tanta inteligencia en lo relativo a las personas. De hecho, su una media de calificaciones en sus estudios de grado de 2,01 era muy predecible. El padre de Billy le dijo que necesitaba un grado universitario para conseguir un empleo; pero lo que realmente importaba era su capacidad para vender. Billy fue a la universidad a jornada completa, pero también trabajó a tiempo completo vendiendo propiedades inmobiliarias. Pulió sus habilidades sociales asistiendo a todas las fiestas formales, semiformales e informales y a todos los partidos de fútbol americano. Sí, Billy es productivo. Cualquier nota mejor que un 2,01 en su media de calificaciones en sus estudios de grado hubiera reducido su tiempo dedicado a las ventas o a la mejora de sus capacidades sociales, así que no se preocupó por sacar mejores notas.

Durante más de veinte años, Billy Gilmore y yo hemos sido amigos, y ocasionalmente trabajamos juntos. Recientemente, el vicepresidente ejecutivo y el director nacional de ventas de una importante sociedad anónima me pidieron que diera un seminario a un centenar de sus mejores profesionales un sábado por la mañana en Dallas. Como las escenificaciones y los análisis de situación formaban parte del programa de mis seminarios, telefoneé a Billy, que vende ropa informal para mujeres, incluyendo vaqueros, a empresas como J. C. Penney, que tiene su sede central en Dallas. Le sugerí que se quedase hasta el sábado y que me ayudase a llevar a cabo algunas escenificaciones durante el seminario, Billy aceptó de inmediato.

Tommy, trato hecho [...]. Dame el nombre de tu contacto (el director nacional de ventas). Obtendré toda la información sobre él [...]. Te veré el sábado por la mañana.

Billy hizo mucho más que llamar a mi contacto para obtener información. Llamó a la secretaria del director nacional de ventas y consiguió los detalles sobre el lugar dónde se iba a celebrar el seminario y el horario. Entonces le hizo a la secretaria una serie de interesantes preguntas:

Billy: ¿Lleva vaqueros la esposa del señor Herman?
Secretaria: Creo que sí.
Billy: ¿Tiene alguna idea de qué talla de pantalón usa la señora Herman?
Secretaria: La misma que yo. Una cuarenta ceñida, o realmente una cuarenta y dos.

La mañana del seminario, entré al salón de actos unos treinta minutos antes de la hora. El director nacional de ventas me vio y en un abrir y cerrar de ojos atravesó la estancia y me dijo: «Dios mío, Tom, a mi mujer le han encantado los vaqueros. No puede agradecértelo lo suficiente. Se siente mucho mejor cuando tengo que renunciar a un sábado si hay unos vaqueros de por medio. Le quedan de maravilla».

Mientras Herman me elogiaba, me preguntaba de qué narices me estaba hablando. Justo entonces le eché un vistazo a Billy. Tenía una gran sonrisa en su rostro, y en un instante lo comprendí todo. Billy, mediante sus vaqueros especiales «de corte Featherstone», había vuelto a dar el golpe. Una vez más, había mostrado cómo «llevarse bien con la gente». Fue Billy el que hizo que Herman comenzara el día de tan buen humor. Con un comienzo así, no me sorprendió que el seminario fuese todo un éxito. Después de haber calculado la talla de pantalón de la señora Herman, hizo que su mejor costurera le creara una docena de vaqueros hechos a medida. Pero la alta calidad sólo constituía parte de su plan: dentro de cada vaquero había una etiqueta que ponía «talla 38».

Incluso hoy en día no estoy seguro. Cuando Herman llama y me pide que dé otro seminario, me pregunto: «¿Es mi seminario o son los vaqueros de Billy los que han motivado la llamada?». Billy ni siquiera le dijo nunca a Herman que había sido él el que había enviado los vaqueros. Dejó una nota en la caja que decía «De parte de Tom Stanley». Yo me llevé el mérito y toda la buena reputación. Al final, la compañía de Herman contrató y compró muchos de mis seminarios, libros, audios y otros materiales.

¿Cuál era la fuente de la empatía de Billy Gilmore con respecto a las necesidades de la gente? Le hice esa misma pregunta y me explicó que su madre siempre le decía:

Yo, yo y yo es aburrido, aburrido y aburrido.

En otras palabras, céntrate siempre en las necesidades y los intereses de los demás. Su padre era un profesional de las ventas y también interpretaba un papel. Cuando Billy era sólo un niño, su padre solía llevarle con él a visitas de ventas para vender autobuses escolares a distritos escolares de los condados. Antes de cada visita, su padre le explicaba por qué era importante comprender los intereses y los orígenes de cada persona que tomaba decisiones con respecto a la compra de autobuses escolares. Su padre era un excelente profesional de las ventas y un gran mentor, y él también creía en la norma fundamental de las ventas y la practicaba:

Yo, yo y yo es aburrido, aburrido y aburrido.

CUALIDADES DEL LIDERAZGO

Progenitor preocupado: Estamos muy preocupados por nuestro hijo. Con sus calificaciones, podemos olvidarnos de las mejores universidades.
Director de la escuela: No se preocupe por Richard. Le irá bien en la vida. Gusta a la gente y le respetan. Le siguen. Richard es un líder nato.

El director del colegio atinó con su valoración de Richard. Recientemente escribió en el cuestionario que rellenó para mí: «Mal estudiante en el instituto y la universidad». Pero también indicó que se estaba acercando rápidamente al estatus de decamillonario. Es un líder y el muy exitoso propietario de un negocio, y muestra un gran entusiasmo por su vocación. Manifiesta mucho aprecio y empatía por las necesidades de sus empleados, cuyo salario se encuentra bastante por encima de la media. A su vez, Richard es muy apreciado por sus empleados. Como muestra de su aprecio, todos ellos hicieron una colecta y le regalaron a Richard y su esposa unas vacaciones en Europa.

Pese a ello, la vida de Richard podría haber acabo siendo muy diferente. ¿Qué hubiera pasado si hubiera tenido unos progenitores distintos y un director insensible en la escuela secundaria privada a la que fue? ¿Qué hubiera pasado si le hubieran dicho a Richard?:

Con estas calificaciones nunca llegarás a nada. Con tu expediente académico tendrás suerte si consigues un empleo de lavaplatos o barriendo suelos.

En lugar de eso, los padres de Richard nunca le dijeron cosas así. Nunca perdieron la confianza en él, como tampoco lo hizo su mentor, el director del colegio. En la escuela, Richard era un líder en las actividades deportivas y sociales. Nunca se le hizo sentir inferior debido a su falta de logros académicos.

Richard es como mucha gente muy exitosa. Obtuvo mucho más de su entorno escolar de lo que nunca se reflejó en sus boletines de calificaciones y sus expedientes académicos. Tomemos otro caso práctico que muestra este concepto sobre el liderazgo frente a las calificaciones escolares.

UN LÍDER DE LÍDERES

Hace poco que has finalizado tus estudios universitarios y ahora estás pensando en cursar estudios de posgrado. Antes de que te acepten debes hacer el examen de acceso a cursos de posgrado. Varias semanas después de hacer el examen, los resultados te llegan por correo. Abres el sobre rápidamente para echarles un vistazo. No son muy fáciles de interpretar, por lo que miras la leyenda. El examen de acceso a cursos de posgrado consta de varias partes. Los dos principales componentes son la puntuación en aptitudes verbales y la otra la puntuación en habilidades matemáticas. Tiene otras partes como pruebas de física, química, biología, estudios sociales y bellas artes.

¿Cómo has quedado clasificado? Descubres que la puntuación de tu aptitud verbal se encuentra en el tercer cuartil, o por debajo de la media. Naturalmente, te sientes decepcionado, por lo que te fijas en los otros resultados. Tu puntuación en habilidades matemáticas te sitúa en el 10 % inferior, y te encuentras en el cuartil inferior en cuanto a la física, la química, la biología, los estudios sociales y las bellas artes.

Si éstos fueran tus resultados, ¿seguirías pensando en cursar estudios de posgrado? ¿Qué sucedería si le enseñases estas puntuaciones a un equipo de orientadores escolares o vocacionales? Podrían aconsejarte que no tienes madera para los estudios de posgrado. Algunos incluso podrían ser lo suficientemente atrevidos como para decirte que deberías rebajar tus expectativas, lo que supone una forma elegante de decir: «Nunca llegarás lejos».

¿Cuántos orientadores sería probable que te dijeran?:

Joven, tienes unas extraordinarias cualidades de liderazgo, una gran visión. Algún día cambiarás la conciencia social de Estados Unidos. Tendrás más que ver con los cambios sociales y políticos en EE.UU. que nadie desde Franklin Delano Roosevelt.

Te apuesto que dirás que ninguno, porque la mayoría de los orientadores valoran nuestro futuro basándose en los resultados de los exámenes estandarizados. Es una desgracia que las puntuaciones en los exámenes, que se sólo se tardan un día en hacer, satisfagan las especulaciones sobre los siguientes treinta o cuarenta años de tu trayectoria profesional. Si crees en ellos, te pasarás el resto de tu vida pensando y actuando como alguien con unas aptitudes reducidas.

¿Te puedes imaginar si el doctor Martin Luther King Jr. hubiera pasado toda su vida pensando y actuando así? Los resultados del examen de acceso a cursos de posgrado que hemos descrito fueron los de Martin Luther King Jr. (Bronner, E.: «Colleges look for answers to racial gaps in testing». *The New York Times,* 8 de noviembre de 1997, p. A8), pero nunca permitió que los detractores se interpusieran en su camino. Comprendió el verdadero significado del éxito.

Debe haber un equilibrio. Ciertamente, todos queremos que nuestros hijos sobresalgan en la escuela, pero, al mismo tiempo, debemos alentarlos para que hagan más, a asumir papeles de liderazgo en el colegio. Anímalos a participar en actividades extracurriculares y de equipo. Si lo hacemos, podremos esperar tener un mayor número de líderes. Incluso tendremos una población creciente de líderes con habilidades tanto sociales como analíticas.

IGNORA A LOS DETRACTORES O INSPÍRATE EN ELLOS

¿Qué me dicen los millonarios sobre la relación entre su éxito y la forma en la que lidian con las críticas? La mayoría ignora a sus detractores o emplea las críticas como una inspiración para triunfar. La mayoría de los millonarios definen a un detractor como alguien que emite valoraciones y predicciones negativas sobre otras personas. Al contrario que los mentores, que se centran en cómo los demás pueden mejorar, los detractores no están interesados en ayudar a mejorar a las personas que son el objetivo de sus críticas. De hecho, parecen disfrutar viendo a la gente fracasar. Es como si obtuvieran satisfacción al ver que sus predicciones se cumplen.

Los detractores son aquellos que han dicho a muchos millonarios:

- Nunca tendrás éxito.

- Careces de inteligencia para ser abogado.

- Ésa es la idea más tonta para un nuevo negocio que haya oído nunca.

- No hay lugar para las mujeres en la profesión médica.

- No hay esperanzas de que triunfes nunca.

- No tienes madera para estudiar un posgrado.

- Dada tu calificación de 900 puntos en tus exámenes de acceso, nunca tendrás éxito en la universidad.

Aquellos que aceptaron estas críticas negativas se retiraron pronto del campo de batalla económico, mientras que otros hacían caso omiso a las críticas. De hecho, muchos millonarios consideraron esos comentarios como meras teorías, y disfrutan refutando teorías. Los detractores realmente despiadados y negativos tienen un rasgo en común: su único talento consiste en emitir predicciones negativas. Frecuentemente están celosos de la gente con verdadero talento, de gente con la voluntad de triunfar; pero me encuentro con que la mayoría de los detractores profesionales carecen de esta misma cualidad: no pueden soportar que otras personas critiquen sus puntos de vista. Por lo tanto, ¿qué hacen para asegurarse de no ser criticados? Juegan al ataque. Critican agresiva y ofensivamente a aquellos que tienen o tendrán éxito. Es una de las formas en la que potencian su propio estatus, como si jugaran a ser juez y jurado, e incluso Dios.

La mayoría de los millonarios hechos a sí mismos propietarios de un negocio pueden hablarte mucho de los detractores. Han visto cómo les rechazaban peticiones de préstamos repetidas veces. Para ellos, los agentes de préstamos son detractores. Les dicen a los solicitantes que «tu negocio nunca lo conseguirá», pero, pese a ello, no ofrecen sugerencias sobre cómo mejorar el negocio. ¡Pero qué gran poder supone prestar dinero!

Piensa en lo que un multimillonario de Oklahoma hecho a sí mismo me dijo en una ocasión durante una entrevista a un grupo de sondeo:

Era un viernes por la mañana. Tenía que pagar las nóminas de mis empleados hacia las 16:00 h ese día [...]. Fui al banco al que le había pedido prestados millones de dólares a lo largo de los años. Me llevaron a una

oficina con otro nuevo agente de préstamos más. Este tipo, que tenía trein-
ta y tantos, procedió a decirme que mi negocio estaba siendo sometido a
una revisión [...] Tenía que obtener algunas actualizaciones [...] Duran-
te todos esos años nunca me salté ni una cuota. Entonces se pasó una hora
hablándome de sus últimos viajes para esquiar en Vail, Aspen y Steamboat
[...]. Siguió y siguió mientras yo estaba allí preocupado porque no iba a
poder pagar a cientos de personas.

Sí, logró pagar las nóminas esa tarde «por los pelos»; pero no hace
falta que digamos que ya no es cliente del «Banco del Abuso».

El «Banco del Abuso» también perdió a otro miembro de ese grupo de
sondeo: el exitoso propietario de un negocio que nunca había dejado de
pagar un préstamo en toda su trayectoria profesional. De repente, el banco
le telefoneó y le exigió la devolución de todos sus cuantiosos préstamos
porque el día antes un periódico local había publicado una noticia que
decía que este emprendedor millonario se estaba divorciando de su mujer.

Hay incontables ejemplos de detractores que intentan destruir los
sueños de hombres y mujeres ambiciosos; pero los detractores forman
una parte necesaria de nuestro sistema social en EE. UU.: descartan a
aquellos que carecen del coraje y la determinación para afrontar las críticas y triunfar a pesar de ellas.

Los emprendedores exitosos tienden a tener una energía y determinación extraordinarias. Un artículo publicado recientemente informó
sobre la fuente de su motivación (véase Sanders, A.: «Success secrets of
the successful». *Forbes,* 2 de noviembre de 1998, pp. 22, 24). Bill Bartmann, fundador y presidente de Commercial Financial Services, indicó
en el artículo que su cuñada era un importante elemento motivador
porque era una especie de detractora.

Su valoración negativa de él proporcionó a Bartmann una gran motivación para demostrar que estaba equivocada. Se le cita diciendo: «A
ella [la cuñada] no le gustaba [...]. No era lo suficientemente bueno
[para su hermana]. Eso [...] me irritaba enormemente» (Sanders, A.:
op. cit., p. 22).

Parece que Bartmann abandonó sus estudios en el instituto, pero, motivado por las críticas de su cuñada, recibió un certificado de equivalencia
con el bachillerato y luego fue a estudiar a la universidad. Allí se motivó a

sí mismo a estudiar colocando en la pared una ficha de cartulina de unos trece por dieciocho centímetros con el nombre de su cuñada. Siempre que su mente se desviaba del estudio de sus lecciones, veía el nombre de su mayor detractora y se motivaba al instante para volver a los libros.

En ese mismo artículo, Debra Streicker-Fine, presidenta de Interactive Media, reveló su fuente de motivación. Los vecinos de su pueblo pensaban que ser una mujer emprendedora era denigrante. A su vez, ella se vio motivada por su intenso deseo de rechazar su valoración acerca de ella y de su vocación (Sanders, A.: *op. cit.*, p. 24).

La lección de la mentalidad de millonario es que deberías vigilar a quién escuchas y ser sensible a las motivaciones de los supuestos orientadores. Si eres ambicioso y trabajas duro y tu carrera está acelerando con una tendencia ascendente, puede que supongas una amenaza para algunas personas. Lamentablemente, algunas de estas personas son las mismas en las que nuestros jóvenes confían para que los asesoren en cuanto a su trayectoria profesional.

Así pues, la mayoría de los millonarios ignoran a sus detractores y, además, nunca permiten que las valoraciones o las predicciones negativas debiliten su determinación. Ignorar las críticas de los detractores está correlacionado de forma significativa con el éxito económico y los logros a lo largo de la trayectoria profesional (*véase* la tabla 2-3).

Ten presente un dato: la población exitosa, independientemente de su inteligencia, es criticada con más dureza que la que fracasa. De hecho, creo que las críticas son una forma necesaria de novatada, de templado del acero, el campo de entrenamiento de los candidatos que desean triunfar. Pregúntale al típico millonario actual y probablemente dispondrá de muchas anécdotas de tipo campo de entrenamiento que contar.

La gente exitosa es diferente. No sigue a la multitud, y aquellos que no siguen al rebaño suelen ser criticados por ser diferentes. El profesor universitario más productivo que me dio una clase me dijo en una ocasión, justo antes de graduarme:

Si no publicas artículos puede que no consigas una plaza de profesor titular en una buena facultad, pero tendrás muchos amigos. Publica mucho y no serás realmente popular entre tus colegas.

TABLA 2-3

FACTORES DEL ÉXITO DE LOS MILLONARIOS: INTELIGENCIA SUPERIOR FRENTE A ORIENTACIÓN CON RESPECTO A LAS CRÍTICAS

PORCENTAJE DE MILLONARIOS QUE INDICARON QUE EL FACTOR ERA MUY IMPORTANTE (IMPORTANTE) POR CATEGORÍA PROFESIONAL

	Propietario de un negocio/emprendedor 32%	Alto ejecutivo de una empresa privada 16%	Abogado 10%	Médico 9%	Otros 33%	Todos 100%	Clasificación[1]
POSICIONAMIENTO INTELECTUAL							
Tener un cociente intelectual elevado/una inteligencia superior	16 (45)	18 (49)	34 (49)	24 (50)	20 (47)	20 (47)	21
ORIENTACIÓN CON RESPECTO A LAS CRÍTICAS							
Ignorar la crítica de mis detractores	20 (40)	9 (39)	11 (28)	11 (47)	13 (34)	14 (37)	24[2]
Tener un espíritu/una personalidad muy competitivo/a	37 (49)	46 (40)	40 (33)	37 (44)	34 (42)	38 (43)	8
Tener la necesidad de ser muy respetado	23 (44)	28 (42)	21 (47)	38 (39)	31 (38)	27 (42)	15[2]
Tener una energía extraordinaria	24 (50)	22 (45)	16 (43)	26 (58)	24 (45)	23 (48)	18[2]
Estar en forma	24 (44)	19 (48)	16 (36)	18 (49)	23 (44)	21 (44)	20

1. La clasificación se computó de acuerdo con el porcentaje de millonarios que indicaron que el componente del éxito era muy importante para explicar su éxito económico.
2. Empatado en este puesto con otro factor.

Frecuentemente, el éxito llega al precio de no ser miembro de la pandilla, del grupo de viejos amigos.

De hecho, tres de cada cuatro millonarios (el 76%) informan de que aprender a pensar de forma diferente a la multitud durante su época formativa supuso una influencia importante para convertirse en adultos productivos más adelante en su vida. Ser diferente viene acompañado de recompensas como el éxito económico, y de castigos como las críticas y la exclusión de grupos sociales.

Un millonario me dijo, en una de mis primeras entrevistas, algo sobre el rechazo:

Nunca te tomes el rechazo como algo personal.

Otro me dio un gran consejo.

Cuando seas criticado, espera dos semanas antes de enfadarte [...] [o] sentirte molesto. Después de dos semanas, si todavía deseas enfurecerte, espera otras dos semanas. ¿Qué sucede si al final de estas dos semanas sigues deseando encolerizarte? Escribe una larga carta al detractor. Explica con todo lujo de detalles por qué estás interesado en enfadarte. Después de todo este tiempo y del proceso de purga de tus preocupaciones a través de la redacción de la carta, quizás te veas sanado de esa ira destructiva. Lo más probable es que ni siquiera sientas la necesidad de enviar la carta.

EL ESTAR EN BUENA FORMA FÍSICA PARA GANAR ESTÁ CORRELACIONADO CON EL DESMENTIR A LOS DETRACTORES

De acuerdo con la encuesta, la mayoría de los millonarios hacen ejercicio de forma regular, aunque estar en forma ocupa el vigésimo lugar en la lista de los factores del éxito (*véase* la tabla 2-1). Los decamillonarios, que son aquéllos con un patrimonio neto de 10 o más millones de dólares, son el grupo con una mayor incidencia de práctica ejercicio de forma regular.

Alrededor de las dos terceras partes practica deporte de forma habitual. Buena parte del resto juega al golf o al tenis, pero no siempre de forma regular.

Cuanto más económicamente exitoso llegues a ser, a más detractores atraerás. Mantenerte en una forma física excelente puede suponer una herramienta importante para lidiar con los detractores, porque ayuda a pulir nuestro espíritu competitivo.

Muchos millonarios, especialmente los decamillonarios, son extremadamente competitivos, e incluso agradecen las críticas. Les proporcionan una mayor motivación para demostrar que sus detractores estaban equivocados en cuanto a sus valoraciones. Además, el estar en buena forma física es una de las principales fuentes de la extraordinaria energía que poseen la mayoría de los multimillonarios. Me he encontrado con muy pocos millonarios hechos a sí mismos que sean apáticos o que incluso tengan un sobrepeso evidente. El agotamiento y la apatía son amigos de los detractores. Por lo tanto, si quieres ser capaz de ignorar las críticas o, incluso mejor, medrar con ellas, nunca te permitas engordar ni volverte perezoso.

Estar en buena forma física es un importante factor subyacente correlacionado con varios otros ámbitos del éxito. Aquellos que otorgan mérito a su voluntad de asumir riesgos económicos (*véase* el capítulo 4) es mucho más probable que estén en forma que aquellos que evitan los riesgos.

La buena forma física también puede estar muy correlacionada con la satisfacción general de alguien, e incluso con el afecto por la propia vocación.

Es mucho más fácil trabajar duro si te encanta lo que haces, y la capacidad para trabajar duro está relacionada, a su vez, con estar en buena forma física.

La riqueza no tiene mucho sentido si no sabes cómo disfrutar con tu trabajo, tu gente y tus diversiones; y no podrás obtener gran cosa de tus logros económicos si te mueres antes de que llegue tu momento, como le sucedió a Powell, un multimillonario. El albacea de su testamento me devolvió recientemente un cuestionario que había enviado a Powell con una nota que decía: «Doctor Stanley: A pesar de su riqueza, el señor Powell falleció hace poco».

TABLA 2-4

FACTORES DEL ÉXITO DE LOS MILLONARIOS: INTELIGENCIA SUPERIOR FRENTE A INTEGRIDAD

PORCENTAJE DE MILLONARIOS QUE INDICARON QUE EL FACTOR ERA MUY IMPORTANTE (IMPORTANTE) POR CATEGORÍA PROFESIONAL

	Propietario de un negocio/ emprendedor 32 %	Alto ejecutivo de una empresa privada 16 %	Abogado 10 %	Médico 9 %	Otros 33 %	Todos	
						100 %	Clasificación[1]
POSICIONAMIENTO INTELECTUAL							
Tener un cociente intelectual elevado/una inteligencia superior	16 (45)	18 (49)	34 (49)	24 (50)	20 (47)	20 (47)	2[1]
INTEGRIDAD							
Ser honesto con toda la gente	62 (30)	61 (32)	46 (41)	55 (36)	55 (33)	57 (33)	1[2]
Tener un cónyuge alentador	55 (30)	48 (38)	32 (39)	54 (33)	47 (30)	49 (32)	4
Tener una fe religiosa fuerte	15 (22)	12 (27)	11 (20)	17 (21)	13 (15)	13 (20)	26

1. La clasificación se computó de acuerdo con el porcentaje de millonarios que indicaron que el componente del éxito era muy importante para explicar su éxito económico.
2. Empatado en este puesto con otro factor.

LA INTEGRIDAD Y LOS VALORES MORALES

Examino personalmente cada cuestionario rellenado porque parte de la información más importante aparece en forma de los comentarios y sugerencias escritos por los encuestados de su puño y letra, que no forman parte de los componentes de «rellene los espacios en blanco» de mis encuestas. Estos comentarios aparecen escritos en los márgenes, debajo de otras opciones objetivas y frecuentemente en lugares inesperados.

Una persona escribió sus propias explicaciones añadidas por todo el cuestionario. Cuando se le solicitó que supusiera lo que otros pensaban de él, escribió: «Justo y honesto».

También escribió pequeñas notas al lado de cada pregunta sobre las experiencias que le influyeron. Indicaban que sus progenitores y otro factor importante (tres años en el Cuerpo de Marines de EE. UU.) explicaban su éxito económico.

¿Qué tienen que ver factores como ser justo y honesto y servir en el Cuerpo de Marines de EE. UU. con convertirse en una persona con éxito económico? La población de millonarios contiene una concentración desproporcionadamente elevada de personas que me explican que la integridad es un factor fundamental para explicar su éxito. «Ser honesto con toda la gente» fue valorado como un factor del éxito muy importante o importante por la gran mayoría de los millonarios.

Otro encuestado indicó que gestionaba bienes inmuebles comerciales. Cuando leí esto y algunos de sus comentarios relacionados, me dije a mí mismo: «Apuesto a que este encuestado, el número 0103, puso un círculo alrededor de «muy importante» cuando le preguntaron sobre la importancia relativa de un factor del éxito concreto». Acerté con mi conjetura. ¿Qué factor era tan importante para explicar su éxito como agente de bienes inmuebles comerciales?

Ser honesto con todo el mundo.

Este factor es tan vital porque la integridad el un elemento fundamental del éxito cuando uno gestiona las propiedades o el dinero de otras personas. El encuestado número 0103 no es el único. Esta medida de la integridad («Ser honesto con toda la gente») ocupó el primer lugar con respecto al número de millonarios que la valoraron como una razón muy importante de su éxito económico (*véase* la tabla 2-4).

Lamentablemente, los titulares y las noticias actuales están llenos de informes sobre gente que ocupa altos puestos que carece de integridad. Incluso el presidente Bill Clinton sugirió que sus actos falaces fuesen situados en un contexto de «estadísticas deportivas», implicando que su promedio general de bateo como presidente era entre bueno y formidable. La mayoría de la gente económicamente exitosa no cree que la integridad o la falta de ella puedan promediarse como en la media de calificaciones de un expediente académico. Veamos: aquí tienes un sobresaliente en economía, un notable en política exterior, un notable en tranquilidad doméstica, un notable en acentuar los mandatos sociales, pero un muy deficiente en integridad. En términos universitarios, eso es suficiente para obtener un 2,6 en la media de las calificaciones en los estudios de grado.

Pero la integridad supone una parte diferente en el currículo de la vida. Se trata de un curso que apruebas o suspendes. Si careces de integridad, la mayoría de los millonarios te dirán que no te graduarás, ni deberías hacerlo, en el éxito económico. ¿Qué sucede si un joven y prometedor propietario de un negocio o médico que está iniciando su andadura en un consultorio engaña a sus clientes o pacientes? ¿Qué sucede si el propietario de un negocio representa inadecuadamente los productos que ofrece? Suspenden la asignatura de integridad básica y nunca tendrán éxito ni se graduarán si carecen de integridad.

El doctor Robert, que tiene cuarenta y cinco años, supone un caso práctico en términos de integridad. Tenía un consultorio médico floreciente, pero, desgraciadamente, a este médico internista le costaba mantener las manos alejadas de sus asistentes del sexo femenino. Tuvo numerosas relaciones adúlteras con varios miembros de su personal. Al final, su esposa descubrió las faltas de su marido y al poco tiempo se divorció de él.

Incluso antes de que la sentencia de divorcio se materializara, la esposa del doctor Robert se unió a un grupo de apoyo local para mujeres que estaban realizando la transición entre estar casadas y divorciadas. La señora Robert le detalló a las miembros del grupo el comportamiento adúltero de su marido, aportando numerosos ejemplos. Varias de las compañeras del grupo de apoyo eran pacientes del doctor Robert, pero ya no lo son en la actualidad. Tampoco lo son ya los incontables pacientes que supieron, por rumores, de los engaños del doctor Robert. En la actualidad, el doctor Robert también se encuentra en una transición. Está en el proceso de trasladar su consultorio a otra área de mercado.

QUINCE AL CUADRADO

El diccionario *Webster* define *integridad* como «firme lealtad a un código de valores especialmente morales». La gente con integridad conoce la diferencia entre lo correcto y lo incorrecto, entre la verdad y la mentira. La encuesta muestra que la mayoría de la gente económicamente productiva valora mucho la integridad y le atribuye el mérito de su éxito.

Jon Barry es el propietario de una empresa de gestión de bienes inmuebles y es una persona con una gran integridad. Erigió su compañía partiendo de cero. La mayoría de sus clientes son propietarios de centros comerciales, y la empresa de Jon es responsable de gestionar estas propiedades. La compañía hace de todo: desde recaudar los alquileres hasta contratar a operarios cuando hacen falta reparaciones o reformas.

Para llevar a cabo esas reparaciones, Jon emplea a contratistas que le proporcionan los mejores productos y servicios por los precios más competitivos. Suena fácil, pero no siempre se trata de un proceso sencillo. Jon se desvive por asegurarse de que sus clientes reciban el mejor trato por su dinero. Jon documenta sus responsabilidades fiduciarias en cada paso del proceso de selección y dirección de contratistas.

La integridad y la reputación que acompañan a esto son elementos extremadamente importantes subyacentes a su éxito. Jon me explicó que su padre, un exitoso representante de talentos en el sector del espectáculo le enseñó mucho sobre la integridad. Solía decirle a su hijo:

No mientas nunca. No digas nunca ni una sola mentira. Si dices una mentira, tendrás que acabar contando quince más para tapar la primera.

Según el padre de Jon, una mentira requiere de quince más para encubrirla. A su vez, estas quince necesitan de quince más, o 225 mentiras. Además, cada una de las 225 mentiras requerirá de quince más, así que ahora nos encontramos con 225 por 15, que equivale a 3 375 mentiras.

Una vez más, 3 375 multiplicado por 15 es 50 625, etc. Supone un uso más productivo de nuestro tiempo, energía e inteligencia decir siempre la verdad, ser honesto con toda la gente.

UNOS ÓVULOS, POR FAVOR. GIGANTES... ¡Y RÁPIDO!

En la actualidad, mediante el milagro de la ciencia médica, muchas parejas infértiles que desean tener hijos están recibiendo ayuda. Ésa es la razón por la cual el mercado para los donantes tanto de óvulos como de esperma está aumentando a un ritmo creciente.

La mayoría de las parejas, sean fértiles o no, tienen una intensa necesidad de tener hijos, y a muchos no les importa si su primer o su segundo retoño es niño o niña, o si tiene los ojos azules o marrones «mientras esté sano».

Pero hay algunas parejas que quieren algo más que «mientras esté sano». Tienen una intensa necesidad de tener un hijo que posea ciertas características: especialmente una elevada inteligencia. Piensa en el anuncio que se publicó recientemente en varios periódicos universitarios (véase Kolata, G.: «$50,000 offered to tall, smart egg donor». *The New York Times,* 3 de marzo de 1999, p. A10) con el siguiente titular: «Se necesita donante de óvulos: gran incentivo económico».

Según un informe publicado en *The New York Times,* el anuncio se publicó en los periódicos de algunas de las universidades más prestigiosas de EE. UU.

La frase «gran incentivo económico» se quedaba un poco corta. La pareja infértil ofrecía cincuenta mil dólares a una donante de óvulos, pero ésta debía poseer ciertas características. Debía ser inteligente y atlética. El anuncio especificaba que la donante debía tener una puntuación de 1 400 (o superior) en sus pruebas de acceso a la universidad y medir por lo menos 1,78 m, lo que constituye un indicador indirecto de la capacidad atlética.

La suposición consiste en que un óvulo de una persona alta con una puntuación de 1400 o superior en sus pruebas de acceso a la universidad dará lugar a un hijo que posea un elevado intelecto analítico y que también será alto. Recuerda que, en este caso, la pareja infértil es:

Muy instruida [...] y quiere un hijo que también pueda ser muy instrui-
do. Son altos, por lo que también quiere un hijo que sea alto [...]. (Kolata, p. A10)

Leí esta información varias veces, y cada vez que lo hacía no podía
evitar sino sentir que estaba leyendo sobre algún tipo que cría sabuesos.

Debo asumir que la pareja infértil probablemente tenía buenas intenciones en su búsqueda de una candidata ideal. Parece que ocupaban una
posición elevada en la escala de la inteligencia analítica, así que, ¿qué hay
de malo en intentar encontrar una donante que también posea su elevada
inteligencia analítica? Además, ambos son altos y atléticos, así que es natural que quieran potenciar las probabilidades; pero la vida puede hacerle
muchas jugarretas a la gente. El hecho de que mamá y papá ocupen una
posición elevada en la escala de la inteligencia no significa que su descendencia, Thad y Buffy, también vayan a ser inteligentes, y es posible que
Thad y Buffy posean algunos rasgos no deseables. Recientemente leí una
historia publicada por Associated Press con el titular «National Merit
scholar» («estudiante de Mérito Nacional»). Cerca de este subtítulo había
una fotografía de la galardonada: una joven alta y atractiva. ¿Era inteligente?: Sí. De otro modo, ¿cómo podría haber sido tenida en cuenta como candidata para recibir una beca al Mérito Escolar Nacional? El artículo también explicaba que era una estudiante universitaria necesitada de
fondos «para que pudiera concentrarse en su arte» (Mendoza, M.: «College student held in robberies» [«Estudiante universitaria detenida por ro-
bar»], *Atlanta Journal-Constitution,* 28 de enero de 1999, p. A10).

Sospecho que la pareja infértil no adquiriría los óvulos de esta joven
estudiante. No apareció en las noticias debido a su excelente desempeño
en las pruebas de acceso a la universidad.

Emma [...] de dieciocho años y estudiante de Mérito Nacional, está acu-
sada de apuntar [...] con una pistola [...] mientras atracaba una pelu-
quería. (Mendoza, p. A10)

La inteligencia y la integridad no son los mismos constructos, así que,
si tuvieras la oportunidad, ¿qué harías? Sois una pareja casada en busca de
un óvulo. ¿Escogeríais óvulos inteligentes de una donante que comete

atracos a mano armada o insistiríais en obtener óvulos de una donante con una gran integridad? Personalmente, reduciría los requisitos relativos al cociente intelectual si pudiera potenciar las probabilidades de tener un hijo que sea honesto, equilibrado y afable. Las experiencias de los millonarios hechos a sí mismos que fueron encuestados respaldan esa decisión si quieres que tu hijo alcance el éxito económico. Ser un genio no supone una garantía de que se vaya a alcanzar la independencia económica.

DIOS LOS CRÍA Y ELLOS SE JUNTAN

Si en alguna ocasión evalúas la calidad de una persona por la calidad de su vecindario, no eres el único. Algunos vecindarios tienen una concentración mucho mayor de graduados universitarios que otros, y algunos tienen índices de criminalidad más altos que otros.

Como norma general, en EE. UU., la gente de un mismo nivel socioeconómico se concentra en ciertos barrios o zonas. Ésta es la base de buena parte de mi muestreo de hogares prósperos. Sobremuestreo aquellos vecindarios estadounidenses con una mayor concentración de millonarios, lo que supone el método más eficaz de concentrarme en la población millonaria.

En una muestra nacional, sin seleccionar vecindarios, uno esperaría que sólo uno de cada veinte encuestados perteneciese a la categoría de los millonarios. Pero en este libro, la muestra se tomó en vecindarios en los que vivían más de un 80 % de millonarios. Estos encuestados prósperos suelen ser gente instruida y ostentan puestos con unos salarios elevados. Algunos incluso dirían que, de media, son más listos o inteligentes que la gente que vive en otras áreas. Por supuesto, tal y como se comenta a lo largo de este libro, «inteligente» tiene muchas definiciones.

Si defines inteligente como el hecho de tener un cociente intelectual o una puntuación en las pruebas de acceso a la universidad por encima de la media, entonces la gente que vive en vecindarios prósperos suele ser más «inteligente» que aquella que vive en, digamos, áreas de clase media-baja; pero sería incorrecto llegar a la conclusión de que toda la gente inteligente vive en vecindarios prósperos, al igual que sería incorrecto llegar a la conclusión de que todos los que viven en barrios obreros tienen un nivel de inteligencia inferior. Existen varias relaciones significativas entre el tipo de vecindario y las características de la gente que reside en él, tal y como se pone de manifiesto con el siguiente caso práctico.

Recibí una carta de un desconocido que me pedía ayuda. ¿Dónde crees que vive este tipo?

Apreciado doctor Stanley:

He leído sus obras más recientes. Tengo unas aptitudes matemáticas extremadamente altas. Poseo estudios de posgrado en matemáticas avanzadas [...] por la Universidad de _____.

Por ahora sabes que esta persona sabe leer. No es una certeza, pero podrías apostar y suponer que vive en un vecindario con una concentración de gente de clase media y con estudios universitarios superior a la media.

Luego captas que este tipo es un genio matemático y que tiene estudios de posgrado de una universidad prestigiosa. Probablemente vive entre otras personas con un cociente intelectual, unas puntuaciones en las pruebas de acceso a la universidad, una media de las calificaciones en los estudios de grado, unos ingresos y un patrimonio neto elevados.

¿Podría ser que viviese en uno de los mismos vecindarios que mis encuestados y que sea un millonario con una casa prototípica valorada en 1,4 millones de dólares? Tu valoración cambia un poco después de leer un poco más de su carta.

Actualmente me encuentro en un momento de transición. Quiero, con el tiempo, seguir una trayectoria profesional distinta.

Está usted muy versado en el estudio de las familias prósperas. Así pues, tengo una petición para usted. Estoy muy interesado en convertirme en profesor particular de matemáticas para los hijos de los adinerados. ¿Podría proporcionarme los nombres y direcciones de millonarios en las siguientes áreas _____?

Puede que no sea un millonario. Los profesores particulares de matemáticas a jornada completa no suelen hacerse ricos. Ahora te lo imaginas como quizás un tipo muy brillante con una ambición limitada que, por lo menos, puede que viva en un agradable vecindario de clase media-baja. Si ésa es tu suposición, no ganarás ningún premio en este concurso de preguntas y respuestas. Ten en cuenta el resto de la historia.

Actualmente estoy en la cárcel [...]. Mi libertad está programada para el próximo septiembre.

Bueno, parte de tu respuesta fue correcta: el tipo vive en un vecindario con una alta concentración de gente con características similares, pero la mayoría no son millonarios ni tienen afición por las matemáticas. El 100 % de ellos son convictos.

Este convicto era extraordinariamente arrogante. Pensaba que como era brillante con las matemáticas podía pasar por alto el hecho de que un jurado había decretado que carecía de integridad. Imagina que eres una persona rica con hijos que necesitan un profesor particular de matemáticas. Un día recibes una carta con un matasellos que pone *Universidad Carcelaria*. Contiene frases como «por favor contráteme» y el currículum del «solicitante» adjunto. Bajo el apartado de objetivos laborales lees:

Salir de la cárcel y ser profesor particular de muchachos ricos [...] por un sueldo más alojamiento y comidas gratis en una mansión.

Aquí tenemos un mensaje sencillo. Hay gente como este convicto que es superdotada, pero eso no significa que también tengan una gran integridad.

La aureola que rodea a la gente inteligente suele cegarnos. Pensamos, automáticamente, que son mejores en todas las dimensiones clave de la vida. De hecho, algunas personas inteligentes no son personas con una gran integridad.

Tu cónyuge

Lincoln dijo, refiriéndose a los políticos, que no puedes engañar a toda la gente todo el tiempo, pero en el mundo de los negocios es difícil que aquellos que carecen de integridad engañen a algunos de sus clientes parte del tiempo. Citando a Marcos 3, 25, Lincoln también dijo que un hogar dividido no puede mantenerse en pie, y eso también puede hacer referencia directa a la relación con un cónyuge.

Nótese que uno de los factores del éxito fuertemente correlacionado con la integridad es:

Tener un cónyuge alentador.

Casi la mitad (el 49 %) de los millonarios encuestados indicaron que este elemento era muy importante para explicar su éxito económico. La mayoría de los encuestados cree que:

La integridad comienza en el hogar.

No puedes esperar que tu cónyuge sea alentador si mientes y engañas. Tu cónyuge y tus hijos tienen muchísimas oportunidades de fijarse en tu comportamiento. No basta con que digas que eres honesto o que simplemente asistas a los servicios religiosos cada semana. Debes ser, en cuanto a la integridad, un modelo a imitar para tu cónyuge, tus hijos y los demás. Si lo eres, tu cónyuge probablemente te apoyará en las buenas y las malas épocas, durante los años de vacas flacas y vacas gordas.

Se presenta una discusión más detallada del papel que desempeñan los cónyuges en la familia acaudalada en el capítulo 4 («La relación entre la valentía y la riqueza»). En el capítulo 4 también se incluye un perfil de millonarios que tiene una fe religiosa fuerte. Para muchos millonarios, la fe religiosa también está muy relacionada con la integridad, tal y como se muestra en la tabla 2-4.

Además, la elección, por parte de los millonarios, de su cónyuge aparece detallada en el capítulo 6. Es importante señalar que «tener un cónyuge alentador» está muy correlacionado con la mayoría de los principales factores subyacentes al éxito económico entre la población de los millonarios.

TABLA 2-5
FACTORES DEL ÉXITO DE LOS MILLONARIOS: INTELIGENCIA SUPERIOR FRENTE A INTELIGENCIA CREATIVA

PORCENTAJE DE MILLONARIOS QUE INDICARON QUE EL FACTOR ERA MUY IMPORTANTE (IMPORTANTE) POR CATEGORÍA PROFESIONAL

	Propietario de un negocio/emprendedor 32%	Alto ejecutivo de una empresa privada 16%	Abogado 10%	Médico 9%	Otros 33%	Todos 100%	Clasificación[1]
POSICIONAMIENTO INTELECTUAL							
Tener un cociente intelectual elevado/una inteligencia superior	16 (45)	18 (49)	34 (49)	24 (50)	20 (47)	20 (47)	2[1]
INTELIGENCIA CREATIVA							
Ver oportunidades que otros no ven	42 (43)	34 (40)	19 (35)	28 (31)	25 (40)	32 (40)	12
Encontrar un nicho de mercado rentable	35 (54)	21 (38)	14 (43)	16 (49)	17 (42)	23 (46)	18[2]
Especializarse	16 (42)	9 (21)	20 (37)	43 (30)	12 (37)	17 (36)	22
Amar mi trayectoria profesional/negocio	51 (37)	45 (41)	29 (48)	56 (38)	43 (41)	46 (40)	6

1. La clasificación se computó de acuerdo con el porcentaje de millonarios que indicaron que el componente del éxito era muy importante para explicar su éxito económico.
2. Empatado en este puesto con otro factor.

¿Qué sucede si no eres un genio analítico? Tus orientadores escolares solían recordarte que simplemente eras un estudiante promedio o ligeramente por encima de la media. Los resultados de tus pruebas de acceso a la universidad indicaban que no era probable que fueras aceptado en una facultad competitiva, y tus calificaciones de notable están en sintonía con los resultados de tus pruebas de selectividad. No eres un superdotado, pero posees otro don.

Eres lo suficientemente inteligente como para saber que sería una mala idea intentar competir en la misma área vocacional con los niños prodigio de tu escuela, por lo que descartas ser abogado o médico. Entonces buscas una oportunidad de negocio que pudiera proporcionarte beneficios importantes y pocos competidores. Descubres la oportunidad de negocio ideal: básicamente, simplemente has tenido una sensación intuitiva sobre el tipo de inteligencia que posees. Tienes mucha inteligencia creativa.

La gente con inteligencia creativa que pone empeño se encuentra entre la gente más económicamente exitosa en EE.UU. Así que, ¿qué pasa si no ostentan una posición elevada en la escala de la inteligencia analítica? Normalmente no se les anima a ingresar en un programa exigente de una escuela de estudios de posgrado o en un instituto de formación profesional competitivo, pero frecuentemente son grandes ganadores en el campo económico. ¿Cómo es posible?

Los millonarios que poseen una gran inteligencia creativa suelen tomar una decisión muy importante sobre su trayectoria profesional correctamente: escogen una vocación que les proporciona unos enormes beneficios, y muy frecuentemente esta vocación es la que aman. Recuerda que, si adoras lo que haces, tu productividad será alta y surgirá tu forma concreta de genio creativo. El profesor Robert J. Sternberg, una de las autoridades más destacadas en cuanto a la inteligencia humana, apunta que la gente creativa tiende a adorar la vocación que ha elegido, y ésta es una de las principales razones por las cuales tiene éxito en la vida. La inteligencia creativa es un componente importante de la definición de Sternberg de la inteligencia exitosa (véase Sternberg, R. J.: *Successful intelligence*. Simon & Schuster, Nueva York, 1996, pp. 251-252).

Incluso la gente con inteligencia analítica suele escoger vocaciones llenas de competidores y descubre que no le gusta su trayectoria profesional. Incluso aunque sean genios, es difícil ganar una batalla económica competitiva si tu corazón y tus emociones no están completamente dedicados a la victoria. Piensa en lo que Mo Siegel, el fundador y presidente de Celestial Seasonings, le dijo recientemente a un reportero sobre tener éxito:

A no ser que tengas un cociente intelectual prácticamente perfecto [...], la pasión por tu producto es muy útil [...]. Quiero que todos en la compañía sean apasionados. (Lee, J.: «You are what you sell». *Forbes*, 22 de febrero de 1999, p. 22)

En los resultados que se aportan en la tabla 2-5, casi la mitad (el 46 %) de los millonarios indica que «amar mi trayectoria profesional o negocio» es un factor muy importante que explica su éxito económico. Otro 40 % valoró este factor como importante. Combinando los que respondieron que era muy importante o importante, el 86 % de los millonarios cree que el amor por su vocación es significativo para explicar su estatus de millonario. Por el contrario, «tener un cociente intelectual elevado/ una inteligencia superior» fue valorado como muy importante por sólo uno de cada cinco (o el 20 %) de estos encuestados prósperos. «Ver oportunidades que otros no ven» también fue valorado como más importante por los millonarios que «tener un cociente intelectual elevado/una inteligencia superior».

Nótese que «propietario de un negocio» es el principal segmento profesional, y más de cuatro de cada cinco creen que «ver oportunidades que otros no vieron» y «encontrar un nicho de mercado rentable» eran factores del éxito muy importantes o importantes.

Ver oportunidades y encontrar un nicho de mercado rentable contribuyen a que adoremos nuestra trayectoria profesional porque, generalmente, es el propio millonario el que vio la oportunidad o encontró, personalmente, el nicho de mercado que le emocionaba. La elección de su trayectoria profesional no le fue impuesta por sus progenitores ni por su pareja. De hecho, hay una correlación muy significativa entre el nivel de patrimonio neto y la valoración como importante de «encontrar un nicho de mercado rentable».

La gente creativa sabe lo que hacer cuando una puerta se cierra. Prueba con otro camino para triunfar. Parece conocer sus fortalezas además de sus limitaciones. Si carece de fondos, probablemente escogerá otra vocación. Piensa en el ejemplo de Hazel Bishop. No pudo estudiar Medicina en la universidad debido a razones económicas, así que aceptó un empleo como química y trabajó para un gran dermatólogo que estudiaba alergias relacionadas con los productos cosméticos.

A partir de esta y de otras experiencias relacionadas inventó el primer pintalabios permanente en su cocina. Su marca acabó acaparando el 25 % del mercado. Su creatividad se impuso a su adversidad económica, y es más que probable que nunca hubiese alcanzado tanto éxito económico como dermatóloga. Había muchos dermatólogos muy cualificados, pero sólo existía una inventora del pintalabios permanente «que permanece en ti y no en él» (Tannen, M.: «Hazel Bishop… Innovator who made lipstick kissproof». *The New York Times,* 10 de diciembre de 1998, p. C24).

Mis bases de datos están repletas de respuestas de millonarios que fundaron negocios que son muy muy singulares. A la gente creativa se le ocurren ideas de negocios únicas y, frecuentemente, estos tipos creativos no son apreciados por sus maestros y profesores. Son algunos de esos radicales que podrían haber escrito en los márgenes de los exámenes de respuestas cortas «más de una respuesta es posible» y luego haber proporcionado una explicación lógica. Muchos de estos casos prácticos se comentan en cierto detalle en el capítulo 5 («Vocación, vocación y vocación»).

Nuestra economía está llena de emprendedores exitosos a los que se animó al principio de su vida a pensar de forma diferente. Se promovió la creatividad. Por lo tanto, cuando se critica a los jóvenes por ser superados en los exámenes estandarizados por sus homólogos de otros países, recito la siguiente cita:

Cuando el ministro de Educación de Singapur vino aquí [a Estados Unidos] […], la gente [le preguntó]: «¿Qué está buscando aquí? Sus jóvenes […] obtienen las mejores puntuaciones en todos los exámenes estandarizados de conocimientos internacionales […]». Él contestó […]: «Todo lo que nuestros chicos saben hacer es examinarse». (Bronner, E.: «Freedom in math class may outweigh tests». *The New York Times,* 2 de marzo de 1999, pp. A1, A4).

Aparentemente, el ministro de Educación de Singapur comprende algo que nuestros educadores no comprenden. La creatividad, el descubrimiento y la explotación de oportunidades únicas tienen mucho que ver con nuestra posición económica en el mundo en la actualidad. Como sociedad, debemos promover incluso una mayor creatividad en nuestros jóvenes.

Es desafortunado que muchos educadores se centren sólo en la parte del cerebro que aloja la inteligencia analítica. ¿Qué sucede si siguen diciéndole a los jóvenes que no muestran una inclinación analítica que la creatividad no cuenta en nuestra economía? Estaremos enfrentándonos a grandes problemas. Dile incluso al alumno más creativo una y otra vez: «Los resultados de tus exámenes son inferiores y, por lo tanto, tú eres inferior» y el resultado será otro desertor económico. En lugar de eso, dile a un joven que hay muchas formas de ganar. Dile que la creatividad e incluso el sentido común, las habilidades sociales y la integridad cuentan en el escenario económico. Si transmitimos ese mensaje, tendremos a muchas más personas que se convertirán en ciudadanos productivos.

Los exámenes ocupan su lugar en esta sociedad, pero debería haber más exámenes sobre los intereses que los jóvenes tienen en su interior. Diles lo siguiente: si queréis tener éxito, escoged una vocación que améis. Es sorprendente lo bien que le va a la gente en la vida cuando su vocación estimula la dedicación y las emociones positivas.

Lamentablemente, la mayoría de la gente que encuentra una vocación que le apasiona nunca se vio dirigido hacia ella mediante exámenes o a través de su entorno académico. Es especialmente importante apuntar que sólo el 14 % de los millonarios estudiados indicaron «haber encontrado su vocación ideal con los resultados de los exámenes estandarizados». Una cifra incluso menor (el 6 %) la encontró a través de la oficina de empleo de su universidad.

EL CORAZÓN DE UN ATLETA

¿Son el deseo, una selección cuidadosa y un gran afecto por una vocación suficientes para compensar la carencia de una gran inteligencia analítica? Hace algunos años, uno de los graduados universitarios a los que asesoraba quería ir a la escuela de estudios de posgrado y obtener un máster en

Administración de Empresas (MBA). Había pasado sus dos primeros años en la universidad obteniendo muchos aprobados, y después en su tercer y cuarto año empezó a conseguir notables. Hizo el examen GMAT[1] (*Graduate Management Aptitude Test*, o Examen de Aptitud para Estudios de Posgrado de Administración de Empresas), que suponía un requisito para la admisión en la escuela para la que había enviado una solicitud. Supe, por su mirada la mañana que vino a consultarme, que estaba disgustado con su resultado.

La escuela para estudios de posgrado de Administración de Empresas en la que estaba interesado no pertenecía a la élite académica, y la calificación mínima para ser aceptado era de 450 puntos en el examen GMAT; pero la puntuación del alumno al que asesoraba se encontraba «alrededor de los 300 puntos». Pensó que una entrevista con algunas personas clave en la escuela de negocios compensaría su baja puntuación en el examen GMAT, pero le dijeron: «No tienes madera para entrar en una escuela de estudios de posgrado».

¿Qué le dices a un joven estudiante que acaba de ver cómo su sueño de estudiar en una escuela de estudios de posgrado ha quedado hecho añicos? Le dije que había muchos programas de MBA. En esa época había algunos programas nocturnos y a tiempo parcial que estaban verdaderamente interesados en hacer crecer su base de alumnos, y algunas ni siquiera exigían hacer el examen GMAT.

El joven alumno al que asesoraba se recuperó pronto del dolor ocasionado porque le dijeran que no tenía «macera para acceder a una escuela de estudios de posgrado», y no me supuso una sorpresa. Este tipo era un atleta dotado y había mostrado mucha disciplina y determinación en los deportes. Aplicó esas mismas cualidades en encontrar una escuela que le aceptara, y lo logró.

Mientras estuvo en el programa estudió día y noche. Al principio de sus estudios de posgrado uno de sus profesores se convirtió en su mentor. Éste quedó impresionado por sus hábitos de estudio y su creatividad: tanto que le contrató como su asistente de investigación. Resultó ser un recurso muy valioso para el profesor y le fue bien con el trabajo propio de su curso.

---

1. La puntuación del examen GMAT oscila entre un mínimo de 200 y un máximo de 800 puntos. (*N. del T.*)

El profesor, que tenía una excelente reputación como investigador y había publicado muchos artículos, animó a su asistente a estudiar un doctorado en Empresariales. El profesor escribió a varios de sus muchos contactos de distintos programas de doctorado, respaldando la solicitud de su asistente para su admisión en sus programas. Dejó claro que el solicitante «nunca obtendría una puntuación elevada en el examen GMAT, pero trabajaría duro y sería un importante activo para cualquiera para quien realizara trabajo de investigación».

El estudiante fue finalmente aceptado en un programa de doctorado de calidad y trabajó codo con codo con un distinguido profesor. Durante esa época empezó a escribir artículos en las revistas más prestigiosas. Nótese que la junta de revisión editorial de estas revistas nunca pide las puntuaciones en el examen GMAT a los autores. No les importaba que este tipo tuviera veinticinco años cuando recibió su título de grado. Se fijan en «avances, nuevas ideas, hallazgos singulares».

He seguido los logros de este destacable joven a lo largo de los años. ¿Cómo es que hoy ocupa una cátedra distinguida como profesor investigador? ¿Qué sucedió con tantos de los otros candidatos a un doctorado que estaban en la escuela de estudios de posgrado en la misma época en la que él era estudiante? La mayoría son profesores en la actualidad. La mayoría obtuvieron excelentes puntuaciones en el examen GMAT y en la prueba de acceso a estudios de posgrado, pero muy muy pocos han conseguido lo que este antiguo estudiante al que yo asesoraba ha logrado.

Estoy especialmente interesado en el rechazo que recibió en sus primeros años en la universidad. En su primera universidad de elección le dijeron que no daba la talla para hacer estudios de posgrado. Pese a ello, hubo muchos años en los que este tipo publicó más artículos que cualquier otro miembro del profesorado de esa universidad.

LA PRUEBA DE FUEGO EN UNA SOCIEDAD DURA

¿Cuál es la relación entre la inteligencia, tal y como la miden las llamadas pruebas de inteligencia y similares, y el éxito en la vida? En un artículo transcendental publicado hace más de un cuarto de siglo, el profesor David C. McClelland, de la Universidad de Harvard, retó la validez de las pruebas estandarizadas de inteligencia y los exámenes de aptitud relacionados (véase McClelland, D. C. [1973]: «Testing for competence rather than for "intelligence"». *American Psychologist*, enero de 1973, pp. 1-4).

La validez tiene muchas definiciones, pero la prueba de fuego de una medida es lo bien que predice cierto comportamiento definido *a priori*. Según McClelland, las medidas tradicionales de la inteligencia no explican una importante parte de la variación en los logros y el éxito en la vida. Sin embargo, mantiene que las pruebas de inteligencia y sus primas hermanas, las pruebas de aptitudes, están muy correlacionadas con las calificaciones en la escuela y la universidad. La razón es que estas pruebas están repletas de ciertos tipos de preguntas, problemas a resolver, analogías que hacer y lecturas que comprender: el mismo tipo de temas, tareas y preguntas que aparecen en los deberes para las distintas materias y los exámenes.

Así pues, aquí tenemos la lógica (o la falta de ella) que los fanáticos de las pruebas de inteligencia y de aptitudes nos proponen: Las pruebas predicen el desempeño en la escuela, y el desempeño en la escuela predice en éxito en la vida. Lo siento, fanáticos de las pruebas de inteligencia. La mayoría de la gente implicada en la investigación sobre esta materia estará de acuerdo en que los resultados en las pruebas de inteligencia y las calificaciones que se obtienen en la escuela están correlacionados de forma significativa. Mis propias encuestas hechas a la gente acaudalada confirman esto. ¿Pero predicen las pruebas algo aparte del rendimiento en un entorno académico?

> *Así pues, ¿qué hay de las calificaciones? ¿Son válidas como predictoras? Los investigadores, de hecho, se han encontrado con grandes dificultades para demostrar que las calificaciones en la escuela están relacionadas con cualquier otro comportamiento importante, aparte de hacerlo bien en las pruebas de aptitudes.* (McClelland: *op. cit.*, p. 1).

Pero la creencia popular sigue ahí. Simplemente parece muy lógico. Se supone que los estudiantes de sobresaliente deben triunfar a lo grande. Se predice, por definición, que a los estudiantes que obtienen notables les irá «mejor que a la media» en la vida. Y se predice que a aquellos que reciben calificaciones de suficiente, insuficiente y muy deficiente no les irá tan bien como a sus compañeros de clase que aparecen en el cuadro de honor de los mejores estudiantes y que reciben menciones honoríficas.

En qué mundo tan perfecto viviríamos si uno pudiera predecir las variaciones en el éxito a partir de las calificaciones que aparecen en los expedientes académicos. Si así fuera, podrías decirle con gran seguridad a tu hijo o hija, que acaba de graduarse con una media de sobresaliente: «Buffy, Skippy, os irá bien durante toda vuestra vida, los próximos cincuenta y cinco años». ¿Pero qué hay de tu otro hijo o hija que obtuvo las calificaciones mínimas para graduarse? Tendrás que decirle a tu retoño: «Vivirás cincuenta y cinco años en los que irás tirando por los pelos».

La vida es un maratón. Lo bien que lo hagas en esta carrera implica mucho más que la media de las calificaciones en tus estudios de grado, y suelen darse vuelcos. Los exámenes estandarizados no pueden reemplazarse por la participación en la carrera. De otro modo, nuestro gobierno podría redistribuir la riqueza del país cada año y dárselo todo a aquéllos con un cociente intelectual elevado. Si van a acabar poseyéndolo, ¿por qué no, simplemente, acelerar el proceso?

Bien, ¿qué hay de dar una oportunidad a nuestros jóvenes? Permite que jueguen al juego de la vida. No les digas justo antes de que empiece:

El juego ha terminado. Has perdido. Nunca podrás ganar. No triunfarás con esas calificaciones, con esos resultados en las pruebas de acceso a la universidad.

La población general y muchos psicólogos y directivos universitarios simplemente han sido incapaces de creer o aceptar el hecho de que unas puntuaciones altas en los exámenes sólo predicen el rendimiento en la escuela y no predicen el éxito en otros comportamientos ni los resultados (véase McClelland: *op. cit.*, p. 2). ¿Por qué está nuestra sociedad tan preocupada por evaluar la inteligencia? Hacemos gran hincapié en los logros, y queremos saber, incluso antes de tiempo, quién alcanzará el éxito en el mundo laboral real. Queremos dar galardones a los triunfadores incluso antes de que consigan victorias. Somos la sociedad del *a priori*, de los supuestos. A pesar de esto, algunos alumnos nunca permiten que estas predicciones orientadas hacia los estudios les influyan. Un porcentaje desproporcionadamente alto de multimillonarios encaja en esta categoría. Aquéllos a los que les fue bien en la escuela y en las llamadas pruebas de inteligencia nunca asumieron, ni por un momento, que el éxito estaba predeterminado. ¿Qué hay de esos multimillonarios que no eran estudiantes de sobresaliente y que no obtuvieron unas puntuaciones altas en las pruebas de aptitudes? Nunca permitieron que los «marcadores de probabilidades» académicas marcaran su desempeño en la vida. Reconocieron que la creatividad, el trabajo duro, la disciplina y ciertas habilidades sociales, incluyendo el liderazgo, eran más importantes que las calificaciones y los resultados en las pruebas de aptitudes. Son personas que confunden a sus profesores y a otros fanáticos de las pruebas de aptitudes y de inteligencia.

A los educadores les parece tan evidente que aquéllos a los que les va bien en sus clases deben progresar para que les vaya mejor en la vida, que ignoran sistemáticamente las pruebas que demuestran lo contrario y que llevan acumulándose algún tiempo. (McClelland: *op. cit.*, p. 2)

Con esto no queremos subestimar la importancia de una educación para explicar el éxito económico. Según McClelland, un grado universitario es una credencial que abre puertas a empleos con mejores sueldos. Sin embargo, vio que a los estudiantes con una media inferior en sus calificaciones de grado les acabó yendo tan bien en la vida, desde el punto de vista económico, como a los mejores alumnos. Los resultados de mi investigación sobre los millonarios son muy congruentes con los del profesor McClelland. Las calificaciones obtenidas en la universidad no explican, estadísticamente, una parte importante de la variación en la riqueza o los ingresos, como tampoco lo hacen los resultados en las pruebas de acceso a la universidad.

La única excepción notable fue la de aquellos encuestados que estudiaron en facultades de Derecho o de Medicina. Se les exigió obtener unas calificaciones superiores en el instituto y unas puntuaciones altas en las pruebas de aptitudes para que los admitieran en estas facultades. Sin embargo, la mayoría no se encuentra en la categoría de los decamillonarios en la actualidad. Generalmente tienen unos niveles de patrimonio neto que oscilan entre 1 y 5 millones de dólares. Así pues, ¿quiénes son los decamillonarios en Estados Unidos? Son los emprendedores de éxito. La mayoría de estas personas no fueron estudiantes de sobresaliente y no se predijo, basándose en las puntuaciones en sus exámenes, que la mayoría de ellos fueran a convertirse en muy exitosos económicamente.

Otro problema relacionado con la obtención de unas altas puntaciones en las pruebas de acceso a la universidad y en otros exámenes estandarizados es que a veces la gente permite que su desempeño dicte la elección de sus estudios y, en último término, la elección de su vocación. Tomemos, por ejemplo, a la doctora R. A., el genio de las matemáticas. Obtuvo una puntuación muy alta en el apartado matemático de las pruebas de acceso a la universidad: le fue tan bien que las mejores universidades tecnológicas mostraron un gran interés por ella. Le ofrecieron varias becas sólo si se matriculaba en Ciencias Informáticas, Ingeniería o Matemáticas.

Pero la doctora R. A. tiene algo más que una puntuación alta en las pruebas de acceso a la universidad y una elevada inteligencia analítica. También posee mucha creatividad y sentido común, y es una persona sociable. Es muy sociable y tiene muchos amigos. Así pues, ¿qué pasa si obtuvo un 5 (la nota máxima) en la prueba de nivel avanzado de cálculo? ¿Deberían las matemáticas y la ingeniería ser sus únicas opciones? La doctora R. A. quiere estar rodeada de gente y estudiarla. Los números la aburren a no ser que estén relacionados con el comportamiento humano. Por lo tanto, la doctora R. A. se especializó en Psicología. Su principal interés son las mediciones psicológicas: le encanta el programa de estudios que ha completado recientemente y adora su trayectoria profesional.

Si la doctora R. A. hubiese escuchado al orientador escolar que le dijo que debería matricularse y especializarse en Matemáticas, Ciencias o Ingeniería, la doctora R. A. habría sido infeliz en esos programas de estudios. El orientador sólo se fijó en sus resultados en matemáticas y no dio ninguna importancia a otros factores.

Mis datos muestran claramente una correlación fuertemente negativa entre la satisfacción en el trabajo y esos «intensos» mandatos sobre la elección de la trayectoria profesional procedentes de los progenitores y los consejeros debido a las puntuaciones en las pruebas. Sigue el ejemplo de la doctora R. A. Ten la fortaleza y la resolución para luchar por lo que quieres y necesitas. No permitas que los demás te digan lo que se supone que te va a hacer feliz.

TABLA 2-6

FACTORES DEL ÉXITO DE LOS MILLONARIOS: INVERSIÓN EN EL MERCADO DE VALORES FRENTE A «OCUPARTE DE TU PROPIO NEGOCIO»

PORCENTAJE DE MILLONARIOS QUE INDICARON QUE EL FACTOR ERA MUY IMPORTANTE (IMPORTANTE) POR CATEGORÍA PROFESIONAL

	Propietario de un negocio/ emprendedor 32%	Alto ejecutivo de una empresa privada 16%	Abogado 10%	Médico 9%	Otros 33%	Todos 100%	Clasificación[1]
INVERSIÓN EN EL MERCADO DE VALORES							
Invertir en acciones de compañías que cotizan en la bolsa (empresas públicas o sociedades anónimas)	12 (28)	10 (36)	11 (32)	13 (26)	14 (30)	12 (30)	27[2]
Tener unos excelentes asesores de inversiones	13 (29)	8 (32)	6 (22)	20 (33)	11 (27)	11 (28)	29
«TU PROPIO NEGOCIO»							
Hacer inversiones inteligentes	41 (42)	27 (41)	23 (43)	33 (48)	35 (39)	35 (41)	10[2]
Invertir en mi propio negocio/empresa	50 (37)	12 (20)	15 (21)	24 (38)	14 (23)	26 (28)	17
Ser mi propio jefe	45 (40)	12 (31)	19 (40)	46 (39)	21 (34)	29 (36)	13[2]
Estar dispuesto a asumir riesgos económicos si hay un buen beneficio	42 (49)	27 (43)	15 (36)	21 (48)	22 (45)	29 (45)	13[2]
Vivir por debajo de mis posibilidades	14 (30)	9 (23)	13 (27)	16 (36)	15 (30)	14 (29)	24[2]

1. La clasificación se computó de acuerdo con el porcentaje de millonarios que indicaron que el componente del éxito era muy importante para explicar su éxito económico.
2. Empatado en este puesto con otro factor.

Si posees un nivel elevado de inteligencia según predicen las puntuaciones en las pruebas de coeficiente de inteligencia, tienes una gran capacidad o potencial; pero si no se usan de forma que te satisfagan psicológicamente, no es probable que te conviertas en alguien totalmente exitoso. El éxito total sólo requiere que disfrutes de tu vocación. El profesor Sternberg lo expresa mejor:

> *[...] Sin embargo, entre el 75 y el 96 % de la varianza en los criterios del mundo real como el desempeño en el trabajo no pueden explicar las diferencias individuales en cuanto a las puntuaciones en las pruebas de inteligencia.* (Sternberg, R. J. *et al.* (1995): «Testing common sense». *American Psychologist,* noviembre de 1995, p. 923)

En cuanto al éxito económico, la lógica es sencilla. Si tienes un buen desempeño en la vocación que has escogido, es probable que ganes más que los demás, especialmente si eres trabajador autónomo. Si ganas más, tienes grandes probabilidades de acumular riqueza. Esto es especialmente cierto si tienes el sentido común de ahorrar e invertir más de lo que gastas.

INVERSIONES: PÚBLICAS O PRIVADAS

Se habla mucho de los éxitos que han tenido muchos inversores últimamente en el mercado de valores. ¿Es el mercado de valores lo que da lugar a la mayor parte de los millonarios de primera generación en Estados Unidos? Si has leído últimamente las publicaciones periódicas sobre negocios e inversiones, probablemente contestarás afirmativamente; pero yo tengo un punto de vista distinto sobre la creación de riqueza basándome en los datos que he recopilado de los millonarios durante más de veinticinco años.

Examina los datos que se presentan en la tabla 2-6. Sólo alrededor de uno de cada ocho millonarios (un 12 %) indicó que «invertir en acciones de compañías que cotizan en la bolsa (empresas públicas o sociedades anónimas)» era un factor muy importante para explicar su éxito económico. Tres de cada diez (un 30 %) valoró este factor como importante. ¿Significa esto que la mayoría de los millonarios no invierten en acciones? En absoluto: simplemente tienden a ser más realistas sobre el mercado de valores que muchos otros inversores. Parecen considerarlo como uno de tantos lugares en los que invertir su dinero. Un porcentaje significativamente superior de millonarios (el 35 %) valoró el «hacer inversiones inteligentes» como un factor muy importante para explicar su éxito económico, en contraposición con el 12 % que otorgó la mima valoración a «invertir en acciones de compañías que cotizan en la bolsa (empresas públicas o sociedades anónimas)».

Los millonarios hacen inversiones inteligentes, pero no todas las inversiones inteligentes aparecen listadas en la bolsa de valores.

La mayoría de los millonarios te dirán que invertir en el mercado de valores (la bolsa) no es la única alternativa. Un porcentaje significativamente superior valora como muy importante «invertir en mi propio negocio/empresa» (26 %); «ser mi propio jefe» (29 %); y «estar dispuesto a asumir riesgos económicos si hay un buen beneficio» (29 %). Tal y como era de esperar, la mayoría de los propietarios de un negocio o empresa y los emprendedores son especialmente sensibles a la importancia de invertir en su propio negocio o empresa. Un 87 % de estos millonarios valoraron el «invertir en mi propio negocio/empresa» como muy importante (el 50 %) o importante (el 37 %). Muy al contrario, sólo el 12 % de estos propietarios de negocios o empresas valoran el «invertir en acciones de compañías que cotizan en la bolsa (empresas públicas o sociedades anónimas)» como muy importante. El 28 % lo consideraron importante.

¿Por qué tanto «amor» por invertir en el propio negocio o empresa y tan poco mérito otorgado al mercado de valores? El encuestado típico para este sondeo obtuvo unos ingresos anuales superiores a los seiscientos mil dólares. Prácticamente la totalidad de estos ingresos procede de su principal vocación como propietarios de un negocio o empresa, ejecutivos de empresas privadas, abogados, médicos, etc. Frecuentemente cito a un multimillonario al que entrevisté hace años que lo resumía todo diciendo:

Mi fuente (de ingresos) [...] mi negocio [...] cualquier hombre de éxito [económico] no apuesta [...]. Yo no apuesto [...] Yo [...] también trabajé duro para conseguir lo que tengo. Una vez que lo haces, no estás dispuesto a tirarlo por la borda.

TABLA 2-7

LAS INVERSIONES DE LOS MILLONARIOS: ACCIONES QUE COTIZAN EN LA BOLSA FRENTE A OTROS ACTIVOS FINANCIEROS[1]

Patrimonio neto (media)	Categoría con respecto al patrimonio neto (millones de dólares)		
	Más de 1 y menos de 2 1,471	Más de 5 y menos de 10 6,809	Más de 10 27,917

ACTIVOS FINANCIEROS ESCOGIDOS[2] COMO PORCENTAJE DEL PATRIMONIO NETO

Acciones de compañías que cotizan en la bolsa	16,8	23,6	26,4
Acciones de empresas privadas/ pertenecientes a pocos accionistas	8,5	15,8	28,3
Bonos/exentos de impuestos	8,8	12,4	12,4
Efectivo/equivalentes de efectivo	7,5	4,1	2,3
Préstamos/por cobrar	3,2	3,8	3,1
Acciones en empresas no corporativas	2,7	3,8	6,1
Sociedades	1,1	3,1	4,1
Bienes raíces comerciales/de inversión/ que producen ingresos	18,1	15,1	11,0
Total	66,7	82,3	93,7
Total menos acciones de compañías que cotizan en bolsa	49,9	58,7	67,3
Acciones de compañías que cotizan en bolsa como porcentaje de los activos financieros listados	25,2	28,7	28,2

1. Fuente: Estimaciones de la base de datos de MRI (Mediamark Research & Intelligence) y de los datos de la IRS (Agencia Tributaria de EE. UU.), 1995.
2. Los activos excluidos fueron: patrimonio neto en residencia(s) personal(es), bonos corporativos, bonos extranjeros, valor neto del seguro de vida, bonos de ahorro, patrimonio neto en vehículos a motor, artículos de colección y bienes muebles.

Este tipo no invierte en proposiciones con un riesgo elevado, y es realista con respecto a los riesgos de invertir en las compañías de otras personas. La mayoría de los millonarios invierten en acciones de buena calidad, pero no pretenden ganar una fortuna haciéndolo. No creen que las alzas en la bolsa, tras descontar las tasas, los impuestos y las recesiones puedan superar a los rendimientos que obtienen de su propio negocio o por el hecho de ser socios de un bufete de abogados o de una consulta médica productivos. Nótese que un componente del campo del «el negocio/empresa propio» es «vivir por debajo de mis posibilidades». Los autoproclamados como inversores inteligentes, atrevidos y los que invierten en su propio negocio o empresa tienen esto en común: es más probable, significativamente, que «vivan por debajo de sus posibilidades».

Aunque la frugalidad y «vivir por debajo de tus posibilidades» no es un factor principal para explicar el éxito económico de toda la población de mi encuesta, los inversores más apasionados y los que asumen riesgos financieros son relativamente más frugales que otros millonarios encuestados. Saben que pueden invertir más si son frugales y gastan menos en bienes de consumo.

PREDICCIONES Y SEMILLAS: LO PÚBLICO FRENTE A LO PRIVADO

Los millonarios hechos a sí mismos actuales son gente espabilada con respecto al dinero y a captar oportunidades económicas. Si creyesen que se pudiesen hacer predicciones del mercado de forma precisa y constante a lo largo del tiempo, muchos abandonarían y venderían sus negocios/empresas, se embolsarían sus acciones en bufetes de abogados y lo invertirían todo en la bolsa. Esto no sucede porque la mayoría de los millonarios comprende en qué consiste y qué no es la bolsa: no es algo que un inversor individual pueda controlar o donde pueda ejercer su influencia. No obstante, la mayoría de los millonarios tienen un gran control e influencia sobre su propio negocio o empresa privados, sus consultorios médicos y sus bufetes de abogados, y la mayoría tienen un conjunto de activos bien diversificado. Rara vez ponen todos sus huevos en una misma cesta.

El mercado de valores es uno de los muchos depósitos en los que los millonarios invierten parte de su dinero. ¿Pero dónde se originó este dinero? Los fanáticos de la bolsa responderán que el dinero se ganó en el mercado y se reinvirtió ahí. Si te fijas en los miles de anuncios patrocinados por compañías de inversiones y fondos mutuos, te llevarás, ciertamente, esta impresión. Pocas veces, por no decir que nunca, hablan sobre la fuente fundamental de la riqueza. Hablan sobre el excelente rendimiento que han obtenido los inversores en acciones y fondos mutuos a lo largo de los años, pero rara vez comentan de dónde procedió la riqueza.

¿Qué excluyen? Un aspecto sencillo: no puedes invertir en el mercado de valores si no ganas suficiente dinero a partir de tu vocación principal para pagar simplemente tu comida, vestimenta y alojamiento. Casi todos los millonarios te dirán que la fuente o semilla de su riqueza es su vocación. Muy pocos son gente que se dedique profesionalmente a la bolsa: ganaron su dinero haciendo otras cosas. ¿Pero qué sucede con la gente que tiene más de algunos millones de dólares? ¿Otorgan más mérito los decamillonarios a sus inversiones en acciones de empresas que cotizan en la bolsa que aquéllos con menores niveles de riqueza? En realidad, no. De hecho, uno de cada tres decamillonarios indicó que «invertir en acciones de compañías que cotizan en la bolsa (empresas públicas o sociedades anónimas)» no fue un factor importante para explicar su éxito económico. Sólo uno de cada cinco millonarios que se encontraba en el tramo que va de los 2 a los 5 millones de dólares opinó lo mismo. De media, los decamillonarios tienen una mayor parte de su riqueza invertida en acciones de empresas privadas/pertenecientes a pocos accionistas que en acciones de compañías que cotizan en la bolsa. Lo opuesto es cierto para los millonarios con un patrimonio neto de menos de 10 millones de dólares (*véase* la tabla 2-7).

De forma similar, es menos probable que los decamillonarios otorguen mérito a los asesores de inversiones como fuente de su éxito económico. Nótese que el término «asesores de inversiones» en este contexto hace referencia a aquellos que venden y proporcionan consejos relacionados con las acciones de compañías que cotizan en la bolsa. Esto es especialmente cierto para los millonarios hechos a sí mismos. ¿Qué hay de aquellos que heredaron su riqueza? Los millonarios que recibieron por lo menos un 10 % de su riqueza de herencias o donaciones tiene un punto de vista distinto.

Alrededor de la mitad del grupo de la «riqueza heredada» otorgó mérito a las inversiones en empresas que cotizan en la bolsa y a los asesores de inversiones como responsables de su éxito económico. ¿Pero habrían sido capaces de invertir si no hubiesen dispuesto de dinero procedente de una herencia? Por otro lado, los millonarios hechos a sí mismos son especialmente aficionados a las inversiones privadas. Saben que no todos los grandes ejecutivos gestionan grandes corporaciones públicas: hay muchos directores extraordinariamente dotados en el segmento de las empresas privadas. A los abogados suelen ofrecérseles participaciones en el capital de empresas privadas como compensación completa o parcial por representar a estas organizaciones. También hay clientes que invitan a los directores de una pequeña empresa de auditoria a formar una sociedad limitada.

TU PROPIO NEGOCIO/EMPRESA

Si fueses capaz de ganar varios millones de dólares al año con tu propia empresa privada, ¿qué harías con tu tiempo y energía? Al igual que la mayoría de los millonarios, probablemente concentrarías tus recursos allí donde pudiesen generar el mayor rendimiento: tu propio negocio. Pero entonces, ¿qué sentirías con respecto al mercado de valores, invirtiendo en las acciones de compañías públicas o sociedades anónimas?

Imagina que eres un abogado de éxito que gana varios millones de dólares al año. Tu trabajo es muy exigente, y dedicarle entre sesenta y ochenta horas semanales es muy frecuente; pero no puedes hacer un inventario de tus servicios, ya que cada caso y cada cliente son distintos. Por lo tanto, incluso aunque ganes 3 millones de dólares al año, a no ser que trabajes más duro el año que viene no ganarás más.

Si no puedes inventariar tus servicios, puedes intentar otro enfoque: invertir tus ingresos. Algo de dinero se invierte en acciones, y esperas que el valor actual de tus ingresos invertidos de esta forma por lo menos siga el ritmo de la inflación. Si puedes obtener un beneficio decente, mejor que mejor.

Si tu cartera de acciones ha estado produciendo un 30 % de beneficios en los últimos años, entonces quizás hasta pienses en dejar tu trabajo como abogado de gran éxito y convertirte en un especialista en inversiones a jornada completa.

Hay muchas razones por las cuales nunca seguirás este camino. En tu mente, ser un inversor a jornada completa no es un negocio de verdad. Una empresa de verdad tiene clientes.

TABLA 2-8

CORREDORES DE BOLSA FRENTE A OTROS GRUPOS PROFESIONALES QUE GENERAN INGRESOS ELEVADOS:
¿QUIÉN POSEE MÁS RIQUEZA?

Medida del rendimiento económico	Corredor de bolsa (N = 121)	Propietario de un negocio/ empresa N = 244)	Alto ejecutivo de una empresa privada (N = 120)	Abogado (N = 93)	Médico (N = 78)	Valores esperados: Todos los productores de ingresos elevados
Porcentaje por encima del patrimonio neto esperado	34,4	77,7	80,0	59,1	56,4	50,0
Porcentaje en la categoría de ricos en cuanto al estado de su situación patrimonial	13,6	46,3	43,3	29,0	21,8	25,0
Porcentaje en la categoría de ricos en cuanto a su cuenta de resultados («grandes ingresos, bajos patrimonios netos»)	27,0	7,0	10,8	22,6	12,8	25,0
Índice: ricos en cuanto al estado de su situación patrimonial (%) frente a ricos en cuanto a su cuenta de resultados (%)	0,5	6,6	4,0	1,3	1,7	1,0

Estar sentado en una habitación tú solo trabajando frente a una pantalla de ordenador nunca generará cientos de clientes fieles. Puede que nunca te convierta en un ente más comercializable en el mercado laboral. Y eres muy consciente de que algunas de las grandes corporaciones públicas o sociedades anónimas cometen los mayores errores estratégicos. Lo sabes porque has participado en algunos litigios exitosos que se le costaron incontables millones de dólares a los que cometieron esos errores. Si tu cometieses errores como ésos te declararías en quiebra. Sabes que tu propio negocio o empresa es mucho más productivo que la mayoría de las grandes compañías. Las ventas de tu empresa, además de sus ingresos por empleado, son sólo dos medidas de una productividad superior. Además, te das cuenta de que los elevados beneficios en la historia reciente de la bolsa son un artefacto de un mercado con un crecimiento inflado. Así pues, declinas la oferta del mercado de cerrar tu bufete de abogados y convertirte en un operador de día.

Nunca intentes hacer el trabajo de otra persona.

Tú controlas tu propio destino cuando eres el propietario de un negocio o empresa o un alto ejecutivo, o incluso un médico o abogado autónomo. Un multimillonario lo resumió de la siguiente manera:

Sentimos poder y control. Sabemos lo que vamos a hacer. Tomamos decisiones [...] Es una sensación de poder. Te conviertes en un rey dentro de lo razonable.

Tengo una pequeña compañía [...]. Voy al baño y celebramos una reunión [de la junta directiva mientras me afeito].

Aquellos que no estén de acuerdo conmigo pueden dimitir [...], es sencillo [...], muy democrático.

La prueba fuego para los gurús de las inversiones

Considéralo de esta forma. Sólo el 11 % de los millonarios indicaron que tener «unos excelentes asesores de inversiones» era un factor muy importante responsable de su éxito económico. Muy por el contrario, el 35 % de

98

los millonarios creen que «hacer inversiones inteligentes» fue un factor muy importante. Eso es el triple de gente que aquellos que otorgaron reconocimiento a los asesores de inversiones. ¿Por qué los «asesores de valores de mercado» reciben tan poco reconocimiento? Aunque la mayoría de los millonarios tiene una cuenta con por lo menos una correduría con todos los servicios incluidos, la mayor parte toma sus propias decisiones relativas a las inversiones.

Los millonarios ignoran o por lo menos «descartan» muchas de las sugerencias hechas por los corredores de bolsa. En las entrevistas me dicen que los corredores de bolsa son expertos en vender y, que si pasan la mayor parte de su tempo vendiendo, eso les deja poco tiempo para estudiar oportunidades de inversión. Tal y como me dijo un encuestado: «Si los corredores de bolsa pudiesen predecir el futuro, nunca seguirían siendo corredores de bolsa. No pueden [predecir]. Ganan dinero vendiendo».

Pero aquí son importantes algo más que sólo las opiniones de los millonarios. La prueba de fuego es la siguiente: dados los mismos niveles de ingresos en el mismo grupo de edad, ¿quién acumula más riqueza? ¿Dirías que los «corredores de bolsa»? Después de todo se publicita que son expertos en inversiones.

En una encuesta reciente hecha a gente próspera de todo Estados Unidos, 121 corredores de bolsa rellenaron cuestionarios. Estos encuestados informaron de que tenían unos ingresos anuales que iban desde las seis cifras hasta bastante más de un millón de dólares. ¿Cómo se comparan con los propietarios de negocios, los altos directivos de empresas privadas, los abogados y los médicos que tenían unos ingresos similares? En mi comparación, se tuvieron en cuenta tanto los ingresos como la edad al hacer estas comparaciones.

Se espera de los participantes de mayor edad que hayan acumulado más riqueza (en promedio, la edad es un factor correlacionado significativamente con la riqueza). Los ingresos también están correlacionados significativamente con el patrimonio neto. Para este conjunto concreto de datos, la ecuación que se utilizó para determinar el patrimonio neto de cada encuestado fue la siguiente: Patrimonio neto esperado = edad x 0,112 x ingresos. En otras palabras, se espera que Edison, de cincuenta años de edad, propietario de un negocio y con unos ingresos anuales totales en su hogar de 340 000 dólares posea un patrimonio neto de

1 904 000 dólares. Smythe, que tiene cuarenta y cinco años y unos ingresos de 155 000 dólares anuales se espera que posea un patrimonio neto de 781 200 dólares.

¿Qué sucedería si Edison poseyera, de hecho, un patrimonio neto de por lo menos el doble del valor esperado? Entonces pertenecería a lo que llamo la categoría de los ricos en cuanto al estado de su situación patrimonial (RESP). Si, por otro lado, Smythe tuviese un patrimonio neto de la mitad de la cifra esperada o menos, entonces sería incluido en la categoría de los ricos en cuanto a su cuenta de resultados (RCR). Esto significa que Smythe tiene un nivel bajo de riqueza real dados su edad y sus ingresos.

Los resultados que aparecen en la tabla 2-8 nos cuentan una historia interesante. Casi cuatro de cada cinco propietarios de un negocio o empresa (el 77,7 %) tenían un patrimonio neto actual que superaba los valores esperados. Sólo uno de cada tres corredores de bolsa (el 34,4 %) tenía un patrimonio neto que superaba las cifras esperadas. Esto significa que por cada corredor de bolsa que superaba la norma había 2,3 propietarios de negocios que la superaban.

Resulta incluso más revelador comparar a estos dos grupos que generan grandes ingresos en términos del criterio de los ricos en cuanto al estado de su situación patrimonial (RESP). Los RESP son aquellos que se encuentran en el cuartil superior de los acumuladores de riqueza. Es decir, son los mejores en cuanto a la acumulación de patrimonio neto en comparación con sus grupos de ingresos y edad. En mi sondeo, los encuestados que tenían un patrimonio neto de por lo menos el doble de la cifra esperada son considerados ricos en cuanto al estado de su situación patrimonial (RESP).

Casi la mitad de los propietarios de negocios o empresas (el 46,3 %) eran ricos en cuanto al estado de su situación patrimonial, mientras que sólo el 16,3 % de los corredores de bolsa estaban incluidos en esta categoría. Por el contrario, se vio que el 27 % de los corredores de bolsa pertenecían a la categoría de los ricos en cuanto a su cuenta de resultados, pero que sólo el 7 % de los propietarios de negocios o empresas eran considerados ricos en cuanto a su cuenta de resultados.

Por último, piensa en la proporción entre RESP y RCR para los dos grupos. Por cada propietario de una empresa en el grupo de los RCR (el cuartil inferior en cuanto al patrimonio neto) hay 6,6 en el grupo de los

RESP (cuartil superior). Por el contrario, por cada dos corredores de bolsa en el grupo de los RCR sólo hay uno en el grupo de los RESP.

¿Podría ser que muchos de aquellos que venden acciones e inversiones relacionadas de forma muy enérgica no sigan sus propias recomendaciones? Si lo hicieran, cabría esperar que encontrásemos a más corredores de bolsa en el grupo de los RESP, pero los corredores de bolsa suponían un porcentaje desproporcionadamente alto de aquellos que tienen grandes ingresos, pero unos niveles relativamente bajos de riqueza. Hay algunos corredores de bolsa excelentes que son ricos en cuanto al estado de su situación patrimonial. No sólo son inteligentes en cuanto a las inversiones, sino que también lo son en lo tocante a cómo gastan su dinero ganado con esfuerzo.

UN CASO PRÁCTICO DE UN RESP FRENTE A UN RCR

Para ilustrar mis argumentos, piensa en los siguientes dos casos. Ambos encuestados son excelentes ejemplos de sus respectivas orientaciones. A uno le llamaré Ward (el RESP). El otro es Rogers: un corredor de bolsa que obtiene unos ingresos elevados.

Ward es el propietario de un negocio con un patrimonio neto en el rango de los 50 millones de dólares. Posee y dirige un negocio de reciclaje muy exitoso. Vive en una casa valorada en bastante más de un millón de dólares. La compró hace más de veinte años por poco más de doscientos mil dólares, y no tiene ninguna hipoteca pendiente.

¿Cómo explica Ward su éxito económico? Los factores que considera muy importantes incluyen «invertir en mi propio negocio/empresa», «estar dispuesto a asumir riesgos económicos si hay un buen beneficio» y «encontrar un nicho de mercado rentable». Ward valora como no importantes «invertir en acciones de compañías que cotizan en la bolsa (empresas públicas o sociedades anónimas)» y «tener unos excelentes asesores de inversiones». Ward cree que invertir en empresas públicas o sociedades anónimas supone una forma de inventariar sus beneficios obtenidos del reciclaje, pero no considera el mercado de valores como la semilla de su éxito económico. Tiene alrededor del 30 % de su riqueza invertida en acciones que cotizan en la bolsa, y sus paquetes de acciones han aumentado su valor, pero cree que el núcleo de su riqueza es su empresa privada.

El mercado de valores sólo es un lugar al que dedicar beneficios de esa inversión central. Ward no acepta consejos de los corredores de bolsa, ni siquiera de Rogers, que compró una casa de 2 millones de dólares cerca de la suya hace tres años. Al contrario que Ward, tiene un balance hipotecario pendiente de más de un millón de dólares, y hay otras diferencias. Ward tiene un patrimonio neto que es de cinco veces el esperado dados su edad y las características relativas a sus ingresos, mientras que Rogers tiene un patrimonio neto que es sólo del 34 % de lo esperado, dados su edad y los parámetros relativos a sus ingresos. Pese a ello, Rogers se ha convencido a sí mismo de que es rico. En su mente, un factor destaca sobre los demás como muy importante.

Tener la capacidad de vender mis ideas, productos y similares.

Al mismo tiempo, Rogers resta valor a la importancia de lo que vende para explicar su éxito económico. Afirma vender consejos, además de acciones, pero adivina qué factores no consideró importantes para explicar su éxito económico:

1. **Invertir en acciones de compañías que cotizan en la bolsa (empresas públicas o sociedades anónimas).**
2. **Tener unos asesores financieros excelentes.**

¿Podría ser que Rogers crea que la riqueza es función de vender más que de invertir? Parece ser que es así.

¿Quién te gustaría que te proporcionara consejos y productos de inversión? Te iría mejor si buscaras un asesor de inversiones que sea un buen miembro del grupo de los RESP. Tienden a practicar lo que predican. No trato con asesores financieros, médicos, abogados o cualquier otro profesional centrado en la cuenta de resultados, y he tenido que despedir a algunos de ellos a lo largo de los años. Su objetivo consiste en maximizar sus ingresos, frecuentemente para pagar por un consumo elevado y un estilo de vida con una gran proporción de deuda relativa al patrimonio neto. Esta gente normalmente tiene unas deudas importantes y personalmente creo que muchos no pueden proporcionar un servicio de calidad superior cuando la bancarrota es una amenaza potencial.

TABLA 2-9

FACTORES DEL ÉXITO DE LOS MILLONARIOS: LA CASUALIDAD FRENTE A LOS ELEMENTOS DE LA DISCIPLINA (N = 733)

PORCENTAJE DE MILLONARIOS QUE INDICARON QUE EL FACTOR ERA MUY IMPORTANTE (IMPORTANTE) POR CATEGORÍA PROFESIONAL

	Propietario de un negocio/emprendedor 32%	Alto ejecutivo de una empresa privada 16%	Abogado 10%	Médico 9%	Otros 33%	Todos 100%	Clasificación[1]
CASUALIDAD							
Tener suerte	17 (35)	12 (43)	7 (34)	4 (35)	11 (32)	12 (35)	27[2]
LOS ELEMENTOS DE LA DISCIPLINA							
Ser muy disciplinado	54 (39)	57 (37)	63 (35)	73 (24)	54 (42)	57 (38)	12
Ser muy organizado	36 (48)	32 (48)	42 (42)	50 (40)	32 (54)	36 (49)	9
Trabajar más duro que la mayoría de la gente	49 (40)	42 (46)	49 (39)	61 (35)	44 (43)	47 (41)	5

1. La clasificación se computó de acuerdo con el porcentaje de millonarios que indicaron que el componente del éxito era muy importante para explicar su éxito económico.
2. Empatado en este puesto con otro factor.

En la casa del sabio abundan las riquezas y el perfume, pero el necio todo lo despilfarra.

Proverbios 21, 20

¿DISCIPLINA O SUERTE?

El diccionario *Webster* define *disciplina* como «formación que corrige, moldea o perfecciona las facultades mentales o el carácter moral». A su vez, alguien que posea disciplina está marcado por la perfección de las facultades mentales y el carácter moral. El carácter moral está relacionado con la integridad, ya que parte del ser disciplinado implica perfeccionar los comportamientos de forma productiva y moral.

La mayoría de los millonarios son muy disciplinados. Se marcan sus propios objetivos elevados y luego proceden a alcanzar estos estándares. Generalmente, los demás no les dicen lo que debe hacerse. De hecho, uno de los rasgos distintivos de la disciplina es la propia capacidad de lograr el éxito económico sin recibir una hoja de ruta. Los millonarios diseñan sus propias hojas de ruta, y nadie les dice a qué hora despertarse o ir a trabajar.

Una vez en el trabajo, determinan sus propias prioridades, programa de trabajo y tareas. La disciplina para gestionar bien su propia vida los diferencia de muchos otros que nunca podrían sobrevivir si no tuvieran a alguien que les dijera cuándo, qué, por qué y dónde hacer las cosas.

Los millonarios son, por definición, acumuladores de riqueza. Esto no es así para la mayoría de la gente en EE. UU.: se gastan todo o la mayor parte de sus ingresos. Como resultado de ello, tres de cada diez hogares estadounidenses tienen un patrimonio neto negativo. La mayoría de los millonarios empezaron, desde el punto de vista económico, desde cero, y el 60 % nunca ha recibido ni un dólar de herencia. Sólo alrededor de uno de cada diez heredó más de un 10 % de su riqueza. La mayoría de los millonarios lo hicieron de la forma tradicional: por su cuenta.

Su éxito normalmente se debió a la disciplina y tuvo poco que ver con la suerte o la casualidad. Nótense los resultados aportados en la tabla 2-9. Sólo el 12 % de los millonarios encuestados indicaron que «ser afortunados» fue un factor muy importante para explicar su éxito económico.

Compara esto con el porcentaje de millonarios que atribuye su éxito a «ser muy disciplinado» (el 57 % lo valoró como muy importante) y a «trabajar más duro que la mayoría de la gente» (el 47 % citó este factor como muy importante). Incontables millonarios me han dicho que tienen suerte de vivir y trabajar en Estados Unidos. Y es afortunado que haya suficiente lluvia para que los agricultores millonarios cultiven millones de dólares en productos agrícolas. Sí, la suerte desempeña un cierto papel, pero la mayor parte del éxito económico deriva de un comportamiento proactivo.

Uno de mis mejores amigos me dijo en una ocasión que yo tenía suerte por tener un libro en la lista de superventas recomendados por el periódico *The New York Times*. «Todo tiene que ver con la genética», dijo. Le expliqué que debía analizar la relación entre escribir los 1,5 millones de caracteres (las letras del alfabeto) necesarios para escribir el libro con mi bolígrafo Papermate azul de trazo medio y el ser afortunado. Además, incontables millonarios hechos a sí mismos me han dicho:

Cuanto más duro trabajo, más suerte tengo.

Se aporta un análisis detallado sobre el papel de la suerte para hacerse rico en el capítulo 4 «La relación entre la valentía y la riqueza». Una persona disciplinada pone su mirada en un objetivo elevado y luego averigua formas productivas de alcanzar ese objetivo. No es fácil distraer a la gente disciplinada: podría vivir en un almacén lleno de bebidas alcohólicas de la mejor calidad y no se permitirían bebérselas. Podrían vivir en una panadería francesa y no ganar peso; o podrían encontrarse con cientos de oportunidades económicas y escoger entonces una o dos que mejor se adapten a sus fortalezas y a las necesidades del mercado.

Capítulo 3

LA ETAPA ESCOLAR

¿Cómo definirías a los genios que han trabajado para ti? Saben más y más cosas sobre menos y menos cosas.

JOHN PARKS, millonario y estudiante de aprobados

Si le preguntas al estadounidense medio qué hace falta para convertirse en millonario, probablemente citará algunos factores predecibles: herencia, suerte, inversiones en el mercado de valores, etc. En la parte superior de esta lista encontraríamos un cociente intelectual elevado, unas altas puntuaciones en las pruebas de acceso a la universidad y una elevada media de las calificaciones en los estudios de grado, junto con la asistencia a una facultad o universidad de élite.

Puede que resulte difícil eliminar esta preciada creencia de nuestra forma de pensar, pero mi encuesta a los millonarios hechos a sí mismos la refuta, tal y como leerás en este capítulo. Las estadísticas demuestran que una minoría de los millonarios a los que encuesté consiguieron unas altas puntuaciones en sus exámenes o estudios de grado o fueron a universidades de élite.

Estos factores probablemente fueron útiles para un pequeño porcentaje de los millonarios, pero la mayoría consiguieron unos niveles elevados de productividad económica sin estos «activos».

¿SON SUPERDOTADOS?

De algún modo, la industria editorial descubrió que estaba escribiendo otro libro. La revista del sector, *Publishers Weekly*, informó de que:

> *Stanley [...] está trabajando en su siguiente libro,* La mente millonaria *[...]. Todavía no ha firmado un contrato editorial por él [...].* (Maryles, D.: «No shotgun approach for this millionaire». *Publishers Weekly*, 1 de septiembre de 1997)

Este artículo generó un considerable interés, pero una de las personas que telefoneó, un editor jefe de una importante editorial, hizo algo más que expresar interés por *La mente millonaria*. Preguntó si le podía aportar un pequeño resumen verbal de la obra, y lo hice. Estaba especialmente interesado en lo siguiente:

La mayoría de los millonarios que he entrevistado no tienen un complejo de superioridad. Por el contrario, es más probable que posean uno o más de los componentes de la inferioridad en la imagen que tiene de sí mismos. Cuando le pido al típico millonario hecho a sí mismo que me cuente la historia de su vida, dice:

> *Fui un estudiante de aprobado en la universidad.*
> *Las puntuaciones de mis exámenes estándar de ingreso (pruebas de acceso a la universidad) no fueron nada espectaculares.*
> *Mi patrimonio neto sólo es de 10 millones de dólares.*
> *Tuve un suspenso en Psicología.*
> *Mi historia no es algo que estarías interesado en relatar.*
> *Tengo una dificultad de aprendizaje (de lectura).*
> *Abandoné los estudios cuando iba la universidad de Wake Forest.*
> *Me hicieron repetir sexto de primaria.*
> *Sólo tengo un certificado de equivalencia con el bachillerato.*
> *No me aceptó ni una facultad de Derecho.*

¿Qué tienen en común estos millonarios que se minusvaloran a sí mismos? Durante su época formativa, alguna figura de autoridad como un profesor, progenitor, orientador, empleador u organización de valoración de aptitudes les dijeron: «No estás intelectualmente dotado».

El editor mostró un considerable interés en el libro y sugirió que leyera una obra que ha sido muy reveladora para mi investigación. En el prefacio de este libro *(Successful intelligence)*, Robert J. Sternberg, de nuevo, una de las autoridades más respetadas en el campo de la inteligencia humana, afirma:

> *Soy profesor titular con una cátedra patrocinada en la Universidad de Yale. He obtenido muchos galardones, publicado más de seiscientos artículos y libros, y me han concedido unos 10 millones de dólares en becas y contratos para la investigación. Soy miembro de la Academia Estadounidense de las Artes y la Ciencias y aparezco en la lista de* Quién es quién *en Estados Unidos [...]. Así pues, resulta curioso que mi mayor suerte en la vida haya muy bien podido ser un fracaso. Lo hacía fatal en las pruebas que medían el cociente de inteligencia cuando era niño. ¿Por qué fue algo tan afortunado? Porque aprendí, en la escuela primaria, que si quería tener éxito no iba a ser debido a mi cociente intelectual. Y [...] al igual que unas puntuaciones bajas en las pruebas de inteligencia inerte no excluyen el éxito, tampoco lo garantizan unas puntuaciones altas.* (Sternberg, R. J.: *Successful Intelligence*. Simon & Schuster, Nueva York, 1996, p. 12).

¿Qué tiene en común el profesor Sternberg con la mayoría de los millonarios a los que he estudiado? Fueron degradados por alguien o algo durante su etapa formativa y su período en la escuela. Ambos respondieron trabajando más que los demás, acabando por superar a los llamados superdotados. Sternberg también demostró un considerable ingenio desarrollando medidas de distintos tipos de inteligencia. El profesor Sternberg dedica su libro a su maestro de cuarto de primaria. Aparentemente, Alexa no daba mucha importancia a las puntuaciones en las pruebas para medir el cociente intelectual. Como su mentora, le pidió que se convirtiera en un estudiante de sobresaliente, y lo ha sido desde entonces. El profesor Sternberg obtuvo una licenciatura en Humanidades *summa cum laude* por la Universidad de Yale y un doctorado por la Universidad de Stanford.

En medio de la escritura de este capítulo me tomé un tiempo junto con mi hija, Sarah, para oírle hablar en la Universidad de Georgia. La charla empezó a las 15:30 h de un encantador viernes de primavera. Normalmente, pocos estudiantes o graduados asisten a los seminarios que se imparten los viernes por la tarde, pero este seminario era distinto: sólo se podía estar de pie. Nadie quedó defraudado con la charla del profesor Sternberg. No sólo es un excelente escritor, sino que es un formidable orador. Destaca que la mayoría de la gente de éxito siente un gran afecto por la vocación escogida, como le pasa a él. Pero, obviamente, también es creativo, porque ha publicado más de seiscientos artículos. El profesor Sternberg tiene suficientes ideas únicas para que a diez doctorados se les garantice una titularidad en la mayoría de las universidades.

De vuelta al coche después de la charla, mi hija y yo mantuvimos una conversación. El consejo que le di a Sarah también lo reflejan los millonarios que respondieron a mi encuesta:

Lee Successful intelligence, *de Sternberg. Úsalo como patrón para alcanzar tus objetivos. Recuerda lo que dice. Si te encantan tu trabajo y los temas acerca de los cuales escribirás, es muy probable que triunfes, pero debes trabajar duro y usar tu intelecto creativo y analítico. ¿Sabes cómo ha publicado más de seiscientos artículos? Porque ha escrito seiscientos artículos. Piensa mucho en la elección de tus temáticas, trabaja mucho, investiga mucho, escribe frecuentemente. Si lo haces, tendrás éxito.*

No importa las dotes analíticas que tengas: no alcanzarás el éxito si no escribes. Y para publicar debes trabajar duro escribiendo sobre ideas creativas e innovadoras.

A la gente que aconseja a los jóvenes sobre la trayectoria profesional se le debería exigir que leyera la obra de Sternberg. El éxito tiene muchos padres, y ninguna dimensión o componente singular lo explican ni de cerca. La gente joven puede triunfar si saca el máximo rendimiento a sus fortalezas, y Sternberg tiene muchas ideas geniales sobre cómo la gente puede potenciar sus probabilidades de tener éxito. Su propia historia es el ejemplo perfecto de una de las ideas importantes reveladas sobre la mentalidad del millonario en mi encuesta: a la mayoría de los millonarios no se les consideró «superdotados», tal y como se determinó por las mediciones de los exámenes estandarizados o las calificaciones escolares.

EL MUCHACHO MÁS INTELIGENTE EN LA FILA DE LOS TONTOS

Cuando James X. Patrick iba a tercero de primaria, le sucedió algo memorable. Su maestra, la hermana Eileen, alias la Castigadora, dividió a la clase, de treinta alumnos, en tres grupos. Los miembros del primero fueron situados en las filas número uno y dos. Sor Eileen nombró a esos estudiantes los «chicos inteligentes». El segundo grupo llenó los asientos de las filas número tres y cuatro. Este grupo contenía a los «chicos promedio». Las filas número cinco y seis fueron reservadas para los muchachos a los que la monja se refirió como «lentos» o «tontos».

¿Cómo repartió la hermana Eileen a los alumnos entre estos grupos? De acuerdo con. Patrick, empleó los siguientes criterios: caligrafía, ortografía y entregar los deberes completados a tiempo. ¿Son estos los criterios adecuados para valorar la inteligencia de alguien? ¡No según Patrick! Él dice: «Si sus criterios eran correctos, yo debía de ser el chico más inteligente en la fila de los tontos».

Puede que esté en lo cierto. En la actualidad posee un doctorado (con distinción) por una universidad de élite. Es un multimillonario que posee y gestiona tres empresas. Afirma que sigue teniendo una mala ortografía y que nadie, excepto su secretaria «en un día bueno», puede interpretar su caligrafía. Sin embargo, es diligente en cuanto a hacer sus tareas en el plazo establecido.

Según Patrick, los maestros de la escuela primaria son insensibles al criterio llamado creatividad. Se pregunta: «¿Puedes imaginarte la reacción de sor Eileen cuando le sugerí que añadiese una nueva letra al abecedario?». Patrick es creativo, y ha fundado varias empresas innovadoras a lo largo de su carrera profesional. Se pregunta: «¿Qué sucede si todos los inventores potenciales de EE. UU. fueran preseleccionados en tercero de primaria por gente como la hermana Eileen?».

Cabría esperar que todos esos muchachos inteligentes de la primera fila con grandes habilidades ortográficas y una caligrafía excelente crearan las grandes innovaciones e inventos del futuro.

Menos mal que las preselecciones formales de este tipo son raras; pero Patrick se pregunta qué pasó con todos sus compañeros de la fila de los tontos. ¿Se creyeron estas personas que eran tontas? ¿Abandonaron pronto cualquier idea de alcanzar el éxito en nuestra economía? Patrick piensa que muchos se rinden. Él cree que este ejemplo práctico es excepcional.

Durante toda mi vida, la gente me ha dicho que no podía [...], que no poseía las aptitudes. Las posibilidades de que triunfes con tu empresa o negocio están muy en tu contra. Había que creer a la hermana Eileen. Si lo hubiera hecho estaría cobrando peajes ahí en el puente [...] o conduciendo un camión y pagando peajes.

Patrick nunca se creyó la evaluación que sor Eileen hizo de él. De hecho, incluso cuando era un muchacho, cuestionó su autoridad. Siempre se preguntaba, mientras estaba sentado en la clase:

¿Cómo pueden la caligrafía y la ortografía ser tan importantes y la calidad de las ideas en un papel carecer totalmente de importancia? Más adelante, en sexto de primaria, recuerdo los comentarios de texto [...]. todos ellos eran, en realidad, resúmenes de las ideas de otras personas; pero a la hermana Eileen y a su clan simplemente les encantaba mandar comentarios de texto. Esta gente probablemente fuera incapaz de valorar o lidiar con ideas originales.

Patrick no es el único. La mayoría de los millonarios hechos a sí mismos que son propietarios exitosos de un negocio o empresa vivieron sus propias experiencias con las hermanas Eileen de Estados Unidos.

Cuestionarse la norma, el *statu quo* y la autoridad son las marcas distintivas del pensamiento de los millonarios hechos a sí mismos y de aquéllos destinados a hacerse ricos. Las habilidades para escribir (sin ideas originales), las ortográficas o las caligráficas no es probable que vayan a hacer que alguien sea acaudalado, pero a la gente con estas capacidades se les dan los asientos de la fila de los listos.

Patrick fue y sigue siendo criticado y desvalorizado en la actualidad; pero incluso cuando era joven, aprendió a cuestionar a la gente que le juzgaba. En realidad, quedó inmunizado contra lo que sus compañeros «tontos» se tomaban a pecho. Otros de los que se encontraban en la fila de los lentos fueron derrotados por el juicio que sor Eileen había hecho de su intelecto, pero no Patrick. Él quedó vacunado. Los juicios de la hermana Eileen eran como pequeñas dosis de anticuerpos.

Cundo obtenía una mala calificación en la escuela, se iba a casa y construía una maqueta de avión o creaba un nuevo diseño con su juego de mecano. Sus padres respondían ante sus productos acabados diciendo: «Tienes una gran inclinación hacia la mecánica , eres muy creativo».

Y más adelante, en el instituto y la universidad, fue Patrick, el estudiante que obtenía insuficientes o aprobados en lengua e idiomas extranjeros, el que recibía sobresalientes y notables en su especialización universitaria. Siempre pensó que los estudiantes que obtenían sobresalientes en lengua tenían realmente pocas ideas novedosas. Además, en su opinión carecían de cualquier aptitud en matemáticas y ciencias. Se decía constantemente que algún día esta gente recibiría una lección de humildad por parte de las realidades de la vida fuera de las aulas. ¿Quién triunfa en el mundo real?: la gente que ha desarrollado inmunidad al dolor. Para Patrick, su inmunización empezó cuando sor Eileen le colocó en la fila de los tontos.

¿Qué sucedió con los compañeros de clase de Patrick que siempre estuvieron en la fila de los listos? ¿Cómo encajan una crítica negativa a su trabajo como empleados o un despido? Nunca antes habían tenido que lidiar con figuras de autoridad que les ubicaban en la fila de los «tontos». ¿Quién tiene una mejor capacidad para desviar las críticas a sus ideas, comportamiento y pensamiento innovadores? Patrick y los que son como él: aquellos que tiene un historial de decirles a sus críticos que «se vayan a freír espárragos» y que se ven motivados por la gente que degrada su pensamiento innovador.

Debo preguntarme cuántos miles de Patricks se vieron inspirados por un reciente artículo periodístico sobre este tema, y estaría especialmente interesado en saber cuántos subrayaron un párrafo clave:

Los niños que son mejores en matemáticas, diseño o música que en lectura y escritura quizás desconecten de algunas lecciones tempranas […], los

niños cuyas buenas habilidades verbales les hacen obtener títulos de escue-
las prestigiosas se convierten a veces en adultos que hablan muy bien, pero
que no tienen nada que decir. (Crossen, C.: «Mind Field: Think you're
smart? Then just try to sell a new kind of IQ test». *The Wall Street
Journal,* 5 de junio de 1997, p. 12A).

¿Qué sucede con aquellos que no aceptaron el modelo de segmenta-
ción intelectual de la hermana Eileen? ¿Por qué rechazaron aceptar la
etiqueta de la inferioridad? Algunos encontraron a un mentor de mente
abierta. Otros tuvieron unos progenitores que los animaron, que los motivaron para que triunfaran. Muchos millonarios tienen una sencilla tenacidad de la vieja escuela. Piensan en las hermanas Eileen del mundo
simplemente como oponentes inferiores. Patrick se vio estimulado a demostrar que su oponente estaba equivocada: durante muchos años después de que se convirtiera en multimillonario, llevó en su cartera una
versión resumida de su estado financiero. En la parte superior aparecían
las palabras: «El chico más listo de la fila de los tontos».

LO QUE REALMENTE IMPORTA: LA TENACIDAD Y LA CAPACIDAD DE LIDERAZGO

Si nuestras medidas tradicionales del potencial de un individuo para alcanzar el éxito, las puntuaciones altas en los exámenes y la media de las calificaciones en la escuela no son predictores fiables sobre quién posee la mentalidad del millonario, ¿cuáles son los factores que cuentan? Los millonarios
poseen dos atributos esenciales: la tenacidad y la capacidad de liderazgo.

HABLANDO DE LA TENACIDAD

Dave Longaberger falleció recientemente. Algunos de sus profesores de
primaria no podrían haber predicho su larga carrera profesional como
exitoso propietario de una empresa. Parece ser que a Longaberger le hicieron repetir curso tres veces en primaria. Tenía veintiún años cuando se
graduó en el instituto. Su mal rendimiento en la escuela se debió en parte

al hecho de que padecía epilepsia y un importante problema de tartamudez (véase Thomas, R. McG. Jr.: «David Longaberger, basket maker, dies at 64». *The New York Times,* 22 de marzo de 1999, p. A18).

No parece posible que un tipo que repitió tres cursos en la escuela pudiera acabar convirtiéndose en multimillonario. ¿Cuántas de las siete mil personas a las que dio empleo repitieron curso, aunque sólo fuera una vez, en la escuela primaria? ¿Cuántos querrían trabajar para un tipo que no se graduó en el instituto hasta los veintiún años? Pero, siendo realista, dudo que a ninguno de esos siete mil empleados les preocupara su puesto en su clase. Querían trabajar para un hombre en el que pudiesen confiar. ¿A quién le preocupa si el tipo que paga tu salario era el número uno en el colegio?

¿Qué cualidades y experiencias tienen en común los millonarios que tuvieron un bajo rendimiento académico? Lo más frecuente es que empezaran a trabajar a una edad temprana. Aunque puede que su autoestima quedase mancillada en la escuela, frecuentemente se veía potenciada por trabajar a jornada parcial. Longaberger obtuvo su primer empleo a los seis años trabajando en una tienda como reponedor, pero él y la mayoría de los millonarios hechos a sí mismos se desarrollaron, y entonces:

Demostraron una cierta tenacidad.

Uno debe ser tenaz para superar la tartamudez, la epilepsia y el que le hagan repetir curso varias veces. Longaberger tuvo, además, unos progenitores que le motivaron e inspiraron para que superara sus carencias. Los padres abiertos de mente les dicen a todos sus hijos: «Puedes conseguirlo si trabajas duro». El trabajo duro es un mejor predictor del éxito que las experiencias en la escuela primaria. ¿Cuántos de los clientes de Longaberger, que el año pasado compraron más de 700 millones de dólares de su producto, se vieron influidos por su rendimiento en la escuela primaria?

NUNCA ME COMPRARÉ UN PRODUCTO DE CHRYSLER

¿Por qué? Dices que ni siquiera puedes pensar en comprar un coche fabricado por Chrysler. Y tienes todas las justificaciones para tu actitud. Puede que tengamos poca fe en una compañía que permitió que una persona con un mal rendimiento académico se convirtiera en su líder. Sí, Robert A. Lutz, antiguo presidente y vicepresidente de la Chrysler Corporation, tenía veintidós años cuando se graduó en el instituto. Siete años después obtuvo su grado universitario (Lutz, R. A.: *Guts*. John Wiley & Sons, Nueva York, 1998, pp. 4, 13). Por lo tanto, ¡olvídate! No te importa que Chrysler fabrique grandes productos: sólo compras coches de compañías dirigidas por graduados pertenecientes a una asociación de antiguos alumnos universitarios sobresalientes.

Muchos de nuestros millonarios, como Lutz, no se ven desanimados por su falta de logros académicos a una edad temprana. Al igual que sucede con la mayoría, su fortaleza tuvo algo que ver con su relación con uno de sus progenitores o con ambos. Apuesto a que tenía un padre amable y alentador (puede que ésa sea la razón por la cual le dedicó su buen libro a su padre). ¿Eres tú como el padre de Lutz? ¿O dejarías de animar, orientar y respaldar a tu hijo o tu hija si siguieran en el instituto a los veintiún años? Espero que no.

Al igual que sucede con la mayoría de los millonarios, Lutz tuvo algunos grandes mentores, y el Cuerpo de Marines de EE. UU. le enseñó algunas cosas sobre la disciplina, el liderazgo y la integridad. Más adelante consiguió un máster en Administración de Empresas (MBA). Cuando fue presidente de Chrysler, muchos de sus subordinados probablemente tuvieron unos expedientes académicos brillantes en el instituto y fueron aceptados en muchas universidades, pero estos mismos graduados con honores estaban trabajando entonces para Lutz.

Es difícil predecir el éxito empleando baremos académicos. En la mejor tradición de la economía estadounidense, Lutz fue nombrado presidente porque era el mejor en ese puesto. Se alzó por encima de los demás porque era un líder de personas. No importa que esas personas fueran consideradas superdotadas o no: se veían inspiradas por un líder. Un líder sabe cómo maximizar la productividad de la gente y de otros recursos, y Lutz demostró su capacidad una y otra vez.

Obviamente, Lutz nunca creyó que sus malos resultados en el instituto fueran los precursores de todo su futuro, o nunca habría tenido las agallas de dirigir la Chrysler, y tampoco hubiera tenido la valentía de explicar a sus lectores que acabó graduándose en el instituto con veintidós años.

En cualquier otra sociedad, Lutz podría haber sellado su futuro con su rendimiento académico en el instituto, pero lo que se considera una cualidad irreversible en China, Japón, Inglaterra, India y otros países es reversible en EE. UU. Somos una nación de «chicos que resurgen y vuelven pisando fuerte». A algunos simplemente les lleva un poco más de tiempo acabar el curso que potenciará su productividad económica.

Los fracasos a una edad temprana, un rendimiento pésimo en clase, unos expedientes académicos malos y unas notas horribles en las pruebas de acceso a la universidad derrotarán a aquellos que permitan que estos baremos académicos los desalienten; pero si uno sigue trabajando para perseguir metas elevadas, puede tener éxito, y lo tendrá, en EE. UU. La suerte no tiene nada que ver con ello. La única suerte que tienes es que vives en Estados Unidos, especialmente si tienes planeado ser un joven que resurge y vuelve pisando fuerte.

¿TODOS LOS QUE SACAN SOBRESALIENTE EN TODO SON LÍDERES?

Si simplemente decidiésemos seguir el estereotipo cultural, asignaríamos todos los puestos de alto liderazgo a aquellos que:

- Fueran alumnos de sobresaliente desde preescolar hasta segundo de bachillerato.
- Fueran estudiantes de sobresaliente en la universidad.
- Obtuvieran un resultado perfecto (1 600 puntos) en las pruebas de acceso a la universidad.

El resto podríamos, simplemente, ir a trabajar para estos líderes. Pero ser perfecto en el colegio no se traduce en convertirse en un líder con un elevado rendimiento, porque la inteligencia analítica no está fuertemente correlacionada con la capacidad de liderazgo. En una revisión de investigaciones minuciosas bien documentada sobre esta relación, Fred Fiedler y Thomas Link llegaron a la conclusión de que:

Las pruebas de capacidad cognitiva han sido predictores notoriamente pobres del desempeño en cuanto al liderazgo [...].

Las relaciones entre la inteligencia, el liderazgo y el desempeño directi-vo [...] son responsables de menos del 10 % de la varianza [...].

Incluso estas correlaciones bajas es probable que sean sobreestimaciones de la verdadera relación [...]. La inteligencia para ser líder se correlacio-na, bajo ciertas circunstancias, de forma negativa con el desempeño. (Fiedler, F. E. y Link, T. G.: «Leader intelligence, interpersonal stress and task performance», en Steinberg, R. J. y Wagner, R. K., eds., *Mind in contest: Interactionist perspectives on human intelligence*. Cambridge University Press, Nueva York, 1994, p. 152).

Lamentablemente, los orientadores escolares rara vez les dicen a los alumnos que el 90 % de la variación en cuanto al desempeño como líder *no* está explicado por unos baremos de inteligencia estandarizados. ¿Cuántos jóvenes perdieron la confianza en sí mismos en el juego de la vida porque les fue mal en la escuela u obtuvieron unos malos resultados en las tan idolatradas pruebas de acceso a la universidad? Puede que se les debiera decir: «Sigues teniendo una oportunidad. Quizás tengas que tra-bajar más duro, pero puede que también tengas la capacidad de liderar a otras personas». Es la esperanza de poder triunfar lo que motiva a la gen-te a hacerlo. Elimina la esperanza y lo que quedará es otro fracasado eco-nómico o una persona muy poco productiva.

Si posees tanto capacidades de liderazgo como tenacidad, puede que acabes superando a todos los niños prodigio de tu clase. Eso es exac-tamente lo que muchos millonarios encuestados han conseguido real-mente.

LO QUE LOS MILLONARIOS APRENDIERON REALMENTE EN LA ESCUELA Y LA UNIVERSIDAD

Muchos progenitores con hijos en el instituto se ponen en contacto con-migo por asuntos académicos. Puede que muestren una gran dedicación a sus hijos, pero suelen preocuparse y preocupar a sus retoños hasta el punto de llegar al pánico.

Una mujer estaba pensando en emprender acciones legales contra una escuela porque su hijo no había sido seleccionado para el programa para los niños con altas capacidades (CTD). Estaba completamente convencida de que su hijo tenía talento y era inteligente. Sólo uno de cada cinco estudiantes cumplió con los requisitos para el programa CTD, y la admisión se basaba, en parte, en las puntuaciones en exámenes estandarizados. Otros factores incluían las calificaciones obtenidas en materias centrales en secundaria.

La madre estaba imaginando cosas malas. Le preocupaba el estigma de formar parte del grupo de chicos sin altas capacidades (CNTND). Veamos: en un segundo curso en el instituto (el equivalente a cuarto de secundaria en España) con 433 alumnos, el 20 % pertenecen al grupo de los CTD, y el 80 % (o aproximadamente 246 estudiantes) al grupo de los CNTND. El simple hecho de que el hijo de esta mujer fuera etiquetado como CNTND no significa que no fuera a crecer para convertirse en un adulto altamente productivo. Me preocupa que si etiquetamos a un joven impresionable de esta forma quizás nunca esté a la altura de su potencial. Puede que crea que no posee talentos ni dones y podría asumir que sólo los dotados triunfarán en la vida.

Las etiquetas tienen una forma de activar comportamientos que son congruentes con las denominaciones. En este caso, la madre creía firmemente que el futuro de su hijo dependía de una etiqueta, pero eso sólo sería cierto si ella así lo creía, y si ella cree que su hijo crecerá para convertirse en un fracasado, quizás él capte el mensaje y actúe de acuerdo con ello.

Pero la vida no es una carrera corta: es como un maratón de maratones. Si crees que puedes tener éxito en la vida a pesar de las etiquetas degradantes que predigan tu fracaso, es probable que venzas la mayor parte del maratón. Ésta es la experiencia normal entre los millonarios. La gran mayoría de ellos informa de que en algún momento o momentos de su vida fueron etiquetados como inferiores, medios o mediocres, pero no permitieron que los críticos predijeran sus logros futuros, y se sobrepusieron a su etiqueta de presunta inferioridad. Éste es el mensaje que le transmití a esa madre.

También le dije algo más. El proceso de superar las etiquetas como la de CNTND hace que el que las recibe sea más fuerte. Es como añadir titanio al acero: hace que el acero sea varias veces más fuerte de lo que lo es por sí mismo. Sólo una minoría de los mejores líderes en los negocios, abogados y médicos estadounidenses informa de que nunca fueron etiquetados como inferiores o algo peor. No todos pueden convertirse en el graduado con las mejores calificaciones de su curso. El resto sigue disponiendo de muchos años e incontables oportunidades para triunfar. Las madres y los padres que les dicen constantemente a sus hijos que pueden tener éxito es probable que den lugar a una descendencia que se convierta en adultos productivos.

Así pues, a esta mujer le irá mejor si cambia sus creencias. Puede ahorrarse el dinero reservado para emprender acciones legales y usarlo para pagar los servicios de un profesor particular para su hijo. Dile que puede conseguirlo y que lo logrará si trabaja duro. Es inadmisible dar por perdido el futuro de un estudiante de dieciséis años debido a una etiqueta.

Pregunté a los millonarios sobre sus experiencias en el instituto y la universidad. ¿Se graduaron todos ellos formando parte del 1 % de los mejores en sus asignaturas universitarias? Difícilmente. Alrededor del 2 % de los millonarios encuestados indicaron que se encontraban dentro del 1 % superior. Normalmente, no son los mejor graduados los que alcanzan el éxito económico, pero tampoco lo son aquellos que se gradúan como los peores.

Los millonarios también informan de que no fueron estudiantes de sobresaliente en la universidad. De hecho, sólo alrededor de tres de cada diez reportaron haber recibido un mayor porcentaje de sobresalientes que de notables, aprobados, insuficientes, deficientes o muy deficientes. Alrededor de un 90 % obtuvo un grado universitario. En general, la media de sus calificaciones en los estudios de grado fue de 2,9: buena, pero no excepcional.

Casi todos los millonarios afirmaron que sus experiencias en la escuela y la universidad les influyeron de algún modo para convertirse en adultos productivos más adelante en su vida (*véase* la Tabla 3-1); pero algunas experiencias fueron más importantes que otras: mucho más que las calificaciones y las etiquetas. Para la gran mayoría, «desarrollar una firme ética de trabajo» supuso una influencia. Casi todos los millonarios valoraron esta experiencia diciendo que les influyó para convertirse en adultos económicamente productivos.

Cuando los millonarios valoraban el asunto de la ética de trabajo, no sólo se estaban refiriendo a estudiar y asistir a las clases. Muchos tuvieron empleos a jornada parcial mientras estudiaban, y muchos también pasaron una considerable cantidad de tiempo aprendiendo a hacer valoraciones acertadas sobre la gente. Este proceso de aprendizaje se vio potenciado mediante las muchas interacciones sociales y actividades en las que participaron en el campus y fuera de él.

TABLA 3-1

POTENCIAR EL AUTOCONTROL Y LA PERSPICACIA: EXPERIENCIAS EN LA ESCUELA Y LA UNIVERSIDAD QUE INFLUYERON EN LOS MILLONARIOS PARA QUE SE CONVIRTIERAN EN ADULTOS ECONÓMICAMENTE PRODUCTIVOS

Resultado de la experiencia escolar o universitaria	Porcentaje de millonarios influidos[1] (o no) por la experiencia (N = 735)
AUTODISCIPLINA	
Desarrollar una firme ética de trabajo	94 (2)
Aprender cómo distribuir el tiempo adecuadamente	91 (1)
Trabajar en empleos a jornada parcial mientras se estaba estudiando	55 (21)
Recibir una beca académica para ir a la universidad	20 (60)
DISCERNIMIENTO	
Aprender a hacer valoraciones precisas sobre la gente	88 (3)
Desarrollar un aprecio por tus intereses/habilidades	86 (3)
Aprender a pensar de forma distinta a la multitud	76 (6)

1. «Influidos» significa que el encuestado contestó que la experiencia había tenido un nivel elevado o moderado de influencia. Se excluyeron las respuestas de la categoría «un bajo nivel de influencia».

Algunos podrían considerar esta socialización como improductiva en un entorno académico, pero parece ser un factor clave que distingue a aquellos que adquieren habilidad para valorar a otras personas y a aquellos que no. Existe una correlación que es claramente negativa entre las buenas calificaciones obtenidas en la universidad y la gran capacidad, referida por el propio encuestado, para hacer valoraciones acertadas sobre la gente. Así pues, puede que sea cierto aquello de que no hacer nada más que trabajar nos convierte en personas aburridas, y también tiene algo que ver con la incapacidad de valorar con precisión a la gente.

La gente más económicamente exitosa de la que hemos hablado en este libro hace muchas cosas bien. Puede que otros sean genios analíticos, pero se quedan cortos en el terreno de las habilidades personales, o viceversa. Si aspiras a hacerte rico es mejor aprender múltiples habilidades y cualidades. Trabaja duro, socializa y disfruta de la gente.

Piensa en las experiencias escolares y universitarias listadas en la tabla 3-1 que muchos millonarios creen que fueron piedras angulares importantes de su éxito. Consiste en algo más que en estudiar una asignatura concreta en la escuela o la universidad, o en unas calificaciones, una clasificación en la clase o curso y unos resultados en las pruebas de acceso a la universidad excelentes. Las influencias realmente importantes tienen etiquetas genéricas como: ética firme de trabajo, asignación eficaz del tiempo o los recursos, buen juicio, tenacidad y empatía.

SUPERAR LOS OBSTÁCULOS Y FORJAR UNA ARMADURA

¿Alcanzaron nuestros millonarios este estatus a pesar de algún obstáculo o desventaja percibida o porque dispusieron de la experiencia de compensar sus deficiencias? He descubierto que la mayoría de los millonarios hechos a sí mismos se vieron enfrentados a uno o más obstáculos importantes en su vida. Sin superar estas barricadas potencialmente devastadoras, no se habrían convertido en gente económicamente productiva. Fue la lucha, la dura travesía, la que les proporcionó la base para alcanzar el éxito.

Es desafortunado que la mayoría de los no millonarios acepten las valoraciones negativas que figuras de autoridad emitieron sobre ellos. La mayor parte de la gente que obtiene unos resultados nefastos en la prueba de cociente intelectual de tercero de primaria, en las pruebas de acceso a la universidad o en otras mediciones aceptan su destino. Se rinden incluso antes de alcanzar la mayoría de edad. Para ellos, unas malas calificaciones y unas puntuaciones bajas se traducen automáticamente en una vida de baja productividad económica. Nuestros millonarios hechos a sí mismos escogen otro camino: desacreditan a las figuras de autoridad que intentan degradarlos, frecuentemente de forma repetida, a lo largo de toda su vida. Tenían el conocimiento, la valentía y la audacia para desafiar las valoraciones hechas por sus maestros, profesores, críticos aficionados y el servicio de evaluación educativa.

Los millonarios hechos a sí mismos parecen tener un sistema inmunitario interesante. No estoy hablando de su capacidad de combatir enfermedades infecciosas, sino que me refiero a su fortaleza mental. Han adquirido la capacidad de desviar incluso las valoraciones más duras por parte de sus peores críticos. Esta armadura mental se forjó inicialmente durante sus años de juventud. A lo largo del tiempo, su sistema inmunitario incrementa su fortaleza. ¿Por qué? Porque incluso en los años posteriores, estos millonarios contrarrestan constantemente las valoraciones negativas por parte de distintos críticos y figuras de autoridad.

Incluso el acero no puede endurecerse si no se golpea con un martillo, y el caso de la gente no es diferente. Los millonarios hechos a sí mismos informan de que las valoraciones y comentarios degradantes por parte de ciertas figuras de autoridad desempeñaron un papel en su éxito final en la vida. El martilleo desarrolló los anticuerpos que necesitaban para desviar las críticas y templar su determinación.

FORJAR LA DETERMINACIÓN

¿Cómo adquirió la gente que tiene éxito en la actualidad su armadura durante su época formativa? Las pruebas preliminares sugieren que la propia capacidad para superar la degradación procede de varias fuentes. La mayoría de los millonarios de primera generación son producto de unos progenitores cariñosos, solícitos y equilibrados que rara vez acababan en un juicio de divorcio. La mayoría de los matrimonios duraban hasta el final. Contrariamente a la creencia popular, la mayoría de los millonarios hechos a sí mismos no crecieron en un entorno hogareño que era una olla a presión. Así pues, a los niños que se convirtieron en adultos económicamente exitosos sus padres nunca les dijeron:

- Con estas calificaciones (en el instituto), nunca llegarás a nada.

- Si no obtienes unas buenas notas en la escuela, acabarás siendo un perdedor.

- Con unos resultados así en las pruebas de acceso a la universidad, tu única posibilidad es ir a un centro formativo superior con estudios de dos años.

Los progenitores de las personas económicamente exitosas son mucho más positivos. El respaldo de estos padres y sus recomendaciones constructivas proporcionaron una base para la armadura de sus hijos, y estos progenitores nunca levantaron barreras psicológicas al éxito futuro en la mente de sus retoños. Sus padres no los maltrataron ni los presionaron constantemente para que destacaran, brillaran y sobresalieran a través de comentarios negativos.

Cuando el millonario hecho a sí mismo actual llevó a casa un boletín con malas notas hace muchos años, sus padres solían decirle:

- Puedes hacerlo mejor.

- Da con un plan para volver a ir por el buen camino.

- Solucionaré algunos problemas contigo.

- Conozco a un excelente profesor particular que te ayudará a dominar estas asignaturas.

- Yo siempre tuve problemas con estas asignaturas, pero tienes que ocuparte de ello.

- A un genio matemático le llevó toda una vida inventar el cálculo. Así pues, no te desanimes si no lo dominas de un día para otro.

Y luego venía la charla larga:

¿Y qué si tu compañero Brian saca sobresalientes en todo y va a ser el graduado con las mejores calificaciones? No tiene amigos y no practica actividades extracurriculares. Yo te contrataré a ti, Todd, y no a Brian. Eres un buen estudiante de notable, delegado de tu clase y un atleta del equipo del instituto. Eres un muchacho equilibrado, y ésa es la razón por la cual tendrás éxito. Apuesto a que Brian trabajará para alguien como tú algún día. No permitas que tu clasificación en tu curso dicte lo que puedes hacer con los siguientes cincuenta años de tu vida. Si tus profesores y tus orientadores escolares fueran tan geniales prediciendo tu futuro, todos serían seleccionadores de acciones en la bolsa de Wall Street millonarios o los mejores corredores de apuestas en Las Vegas.

¿Qué obtuvo Todd de este mensaje procedente de una figura de autoridad? Una armadura. Todd ha aprendido a desviar las críticas y a protegerse de aquellos que intenten degradar su nivel de productividad futura. ¿Quién es más probable que se convierta en alguien exitoso económicamente en el futuro? ¿Es tu apuesta Brian, el estudiante que saca sobresalientes en todo y que fue votado como «el de mayor capacidad intelectual»? No según mis estudios de los millonarios hechos a sí mismos. Brian nunca ha desarrollado la armadura necesaria para triunfar en el mundo del comercio.

En el mundo comercial, uno puede trabajar día y noche durante años y seguir arruinándose al año siguiente. En el mundo comercial, puedes redactar el plan de negocio más brillante como parte de una solicitud de un crédito y que, pese a ello, te nieguen un préstamo comercial. Sí: ser rechazado por una docena de directores de banco en una docena de entidades bancarias. Los agentes de préstamos, tal y como los definió un millonario, son un conjunto de personas que casi siempre dicen «No».

¿Quién es más probable que desviara las evaluaciones negativas por parte de doce agentes de préstamos y tuviera la audacia de seguir pidiendo un crédito hasta que se lo concediesen? Yo apostaría por los Todd de EE. UU. En el proceso de entrevistar a miles de millonarios hechos a sí mismos, me he encontrado con que sus ideas favoritas han sido, todas ellas, rechazadas en algún momento u otro. Muchas han sido rechazadas docenas de veces. Simplemente se van a la siguiente entidad que les pueda conceder un crédito.

Se han visto condicionados, desde su niñez, a descartar a los críticos que dicen que su plan para el futuro no funcionará. Para ellos, es simplemente un asunto de tiempo y algo de esfuerzo encontrar a un prestamista de mente abierta.

Cuando les pregunto a los millonarios hechos a sí mismos si han asistido recientemente a una reunión de antiguos alumnos de su instituto y cuáles fueron sus impresiones más notables, la respuesta suele ser: A los chicos más listos, a las estrellas de mi curso en el instituto, no parece estar yéndoles tan bien hoy.

La mayoría de los millonarios te dirán que se sienten un poco incómodos en estas reuniones debido a las incongruencias. En la gran mayoría de los casos, los estudiantes elegidos como «los que es más probable que tengan éxito», los superdotados, aquellos que los profesores apostaron que serán los más exitosos, ya no están al frente de la manada. ¿Quién ostenta el liderazgo? No son los Brian, sino los Todd.

¿LOS ADULTOS SUPERLATIVOS? VUÉLVETELO A PENSAR

El diccionario *Webster* define el término *superlativo* como «supremo [...] que supera a todos los demás». Al personal educativo de los institutos y a los alumnos se les suele pedir que voten en una especie de concurso de belleza académico llamado «Superlativos del último año». ¿Quién es más probable que triunfe? ¿Quién es el más talentoso? ¿Quién tiene mayor capacidad intelectual?

En más de veinte años de estudio de los millonarios, me he encontrado con que pocos fueron nombrados «los que es más probable que tengan éxito», «los más talentosos» o se les aplicaron otros adjetivos superlativos positivos durante su etapa escolar.

En mis investigaciones, he pedido a los millonarios hechos a sí mismos que respondan a preguntas sobre los «superlativos del último año». Se les preguntó:

> *Durante tus años en el instituto, ¿cómo crees que te valoraron o evaluaron, en general, tus profesores?*

Pocos de los encuestados indicaron que era «muy probable» que sus profesores los valoraran como «muy probable que tenga éxito» (*véase* la tabla 3-2). Tampoco era probable que fueran evaluados como «los de mayor capacidad intelectual» o como poseedores del «nivel más elevado de inteligencia».

Lo que es incluso más interesante es que informan sistemáticamente de que sus profesores ni siquiera pensaron en ellos para estos nombramientos. En otras palabras, no se percibió que se encontraran cerca de ninguna de las distintas denominaciones superlativas.

TABLA 3-2

MILLONARIO, ¿CÓMO CREES QUE TE VALORARON O EVALUARON TUS PROFESORES DEL INSTITUTO?

Evaluación (alias «superlativos»)	Porcentaje de millonarios que indicaron que la valoración era muy probable (N = 733)
Extremadamente confiable	28
Extremadamente probable que tenga éxito	20
Extremadamente concienzudo	27
Extremadamente trabajador	16
Extremadamente lógico	15
El más trabajador	14
El mayor nivel de inteligencia	12
El más ambicioso	12
El que tiene mayor capacidad intelectual	11
La mejor media de calificaciones en los estudios de grado	10
El más popular	9

Parece que las evaluaciones relacionadas con la escuela son malas predictoras del éxito económico futuro. ¿Podría ser posible que esa falta de reconocimiento temprano motive a algunos a sobresalir desde el punto de vista económico? ¿Pueden algunos estudiantes alcanzan el éxito económico a pesar de no recibir galardones de «superlativo de último año» (o debido a ello)? ¿Cómo es posible que superen a sus compañeros de clase nombrados «los que es más probable que triunfen»?

Según mis encuestados, hay dos problemas relacionados con el uso de los «superlativos de último año» como predictores de la productividad futura. En primer lugar, los profesores no son muy buenos haciendo predicciones sobre la productividad económica futura porque ellos no son económicamente productivos. Así pues, estos encuestados acaudalados pasaron por alto las valoraciones recibidas de sus maestros. En segundo lugar, los profesores suelen emplear criterios erróneos para hacer estas predicciones. Los estudiantes que sobresalen académicamente y a los que se otorga galardones relacionados con ello no reciben ninguna garantía de que vayan a brillar más adelante en la vida.

Curiosamente, hay tres experiencias relacionadas con la escuela y la universidad que frecuentemente motivaron a los millonarios para que triunfaran desde el punto de vista económico. Estos factores aparecen bajo el encabezado general de la tenacidad (*véase* la tabla 3-3). Lo más importante es que los millonarios desarrollaron un claro conocimiento sobre la productividad. Mientras todavía se encontraban en sus años formativos descubrieron que:

TABLA 3-3

FORJAR LA TENACIDAD: EXPERIENCIAS EN LA ESCUELA Y LA UNIVERSIDAD QUE INFLUYERON EN LOS MILLONARIOS PARA QUE SE CONVIRTIERAN EN ADULTOS ECONÓMICAMENTE PRODUCTIVOS

Resultado de la tenacidad durante la experiencia escolar y universitaria	Porcentaje de millonarios influidos[1] (o no) por la experiencia (N = 733)
Determinar que el trabajo duro era más importante que una inteligencia superior de origen genético para tener éxito	76 (8)
No permitir nunca que unas malas calificaciones destrozaran tus objetivos a conseguir	52 (23)
Aprender a luchar por tus objetivos porque alguien te etiquetó como poseedor de unas capacidades «medias o inferiores»	45 (29)

1. «Influidos» significa que el encuestado contestó que la experiencia había tenido un nivel elevado o moderado de influencia. Se excluyeron las respuestas de la categoría «un bajo nivel de influencia».

El trabajo duro es más importante que la inteligencia superior de origen genético para alcanzar el éxito.

Compara el porcentaje de millonarios que informaron de que la experiencia escolar les influyó en este aspecto frente a aquellos que declararon «que no se vieron influidos». La mayoría de los millonarios creen que el éxito económico procede del trabajo duro y no del hecho de poseer una inteligencia superior de origen genético. También creen que pueden ganar la carrera económica incluso contra gente que es más «inteligente».

La mayoría de los millonarios nunca permitió que unas malas calificaciones destrozaran su objetivo de triunfar.

Incluso los millonarios que se graduaron con una posición elevada en sus cursos del instituto y la universidad recibieron malas calificaciones de vez en cuando; pero como gente que estaba decidida a triunfar, consideraron esos reveses como temporales. La tenacidad forma parte del carácter del millonario.

La mayoría aprende pronto a luchar y competir por objetivos importantes.

Muchos millonarios, que incluso fueron estudiantes que se graduaron con honores, han sido frecuentemente etiquetados como «medios» o «inferiores» por alguna figura de autoridad o examen estandarizado; pero tal y como señalan los resultados de esta encuesta, estas valoraciones hacen que algunas personas sean más tenaces todavía. Algunos millonarios medran con tales juicios, tal y como me han dejado muy claro. ¿De dónde sacaron su determinación? Fue un resultado directo de sus experiencias tempranas en cuanto a dejar a un lado las valoraciones negativas.

¿Por qué tantos estudiantes que no han recibido menciones de mérito se convierten en propietarios de negocios y por qué tantos se hacen millonarios? Las respuestas están relacionadas con cómo responden al hecho de ser calificados como no superdotados, por no recibir galardones de «superlativos del último curso», por no ser aceptados en las facultades de Derecho y por no ser cortejados por una tropa de reclutadores para empresas. Hay un segmento de la población de los millonarios que se consideró que no tenía madera de universitario, y algunos de los miembros de este grupo nunca fueron a la universidad. Otros abandonaron los estudios.

Estas personas «intelectualmente mediocres» desmintieron a sus «calificadores» convirtiéndose en parte de la siguiente generación de millonarios, normalmente siendo los propietarios de un negocio exitoso y dirigiéndolo. Así pues, no estaban intentando competir directamente con los grandes estudiantes de último año del instituto y con aquellos que fueron aceptados en una facultad de Medicina o de Derecho. La propiedad de un negocio o empresa es la base sobre la cual la mayoría de la gente se vuelve independientemente rica.

La teoría alternativa sostiene que parte de los millonarios hechos a sí mismos se creyeron lo que sus profesores dijeron de ellos. Si no eres un superdotado o si tu expediente académico es mediocre, puedes sobrevivir en un mundo competitivo trabajando muy duro para ti mismo y acumulando riqueza. La riqueza puede compensar tu presunta inteligencia inferior y proporcionarte protección frente a un entorno hostil. Aunque frecuentemente es difícil que los millonarios afirmen: «Soy inferior», informan de sentimientos así de otra forma, remitiéndose constantemente a sus malas calificaciones en la universidad o al hecho de que no son dignos de ser entrevistados para este u otros libros.

EL CASO DE WARREN

¿Qué sucede si tu rendimiento académico en la universidad fue «horrible»? Así es cómo un multimillonario calificó su breve estancia en la universidad. En el mejor de los casos, era un estudiante de insuficientes. Esta experiencia le traumatizó tanto que incluso en la actualidad dice: «No soy apto para un empleo». A la larga se dio cuenta de que sólo una persona le contrataría después de que le despidieran de su primer gran trabajo. Se contrató a sí mismo y fundó su propia empresa. En esa época tenía mucho miedo al fracaso, pero, de todos modos, se convirtió en un emprendedor exitoso. Se creyó las valoraciones que sus profesores hicieron de él: que no tenía una inteligencia superior. En la actualidad está contento de no haber sido nunca miembro del clan de los superdotados y de que nunca obtuviese sobresalientes en la universidad.

Está satisfecho de no poseer un máster en Administración de Empresas por una universidad prestigiosa. Este tipo te dirá que jamás hubiese trabajado tan duro para alcanzar su nivel de riqueza ni hubiera asumido riesgos empresariales si hubiera sido tenido las dotes y hubiera recibido una educación excelente. Sostiene que habría aceptado un puesto «cómodo» en una compañía y que nunca habría alcanzado el éxito ni se hubiera visto motivado a hacerlo. ¿Por qué acabó triunfando? El siguiente caso práctico detalla las experiencias de este extraordinario personaje.

Frecuentemente he dicho que se necesita un cierto grado de adversidad para sacar lo mejor de la gente. Algunos lo llaman carácter. Warren no sólo tiene mucho carácter, sino que es todo un personaje. Hace poco vendió su empresa de alfombras, valorada en 30 millones de dólares, y se jubiló «más o menos». Ahora «invierte su propio dinero» para ganarse la vida.

Tomemos una instantánea de Warren en la actualidad. Es muy rico y se siente bastante seguro de sí mismo. Vive en una excelente casa, viste bien, aunque de manera informal, y disfruta de la vida; pero sigue teniendo lo que muchos millonarios hechos a sí mismos poseen: es decir, «un espíritu competitivo incombustible» o, en otras palabras, tiene un considerable interés en incrementar su riqueza.

Sigue trabajando duro y está muy comprometido con la gestión y planificación de sus inversiones. ¿Pero por qué alguien que se encuentra en el 0,5 % superior de los poseedores de riqueza en EE. UU. estaría tan interesado en acumular más? Warren sólo tiene cincuenta y pocos años, su salud es excelente y se aburre fácilmente, por lo que la jubilación completa no es para él. Tiene una energía enorme y una obsesión por vivir.

Su salud, energía y amor por la vida no son los factores subyacentes más importantes de su motivación para seguir acumulando riqueza. Sus experiencias siendo niño y un adulto joven dejaron una marca indeleble en su psique. Su éxito es, de hecho, resultado directo de encontrarse con la adversidad académica y económica y de superarlas. Además, sus experiencias y su sufrimiento tempranos tuvieron mucho que ver con la selección de su vocación principal, que fue fundamental para su objetivo de alcanzar el éxito económico. En sus propias palabras:

Era muy pobre de niño. Tuvimos riqueza y luego la perdimos. A lo largo del instituto y de mi adolescencia hubo un tremendo estrés y tensión con respecto a las finanzas de mi familia. Fui un estudiante nefasto.

Piensa en el trauma experimentado por el joven Warren. Esas circunstancias podrían haber destrozado el corazón de muchos jóvenes, pero él nunca permitió que la adversidad le derrotara. De hecho, piensa que el duro viaje le moldeó para alcanzar el éxito. Parte de la razón de que Warren obtuviera malas calificaciones en la escuela se pueden atribuir directamente a los problemas económicos con el que él y sus progenitores tuvieron que lidiar cada día.

Me llevó más tiempo [más de los cuatro años preceptivos] graduarme en el instituto. La mayor parte del tiempo estaba haciendo cosas para trabajar duro [...]. Lo hacía para conseguir dinero [...]. Abandoné la universidad [...] para ganar dinero.

Warren consiguió suficiente dinero para financiar sus dos primeros años en la universidad, pero entonces sucedió lo inesperado y tuvo que abandonar sus estudios. Con veinte años, justo cuando estaba empezando su tercer año en la universidad, Warren se casó.

Regresé a casa [...], me casé y tuve un bebé inmediatamente.

Así que, una vez más, un revés. Warren era alguien que había abandonado la universidad y que tenía una familia: un joven con muchas responsabilidades pero pocos recursos económicos. A pesar de sus circunstancias, permaneció impertérrito. Vio que su trabajo como recepcionista nocturno en un hotel nunca le pagaría lo suficiente para mantener a su familia, así que buscó otras oportunidades. Instintiva y casi inconscientemente, buscó un trabajo que le permitiera dar mejor uso a sus dones naturales. Aunque todavía no era completamente aparente, Warren había nacido para vender. Él es a lo que frecuentemente me he referido como un PVE, o profesional de las ventas extraordinario. Vendió diversos productos a puerta fría mientras estudiaba en el instituto y la universidad, y así, mientras estaba perdiendo la confianza en sí mismo como estudiante, Warren estaba ganando algo de orgullo mediante sus actividades generadoras de ingresos.

Un cierto suceso el día de la boda de Warren tuvo mucho que ver con que más adelante se convirtiera en multimillonario. Ese día determinó su elección del sector que le convirtió en un éxito.

Tras la boda, no tenía trabajo [a jornada completa]. Me sentía como un inepto [...] recepcionista nocturno en un hotel [...], pasé por unos grandes almacenes Macy's recién inaugurados [...]. Entré y rellené una solicitud de empleo [...]. Me contrataron y me dieron un trabajo como dependiente.

A Warren le asignaron el departamento de mobiliario para el hogar, y medró en esta área. Lo hizo tan bien vendiendo muebles que le ascendieron y le enviaron al programa de formación de ejecutivos. Su éxito le animó a buscar un puesto que le pagara más que con la venta al por menor. Con su currículum, que entonces mencionaba su experiencia como ejecutivo:

Decidí ir a Nueva York y contacté con una agencia de empleo, donde me consiguieron muchas entrevistas. Mentí sobre el hecho de ser un gradado universitario [...]. Me ofrecieron trabajo como aprendiz de ventas.

Warren trabajó durante varios meses como aprendiz de ventas para una gran compañía internacional, pero tuvo que abandonar el empleo «por voluntad propia» porque distintos acreedores agresivos le estaban acosando en el trabajo. Las agencias de cobros no sólo estaban persiguiendo a Warren, sino que estaban en contacto con su empleador con respecto al embargo de su salario y sus comisiones.

No tenía nada de dinero cuando las cosas fueron realmente mal [...], pero luego conseguí una entrevista con un conglomerado empresarial.

¿Cómo fue contratado Warren por una compañía que prefiere contratar sólo a graduados universitarios?

Con mi labia llegué hasta los directivos [...], me contrataron y las cosas empezaron a enderezarse para nosotros.

«Enderezarse» es quedarse corto. La trayectoria profesional de Warren se disparó. Con veinte años no era más que un aprendiz de ventas. Al cabo de cuatro cortos años, Warren ocupó uno de los puestos más elevados en *marketing* y ventas de todo el sector del mobiliario para el hogar.

Por pura chiripa [...] acabé implicado en los bienes de consumo [...], desde camas hasta bases antideslizantes para alfombras, colchones.

¿Fue chiripa? En realidad, no: a Warren le encantaba el sector del mobiliario para el hogar y sus productos. Una vez instalado ahí, nadie le preguntó sobre sus antecedentes académicos. Estaba especialmente interesado en el sector de los recubrimientos para suelos, y esto le condujo hacia el segmento de este sector dedicado a las bases antideslizantes para alfombras.

Antes de saberlo, cuando tenía veinticinco años, me convertí, de hecho, en el prodigio del sector de las bases antideslizantes para alfombras en Nueva York [...], probablemente, el mejor empleo en el sector de las alfombras en esa época. A veces pienso en ello [...] fue increíble.

A los veinticinco años, Warren estaba ganando varios cientos de miles de dólares al año, y se encontraba dentro del 0,1 % superior de los hogares estadounidenses en cuanto a su nivel de ingresos. Pero eso no es todo.

Fue un trabajo fantástico [...]. Una gran oficina en Nueva York [...], gastos ilimitados [...], fondos ilimitados para propósitos ilegales, como cajas negras [...], millones de dólares a mi disposición para hacer cualquier cosa [marketing y relaciones públicas] que decidiera. Viajé por doquier [...] en primera clase. Tenía una suite en la calle 59 con Park Avenue. Ése era yo. Era el chico de oro. Los barberos [...], los sastres venían a mi oficina.

¿Por qué iba a pagar cualquier compañía cientos de miles de dólares al año a un joven de veinticinco años que había abandonado la universidad y darle la absoluta libertad para distribuir millones de dólares para actividades de *marketing* y otras relacionadas? La respuesta es bastante sencilla: Warren se desempeñaba extraordinariamente bien. Era responsable de grandes cuentas multimillonarias. Ganó mucho dinero para su empleador y fue justamente recompensado; pero durante todo este tiempo, Warren pensó que estaba soñando. ¿Cómo podía un joven que había abandonado la universidad con una media de insuficiente tener éxito? Era irreal, increíble.

Warren era tan productivo vendiendo bases antideslizantes para alfombras porque incluso teniendo veinticinco años poseía una gran experiencia en las ventas. Cuando iba al instituto había vendido de todo, desde cuberterías hasta alfombras, y lo hizo aprendiendo a golpes: por su cuenta y cobrando sólo las comisiones. Le pagaban sólo cuando rendía. Era un tenaz vendedor a puerta fría. Más adelante descubrió y agradeció el hecho de que vender millones y millones en bases antideslizantes para alfombras es mucho más fácil que vender cuchillos y tenedores a puerta fría.

Warren poseía muchas de las características esenciales comunes entre los PVE: era afable, tenaz y persuasivo; pero la mayoría de la gente con estas características nunca alcanza el nivel de productividad económica de Warren. Sigue existiendo otro elemento en la ecuación, uno al que te verás expuesto a lo largo de este libro:

A los millonarios les encantan sus trayectorias profesionales.

En este sentido, Warren es como la mayoría de los millonarios. Fue capaz de rendir a un nivel extraordinariamente alto debido a su amor por su negocio. La tarea de vender a grandes cuentas también le permitió dar pleno uso a sus habilidades, y siempre que nadie echase una ojeada a sus credenciales académicas conservaría su empleo. Recuerda que Warren estaba rodeado de otros ejecutivos en la sede de la compañía. En su mente, esta gente tenía unos expedientes académicos excelentes. A veces, Warren hasta se sentía un impostor. ¿De qué otra forma, si no, podía explicar su elevada posición en el sector empresarial de EE. UU.?

El amor de Warren por su empleo hizo que siguiera produciendo a un nivel muy alto. Estos patrones quedan muy bien documentados por los resultados de mi encuesta nacional a los millonarios estadounidenses. De hecho, existe una correlación directa positiva entre el amor por la vocación y el nivel de patrimonio neto. Es mucho más probable que te hagas rico en el futuro si disfrutas de tu vocación. No se le puede restar importancia al efecto de la energía y emoción positivas que podemos enfocar sobre nuestra trayectoria profesional.

¿Cómo podría alguien enamorarse de una base antideslizante para alfombras? En el caso del Warren, no fue sólo la base antideslizante para alfombras la que le estimuló.

Me gustaba el sector de las alfombras. Lo que más me gustaba [...] era la
libertad de estar en la carretera y la gente con la que estaba relacionado

[…]. Era, más o menos, el sector más poco definido en el que podría haber pensado. Era realmente divertido estar en el negocio de las alfombras.

Estaba vendiendo bases antideslizantes para alfombras y el trabajo consistía en algo más que en vender realmente […]. [Consistía en] recibir visitas y relaciones públicas.

Llámalo como quieras (vender, relaciones públicas o recibir visitas): Warren era la principal potencia haciendo tratos con los mayores compradores industriales de bases antideslizantes para alfombras. En este papel era feliz y estaba en la cresta de la llamada ola económica. Por consiguiente, gastaba buena parte de sus ingresos, ahorrando poco para cuando llegasen las vacas flacas.

Warren, el joven generador de elevados ingresos, pensaba que era invencible. Era el mejor ejecutivo de ventas del sector, y su compañía confiaba en él para que generara un número creciente de tratos multimillonarios. Vendía de día y de noche, los días laborables y los fines de semana, por lo que no tenía tiempo para preocuparse por ahorrar e invertir una parte de su enorme salario. Era el máximo consumidor, gastando generosamente en productos y servicios que no conservan su valor. Disfrutaba gastando un dineral en trajes hechos a medida y, por supuesto, en mobiliario de lujo para su hogar.

Una mañana, Warren fue llamado a la oficina de su director ejecutivo. Sin aviso alguno, le dijeron que habían vendido la compañía. Lo que era peor es que la corporación que la había adquirido no tenía ningún interés en conservar a Warren como su jefe de ventas. Sí, en un instante, el empleo de sus sueños se había desvanecido. La pérdida de su trabajo hizo que aparecieran muchos fantasmas que había reprimido: todos esos temibles recuerdos de sus primeras experiencias en un hogar bajo una grave tensión económica reaparecieron. Lo que resultó igualmente amedrentador es que Warren recordó todas esas calificaciones de insuficiente y muy deficiente en su expediente académico universitario. ¿Quién le contrataría con unas credenciales tan malas?

Los reveses pueden tener influencias positivas, y el trauma de Warren le allanó el camino para convertirse en multimillonario siendo el propietario de su propio negocio.

No opté por el autoempleo. Me vi forzado a ello. La compañía para la que trabajaba [...] la vendieron [...] y me despidieron [...]. Perdí el trabajo porque era la persona mejor pagada de la empresa [...]. ¿Dónde voy a conseguir un trabajo? No era contratable porque estaba ganando muchísimo dinero [...]. [Y ya] no era un graduado universitario.

Poco después de recibir las malas noticias, a Warren le dijeron que tenía que devolver el coche de la compañía que le habían dado hacía poco. Así pues, salió de casa para ir hacia el coche y simplemente se sentó en su interior, reflexionando sobre su mala suerte.

Simplemente me quedé sentado ahí llorando hasta quedarme sin lágrimas [...]. Fue horrible.

No mucho tiempo después, Warren recibió una llamada del director ejecutivo y propietario de una empresa que fabricaba alfombras que se había enterado de la noticia de su despido. Este director ejecutivo sabía de su extraordinaria capacidad para vender base antideslizante para alfombras, y aunque no estaba en condiciones de contratarle, le propuso una solución alternativa. Le sugirió a Warren que creara una agencia de ventas, y Warren siguió su consejo. No fue una transición fácil. Requirió de mucho trabajo duro y de vivir con un presupuesto doméstico espartano. También significó que Warren tuvo que dejar de vivir y trabajar en Nueva York. Supuso un gran cambio mudarse de la cosmopolita ciudad de Nueva York a la ciudad de las alfombras de EE. UU., Dalton (Georgia), pero lo hizo.

Así pues, me fui a Dalton [Georgia] [...]. El tipo que había ahí me dio realmente un respiro [...]. me puso en el mercado. Me apoyó con el inventario y los precios y todo lo demás que cualquier otra persona hubiese necesitado para tener éxito. [Él] sabía que yo podía vender alfombras.

En su mente, Warren no tenía más elección que fundar su propio negocio porque pensaba que era la única forma en la que podría ganar tanto como había ganado en su trabajo soñado como ejecutivo de una empresa privada. Creía que ninguna compañía estadounidense sería capaz de compensarle a un nivel tan elevado.

Me llevó unos siete años volver a levantar cabeza después del gran empleo que había tenido. Vi la oportunidad.

La modestia de Warren es una de las razones por las que es un tipo tan agradable. Suele restar importancia a sus aptitudes y sus logros, y reflexiona repetidamente sobre sus carencias como mal alumno en el instituto, persona que abandonó los estudios universitarios, ejecutivo despedido y emprendedor en apuros. Minimiza sus logros e incluso en la actualidad se pregunta constantemente cómo logró ser exitoso económicamente. En lo más profundo de su ser cree que se supone que los que abandonan sus estudios universitarios no están destinados a triunfar en la economía estadounidense.

[…] Empecé de cero y fundé la empresa. No parece gran cosa, aparte de pasar de cero a 30 millones de dólares. En el sector de las alfombras eso es algo bastante grande.

En la actualidad, Warren sigue trabajando duro, pero en un tipo de trabajo distinto. Pasa muchas horas gestionando y planificando sus inversiones. Nuca más dará por hecho su éxito económico. Nunca olvidó, ni por un momento, cómo era tener un montón de dinero como ejecutivo joven y luego perderlo todo.

Según Warren, los siete años que le llevó volver a recuperar su posición económica fueron, en sus palabras: «Una completa tortura […]. Fue horrible». Esta experiencia sigue siendo un fuerte motivador a día de hoy. Tiene un «miedo terrible» a tener que pasar por todo eso de nuevo.

Juro que, si alguna vez lo perdiera todo y no viera ninguna posibilidad de vivir con ninguna comodidad en absoluto, si supusiera regresar a ese trabajo penoso, preferiría morirme. Es el miedo a la verdadera pobreza. No quiero volver a ser tan pobre.

No hay duda de que la confianza en uno mismo y el pensamiento positivo desempeñan un papel en la explicación del éxito, pero entonces, ¿cómo podemos explicar los logros de Warren? En general, tiene una falta de confianza en sí mismo y su forma de pensar es más negativa que positiva. Él se ve motivado por el miedo: teme regresar a la posición de pobreza que él y su familia experimentaron hace tiempo.

Sin embargo, tenía la confianza de que siempre podría vender más que sus competidores. Esta confianza, sumada a su necesidad de evitar la pobreza, le empujó hacia el entorno empresarial. Creía que «No era contratable [...], que no podría conseguir un empleo». Por lo tanto, en su mente el autoempleo era su última esperanza.

Creía que ninguna compañía importante se volvería a fijar en él porque era alguien que había abandonado los estudios universitarios. Creía que sólo los privilegiados son contratados, pagándoles un dineral, por las principales compañías. Warren nunca pensó en sí mismo como un miembro del club de los privilegiados. Si lo hubiera hecho, probablemente no sería multimillonario en la actualidad. Ten en cuenta los propios pensamientos de Warren acerca de los «qué hubiera pasado si...» en su vida.

Pienso en esto todo el tiempo [...], me mortifico por estas cosas. Una compañía [...] contrata a estos muchachos que acaban de salir de la universidad y obtiene lo mejor de lo mejor [los privilegiados]. Mi amigo, el jefe [director ejecutivo y propietario de una importante empresa de alfombras] contrataba a los mejores estudiantes de la universidad en la que se había graduado. Y veías a estos tipos y parecía como si nunca hubiesen sudado, y eran altos y bien parecidos. Todos estos tipos que conseguían estos grandes empleos [...]. Yo solía decir: «¡Caramba, ojalá yo tuviera ese aspecto y esas credenciales [académicas]! [...] ¡Cuánto más fácil hubiese sido mi vida!».

Si Warren pudiera hacer retroceder el tiempo dispondría de la oportunidad de sacar sobresalientes en todas las asignaturas en el instituto y la universidad y obtener un máster en Administración de Empresas (MBA) por una universidad prestigiosa. Entonces le contratarían como ejecutivo joven al igual que el resto de los privilegiados. Entonces rezumaría confianza y tendría una actitud mucho más positiva con respecto a sus perspectivas económicas. ¿Pero desea realmente Warren hacer retroceder el tiempo? ¿Echa de menos no pertenecer al grupo de los privilegiados? No, no es así. Su forma de pensar al respecto de esto va muy en paralelo con los resultados que se deducen de mis encuestas.

La mayoría de la gente que se hace rica en una generación no tuvo elección: *tuvieron* que ser económicamente independientes. Muchos se dieron cuenta de que ser un empleado asfixia a un espíritu competitivo incombustible. El objetivo de Warren era el de convertirse en alguien económicamente independiente mediante la acumulación de riqueza. Su patrimonio neto era su principal defensa contra la pobreza. Su empeño emprendedor produjo esta riqueza junto con siete años de llevar un estilo de vida frugal, viviendo con lo básico.

Sostiene que nunca se hubiera sentido obligado a convertirse en millonario si hubiese tenido las credenciales académicas y la confianza para ser ejecutivo de una empresa privada.

> *Si hubiese tenido las credenciales académicas [para ser un ejecutivo] hubiese aceptado la mediocridad [...]. No planeaba entrar en el sector de las alfombras [...]. Francamente, si hubiera podido conseguir un trabajo decente nunca habría entrado en el mundo de la empresa por mí mismo [...]. Me vi forzado al autoempleo.*

Según Warren, los «privilegiados» disponen de su propia forma de capital. Su educación, currículum y expediente académico repleto de sobresalientes son su riqueza. Es su forma de sobrevivir y proteger su estilo de vida; pero Warren, que no poseía un currículum excelente, sentía que debía reemplazarlo por algo. Su fortaleza es su éxito económico. Acumuló riqueza porque lo apostó todo a su aventura empresarial, y si hubiera dispuesto de otras opciones, nunca hubiera trabajado tan duro ni se hubiera hecho realmente rico.

Los datos de mis encuestas respaldan las afirmaciones de Warren. La gente como Warren ha aprendido que no existen los trabajos permanentes trabajando para otros. En la universidad aprendió que no era un superdotado. Así pues, la única forma en la que podría triunfar consistía en trabajar más que los «privilegiados». Esto, sumado a su voluntad de asumir riesgos empresariales, le convirtió en un hombre acaudalado.

¿Qué acabó descubriendo Warren sobre Estados Unidos? Somos una sociedad que da una, dos, tres y hasta diez oportunidades a la gente que desea triunfar, y el éxito no le será negado a aquellos que usen sus fracasos tempranos como base para el triunfo.

LA TRAMPA DE LOS PROGENITORES

Muchos progenitores creen que sus hijos lo pasarán mal para convertirse en adultos productivos si antes no tienen «unas credenciales académicas excelentes». Tal y como hemos visto a lo largo de este capítulo, simplemente, esa suposición no es cierta. De hecho, la mayoría de los millonarios hechos a sí mismos informan de que no fueron estudiantes de sobresaliente ni en el instituto ni en la universidad. La mayoría nunca obtuvo unos resultados extraordinariamente altos en las pruebas de acceso a la universidad, y sus profesores nunca pensaron que alcanzarían el éxito en el futuro. La mayoría (más del 80 %) nunca cursaron uno de los llamados mejores programas de grado universitario. Todo progenitor debería comprender esos datos antes de presionar incansablemente a sus hijos para que tengan éxito en la escuela de formas tradicionales.

Pero aquí todavía se está jugando a otro juego. Algunos progenitores definen el éxito de forma distinta a otros, y quieren que sus hijos sean algo más que adultos productivos. Desean que se conviertan en miembros de los grupos profesionales con un estatus elevado: médicos, abogados, científicos. Las buenas calificaciones forman parte de los requisitos para la admisión en una facultad de Medicina o Derecho y para los programas de doctorado. Curiosamente, estas supuestas ocupaciones de estatus elevado dan lugar a sólo una minoría de la población de millonarios. Por supuesto, el dinero no lo es todo, y estos objetivos profesionales son nobles; pero muchos progenitores que quieren que sus hijos estudien Medicina se centran en el prestigio, los ingresos y la riqueza. Te puedo asegurar que tener unos ingresos elevados no asegura la independencia económica. No todos aquellos que tienen empleos con un estatus alto obtienen unos ingresos elevados porque muchos sienten una compulsión a gastar mucho en productos que reflejen ese estatus.

Para otros padres, es muy importante poder decirles a sus amigos, familiares y vecinos que su hija Becky y sus hijos Earl y Joel van a estudiar en universidades prestigiosas. Yo llamo a esto estatus académico. Los progenitores creen que su propio estatus se ve potenciado por el hecho de llevarse mérito por tener un hijo o hija que está rumbo a estudiar en una universidad de élite. Es difícil explicar las variaciones en la productividad económica, pero de esto estoy seguro: el rendimiento académico en el instituto y la universidad no explican las grandes variaciones en términos de riqueza en EE. UU.

Los padres suelen echar la vista atrás con respecto a su propia vida y generan una serie de «que hubiera pasado si…».

¿Qué hubiera sucedido si hubiese ido a una universidad prestigiosa? Que hoy sería una persona realmente exitosa.

Ciertamente, se dan cuenta de que no pueden cambiar su propia historia, pero los progenitores siguen disponiendo de una oportunidad: sus hijos pueden hacerlo bien. Estos padres están, en lo más profundo de su ser, viviendo indirectamente a través de sus hijos. Desvían las preguntas sobre sus propias credenciales académicas agobiando a sus amigos y socios con anécdotas sobre los triunfos académicos de sus retoños y sus victorias a la hora de entrar a una universidad. No tienen ni la menor idea de que quizás estén condenando a sus hijos a un futuro mediocre forzando estos logros innecesariamente.

Dados los siguientes estándares, la mayoría de los millonarios actuales no serían admitidos en mi universidad estatal.

El curso de los alumnos de primer año en la Universidad de Georgia [...]. La puntuación media en las pruebas de acceso a la universidad para los aceptados fue de 1220 puntos, mientras que la media de las calificaciones en los estudios [del instituto] fue de 3,7 puntos» (McCarthy, R.: «99 freshmen: UGA will take 4,200 in class». *Atlanta Journal-Constitution,* 6 de abril de 1999, p. 1E).

Para la población con un patrimonio neto elevado/unos ingresos altos, los ingresos suelen, normalmente, alcanzar la cima entre los 44 y los 54 años, mientras que el patrimonio neto alcanza su pico más tarde, normalmente entre los 55 y los 64 años. No encuentro una correlación estadísticamente significativa entre los factores económicos y de productividad (el patrimonio neto y los ingresos) y los resultados en las pruebas de acceso a la universidad, la clasificación en el curso en la universidad y las calificaciones en la universidad (*véase* la tabla 3-4). Nótese, por ejemplo, el coeficiente de correlación (0,05) entre el patrimonio neto y los resultados en las pruebas de acceso a la universidad para aquellos que se encuentran en el grupo de los 44 a los 54 años. ¿Qué porción de la variación en el patrimonio neto se explica mediante los resultados en las pruebas de acceso a la universidad? Eleva 0,05 al cuadrado para obtener la respuesta. Es un porcentaje pequeño. Eso nos deja con una enorme parte que puede ser explicada por otros factores.

TABLA 3-4

COEFICIONES DE CORRELACIÓN: PUNTUACIÓN EN LAS PRUEBAS DE ACCESO A LA UNIVERSIDAD (PPAU), CLASIFICACIÓN EN EL CURSO Y MEDIA DE LAS CALIFICACIONES EN LOS ESTUDIOS DE GRADO (MCEG)[1] FRENTE AL PATRIMONIO NETO Y LOS INGRESOS

Medidas de productividad económica	Edad: 45-54		Edad: 55-64	
	(N = 252)		(N = 205)	
	PPAU[2]	Correlación significativa[3]	PPAU	Correlación significativa
Patrimonio neto[4]	0,05	No	0,02	No
Ingresos anuales totales[5]	0,07	No	0,06	No
	Clasificación		Clasificación	
Patrimonio neto	0,01	No	0,04	No
Ingresos anuales totales	0,17	Sí	0,01	No
	MCEG		MCEG	
Patrimonio neto	0,01	No	0,04	No
Ingresos anuales totales	0,11	No	0,02	No

1. Hace referencia a la media de calificaciones en los estudios de grado y posgrado en una escala de 4 puntos (sobresaliente = 4, notable = 3, etc.).
2. Hace referencia a las puntuaciones combinadas.
3. Probabilidad inferior a un nivel del 0,01. Se generaron treinta correlaciones (2 medidas de productividad económica) x (3 medidas de rendimiento académico) x (5 grupos de edad). Una de las 30 correlaciones (ingresos frente a la clasificación para el grupo de edad de 45-54 años) fue estadísticamente significativo.
4. El patrimonio neto hace referencia a los activos del hogar menos todas las cargas.
5. Los ingresos anuales totales hacen referencia a los ingresos del hogar.

Si no son los ingresos o el patrimonio neto, ¿qué explican los resultados en las pruebas de acceso a la universidad? En este estudio explican el 11 % de la variación en la media de las calificaciones en los estudios de grado y viceversa; pero en el mundo real la productividad económica no viene definida por la media de las calificaciones en los estudios de grado. En general, la única correlación estadísticamente significativa encontrada fue entre los ingresos y el rango del grupo de edad de 45 a 54 años; pero aquí, una vez más, el rango explica sólo una pequeña porción de la variación en cuanto a los ingresos (0,17 al cuadrado): menos del 3 %.

EL CLUB DE LOS 900 PUNTOS

En mi oficina he creado un club exclusivo llamado el club de los 900 puntos: sólo aquellos millonarios que obtuvieron unos resultados en las pruebas de acceso a la universidad por debajo de los 1 000 puntos son admitidos. Usé arbitrariamente las puntuaciones por debajo de 1 000 para definir un rendimiento que no llega a ser espectacular. Con esto no quiero sugerir que una parte desproporcionada de la población de los millonarios tenga unos resultados en las pruebas de acceso a la universidad de menos de 1 000 puntos. De hecho, sólo una minoría de los millonarios entra en esta categoría; pero el argumento es que es posible convertirse en un exitoso económicamente con unas puntuaciones mediocres o incluso peores.

¿Qué sucede si le decimos a la gente con unas bajas puntuaciones en las pruebas de acceso a la universidad que pueden triunfar? Puede que entonces una mayor cantidad de gente alcanzara el éxito económico un día. Lo mismo ocurre con nuestro sistema de calificación. Obtener unas calificaciones mediocres cuando tienes dieciséis o diecisiete años no excluye que puedas triunfar más adelante en la vida, pero muchos adultos creen lo contrario.

Uno de los primeros miembros del club de los 900 puntos fue un hombre al que llamaré Rechazo. Tenía dificultades con sus tareas escolares en el colegio, pero acabó graduándose en la universidad. ¿Por qué el mote de «Rechazo»? En primer lugar, porque rechazó aceptar su rendimiento poco destacable en el instituto, en las pruebas de acceso a la universidad y en la facultad como indicadores de su productividad futura. En segundo lugar, mientras asistía a la escuela, estudió, como materias principales, asignaturas académicas y «escogió, como materias menores, chatarra, basura, restos y rechazo». Más adelante añadió un curso llamado «reciclaje». Al igual que muchos miembros del club de los 900 puntos, Rechazo se vio enormemente influido por su experiencia con empleos veraniegos y a jornada parcial en el sector de la basura y el reciclaje. Más adelante convirtió sus experiencias con la chatarra en un negocio multimillonario propio. Cuanto antes empiece un joven a desarrollar interés y experiencia en su propia vocación más probable será que se convierta en un adulto productivo.

Comparando los 900 con los 1400

¿Qué sucedería si tu hijo o hija hiciera tres veces las pruebas de acceso a la universidad y cada vez obtuviera una puntuación inferior a la media nacional? Te das cuenta de que tu hijo quizás no sea admitido en muchas de las mejores facultades y universidades, pero hay muchas que le admitirían gustosamente. Esto es especialmente cierto si tu hijo tiene unos buenos hábitos de estudio y determinación. Además, si a tu hijo le va bien en su segunda o tercera universidad de elección durante un año o dos, entonces quizás podría pedir el traslado a la universidad escogida como primera opción.

Asistir a la universidad y completar los estudios de grado son factores importantes para explicar el éxito económico. Interésate más por que tu hijo finalice sus estudios escolares y preocúpate menos por las notificaciones de rechazo por parte de una universidad. Las notificaciones de rechazo no perjudicarán las opciones de tu hijo a no ser que permitas que afecten a su ánimo. La clave para motivar a John y Sally tiene mucho que ver con convencerles de que tienen potencial para triunfar. Si creen que los resultados en los exámenes estandarizados como las pruebas de acceso a la universidad son predictores perfectos del éxito futuro, entonces es probable que no se vean motivados a competir más si sus puntuaciones son bajas. Su futuro estaría entonces programado. Los progenitores y los hijos se toman muy en serio las puntuaciones por debajo de la media, y unos resultados malos pueden ser totalmente devastadores, pero no para todos. ¿Cuáles son algunas de las diferencias clave entre aquellos millonarios que son miembros del club de los 900 puntos y aquellos que obtuvieron

1400 o más puntos en las pruebas de acceso a la universidad? Para responder a esta pregunta he analizado las respuestas a la encuesta de dos submuestras de millonarios.

Las respuestas de cien miembros del club de los 900 puntos se compararon con las de cien millonarios que consiguieron 1400 o más puntos en sus pruebas de acceso a la universidad.

TABLA 3-5

FACTORES QUE EXPLICAN EL ÉXITO ECONÓMICO: MILLONARIOS CON UNA
PUNTUACIÓN EN LAS PRUEBAS DE ACCESO A LA UNIVERSIDAD (PPAU)
INFERIOR A 1 000 FRENTE A IGUAL O SUPERIOR A 1 400

EL PORCENTAJE QUE INDICA QUE SE TRATA DE UN FACTOR DEL ÉXITO MUY IMPORTANTE

	PPAU	
Factor de éxito	Por debajo de 1 000 (N = 100)	Igual o superior a 1400 (N = 100)
Tener un cociente intelectual elevado/una inteligencia superior	3	50
Ser honesto con toda la gente	65	50
Tener un cónyuge alentador	57	46
Amar mi trayectoria profesional/negocio	51	39
Llevarme bien con la gente	63	49
Ver oportunidades de negocio que otros no las vieron	42	29
Especializarse	26	17
Ser muy organizado	42	30
Ignorar las críticas de mis detractores	34	25
Tener buenos mentores	31	26
Ser muy disciplinado	61	56
Encontrar un nicho de mercado rentable	38	27

Sólo el 3% de los millonarios del club de los 900 puntos indicó que tener un cociente intelectual elevado o un intelecto superior era un factor muy importante para explicar su éxito (*véase* la tabla 3-5). Una vez más, los resultados de las mediciones estandarizadas del cociente intelectual y de las pruebas de acceso a la universidad están relacionados. Nótese también que ninguno de los miembros del club de los 900 puntos creyó que fuera muy probable que sus profesores del instituto les consideraran poseedores del «máximo nivel de intelecto» o que fueran los «más dotados intelectualmente» (*véase* la tabla 3-6).

TABLA 3-6

CÓMO ES PROBABLE QUE LOS VALORARAN SUS PROFESORES DEL INSTITUTO: MILLONARIOS CON UNA PUNTUACIÓN EN LAS PRUEBAS DE ACCESO A LA UNIVERSIDAD (PPAU) INFERIOR DE 1 000 FRENTE A IGUAL O SUPERIOR A 1 400

EL PORCENTAJE QUE INDICA QUE SE TRATA DE UN FACTOR DEL ÉXITO MUY IMPORTANTE

«Superlativos»	PPAU	
	Por debajo de 1 000 (N = 100)	Igual o superior a 1400 (N = 100)
Nivel más elevado de inteligencia	0	42
Extremadamente dotado intelectualmente	0	41
Extremadamente probable que tenga éxito	3	32
La mejor media de calificaciones en los estudios de grado	2	28
Extremadamente lógico	8	31
Extremadamente confiable	28	30
Extremadamente popular	27	23
Extremadamente concienzudo	13	19
El más trabajador	12	20
El más diligente	16	18

Muy por el contrario, el 50% de los encuestados que obtuvieron unos resultados en las pruebas de acceso a la universidad de 1400 o más puntos creía que tener un cociente intelectual elevado o una inteligencia superior suponía un factor muy importante para explicar su éxito económico. ¿Cómo creen que los consideraban sus profesores del instituto?: de forma muy diferente a los miembros del club de los 900 puntos. Más de cuatro de cada diez (el 42 %) indicó que sus profesores muy probablemente consideraran que poseían «un nivel máximo de inteligencia», el 41 % que eran «superdotados», un 32 % que «lo más probable era que tuvieran éxito», etc.

¿Qué puede decirse de los miembros del club de los 900 puntos? La mayoría, por no decir todos, se dieron cuenta en su época formativa de que no se encontraban en el extremo marcadamente superior en la escala de la inteligencia analítica. Pese a ello, siguieron queriendo alcanzar el éxito económico.

Durante su etapa escolar, la mayoría (el 72 %) de los miembros del club de los 900 puntos aprendieron a luchar por estos objetivos pese a haber sido etiquetados como poseedores de una capacidad simplemente media o inferior (*véase* la tabla 3-7). También descubrieron que hay otros factores importantes en la ecuación de la riqueza. La mayoría (el 93 %) descubrió que el trabajo duro era más importante que una inteligencia elevada de origen genético para alcanzar el éxito.

Fíjate de nuevo en las doce diferencias entre los miembros del club de los 900 puntos y aquellos que obtuvieron 1 400 o más puntos en las pruebas de acceso a la universidad que se aportan en la tabla 3-5. Tal y como se indica, aquéllos con unas puntuaciones elevadas en las pruebas de acceso a la universidad dan más importancia la inteligencia para explicar su éxito económico; pero los miembros del club de los 900 puntos dan más valor a los otros once factores del éxito.

¿Quiénes son aquellos que hacen hincapié en el intelecto elevado como un factor clave del éxito? Los abogados y los médicos están bien representados entre aquellos que se encuentran en el grupo de los 1 400 puntos en las pruebas de acceso a la universidad. También se incluyen los altos ejecutivos de empresas privadas que poseen estudios de posgrado, másteres en Administración de Empresas o doctorados por universidades prestigiosas, y los propietarios de negocios o empresas implicados en las áreas científicas y técnicas.

TABLA 3-7

EXPERIENCIAS EN LA ESCUELA Y LA UNIVERSIDAD QUE INFLUYERON EN LOS MILLONARIOS PARA QUE SE CONVIRTIERAN EN ADULTOS ECONÓMICAMENTE PRODUCTIVOS: AQUÉLLOS CON UNA PUNTUACIÓN EN LAS PRUEBAS DE ACCESO A LA UNIVERSIDAD (PPAU) INFERIOR A 1 000 FRENTE A IGUAL O SUPERIOR A 1400

PORCENTAJE DE MILLONARIOS INFLUIDOS[1] POR LA EXPERIENCIA

Experiencia	PPAU	
	Por debajo de 1 000 (N = 100)	Igual o superior a 1400 (N = 100)
Aprender a luchar por tus objetivos porque alguien te etiquetó como poseedor de una capacidad «media» o inferior	72	21
Determinar que el trabajo duro era más importante que la inteligencia elevada de origen genético para triunfar	93	60
Nunca permitir que las malas calificaciones destrocen los objetivos que quieres conseguir	66	34
Ser excepcionalmente creativo	62	51
Trabajar en empleos a jornada parcial mientras estudias	58	47
Recibir ánimos de los profesores	64	60

1. «Influyeron» significa que el encuestado indicó que la experiencia tuvo un grado de influencia elevado o moderado.

En general, aquellos que dicen que la inteligencia superior equivale al éxito se refieren la inteligencia analítica, que supuestamente se mide mediante las baterías de pruebas estandarizadas que calculan el cociente de inteligencia que, a su vez, están relacionadas con las puntuaciones en las pruebas de acceso a la universidad, la media de las calificaciones en los estudios de grado y otras pruebas similares.

Por el contrario, ¿cómo explican sus éxitos los miembros del club de los 900 puntos? Obviamente, a partir de los resultados aportados en la tabla 3-5, no son función de tener una inteligencia analítica superior.

Ser honesto

Nótese que casi dos terceras partes de los miembros del club de los 900 puntos cree que «ser honesto» fue un factor muy importante para explicar su éxito: una cifra significativamente superior que la del otro grupo. Con esto no se pretende sugerir que la gente con una inteligencia superior sea deshonesta: casi toda la gente de éxito hace considerable hincapié en la integridad; pero muchos de los miembros del club de los 900 puntos son propietarios de negocios implicados, a diario, en la actividad de las ventas. Cada día, la integridad está en la cuerda floja. Por el contrario, muchos de aquéllos con una inteligencia analítica superior están implicados en profesiones que se centran en la ciencia, la investigación y el desarrollo, el diseño de la defensa legal que respalde la demanda de un cliente o el desarrollo de una estrategia que prolongue la vida de un paciente que padece cáncer.

En contraposición, la integridad es un asunto realmente clave cuando el dinero cambia de manos. Si uno carece de integridad en esta coyuntura, a largo plazo nunca se convertirá en una persona de éxito ni seguirá siéndolo. La integridad tiene muchas definiciones, pero yo disfruté especialmente leyendo las opiniones de Robert A. Lutz sobre su importancia. Lutz cree que la integridad es absolutamente esencial si uno espera convertirse en ejecutivo, y él carece de tolerancia para la deshonestidad. Cuando le ofrecieron un soborno de 10 millones de dólares rechazó la oferta y se aseguró de que la empresa nunca más hiciese negocios con ese tipo (Lutz, R. A.: *op. cit.*, pp. 183-186). La gente con sentido común o una inteligencia práctica da una gran importancia a la integridad en todo lo que hace. Si Lutz se hubiese graduado en el instituto a los quince años en lugar de a los veintidós, o si hubiese sido un niño prodigio analítico que careciese de integridad, nunca habría logrado ser un alto ejecutivo.

El personal de apoyo

Muchos miembros del club de los 900 puntos otorgan un gran mérito por su éxito a su «cónyuge alentador». Tener un cónyuge alentador no es un accidente ni un suceso aleatorio. Incluso antes de casarse, los miembros del club de los 900 puntos tienden a ser más sensibles a ciertas diferencias entre cónyuges potenciales que aquéllos con unas puntuaciones muchos más altas en las pruebas de acceso a la universidad. Muchos miembros del club de los 900 puntos puede que se dieran cuenta incluso antes de casarse de que necesitaban a un cónyuge alentador: quizás reconocieron que dos cabezas son mejor que una sola. Si un miembro del club de los 900 puntos percibe una deficiencia en su aptitud analítica, pero, al mismo tiempo, imagina que tendrá una trayectoria profesional exitosa o que dirigirá un negocio muy productivo, quizás sienta que necesita a un cónyuge disciplinado, frugal, apacible, confiable y tolerante. Además, muchos probablemente se sentirían atraídos por un cónyuge que poseyera, claramente, la capacidad de ser económicamente productivo. Alrededor de uno de cada diez miembros del club de los 900 puntos se sintieron atraídos por sus cónyuges debido a esta dimensión relativa a la productividad.

Dada la opción entre el amor y el atractivo físico, prefiero casarme con una mujer que pueda gestionar un negocio.

He oído a muchos propietarios exitosos de negocios o empresas hacer afirmaciones similares. ¿Significa esto que es más probable que los miembros del club de los 900 puntos tengan un matrimonio exitoso a largo plazo? No encuentro pruebas estadísticas que respalden esta especulación. Tanto los miembros del club de los 900 puntos como el grupo de las personas «con una inteligencia superior» pertenecientes a la población de los millonarios tienden a tener matrimonios duraderos.

Pero la productividad económica de una pareja casada es otro asunto. Frecuentemente, hay importantes economías de escala cuando una pareja casada trabaja junta como un equipo para producir ingresos. Las economías existen incluso cuando un cónyuge se convierte en un confidente informal o proporciona apoyo psicológico. Se proporciona un análisis detallado sobre la elección de cónyuge en el capítulo 6.

Los miembros del club de los 900 puntos tienen otra propensión bastante bien demostrada: tienden a emplear un mayor número de asesores, mentores y almas gemelas, incluyendo a su marido o esposa, como consejeros y unidades de apoyo. Generalmente, usan algo más que su propia cabeza para potenciar la probabilidad de triunfar en la vida. ¿Qué hay de aquellos que se encuentran en el grupo con una inteligencia superior, aquéllos con unos resultados de 1 400 o más puntos en las pruebas de acceso a la universidad? Es justo lo opuesto. De hecho, cuanto mejor es el resultado de alguien en las pruebas de acceso a la universidad, más probable es que se emplee sólo a sí mismo como asesor.

¿Eres consciente del valor de contratar a asesores que quizás sean superiores a ti con respecto a algún área de tu ecuación del éxito? Si es así, quizás comprendas el valor de contratar a un talento superior. Si no te llevas bien con la gente, y especialmente con aquella que puede aconsejarte, tienes un problema. Puede que seas «demasiado inteligente». Quizás no estés dispuesto a admitir que necesitas ayuda; o puede que estés tan convencido de tu superioridad intelectual que no percibas tu necesidad de consejo de personas intelectualmente inferiores.

OTROS FACTORES

Así pues, ¿qué sucede si se te etiqueta como «alrededor de la media», «por debajo de la media» e incluso un poco «por encima» de acuerdo con los resultados de los exámenes estandarizados, pero estas dispuesto a convertirte en exitoso económicamente? Sabes, intuitivamente, que puedes triunfar. Puede que tu determinación se vea ayudada por alguien que te dijera que tienes lo que hace falta para sobresalir. Puede que tu mentor o un profesor te dijera: «Lo que tienes es especial. Todavía no hemos averiguado cómo medir esta cualidad en nuestros estudiantes».

Eso es lo que le sucedió a Sharon. Una orientadora escolar de educación secundaria de mente abierta le dijo que poseía una cualidad creativa especial. Sharon obtuvo una puntuación superior a la media en las pruebas estandarizadas de aptitud, pero su verdadera fortaleza se encontraba en el campo creativo. En la actualidad es una de las mejores diseñadoras gráficas de EE. UU., y sus padres la han acabado perdonando por no estudiar Medicina. Sharon ha ganado el galardón a la diseñadora del año en dos ocasiones.

Otorga algo de crédito a los profesores y consejeros escolares por mejorar a la población de club de los 900 puntos. Casi dos terceras partes (el 64 %) de sus miembros indicaron que «recibir ánimos de los profesores» (*véase* la tabla 3-7) les influyó para convertirse en adultos económicamente productivos. Frecuentemente, sólo hace falta un profesor, consejero o entrenador para influir en un joven de esta forma positiva. Los entrenadores suelen desempeñar un papel muy importante en este aspecto. Una parte importante (el 63 %) de los miembros del club de los 900 puntos informan de que han practicado deportes competitivos. Puede que esta experiencia tuviera algo que ver con su capacidad para lidiar con las críticas de los detractores y «ganar partidos» que se había predicho que perderían.

Trabajar a jornada parcial mientras estaban en la escuela también fue una experiencia que la mayoría (el 58 %) de los miembros del club de los 900 puntos dicen que les moldeó de forma positiva. Lee los perfiles de la gente más productiva de EE. UU. Es raro encontrar a alguien que no mencione experiencias de empleos a jornada parcial. Cuando menos, estas experiencias los llevaron a darse cuenta de que no querían una trayectoria laboral como empleado administrativo en un motel o como camarero en un restaurante.

Nielson vendió su 20 % de las acciones por 100 millones de dólares. Trabajó en un rancho, como conductor de camiones [...], mecánico [...], conserje [...] antes de invertir en el negocio del petróleo» (Feder, B. J.: «Glenn E. Nielson, 95, builder of oil and asphalt business». *The New York Times,* 5 de noviembre, 1998, p. C27).

Una de las razones por las cuales Nielsen tuvo éxito en la vida fue porque vio una oportunidad de negocio que la mayoría pasó por alto y encontró un nicho geográfico de mercado rentable que explotar. Es difícil para alguien reconocer oportunidades si se queda en un lugar y permanece en un empleo: la mayoría de los millonarios hechos a sí mismos tienen una experiencia bastante amplia con varios empleos a jornada parcial y temporales.

DEFINE «GENIO»

En la actualidad, John Parks es multimillonario, pero cuando se graduó en la universidad hace treinta y cinco años nunca imaginó que se convertiría en alguien exitoso económicamente. Parks fue un estudiante de aprobado a lo largo de toda su carrera universitaria. Se graduó en ingeniería, y nada más licenciarse fue contratado por una gran empresa de ingeniería.

Los superiores de Parks reconocieron rápidamente que poseía unas grandes cualidades de liderazgo. Antes de que pasara mucho tiempo le dieron el mando de una importante división de la empresa. Más adelante, abandonó su puesto como ejecutivo para fundar su propia empresa de evaluación de materiales.

Hace poco, la empresa que fundó Parks fue adquirida por una compañía de la lista Fortune Fifty (que incluye a las empresas más importantes de EE. UU.), y en la actualidad John está «jubilado en parte pero activo en dos negocios […] y sigue asesorando». A lo largo de su carrera, John fue contratado por cientos de personas de distintos orígenes. Algunos eran científicos o ingenieros, y otros eran contables y administrativos.

Las experiencias de John con la contratación y dirección de gente, además de en la acumulación de riqueza, le hacía un encuestado ideal para mi sondeo. ¿Cómo es que un tipo con una media de aprobado se convirtió en multimillonario? ¿Por qué los compañeros de clase de John que conseguían sobresalientes estaban trabajando para él en lugar de que la situación fuera la contraria?

De hecho, John se hizo estas preguntas antes de que yo tuviera la ocasión de hacérmelas. En la mente de John, existe una cierta correlación negativa entre el rendimiento en la escuela y el éxito económico. Se refirió a sus propias experiencias personales en su respuesta:

Yo era un estudiante promedio, pero fui a una facultad de ingeniería. Fui principalmente porque mi madre me dijo que debía ir. Necesitaban a un profesional en la familia, y yo no creía, realmente, que fuera tan idóneo para ello, pero lo que sí sé es que mi mantra ha sido que nadie va a trabajar más que yo. Nadie va a intentarlo con tanto ahínco como yo. Doy lo mejor de mí, y en realidad nunca me preocupó acumular riqueza o no creo que tuviera ningún miedo, pero siento que doy todo lo que tengo, me siento muy satisfecho de hacerlo; aunque he tenido que luchar, que trabajar muy duro para hacer las cosas. Acabé en el campo de la dirección. He tenido que contratar a algunos de esos genios. No trabajan en el campo de la dirección porque no tenían don de gentes.

Creo que su inteligencia [...] la forma en la que se mide su inteligencia es un poco defectuosa. Los genios no tienen talento para el entorno laboral o para decir las palabras adecuadas, y te encuentras con la combinación de eso con no trabajar duro. Así pues, especialmente en el campo de la ingeniería, estoy seguro [...] de que mucha gente [los genios] simplemente no lo capta. Son muy buenos en ese tipo de estrecho campo.

Los genios que han trabajado para mí saben cada vez más sobre cada vez menos cosas. Muchos de los intelectuales se ven arrastrados hacia trayectorias profesionales en el área de la investigación, la académica [...], cosas que tienden a no ser directivas ni empresariales [...]. En su mayor parte no son prácticos.

¿Cuál es el mensaje de John? Si te dicen que eres muy flojo o estás incluso por debajo de la media en cuanto a tu inteligencia, pero quieres tener éxito, tendrás que trabajar muy duro. También tendrás que llevarte bien con la gente, trabajar más duro que los demás y desvivirte para desarrollar empatía por las necesidades de los demás. Si lo haces, puede que te elijan para liderar.

Muchas de las personas superdotadas nunca sintieron la necesidad de esforzarse con respecto a estas habilidades. Es ciertamente irónico que el don de poseer una inteligencia elevada pueda suponer una desventaja profesional.

La mayoría de los millonarios nunca se ponen en una situación en la que tengan que competir directamente con aquellas personas superdotadas. Saben que es estúpido y normalmente improductivo enfrentar un cociente intelectual contra otro. Por lo tanto, y en lugar de ello, contratan a los superdotados. Contratan a muchos de ellos. Dejan que los genios compitan entre ellos.

SIN EXCUSAS, POR FAVOR

¡Lectores, vuestras calificaciones en la escuela ya no pueden usarse como excusa para no alcanzar el éxito económico en Estados Unidos!

Doctor Stanley: ¿Cuántos ingresos generó en su mejor día?

Profesional de las ventas extraordinario (PVE): En un día hice ventas por unos 8 millones de dólares. Gané una comisión de 240 000 dólares. Eso es en neto.

Doctor Stanley: ¿Cuál fue la media de sus calificaciones en la universidad?

PVE: Aprobado.

Doctor Stanley: ¿Cuántos sobresalientes consiguió en la universidad?

PVE: Al final uno o dos. Ciertamente, hubiese conseguido muchos sobresalientes si me hubieran pagado una comisión por cada sobresaliente obtenido. Trabajo por dinero, no por sobresalientes.

Nota: Padres, tened cuidado con lo que les decís a vuestros hijos sobre el futuro. Con demasiada frecuencia, los progenitores con buenas intenciones condenan inadvertidamente a sus propios hijos a una vida de baja productividad económica al decirles diez mil veces:

Y nunca llegarás a nada en la vida si no te va bien en la escuela.

Algunos de estos niños que tienen unos expedientes académicos mediocres se ven abocados a satisfacer la profecía de sus padres, a pesar de su potencial para convertirse en millonarios. Son sentenciados a una vida de baja productividad económica. Su mente ha sido condicionada para responder de forma negativa a los comentarios relacionados con las oportunidades para acumular riqueza. Así pues, actúan de formas que aseguran la mediocridad o nunca llegan a ser nada en la vida.

Capítulo 4

LA RELACIÓN ENTRE LA VALENTÍA Y LA RIQUEZA

Nunca te dejes aconsejar por tus miedos.

General STONEWALL JACKSON

Es fácil comprender por qué la valentía forma parte del perfil de nuestros millonarios hechos a sí mismos, especialmente el coraje de asumir riesgos económicos. Superar los obstáculos de la vida y lograr alcanzar la cima requiere de acciones valientes en algún momento, además de la capacidad de vencer los miedos. ¿Cómo, entonces, adquirieron nuestros millonarios este coraje? ¿Se trata, simplemente, de un rasgo genético heredados de nuestros antepasados y progenitores, tal y como pensamos la mayoría? Sorprendentemente, los millonarios dicen que no. Prácticamente todos ellos creen que su valentía fue promovida y se desarrolló conscientemente a lo largo de toda su trayectoria profesional, y en este capítulo aprenderemos las distintas técnicas que les ayudaron a afrontar y a asumir riesgos económicos.

LA VALENTÍA PARA ASUMIR RIESGOS

¿Qué papel desempeña la valentía en el proceso de hacerse millonario en una generación? Casi todos los millonarios hechos a sí mismos disponen de coraje porque acumular riqueza hacía necesario que asumiesen riesgos, incluyendo riesgos económicos, y eso requiere coraje. Una de las principales características de estos millonarios es que suelen ser los propietarios

157

y los que dirigen su propio negocio. Hace falta valor para ser trabajador autónomo. Hacen falta agallas para invertir en el propio negocio. La mayoría de la gente relaciona estas actividades con un riesgo elevado, y el riesgo es el compañero del miedo y el peligro.

Otra parte de su modelo es que, independientemente del capital que hayan invertido en sus negocios o empresas, también poseen acciones de compañías que cotizan en la bolsa. Ser inversor en acciones lleva algunos riesgos asociados: se debe tener algo de valentía para invertir sin tener garantías. Exige mucho valor no ser presa del pánico cada vez que el mercado de valores se corrige. Aquéllos con pocas agallas son, con demasiada frecuencia, los últimos en invertir en un mercado alcista y los primeros en salirse durante una breve corrección.

Los millonarios que son altos ejecutivos de empresas privadas también tienen coraje. Si no lo tuvieran, nunca habrían sido ascendidos hasta sus altos cargos. Tuvieron que asumir algunos riesgos para triunfar. ¿Qué sucedería si la nueva línea de producto que introdujeron no lograra cubrir costes? Por el contrario, ¿qué pasaría si la línea de producto batiera todos los récords de ventas?

A medida que los ingresos de alguien se aproximan a los niveles más elevados, es más probable que dicha persona sea el trabajador autónomo propietario de un negocio o empresa o un profesional autoempleado, un alto ejecutivo de una empresa privada, un profesional de las ventas (que cobra estrictamente a comisión) o un agente de ventas. Sin embargo, ninguna de estas vocaciones garantiza un nivel infalible de riqueza, por lo que mucha gente no está dispuesta a asumir el riesgo económico que suele ir relacionado con ellas. Para muchos, el lado negativo está lleno de peligros. Buscan la seguridad y la certeza de trabajar por un salario fijo.

¿Por qué aquellos que es probable que se conviertan en parte de la siguiente generación de millonarios asumen riesgos hoy? En su mente, el asumir riesgos financieros es un requisito para ser económicamente independientes. Creen que los beneficios de alcanzar la independencia económica superan enormemente a los riesgos frecuentemente asociados con la acumulación de riqueza; pero mucha gente en EE. UU. renuncia a ser el propietario de su propio negocio o empresa, a ser empleado autónomo, a invertir en el mercado de valores o incluso a trabajar por incentivos debido al miedo, que es una emoción muy intensa. El miedo al fracaso económico no es fácil de superar: ésa es la razón por la cual hay pocos trabajadores autónomos en la actualidad. Sufren a través de los «¿y qué pasaría si ?». ¿Qué sucede si trabajo por cuenta propia pero no logro vender? ¿Qué pasa si mi negocio y mi capital se van a la basura? ¿Qué sucede si no puedo mantener a mi familia? ¿Y si mis amigos, familiares políticos y vecinos averiguan que mi negocio ha fracasado?

El peligro del fracaso siempre está presente, pero los millonarios aprenden a lidiar con el peligro económico y, en último término, a tener controlados sus miedos. Parafraseando y combinando los pensamientos de varios millonarios hechos a sí mismos, ésta es la forma en la que responden a la idea de la seguridad y la certeza al trabajar para alguien distinto a ellos mismos:

[Trabajar para otros] puede, de hecho, hacerte correr un mayor peligro [...]. Tener una única fuente de ingresos [...]. que no se te dé la oportunidad de aprender cómo tomar miles de decisiones [...], decisiones que habrías dominado si hubieses sido trabajador autónomo.

»[Trabajando para otros] [...] nunca forjarás tu propia base de clientes [...]. No harás cosas que son por tu propio y mayor beneficio [económico] para que logres el éxito en términos de hacerte rico [...]. Estás, simplemente, haciendo lo que va en beneficio de tu empleador.

¿Quieres hacerte rico en una generación? Si es así, deberás desarrollar el coraje para superar tu miedo al fracaso económico. Deberás potenciar ese coraje a lo largo de toda tu trayectoria profesional como adulto. Es fácil decir lo que debe hacerse, pero es muy difícil para una persona normal y corriente desarrollar valentía espontáneamente. Ésa es la razón por la cual la información que aparece en este capítulo es tan importante.

La razón por la cual tan poca gente es económicamente independiente en la actualidad es porque pone demasiadas barreras mentales. Hacerse rico es, de hecho, un juego mental, y los millonarios suelen hablar consigo mismos sobre los beneficios de alcanzar la independencia económica. Se dicen constantemente a sí mismos que es muy difícil conseguirlo sin asumir algunos riesgos.

Antes de convertirte en millonario debes aprender a pensar como uno de ellos. Debes aprender cómo motivarte constantemente para contrarrestar el miedo con coraje. Tomar decisiones cruciales sobre tu trayectoria profesional, negocio, inversiones y otros recursos hace que surja el miedo, y el miedo forma parte del proceso para convertirse en alguien exitoso económicamente.

Esto es especialmente cierto para aquellos que son trabajadores autónomos o los que tienen una parte importante de su riqueza invertida en áreas que no tienen un beneficio garantizado.

¿Puede la gente aprender cómo controlar sus miedos y desarrollar valor? ¿Se les puede enseñar a no sentir pánico cuando se encuentren con problemas repentinos? Si es así, ¿de dónde surgirá está iluminación? Los millonarios encuestados para mi sondeo a nivel nacional de EE. UU. informaron de las acciones, tácticas y técnicas que emplean para reafirmar su valentía. He identificado más de cien técnicas que los millonarios usan en el juego llamado «la mente por encima del miedo». De ellas escogí las veinticuatro que se repetían más frecuentemente durante mis entrevistas a grupos de sondeo y personales con millonarios, tal y como se detalla en la tabla 4-1. Nótese que la mayoría de estas acciones y procesos de pensamiento pueden agruparse bajo los encabezamientos que se muestran en la tabla 4-2. Las más importantes de estas actividades se comentan en este capítulo.

BENJAMIN FRENTE A TRUCK

Benjamin pagó la educación de todos sus hijos. Su hija y sus hijos asistieron a colegios e institutos privados y a universidades, facultades de Medicina y escuelas de posgrado igualmente privadas. Benjamin lo pagó todo: alojamiento, manutención, educación, libros y gastos relacionados. ¿Quién es este hombre que mostró la capacidad de financiar estas enormes facturas en educación? ¿Un médico muy bien pagado o quizás un director ejecutivo de una importante empresa que cotiza en la bolsa?

Antes de jubilarse, Benjamin era conductor de autobuses escolares: un conductor de autobuses escolares que generó suficientes ingresos para enviar a sus hijos a universidades, facultades de Medicina y escuelas de posgrado privadas. Era frugal, pero ser frugal no es suficiente para pagar unas facturas de seis cifras por gastos de educación.

TABLA 4-1

ACCIONES Y PROCESOS DE PENSAMIENTO EMPLEADOS POR LOS MILLONARIOS PARA ELIMINAR/REDUCIR LOS MIEDOS Y LAS PREOCUPACIONES (N = 733)

	MILLONARIOS QUE EMPLEARON ACCIONES/PROCESOS	
	Porcentaje	Clasificación
Trabajo duro	94	1[1]
Creer en mí mismo	94	1[1]
Preparación	93	3
Concentrarme en asuntos clave	91	4
Ser decisivo	89	5
Planificar	87	6
Ser muy organizado para resolver grandes asuntos	83	7
Emprender acciones inmediatas para solucionar problemas	80	8
Contrarrestar pensamientos negativos con pensamientos positivos	72	9
Trabajar más, pensar más y ser más duro que la competencia	71	10
Visualizar el éxito	68	11
No permitir nunca que los miedos controlen mi mente	66	12
Derrotar al miedo atacándolo	65	13[1]
Compartir las preocupaciones con tu cónyuge	65	13[1]
Ser agradecido por lo que tengo	64	15
Hacer ejercicio regularmente	60	16
Buscar consejo de gente excepcional	59	17
Consultar a asesores/contables públicos colegiados/ abogados cualificados	56	18
No mortificarme nunca por errores pasados	55	19
Compartir preocupaciones con un amigo de confianza	50	20[1]
Emplear la fortaleza mental desarrollada con el deporte	50	20[1]
Leer acerca de gente que tuvo valentía	40	22
Tener una fe religiosa fuerte	37	23
Rezar	32	24

1. Empatados en esta posición.

Cuando eran muy jóvenes, Benjamin se dio cuenta de que sus hijos eran extremadamente brillantes. Fue consciente de que cada uno de ellos se beneficiaría enormemente de una educación de la máxima calidad, así que estaba constantemente preocupado por la financiación de esa educación con su trabajo, por el que percibía un salario modesto. Como consecuencia de ello, Benjamin inició un programa de lecturas para la «autosuperación». Su temática central era la inversión.

Ser conductor de autobuses tenía un beneficio indirecto. Le proporcionaba a Benjamin varias horas de tiempo libre cada día. Sus compañeros conductores solían emplear este tiempo para sestear, leer periódicos y revistas, tomar café o charlar. Benjamin usó su tiempo libre de forma más inteligente. Leyó sobre distintos tipos de inversiones. Al principio de su programa de estudio, descubrió la verdad sobre los beneficios a largo plazo generados por los bonos corporativos, las cuentas de libretas de ahorro, los bonos del tesoro, los bonos municipales, los certificados de depósito, las acciones, los metales preciosos y los bienes inmuebles.

TABLA 4-2
ACCIONES Y PROCESOS DE PENSAMIENTO EMPLEADOS POR LOS MILLONARIOS PARA ELIMINAR/REDUCIR LOS MIEDOS Y LAS PREOCUPACIONES AGRUPADOS POR CAMPOS

ESFUERZO
• Trabajo duro

PLANIFICACIÓN
• Planificación
• Ser muy organizado para lidiar con problemas importantes
• Preparación
• Centrarse en asuntos clave

DECISIÓN
• Tener decisión
• Emprender acciones inmediatas para solucionar problemas
• Trabajar más, pensar más y ser más duro que la competencia

EL PODER DEL PENSAMIENTO POSITIVO
• Visualizar el éxito
• Derrotar al miedo atacándolo
• Contrarrestar los pensamientos negativos con pensamientos positivos
• Leer sobre gente que tuvo valor

CONTROL MENTAL
• No mortificarse nunca por errores pasados
• No permitir nunca que los miedos controlen mi mente

TENER MENTORES
- Buscar el consejo de gente excepcional
- Consultar a asesores/contables públicos colegiados/abogados cualificados
- Compartir preocupaciones con un amigo de confianza
- Compartir preocupaciones con tu cónyuge

EL CORAZÓN DEL ATLETA
- Hacer ejercicio regularmente
- Emplear la fortaleza mental desarrollada con el deporte

RELIGIÓN
- Rezar
- Tener una fe religiosa fuerte
- Ser agradecido por lo que tengo

Benjamin llegó a la conclusión de que, tras los ajustes por la inflación y los impuestos, sólo las acciones proporcionaban un verdadero beneficio por el dinero invertido; pero su madre siempre le había dicho que nunca invirtiera en el mercado de valores. Ella vivió el crac de la bolsa en 1929. No obstante, el desplome de 1929 estaba incluido en los cálculos de Benjamin, y sabía que, a pesar del crac, a largo plazo las acciones superaban al resto de las alternativas de inversión.

Benjamin acabó convirtiéndose en un inversor serio en el mercado de valores. Cada dólar extra que su mujer y él y podían reunir se destinaba a comprar acciones, pero no cualquier acción. Benjamin pasó mucho de su tiempo libre estudiando compañías concretas y sus ofertas de acciones. A lo largo de los años, se convirtió en un experto en su pasatiempo escogido.

El resultado del programa de lecturas e inversiones de Benjamin para la autosuperación fue que cuando se jubiló, hace poco, el antiguo conductor de autobuses poseía un patrimonio neto que superaba los 3 millones de dólares. Recuerda que son 3 millones *después* de haber enviado a sus hijos a estudiar a la escuelas más magníficas y caras de EE. UU.

¿Cuál es la idea? Benjamin alcanzó la independencia económica porque tuvo valor. Hace falta valentía para invertir en el mercado de valores. El mercado no garantiza nada: sube y baja.

Frecuentemente, la gente entra en el mercado tarde y se sale demasiado pronto y pierde mucho dinero. Benjamin siempre fue un inversor a largo plazo. Nunca permitió que el miedo venciera al conocimiento que obtuvo de su programa de lecturas. Cuando Benjamin compraba acciones, rara vez las vendía antes de diez años tras su inversión inicial. Se aferraba a las acciones que había elegido en los buenos tiempos y los malos. Frecuentemente tuvo temores y preocupaciones, pero lidiar con el miedo de forma positiva es una piedra angular del hacerse rico en EE. UU.

Hace falta valor para invertir en compañías públicas además de en tu propio proyecto empresarial, pero frecuentemente requiere mucha más valentía aferrarse a tus inversiones cuando el estado de ánimo público está lleno de temor y pánico. Sin coraje, los hijos de Benjamin no habrían sido médicos hoy.

Compara el perfil de Benjamin en cuanto a su valentía con un tipo al que llamaré Truck. Truck trabajaba para UPS el día después de que el mercado de valores se «corrigiera» recientemente. Su ruta era el distrito financiero de una gran ciudad.

Doctor Stanley: Señor Truck, ¿qué efecto ha tenido el desplome repentino del mercado de valores en sus propios hábitos de inversión?
Truck: Ninguno.
Doctor Stanley: ¿No le preocupa que el mercado pueda caer todavía más?
Truck: No. No tengo ninguna acción. Si tuviera no podría dormir por la noche.
Doctor Stanley: ¿Quiere decir que ni siquiera posee acciones de UPS?
Truck: No. No quiero estar preocupado.

Quedé perplejo por la respuesta de Truck. En esa época, UPS era una de las empresas privadas milmillonarias más rentable de EE. UU., y él puede comprar acciones en la compañía porque es un empleado. A lo largo de los últimos veinte años, estas acciones han superado con mucho al índice Dow Jones.

¿Podría ser que el miedo de Truck a las acciones haya nublado su buen juicio? ¿Podría ser que Benjamin duerma mejor que Truck porque ha dado con una forma de financiar los estudios de sus hijos y ha alcanzado la independencia económica? Parece muy probable que Truck se esté engañando para así pensar que puede alcanzar la independencia económica sin asumir algún riesgo con inversiones.

Hay esperanza para Truck sólo si se instruye igual que hizo Benjamin. La valentía de Benjamin superó a sus miedos de arriesgar su dinero en inversiones. Su coraje para hacerlo es producto directo de su educación autodidacta y de asumir el control sobre su propio destino económico.

¿POR QUÉ TAN POCOS?

El diccionario *Webster* define *coraje* o *valentía* como la «fortaleza mental o moral para atreverse, perseverar y soportar el peligro, el miedo o las dificultades».

Para la mayoría de la gente, la mera idea de ser el propietario autónomo de un negocio hace que surja un miedo considerable porque percibe esa situación como peligrosa. El peligro de ser el propietario autónomo de un negocio es el riesgo económico relacionado con una empresa así.

Una de las razones por la cual sólo un pequeño porcentaje de los estadounidenses son millonarios es que sólo el 18 % de los hogares están encabezados por un propietario de una empresa o un profesional autónomo. ¿Por qué hay tan pocos propietarios de negocios en EE. UU., el centro de la economía de libre empresa? He preguntado a cientos de empleados que eran directivos medios inteligentes, habían recibido una buena educación y eran trabajadores:

¿Por qué no vais por libre e iniciáis un negocio? ¿Por qué no buscáis trabajo allí donde os paguen de acuerdo con vuestra productividad?

La mayoría de los encuestados admiten haberse hecho a misma pregunta. ¿Por qué siguen siendo empleados asalariados? Una razón importante tiene que ver con su definición de la valentía, que significa la ausencia de miedo.

La mayoría cree que carece de coraje porque no debe sentir miedo, no debe sentir ningún peligro al asumir el importante riesgo económico asociado al hecho de ser trabajador autónomo. Se equivocan. Nunca me he encontrado con el propietario autónomo exitoso de un negocio que esté completamente libre de miedo. ¿Cómo defino yo, propietario autónomo exitoso de una empresa, la valentía? Igual que el resto de los encuestados que eran empresarios de éxito a los que he entrevistado:

La valentía es emprender acciones morales positivas que hacen aparecer el miedo.

Por lo tanto, el verdadero significado de «material empresarial» es que, a pesar del miedo, existe el coraje para «hacerlo solo». Los empresarios exitosos lidian con sus miedos y los superan.

Otra idea errónea sobre la valentía es que, al igual que la riqueza, suele heredarse. Ambas suposiciones son incorrectas. He visto que el coraje puede revelarse al principio de una trayectoria profesional, pero muchos encuestados me han dicho que fueron capaces de desarrollar, promover y potenciar su valentía en su cuarentena e incluso su cincuentena.

He dedicado mucho tiempo describiendo a gente que ha mostrado valor, y este conocimiento es muy útil cuando desempeño el papel de orientador académico. La gente suele consultarme cuando está planteándose el cambio de ser empleado a ser trabajador autónomo. Les doy un libro para que lo lean: probablemente haya regalado varias cajas del mismo libro a aquellos que aspiran a ser trabajadores autónomos. De toda la gente valiente a la que he estudiado, una destaca del resto. Fue Erich Hartmann, el piloto de cazas de la segunda guerra mundial, poseedor del récord de 352 victorias en combates aéreos.

Le digo a la gente a la que asesoro que lea este libro porque todos parecen pensar que la gente que es valiente no tiene miedo, pero el libro de Hartmann presenta una visión más realista del coraje, como en el siguiente párrafo:

Tenía miedo [...] de los grandes factores desconocidos. Las nubes y el sol eran odio y amor... (Toliver, R. F. y Constable, T. J.: *The blond knight of Germany*. TAB Books, Inc., Blue Ridge Summit [Pensilvania], 1970, p. 175).

Sí, incluso el As de Ases tenía miedo, pero, pese a ello, actuaba con valentía. El miedo y el coraje están emparentados. El valor no existe en ausencia del miedo a algún peligro. Si más gente lo comprendiese, habría más propietarios de negocios valientes y, en último término, más millonarios.

¿DÓNDE SE ENCUENTRA EL PELIGRO REAL?

Una cantidad innumerable de mis alumnos de máster de Administración de Empresas pensó, en alguna ocasión, que estaba evitando asumir demasiados riesgos. Muchos ni siquiera pensaron en ser trabajadores autónomos propietarios de un negocio: era, simplemente, demasiado arriesgado. Aceptar empleos en grandes compañías era el camino para todo excepto para evitar el peligro de estar desempleado algún día. ¿Y por qué emplear incontables horas estudiando oportunidades de inversión? «La compañía» siempre cuidará de sus ejecutivos de nivel medio. Para muchos de mis antiguos alumnos, su credo era simplemente ganar dinero, gastarlo y dejar que «la compañía» cuidase de ellos de por vida. Ése era el método ideal, con un riesgo bajo, pero juzgaron mal las probabilidades, y en un momento u otro, la mayoría vio como su puesto intermedio era eliminado.

Por ejemplo, un año, justo antes de Navidad, estaba hablando con uno de mis contactos en una gran compañía pública. Era bastante inocente con respecto a los grandes cambios internos de la empresa, y dijo: «Planeamos eliminar mil cuatrocientos puestos de ejecutivos medios antes principios de año». Más adelante seguía imaginando a las mil cuatrocientas familias celebrando las fiestas. ¡Feliz Año Nuevo! Ninguno de ellos tenía ni idea de lo que se avecinaba para por lo menos uno de los sostenes de su familia.

Varios de mis antiguos alumnos se encontraban entre los desafortunados mil cuatrocientos. Parece irónico que fuesen algunos de mis mejores alumnos. Otros que completaron el programa de estudios a duras penas no consiguieron ofertas de empleo de las grandes compañías, por lo que muchos de estos alumnos mediocres acabaron siendo trabajadores autónomos propietarios de negocios. Se consideraban personas que asumían riesgos económicos, pero ¿lo eran? Quizás, en realidad, mis estudiantes que se encontraban entre los mil cuatrocientos asumieron más riesgos: la mayoría poseía una única fuente de ingresos y una única carrera profesional.

Mis estudiantes más mediocres tienen la mentalidad del millonario: se enfrentaron a sus miedos y asumieron riesgos. Reafirmaron su decisión de convertirse en trabajadores autónomos propietarios de un negocio recordándose a sí mismos una sencilla realidad. En último término, el gran peligro de las apuestas arriesgadas, la verdadera vulnerabilidad, consiste en permitir que otros controlen nuestra trayectoria profesional. ¿Por qué perdieron repentinamente su única fuente de ingresos de la noche a la mañana mil cuatrocientos gerentes que habían recibido una buena educación y eran trabajadores? Porque algunos altos ejecutivos pensaron que era una buena idea.

¿FUE SUERTE?

Los millonarios hechos a sí mismos te dirán, ciertamente, que la acumulación de riqueza tiene que ver con asumir riesgos económicos, trabajar duro, ser disciplinado y mantenerse concentrado. Sin embargo, alrededor de uno de cada ocho millonarios cree que la suerte fue muy importante para explicar su éxito económico. Existe una relación muy interesante entre un patrimonio neto elevado y lo que los encuestados percibían que era suerte.

Sólo alrededor del 9 % de los no millonarios que generan unos ingresos elevados y también alrededor del 9 % de los millonarios con un patrimonio neto de entre 1 y 2 millones de dólares cree que la suerte es responsable del éxito económico; pero entre los decamillonarios (aquéllos con un patrimonio neto de 10 millones de dólares), más de uno de cada cinco (el 22 %) cree que la suerte fue *muy importante* para explicar su éxito económico. Cuatro de cada diez de estos decamillonarios pensaban que la suerte fue *importante*. Si la suerte es la clave para hacerse rico, todos deberíamos empezar a jugar a las apuestas, pero la suerte a la que se refieren estos millonarios no es la suerte de los clientes de los casinos y los fanáticos de la lotería. Los millonarios no son los mejores clientes de la industria del juego: sólo un millonario de cada cuatro ha puesto los pies en un casino en los últimos doce meses, y parte de esta presencia puede explicarse por la asistencia a ferias comerciales o reuniones profesionales en el hotel de un casino o cerca de él.

Casi por definición, los acumuladores de riqueza creen que un tipo distinto de suerte desempeña algún papel para explicar un beneficio económico elevado. Aquellos que son más inflexibles sobre el papel de la suerte creen que:

¡Cuanto más duro trabajas, más afortunado te vuelves!

Esa frase estaba escrita en el cuestionario que rellenó un encuestado con un patrimonio neto de más de 25 millones de dólares. Para él y para otros millonarios, la suerte está relacionada con factores incontrolables como el clima, la competencia, el endurecimiento de los créditos, los cambios en los ingresos de los consumidores, las recesiones, etc.

Vale la pena contrastar los puntos de vista de los decamillonarios empleados por cuenta propia con los de abogados y médicos que obtienen grandes ingresos.

La mayoría de los profesionales pertenecientes a estas categorías descartan la suerte para explicar su éxito. Creen que formó parte de una trayectoria probada. Estudiaron duro, obtuvieron excelentes calificaciones en el instituto y fueron aceptados en facultades de Derecho o Medicina. Después trabajaron duro, escogieron la especialidad adecuada e invirtieron con inteligencia, por lo que se hicieron ricos. Es prácticamente una formalidad.

¿Pero qué sucede con los propietarios de negocios y los empresarios? Su éxito no fue tan predecible cuando fundaron su negocio. Muchos dirán que sucedieron cosas inesperadas en su búsqueda de la riqueza; pero estos sucesos no previstos tuvieron un impacto positivo en su cuenta de resultados. Algunos creen que la intuición tuvo un papel en las decisiones que tomaron, pero en los niveles superiores de riqueza, esta gente cree que la suerte es un importante factor correlacionado con hacerse muy rico en EE. UU. La suerte y el asumir riesgos van de la mano.

ASUMIR RIESGOS, NO APOSTAR

Hazles a 1 001 encuestados generadores de ingresos elevados una sencilla pregunta:

¿Cómo de importante es tu voluntad de asumir riesgos económicos, dado un beneficio alto, para explicar tu éxito económico?

TABLA 4-3

ASUMIR RIESGOS ECONÓMICOS FRENTE A JUGAR A LA LOTERÍA:
¿FACTORES CORRELACIONADOS CON LA RIQUEZA?

	Porcentaje de la categoría de patrimonio neto (en millones de dólares) (N = 1001)				
El riesgo y la lotería	Menos de 1 millón	1 millón - menos de 2 millones	2 millones - menos de 5 millones	5 millones - menos de 10 millones	10 millones o más
«Disposición a asumir riesgos económicos» valorado como muy importante para explicar el éxito económico	18	21	28	39	41
He jugado a la lotería en los últimos treinta días	38	36	27	21	14
He jugado a la lotería en los últimos doce meses	47	48	35	27	20

Aquellos que responden «muy importante» es significativamente más probable que tengan un patrimonio neto multimillonario (*véase* la tabla 4-3). Más de cuatro de cada diez (el 41 %) de los decamillonarios respondieron «muy importante». Sólo alrededor de dos de cada diez (el 21 %) de los incluidos en la categoría de un patrimonio neto de entre 1 y 2 millones de dólares dio la misma respuesta. ¿Qué hay de aquellos encuestados con ingresos elevados que no eran millonarios? Sólo el 18 % atribuyó su éxito económico al factor de asumir riesgos económicos.

Existe una correlación clara y muy significativa entre la voluntad de asumir riesgos económicos y el patrimonio neto. La teoría del riesgo frente a la recompensa publicitada tan frecuentemente en la prensa financiera se ve, una vez más, validada. Aquellos que atribuyen su éxito económico al asumir riesgos financieros no son estúpidos en cuanto a cómo se invierte su dinero, y la mayoría considera que jugar a las apuestas es una alternativa tonta para sus recursos pecuniarios. En la lotería, por ejemplo, ganar es un tema de probabilidades, y la mayoría de la gente rica o que probablemente será acaudalada nunca juega a la lotería. La mayoría no apuesta nunca: los que asumen riesgos no es probable que sean jugadores.

Los millonarios a los que he entrevistado comprenden la teoría de probabilidades. En esencia, «conocen las probabilidades» y los pagos esperados. Éstos son tan pequeños que «es mejor quemar algunos billetes con una cerilla cada semana que destinar dinero a la lotería». Saben que en la mayoría de las situaciones en las que se apuesta, especialmente a la lotería, los jugadores no tienen ningún control sobre los números ganadores, no conocen las probabilidades ni los beneficios esperados, y el premio esperado es inferior, en términos de probabilidades, al precio del boleto de lotería. No hay nada que un jugador pueda hacer para incrementar, de forma significativa, sus probabilidades de ganar excepto comprando más billetes de lotería.

Otras personas menos acaudaladas me dicen que sólo son uno, dos o diez dólares semanales, ¡y fíjate en el premio! ¿Pero cuál es tu beneficio esperado? Un billete de lotería de un dólar con un premio posible de un millón de dólares puede ser uno de entre varios millones comprados, por lo que tus probabilidades de ganar son de una entre varios millones. Digamos que se trata de tu billete frente a otros 4,5 millones. Tus probabilidades de ganar son de 1 contra 4,5 millones, mientras que tu beneficio o premio es de sólo un millón de dólares. Incluso ese millón de dólares es lo que llamo «dinero falso», ya que como ganador tendrás dos opciones. Tu millón de dólares puede que lo recibas en premios de cien mil dólares durante diez años, por lo que, en dinero corriente actual, eso no se acerca a ese millón de dólares. También puede que cobres toda esa cantidad de golpe, que será considerablemente inferior a un millón de dólares. En esencia, el beneficio real esperado de un dólar invertido en un billete de lotería es sólo una fracción de ese dólar. Frecuentemente es de menos de cincuenta centavos. En términos de riesgo y recompensa, la mayoría de los juegos de lotería son un timo para los consumidores.

Tal y como se muestra en la tabla 4-3, existe una correlación negativa muy significativa entre jugar a la lotería y el nivel de riqueza de alguien. Los decamillonarios son, de entre todas las categorías según el patrimonio neto, los que es menos probable que hayan jugado a la lotería en los últimos treinta días, y los no millonarios eran los que tenían un mayor porcentaje de jugadores de lotería en ese mismo período de treinta días. Por cada decamillonario que había jugado a la lotería en los últimos treinta días, había casi tres jugadores no millonarios: una relación de 2,7 a 1. Nótese que éstos no millonarios son generadores de unos ingresos elevados que ganan cien mil dólares o más por año. ¿Podría ser que si dedicasen una mayor parte de sus ingresos a verdaderas inversiones pudieran pertenecer a la categoría de los millonarios?

La gente contraataca diciendo: «Sólo son unos pocos dólares por semana». Es más que dinero: también es tiempo. Asume que lleve diez minutos comprar un billete de lotería: esa cifra incluye hacer cola y algunos minutos para desplazarse a ese lugar. Asume que haces una compra de lotería por semana. Eso se traduce en forma de 520 minutos anuales dedicados a una actividad con una probabilidad casi de cero de que obtengas un gran premio.

A su vez, 520 minutos equivalen a 8,7 horas anuales. El típico millonario gana el equivalente a unos trescientos dólares por hora. Si multiplicas esa cantidad por 8,7 horas, podrás comprender por qué un millonario se muestra tan reacio a pasarse, cada semana, por la tienda de barrio que vende lotería. Esas 8,7 horas las dedica a tareas más productivas, como trabajar, aprender una nueva habilidad o socializar con su familia y amigos. Computado en forma de tiempo de trabajo, el coste para un millonario es de trescientos dólares por 8,7 horas, o 2 600 dólares por año. A lo largo de veinte años eso suma 52 000 dólares. Si todo este dinero hubiese sido invertido en acciones de Home Depot a lo largo de este mismo período, se habría transformado en varios millones de dólares.

Los decamillonarios ganan, de media, el equivalente a casi mil dólares por hora de trabajo. Su coste en cuanto a la oportunidad de trabajo perdida por jugar a la lotería cada semana sería de 8 700 dólares anuales, o 174 000 dólares en veinte años. Imagina que esa suma se hubiese invertido tal y como comento en el ejemplo anterior anuales: la suma podría ascender a una estimación de un millón de dólares o más.

Los millonarios hechos a sí mismos saben que el tiempo y el dinero destinados a jugar a la lotería pueden emplearse en actividades más productivas. Demasiada gente pasa demasiado tiempo de su vida adulta jugando a este juego que ofrece muy pocas probabilidades de ganar. ¿Te hace esta larga lealtad un jugador mejor y más inteligente? ¿Te hace un mejor padre o gerente?

EL CONSEJO ADECUADO: UNA CLAVE PARA REDUCIR EL RIESGO

Una de las grandes similitudes entre los miembros de la población de los millonarios es su solidez al escoger a sus asesores. Este activo incluye saber cuándo necesitan consultar a consejeros clave, quiénes son y cómo escogerlos. Hay una fuerte correlación positiva entre encontrar a buenos asesores y la acumulación de riqueza, porque disponer de buenos consejos reduce el riesgo implicado en las decisiones económicas, de la trayectoria profesional e incluso personales.

EL DOCTOR HEART: UN GRAN CEREBRO, PERO NADA DE DINERO

Recibí su llamada sólo dos días después de que mi artículo se publicara en la revista *Medical Economics* (julio de 1992). Permíteme parafrasear un fragmento de nuestra conversación.

Doctor Heart: Me estoy preguntando cuándo podré jubilarme. ¿Qué cantidad de dinero necesitaré? Tengo sesenta y tres años [...], gané unos doscientos mil dólares el año pasado.

Doctor Stanley: Bueno, tal y como afirmaba la ecuación que aparece en el artículo, una décima parte de su edad, es decir, sesenta y tres, multiplicada por sus ingresos anuales de doscientos mil dólares equivale a su patrimonio neto esperado, o unos 1,26 millones de dólares; pero si se encuentra en el cuartil superior necesitará por lo menos el doble de esa cifra, o unos 2,52 millones de dólares, como umbral.

Doctor Heart: No tengo 2,5 millones de dólares ni mucho menos. Así pues, ¿cuándo podré jubilarme?

Doctor Stanley: Eso, en realidad, depende de usted.

Doctor Heart: Bueno, tuve un problema hace poco. Cambié de asesores financieros. Durante muchos años, una conocida empresa de gestión de activos de Filadelfia gestionaba mi renta. Tenían capacidad de decisión, pero invertían principalmente en acciones de compañías importantes.

Doctor Stanley: Conozco esa empresa. Tiene muy buena reputación. Ha estado ahí desde siempre [...]. Su filosofía es conservadora.

Doctor Heart: Bueno, ésa es una de las razones por las cuales cambié de gestores de fondos: por un rendimiento mediocre.

Doctor Stanley: ¿Qué tal le está yendo a su renta en la actualidad?

Doctor Heart: Ésa es una de las razones de mi llamada. Tengo un problema. Lo he perdido todo, y quiero decir *todo*. Más de un millón y medio de dólares.

Doctor Stanley: ¿Cómo sucedió?

Doctor Heart: Es una larga historia.

Doctor Stanley: Tengo toda la tarde.

Doctor Heart: Hace unos dos años me invitaron a un seminario. El orador estaba recorriendo todo EE. UU. Decía que era un famoso gestor de activos. Disponía de todo tipo de cifras de rendimiento y de tablas. Las inversiones que gestionaba funcionaban diez veces mejor que la mía. Quedé muy impresionado con lo que dijo. Parecía tener un historial de hacer a la gente rica.

Doctor Stanley: ¿Qué tipo de inversiones promocionaba?

Doctor Heart: Compañías privadas, inversiones en empresas privadas, algo de bienes inmuebles, algo de energía, alta tecnología.

Doctor Stanley: ¿Qué le aconsejó su contable público colegiado o su abogado sobre estas inversiones?

Doctor Heart: Nunca les pedí su opinión.

Doctor Stanley: ¿Cómo llegó de un millón y medio de dólares antes del seminario a cero después?

Doctor Heart: Me creí lo que decía. Quedé impresionado por sus cifras y decepcionado por el rendimiento de mi propio plan. Así pues, cambié de gestores. El nuevo gestor perdió hasta el último centavo.

¿Qué se supone que debía decirle a este desafortunado tipo? Su pregunta fue: «Cuándo podré jubilarme?». La respuesta es que quizás nunca pueda.

Doctor Heart: ¿Conoce usted, por casualidad, a alguien que pueda hacer un mejor trabajo gestionando mi plan en el futuro?

Doctor Stanley: No dispongo de una lista de los mejores asesores de inversiones: ni en su área y ni siquiera en la mía; pero le diré lo que mucha gente económicamente exitosa hace en referencia a los asesores de inversiones. ¿Tiene un contable y un abogado?

Doctor Heart: Sí, ¿pero sabe esta gente de inversiones?

Doctor Stanley: La próxima vez que se le pase por la cabeza hacer cambios, pregúntele a su contable y a su abogado qué piensan. Si no se sienten capaces de hacer esas valoraciones, pida que le remitan a otros miembros de su profesión.

También le sugerí que encontrase un asesor de inversiones profesional que fuera a formar parte de su comité de consultoría de inversiones. Entre el resto de miembros debería haber un contable preparado y un excelente abogado. Tanto su contable como su abogado deberían ser capaces de valorar las variaciones en calidad entre una población cada vez mayor de corredores de bolsa, gestores de activos, planificadores financieros y similares. Los contables suelen saber cuáles de sus clientes ganan dinero invirtiendo, y pueden preguntarles quién es su asesor de inversiones.

LOS MILLONARIOS TIENEN BUENOS ASESORES

Imagina que el doctor Heart hubiera tenido un comité asesor varios años antes de haberme llamado. Si los miembros del comité le hubiesen acompañado a ese seminario impartido por el señor «Famoso», el presunto gestor de activos, quizás el doctor Heart podría jubilarse cómodamente hoy. Simplemente con que hubiese conservado esa «vieja y conservadora empresa de gestión de activos», su pensión valdría más de 3 millones de dólares en la actualidad.

De forma incluso más sencilla, el doctor Heart podría haber filtrado él mismo las invitaciones de gurús de las inversiones. Si te encuentras en la misma situación, telefonea a la oficina del gurú y haz la siguiente pregunta: ¿qué porcentaje de sus invitaciones se enviaron a abogados? En el caso del doctor Heart, el porcentaje es probable que fuese cero, ya que los comercializadores deshonestos de inversiones y productos relacionados tienen mucho miedo a la profesión jurídica. Un multimillonario me relató en una ocasión: «No desplumarán a abogados porque los abogados pueden demandarlos gratis». Llama al patrocinador y pregúntale si puedes llevar a tu abogado contigo. Su respuesta te dará una pista sobre sus intenciones. Por otro lado, un experto en inversiones que posea integridad y tenga ideas novedosas podría, de hecho, animar a los abogados a asistir a sus presentaciones, y los abogados son, bastante frecuentemente, miembros de varios comités informales de inversiones para clientes ricos.

La mayoría de los millonarios no tienen un asesor de inversiones, sino por lo menos tres. Por lo general, su contable público colegiado y su abogado de confianza forman parte del equipo, y estos asesores ayudan a seleccionar y cribar a corredores de acciones, planificadores financieros y agentes de seguros. Hay un sistema incorporado de comprobaciones y equilibrios. Los corredores de bolsa se sienten obligados a proporcionar un servicio excelente a los clientes que interactúan con contables públicos colegiados y abogados preparados. Es más probable que se perciba un mal servicio o unas malas recomendaciones si están implicadas múltiples partes influyentes. Además, los profesionales preparados suelen tener otros clientes con empresas que necesitan capital, y puede que algunas de ellas tengan un potencial de crecimiento extraordinario; pero nunca lo descubrirás a no ser que frecuentes a los mejores profesionales. La mayoría de las bibliotecas disponen de un directorio de bufetes jurídicos y abogados: en EE. UU., el directorio *Martindale-Hubble Law Directory* proporciona una biografía de cada abogado.

A largo plazo, es muy beneficioso disponer de un contable público colegiado y de un abogado que trabajen contigo a lo largo de tu vida adulta. Las decisiones sobre el uso de servicios tomadas por uno mismo en lo relativo a los asesores financieros, como en el caso del doctor Heart, son raros entre la población de los millonarios hechos a sí mismos.

LA RUINA PROVOCADA POR UNO MISMO

¿Por qué la gente como el doctor Heart «trabaja sin red»? ¿Por qué lo hacen todo por sí solos cuando se trata de invertir los ahorros de su vida? Cuanta más información recopilo sobre este asunto, más claro se vuelve todo. El doctor Heart era y sigue siendo un erudito. Lo era en el instituto y en la facultad de Medicina, y sus hábitos de escritura y lectura indican que sigue siendo un erudito en la actualidad. En resumen, posee un elevado nivel de inteligencia analítica. La información sobre este tipo de personas indica que sólo una minoría emplea los servicios de asesores cualificados, como contables públicos colegiados y abogados, al hacer inversiones y tomar decisiones relacionadas con las inversiones y relativas al uso de servicios. Tal y como se ha señalado anteriormente, empleamos los resultados en las pruebas de acceso a la universidad como medida de la inteligencia analítica. Sólo alrededor de un 40 % de los millonarios con una puntuación de 1 400 o superior en las pruebas de acceso a la universidad hace uso de asesores. Sin embargo, más del 60 % de aquéllos con una puntuación de entre 1 000 y 1 200 consultan regularmente a asesores cualificados.

¿Cuál es la conexión aquí? ¿Por qué algunas personas con unos niveles elevados de inteligencia analítica se convierten en inversores que lo hacen todo por su cuenta? Tener una alta inteligencia analítica no garantiza necesariamente un elevado nivel de inteligencia práctica, y parte de la inteligencia práctica está relacionada con la propia capacidad de realizar valoraciones sobre la gente. En este aspecto, sospecho que la inteligencia práctica del doctor Heart no es muy alta, y no es el único. Él y su grupo potenciaron y alimentaron enormemente sus habilidades analíticas en el instituto y en la facultad de Medicina, pero pasaron por alto otro componente de la inteligencia.

Los médicos son el grupo profesional con unos ingresos elevados que es menos probable que informe de que, como parte de su experiencia educativa general, ellos:

Aprendieran a hacer valoraciones acertadas sobre la gente.

Hay muchas otras teorías que podrían explicar la ironía del:

Gran cerebro, pero nada de dinero.

Una de ellas fue resumida sucintamente por un encuestado en una de mis entrevistas a grupos de sondeo:

El dinero es aburrido.

Sí, algunas personas muy inteligentes lo sienten así. Se ven más retados y están más emocionados por una operación cardíaca o por resolver complicados problemas matemáticos que por «contar cada centavo». Si pudiesen elegir, preferirían ser candidatos al Premio Nobel que convertirse en decamillonarios. Dedicar tiempo y energía a cosas que les desvíe de estos objetivos para trabajar con asesores no es de su interés.

Pero hay otra teoría más convincente. Los resultados de las pruebas analíticas de gente como el doctor Heart indican que es prácticamente un genio. Por lo tanto, quizás no necesite ningún asesor. Puede que piense que es más inteligente que cualquier asesor. Así pues, ¿por qué dedicar tiempo y dinero tratando con esta gente? Cuando se trata de invertir, algunas personas creen que son, desde el punto de vista económico, inmortales. Ser muy inteligente puede tener algunos inconvenientes. La mayoría de la gente con unos ingresos elevados y con una inteligencia entre media y superior se da cuenta de que no es brillante, pero la mayoría tiene un gran inteligencia común o práctica. Conocen sus fortalezas y debilidades y actúan en consecuencia. Nunca toman decisiones importantes sobre inversiones sin buscar consejo de profesionales cualificados.

Por lo tanto, aquí tenemos otro conjunto de normas que enseñan los millonarios hechos a sí mismos:

- Nunca seas tan orgulloso como para no buscar consejo de asesores de inversiones cualificados, especialmente de contables públicos colegiados y abogados fiscalistas.

- Sé más sensible a los beneficios a largo plazo de tener unos contables públicos colegiados y abogados muy cualificados como asesores que a los beneficios a corto plazo de hacer las cosas por tu cuenta.

- Si no eres bueno valorando el talento, contrata a asesores que lo sean.

¿Quién aconseja a los millonarios?

¿Cómo tomas decisiones cruciales relativas a la distribución de tus recursos económicos? ¿Qué tipo de proceso de toma de decisiones sigues al hacer grandes cambios en tu negocio o trayectoria profesional? Si eres como la mayoría de los millonarios, no harás tales cambios sin consultar primero a tus asesores clave. En las siguientes páginas aprenderemos más sobre cómo los millonarios confían en ellos para que les den los mejores consejos.

Una de las preguntas más frecuentes que me hacen se refiere a las fuentes de los consejos. La gente escribe y llama, y las preguntas son similares: «¿Quién es la mejor fuente para aconsejar sobre inversiones: los corredores de bolsa, los planificadores económicos, los agentes de seguros o los comercializadores de fondos mutuos?». Normalmente, puedo adivinar que la persona que llama no es millonaria cuando hace esa pregunta, ya que he aprendido que estos profesionales no son los asesores económicos clave para la mayoría de los millonarios. De hecho, hay una correlación positiva directa entre el patrimonio neto de alguien y el uso de contables públicos colegiados, abogados o asesores fiscales como consejeros en temas de inversiones.

Toma una muestra representativa de todos los estadounidenses que obtienen unos ingresos anuales elevados (por ejemplo, de entre 100 000 y 199 999 dólares, de entre 200 000 y 299 999 dólares, etc.). Haz una sencilla pregunta a los miembros de la muestra pertenecientes a cada categoría:

¿A quién empleas para obtener consejo sobre inversiones y asuntos económicos relacionados?

Dentro de cada grupo de ingresos, los encuestados con un nivel más alto de riqueza es probable que indiquen que los contables públicos colegiados y los abogados les proporcionan consejos relativos a las inversiones. De hecho, es entre tres y cinco veces más probable que consulten a contables públicos colegiados y a abogados que a corredores de bolsa. Nótese que me estoy refiriendo a asesoría y consejos, y no a la ejecución de transacciones de valores. Además, la mayoría de los millonarios no se limita, generalmente, a acciones, bonos e inversiones relacionadas: invierten fuertemente en empresas privadas y bienes inmuebles.

Así pues, cuando la gente se pone en contacto conmigo en relación con las inversiones y los asesores financieros, les digo lo que me dicen los millonarios. Más de dos terceras partes de los millonarios estadounidenses hechos a sí mismos confían en el consejo de contables públicos colegiados y abogados. Por supuesto, no todos los profesionales pertenecientes a estas dos categorías ofrecen consejos sobre inversiones, por lo que es necesaria una cierta búsqueda para encontrar el conjunto ideal de asesores.

Hay una importante diferencia entre el uso de los servicios básicos ofrecidos por cualquier profesional y seguir sus consejos sobre inversiones. Puede, por ejemplo, que emplees a un contable público colegiado para la declaración de la renta, a un corredor de bolsa para que ejecute tus valores y a un abogado para que te ayude a redactar un testamento. Se trata de servicios básicos, estándar; pero un número creciente de contables públicos colegiados y de abogados muy cualificados ofrecen más que simples servicios básicos. Proporcionan consejos personalizados sobre inversiones en áreas que no sólo implican los valores de compañías que cotizan en la bolsa. Estos profesionales pueden ser asesores muy valiosos en lo relativo a las implicaciones fiscales de muchas otras alternativas, que van desde inversiones en empresas privadas hasta los bienes inmobiliarios industriales.

La mayoría de los millonarios alcanzaron, en parte, su estatus económico invirtiendo en otras cosas, además de en acciones y bonos, pero muchas de estas categorías poco convencionales tienen su propio conjunto de riesgos y oportunidades. Suele ser necesario que contables públicos colegiados y abogados pongan en orden estas cosas para el millonario.

¿Qué hay de las categorías convencionales de inversiones como las acciones de las compañías que cotizan en la bolsa? Incluso en este caso, muchos millonarios ven el mundo de la asesoría y la ejecución de acciones como algo muy lejano. Tomemos los resultados de un estudio regional que llevé a cabo sobre 185 multimillonarios. Cada encuestado tenía un patrimonio neto mínimo de 5 millones de dólares, y a cada uno se le hicieron cuatro preguntas:

1. ¿Quién le ha proporcionado consejos relativos a inversiones en los últimos doce meses?
2. ¿Cómo de productivos o útiles han sido estos consejos para ayudarle a alcanzar sus objetivos concernientes a las inversiones?
3. ¿Quién le ha proporcionado cualquier otro servicio o servicios financieros en los últimos doce meses?
4. ¿Qué nivel de calidad recibió de cada uno de estos proveedores de servicios?

La mayoría de los multimillonarios emplearon los servicios de contables públicos colegiados (el 71 %) y abogados (el 67 %) como asesores de inversiones durante el período de los doce meses anteriores a la realización de la encuesta (*véase* la tabla 4-4). Tres de cada cuatro (el 75 %) valoraron las recomendaciones de inversiones recibidas de contables públicos colegiados como muy útiles para alcanzar sus objetivos relativos a las inversiones, mientras que casi cuatro de cada cinco (el 78 %) calificó los consejos de inversiones recibidos de abogados de la misma forma. Casi la mitad (el 46 %) recibió asesoramiento de un especialista fiscal. De ellos, el 82 % indicó que los consejos fueron muy productivos.

TABLA 4-4

LOS HÁBITOS EN CUANTO A LA ASESORÍA DE LOS MULTIMILLONARIOS: ASESORES DE INVERSIONES Y OTROS PROVEEDORES DE SERVICIOS (N = 185)

Categoría de asesor de inversiones	Asesoría de inversiones		Otros servicios financieros	
	Recibido (porcentaje)	Valorado como muy productivo (porcentaje)	Proporcionado (porcentaje)	Valorado como excelente o de buena calidad (porcentaje)
Contable público colegiado	71	75	85	87
Abogado	67	78	81	84
Especialista/consultor fiscal	46	82	48	88
Amigo íntimo	38	61	23	72
Socio/colega de negocios	35	69	28	75
Agente de seguros de vida	29	32	35	66
Agente inmobiliario	25	28	35	69
Ejecutivo de créditos comerciales	22	60	52	70
Corredor de bolsa	21	62	72	64
Sociedad fiduciaria	18	55	55	50
Familiar/cónyuge	16	64	11	60
Planificador financiero	15	70	15	65
Gestor de inversiones/activos	14	56	16	65

Curiosamente, sólo el 21 % recibió consejos relacionados con las inversiones por parte de un corredor de bolsa, pero la mayoría de estos multimillonarios valoraron las sugerencias como muy productivas. Una cifra mucho mayor que aquellos que reciben asesoramiento confían en los corredores de bolsa para otros servicios. Casi las tres cuartas partes (el 72 %) confían en los corredores de bolsa para las transacciones de valores y similares. La mayoría de los multimillonarios también leen y confían en los informes de investigación preparados por empresas de correduría de bolsa.

Un multimillonario encuestado al que me referiré como «Alvin» era muy franco con respecto a cómo emplea a los corredores de bolsa y los abogados, y había muchos que se hacían eco de sus puntos de vista. Al preguntarle cómo aconsejaría a alguien que estuviese buscando a un asesor de inversiones entre las filas de los corredores de bolsa, contestó:

Hmm No podría recomendar uno. No recomendaría uno. Empleo a un corredor de bolsa con el fin de ejecutar órdenes. Eso es todo.

No quiero que me proporcione nada de información. No quiero que me diga qué día es o qué hora es [...]

Quiero un corredor de bolsa que no me proporcione consejos, sólo que me dé el servicio que quiero tener [...]. Soy más feliz cuando las cosas se hacen de esta forma.

El único servicio que Alvin necesita de su corredor de bolsa es que ejecute valores y le proporcione los informes de investigación escritos por analistas de inversiones y otros expertos.

Ésa es la razón por la cual tantos Alvin a los que he entrevistado están usando ahora Internet para obtener información sobre inversiones además de para comprar y vender en la bolsa.

¿Cómo encontró Alvin a corredores de bolsa que actuaran de acuerdo con sus órdenes?

No encuentras a un corredor de bolsa que maneje las cosas de esa forma. Entrenas a un corredor de bolsa para que maneje las cosas así para ti.

Alvin lee muchos informes de investigación antes de hacer algún cambio en su cartera de inversiones, pero frecuentemente pregunta a su abogado, además de a su contable, para que le aporten sus sugerencias.

En general, Alvin cree en la contratación de los mejores abogados de los mejores bufetes en la región en la que vive. Cree que ésta es la forma más rápida y económicamente productiva de contratar talento. Tiende a contratar a bufetes que son «los mayores», «los mejores» y los más influyentes, porque cree que cuanto más grandes, mejores son, y los mejores bufetes contratan a la mejor gente. Los mayores y mejores bufetes están repletos de especialistas cualificados que saben mucho sobre inversiones con beneficios fiscales. ¿Puede el contratar a un excelente bufete ser prohibitivamente caro? No según Alvin.

He tratado, durante muchos años, con abogados individuales [bufetes formados por una sola persona] o con algunos bufetes pequeños y, en general, tienden a cobrarme la tarifa normal.

En cambio, si voy [al bufete más grande] y tienen especialistas en cada área y si quiero saber sobre [...] los negocios en paraísos fiscales, disponen de un tipo que sabe todo sobre los negocios en paraísos fiscales.

Le llamo [al socio principal de un bufete de abogados excelente] y digo: «Charlie, quiero hablar con alguien sobre negocios en paraísos fiscales. [Él dice] «Tenemos a un tipo». Así que fui y pasé un par de horas con él.

Así pues, por menos de mil dólares Alvin recibió tres horas de buenos consejos sobre inversiones, y para él, el beneficio obtenido de esa tarifa valió mucho la pena.

También, como resultado de ello, Alvin ha asumido completamente la norma de los veinte años. El abogado fiscalista/el experto en paraísos fiscales siempre le dice lo mismo a Alvin:

Alvin, invierta si quiere (en paraísos fiscales). Si realmente lo desea [...] acabaremos sacándole de la cárcel [incluso], ¡aunque nos lleve veinte años!

SEGUIRLE LA CORRIENTE AL OPERADOR DE TELEMARKETING QUE HACE LLAMADAS EN FRÍO

Fue una de tantas llamadas que recibí en la universidad ese día, pero ésta fue única.

Persona que telefonea: La revista *USA Today* dice que [...] usted proporciona el tamaño del mercado de los millonarios en cada estado, e incluso el número de los que viven fuera de Estados Unidos. Sólo deseo su lista de los nombres y las direcciones de los millonarios de EE. UU.

Doctor Stanley: No dispongo de una lista. Esas cifras son estimaciones. Los números son generados por un modelo estadístico. No pensará usted que voy a contar todos los millonarios uno por uno, ¿verdad?

Persona que telefonea: Quiero comprar su lista. ¿Puedo conseguirla clasificada?

Doctor Stanley: No tengo una lista. Tal y como le he dicho, no me dedico al negocio de las listas.

El tipo que llamó era un operador de ventas que hace llamadas en frío que se dirige a millonarios. Vende exenciones tributarias, «conceptos con beneficios fiscales». Me telefoneó ocho veces. Durante las conversaciones le conté la misma historia: es decir, que no me dedicaba al negocio de las listas. Durante una de estas conversaciones le sugerí que adoptara un enfoque distinto.

Doctor Stanley: La mayoría de la gente rica confía en las valoraciones de sus contables y abogados al evaluar el tipo de inversiones que ofrece usted. ¿Por qué no se pone en contacto con contables públicos colegiados y abogados fiscalistas? Si les gustan sus ideas podrían promocionar sus productos.

Persona que telefonea: ¡Contables públicos colegiados, contables públicos colegiados! Son destrozadores de negocios. Ninguno de ellos quiere asumir riesgos. No permiten que sus clientes hagan nada que se salga de lo corriente. Carecen de agallas. Sus clientes pagan demasiados impuestos y ellos no hacen nada Son destrozadores de negocios, eso es todo.

Doctor Stanley: Bueno, la mayoría de los contables públicos colegiados están muy versados en los códigos fiscales. Algunos de ellos incluso tienen grados en Derecho y se especializan en asuntos fiscales. Lo último que quieren es que sus clientes sean auditados.

Persona que telefonea: Por lo que a mí respecta, si no eres auditado cada año, tu contable *no* está haciendo bien su trabajo. Tienes que estar dispuesto a asumir riesgos. Sigue habiendo muchas áreas grises.

Como podrás imaginar, este tipo y su oferta asustarían incluso a los inversores experimentados. Yo sé que me asustó, pese a que nunca intentó venderme ninguna exención tributaria. Tras su séptima llamada decidí que debía adoptar una postura más agresiva. Durante la octava llamada (que hizo a mi hogar un sábado por la mañana) surgió la siguiente conversación:

Persona que telefonea: ¿Se ha decidido? ¿Quiere convertirse en un hombre rico? Quiero su lista y le pagaré una cifra sustanciosa.

Doctor Stanley: De acuerdo, de acuerdo. Usted gana. Empecemos con una lista de prueba. Entonces podrá ver si se adapta a sus necesidades. Usted trabaja en Nueva York. Así pues, ¿qué le parecen los millonarios de Nueva York?

Persona que telefonea: Lo sabía. Sabía que tenía usted la lista. ¿Podemos empezar con la ciudad de Nueva York?

Doctor Stanley: Incluso mejor, ¿qué le parece Manhattan?

Persona que telefonea: ¿Cuántos millonarios viven en el barrio de Manhattan?

Doctor Stanley: Unos treinta y tres mil.

Persona que telefonea: ¿Cuánto quiere?

Doctor Stanley: ¿Qué le parecen diez centavos por nombre, incluyendo las direcciones y los números de teléfono?

Persona que telefonea: Trato hecho. Necesito la lista pronto.

Doctor Stanley: Se la puedo hacer llegar de un día para otro. Simplemente deme su número de facturación con la compañía de mensajería. Incluiré una factura por valor de tres mil trescientos dólares: eso son treinta y tres mil nombres a diez centavos cada uno.

Persona que telefonea: Trato hecho Estoy interesadísimos en esta colaboración.

El lunes después de esta conversación, preparé una factura por valor de tres mil trescientos dólares y la metí en un paquete que debía entregarse al día siguiente, pero también incluí algo más: un listín telefónico (las páginas blancas) de Manhattan de hacía dos años. El paquete fue recibido por el señor «Persona que telefonea» la mañana siguiente y, como era de esperar, telefoneó de inmediato a mi oficina. No estaba satisfecho.

Doctor Stanley: Hola, soy Tom Stanley.

Persona que telefonea: Esta no es una lista de @#$%! millonarios. ¿Quién !$%#@ es usted? Esto es un @#$%! listín telefónico. No le voy pagar #@!$#!

Doctor Stanley: De hecho, es, ciertamente, una lista de millonarios. Alrededor de una de cada setenta personas es millonaria. La lista que le he enviado se parece mucho a usted. Tanto usted como la lista no son/están refinados.

Hasta la fecha, la persona que telefoneaba todavía tiene que enviarme un cheque por valor de tres mil trescientos dólares. Ni siquiera me devolvió el listín telefónico. De hecho, nunca se volvió a poner en contacto conmigo desde que se quejó por la lista no refinada.

MODIFICAR LAS PROBABILIDADES

¿Cuáles son las probabilidades de que la aventura empresarial en la que estás pensando dé frutos? ¿Eres el tipo de persona que asumirá riesgos económicos si hay un beneficio adecuado? Puede que creas que careces del valor para «aventurarte», o quizás creas que las probabilidades son demasiado bajas. Antes de que te cuestiones tu coraje, piensa en este hecho: la mayoría de los millonarios que asumen riesgos hacen muchas cosas para hacer aumentar las probabilidades de ganar, y algunas de ellas las describiremos en esta sección.

SU PROPIO NEGOCIO

La mayoría de los decamillonarios atribuyen su riqueza al hecho de poseer su propio negocio e invertir en él en lugar de invertir en los negocios de otros, lo que incluye los que aparecen listados en los distintos mercados de valores. Los millonarios afirman que pueden controlar su propio negocio, pero que no pueden controlar ni dictar las políticas de las empresas que cotizan en la bolsa, y mucho menos determinar los precios en el mercado de valores. La mayoría te dirá, además, que cree que puede gestionar un tipo concreto de negocio mejor que ninguna otra persona. El «tipo concreto» es el elemento clave aquí. La gente exitosa que asume riesgos es gente que ocupa nichos de mercado: hacen cosas que otros no hacen o, como mínimo, hacen cosas en un área del mercado en la que hay pocos competidores.

Es interesante mostrar la diferencia entre aquellos que se autoproclaman como personas que asumen riesgos y los que atribuyen su éxito a otros elementos. Tal y como se muestra en la tabla 4-5, los que asumen riesgos es significativamente más probable que valoren otros factores como cruciales para explicar su éxito económico.

TABLA 4-5

FACTORES CRUCIALES DEL ÉXITO SEGÚN PERSONAS QUE CONSIDERAN QUE ASUMEN RIESGOS ECONÓMICOS FRENTE A AQUELLAS QUE NO LOS ASUMEN (N = 1001)

	Porcentaje de encuestados
1. Invertir en mi propio negocio/empresa	52 (7)
2. Hacer inversiones inteligentes	56 (12)
3. Ver oportunidades de negocio que otros no vieron	52 (10)
4. Encontrar un nicho de mercado rentable	42 (19)

Para la mayoría de las personas que asumen riesgos económicos, las probabilidades realmente bajas están implicadas en la inversión en los negocios de otros.

Su filosofía es que la mejor persona para trabajar para mí soy yo mismo. De otro modo, estarían a merced de alguien que quizás no fuera sensible a sus necesidades y objetivos económicos.

Los propietarios de negocios son el grupo más frecuente de entre todos los grupos con unos ingresos elevados que atribuyen el mérito de su éxito a su voluntad de asumir riesgos económicos. Los altos ejecutivos de compañías privadas se encuentran en segundo lugar, seguidos por los médicos y, por último, los abogados. La mayoría de estos profesionales que asumen riesgos son trabajadores autónomos.

El nicho de mercado adecuado

Durante los veinticinco años en los que he estudiado a los millonarios, he descubierto que hacen muchas cosas para reducir el riesgo relacionado con el hecho de ser trabajadores autónomos. En todos los años durante los que he estudiado a los ricos, rara vez he encontrado a un multimillonario que me diga:

> *Simplemente pensé que sería buena idea ser trabajador autónomo [...].*
> *Simplemente pensé que me gustaría ser un contratista de excavaciones o un*
> *mayorista de pescado o un contratista de limpiezas con chorro de arena.*

Casi todos los millonarios hechos a sí mismos a los que he entrevistado tenían algo de experiencia y alguna influencia en el área vocacional que escogieron. Muchos estudiaron la rentabilidad de varios tipos de negocios antes de tomar una decisión. Los que asumen riesgos financieros es casi el doble de probable que hayan estudiado la rentabilidad de distintos negocios antes de asumir la aventura empresarial que la gente que no asume riesgos económicos, y era muy probable que tuvieran conocimientos sobre los potenciales de crecimiento y la generación de ingresos de distintas empresas. En esencia, los que asumen riesgos triunfan, en parte, porque hacen muchos deberes antes de invertir. También parecen poseer alguna intuición sobre la categoría del negocio con el que disfrutarían. La mayoría de las veces consiste en, por lo menos, un proceso en dos pasos. Los que asumen riesgos seleccionan primero un sector por el que sienten alguna afinidad. Es más que una cuestión de dinero: tiene que ver con una sensación de pertenencia. Frecuentemente inician su trayectoria profesional como empleados, y entonces sienten alguna intuición sobre su afinidad por ese sector.

Como segundo paso, las personas que asumen riesgos desarrollan un concepto de negocio. La afinidad, el conocimiento del sector, la formación, la experiencia y los simples contactos con clientes y proveedores potenciales son los factores influyentes. ¿Cuál es el riesgo real de iniciar nuestro propio negocio en esas circunstancias? Es mucho menor que el que imagina la mayoría de la gente. Pasar de ser empleado a trabajador autónomo proveedor en el mismo sector o en uno relacionado supone un riesgo mucho menor que dominar una vocación y un sector nuevos para ti. Es mucho más fácil triunfar si te gustan el negocio, el sector y la gente que forman parte de tu proyecto.

Las personas que asumen riesgos económicos es casi el doble de probable que atribuyan su éxito económico al «amor por su trayectoria profesional o su negocio» que las personas que evitan los riesgos.

ESE SEXTO SENTIDO: LA OPORTUNIDAD

Las personas que asumen riesgos económicos tienen una sensibilidad especial, y «ven oportunidades de negocio que otros no ven». Una y otra vez, cuando entrevisto a un grupo de millonarios hechos a sí mismos, surge un patrón. Los encuestados con los mayores niveles de riqueza otorgan el mérito a su capacidad para reconocer oportunidades que otras personas no captan.

Las llamadas personas que asumen riesgos saben cómo reducir las probabilidades de fracaso y potenciar la probabilidad de triunfar al invertir en categorías de negocios que otros evitan o no valoran. Los competidores se mantienen alejados porque hay una barrera perceptual: simplemente no ven la luz. Se proporciona una discusión detallada sobre cómo los millonarios escogen oportunidades de negocio en el capítulo 5 («Vocación, vocación y vocación»).

Incontables personas exitosas pueden ver y captan lo que otros no podrán percibir nunca. De esta manera, piensa en la nota que recibí hace poco del hijo de un hombre que tenía muy buen ojo para las oportunidades económicas. Se trataba de un sentido tan agudo que contrarrestó sus malas experiencias cuando era niño.

Mi padre falleció el año pasado. Estoy seguro de que habría estado contento de rellenar su encuesta [cuestionario]. Nunca pasó de sexto de primaria. Su padre y sus profesores le pegaban constantemente. Pasaba de un infierno a otro [...]. Fundó la compañía _____ (incluía una fotografía de la oficina central). Ayudó a muchos en mi familia a fundar sus negocios transformando [tiendas ubicadas en garajes] en factorías.

Veía oportunidades que la gente pasaba por alto cada día.

R. J. R.

Presidente

Incluso aunque veas grandes oportunidades, hace falta valor para invertir en ellas. A un tipo que abandonó la escuela en sexto de primaria le supuso tener mucho valor siquiera pensar que podría fundar varios negocios multimillonarios. Las acciones de su padre y sus profesores no fueron experiencias que potenciaran su ego ni que hicieran que aumentara la confianza en sí mismo, pero su visión de las oportunidades superó a las acciones negativas de las figuras de autoridad. En algunos casos, el instinto para reconocer oportunidades de negocio es tan fuerte que supera a las críticas y otros impedimentos. Estos instintos pueden potenciar la propia valentía y determinación.

¿Qué sucede si eres el que tiene la gran idea que otros no valoran? ¿Cómo puedes persuadirles para que te sigan? La mayoría de la gente económicamente exitosa tiene alguna capacidad para «vender sus ideas» a los demás. Es un rasgo distintivo de los propietarios de negocios exitosos y de los altos ejecutivos de empresas privadas, pero también saben cómo identificar a la gente a la que será más probable persuadir para que le siga: gente con coraje.

Uno de los mejores ejemplos del equilibrio entre la valentía y la visión fue la estrategia que Ray Kroc empleó inicialmente al vender franquicias de McDonald's. Se basó en encontrar a gente con coraje. Lo creas o no, Kroc encontró alguna vez difícil vender lo que en la actualidad es la reina de las franquicias. Pero tenía visión. Vio lo que muy pocos pudieron ver incluso antes de empezar a vender franquicias.

Kroc ordenó a su secretaria emplear a todos los profesionales de tele*marketing* que hacían llamadas en frío. ¿Quién era esta gente tan empeñada en venderle de todo: desde seguros de vida hasta biblias? Kroc sabía que los operadores de tele*marketing* que hacían llamadas en frío eran personas con coraje y agallas. Asumió que, si tenían el valor suficiente para vender mediante llamadas en frío, ciertamente dispondrían de las agallas para adquirir y gestionar una franquicia de McDonald's, y estuvo en lo cierto. Una excelente discusión sobre esta «venta a los profesionales de las ventas» aparece detallada en el excelente libro de John Love: *McDonald's: Behind the arches*

(Bantam Books, Toronto, 1986). Este libro es de lectura obligatoria para aquellos que deseen comprender el significado de la visión.

CURSO ELEMENTAL DE REDUCCIÓN DEL MIEDO: PENSAMIENTO POSITIVO

La gente más económicamente exitosa de EE. UU. tiene el valor de asumir riesgos económicos, y frecuentemente su coraje se pone a prueba una y otra vez. ¿Qué sucedería si hipotecases todas tus propiedades para iniciar un negocio, o si renunciases a tu puesto como socio en un exitoso bufete de abogados para trabajar por tu cuenta, o si, como alto ejecutivo en una empresa privada cambiases completamente la oferta de productos de la compañía? ¿Cómo lidian los millonarios con los miedos y las preocupaciones que hacen aparecer estas decisiones?

Tal y como se muestra en la tabla 4-1, «creer en mí mismo» es una de las técnicas más importantes que emplean. Estas cuatro palabras son similares a las tres primeras palabras contenidas en un famoso libro, el que ostenta el récord de más semanas consecutivas en las listas de superventas del periódico *The New York Times:* se trata de *El poder de pensamiento positivo*, de Norman Vincent Peale. Sigue a la venta, pese a que se su versión original en lengua inglesa se publicó originalmente en 1952.

Recientemente, recibí una edición centenaria del libro que conmemoraba el nacimiento de Norman Vincent Peale el 31 de mayo de 1898. Su obra sigue muy viva: *El poder del pensamiento positivo* ha vendido más de 20 millones de ejemplares y ha influido a mucha gente. Incontables discursos, conferencias, seminarios, charlas motivacionales e incluso sesiones de terapia han incluido los principios apoyados por el doctor Peale.

El doctor Peale solía citar fundamentos de la Biblia, y muchos de sus principios especiales han sido adoptados por un gran número de los millonarios estadounidenses. Su obra tiene una orientación religiosa, por lo que resulta especialmente atractiva para aquellos millonarios que indican que tienen una fuerte fe religiosa. Pese a ello, muchos otros, quizás inadvertidamente, han adoptado por lo menos algunos de los principios del doctor Peale, tanto si tienen una intensa orientación religiosa como si no.

Los consejos del doctor Peale son compartidos por otros profesionales y escritores de éxito. Durante trece años formé parte del personal del departamento de *marketing* de la Universidad Estatal de Georgia con Dave Schwartz. Dave escribió el libro superventas *La magia de pensar en grande: Aprenda los secretos del éxito y alcance lo que siempre ha querido*. Se han vendido más de 3,5 millones de ejemplares de este libro junto con más de 9 millones de copias del audio. Su libro describe la importancia de tener pensamientos a lo grande para conseguir grandes hazañas (véase Schwartz, D. J.: *The magic of thinking big.* Fireside, Nueva York, 1965; trad. cast.: *La magia de pensar en grande: Aprenda los secretos del éxito y alcance lo que siempre ha querido*. Taller del Éxito: Pruvia-Llanera [Asturias], 2012).

Cuando le pregunté a Dave sobre sus propios éxitos, me dijo que siempre mantenía pensamientos positivos en su mente. Siempre pensaba en triunfar y nunca en fracasar.

Ya sabes, Tom, puedes pensar en positivo o en negativo. Sólo puedes tener un pensamiento cada vez [...]. Es asunto de la persona [...]. ¿Quieres ser positivo o negativo? [...] Si ya no fuera positivo nunca más, me preocuparía por mi salud mental.

Dave rezumaba optimismo. Si tenía miedos o preocupaciones, los superaba con pensamientos positivos. Dave tenía mucho en común con otras personas exitosas: al igual que ellos, sabía cómo lidiar con el miedo y los pensamientos negativos asociados. Tal y como sugería en *La magia de pensar en grande* (p. 28), animaba a la gente que quería triunfar a:

- Pensar en el éxito y nunca en el fracaso.
- Desarrollar una gran confianza en uno mismo.
- Pensar a lo grande.

Muchas de las directrices de Dave sobre pensar a lo grande y tener pensamientos positivos son seguidas por los millonarios, que son competentes en cuanto a controlar sus procesos de pensamiento. Piensan y actúan, correspondientemente, de formas que provocan el éxito. Destierran incluso la idea de que son inferiores. Dave Schwartz citó las palabras de Publilio Siro como último pensamiento en *La magia de pensar en grande* (p. 186):

Un hombre sabio será dueño de su mente. Un tonto será su esclavo.

Si piensas que no puedes triunfar, probablemente no lo harás. ¿Te sientes inferior a otros? ¿El asumir el más pequeño riesgo económico hace aparecer un miedo debilitante en tu interior? Para demasiada gente hoy en día, la respuesta a ambas preguntas es «Sí». El miedo y la preocupación son primos hermanos del sentirse inferior.

Algunos millonarios desarrollaron sus propios métodos de automotivación y pensamiento positivo, y otros siguieron modelos. Un mentor no siempre te dice cómo pensar y actuar: el mero hecho de ser positivo y actuar de formas que estimulen el pensamiento positivo puede tener una profunda influencia en el público de alguien.

Independientemente de la fuente, los millonarios que asumen más riesgos piensan de forma positiva empleando diversos procesos que estimulan el optimismo. Aquellos que son capaces de hacerlo superan los miedos y las preocupaciones que los desalientan de actuar de formas que hacen crecer la riqueza.

LA FE EN LAS LOMBRICES Y EN TI MISMO

Casi todos los millonarios encuestados indican que un factor clave para su éxito y su capacidad para superar el miedo y las preocupaciones es función directa de:

Creer en mí.

No siempre tienen una confianza en sí mismos perfecta y completa, especialmente cuando se ven enfrentados a cambios o desafíos importantes en su vida, pero sí que disponen del saber hacer y las capacidades para recuperar la confianza en sí mismos.

Tom Mann suele recibir el mérito por haber inventado uno de los cebos más ampliamente usados para pescar. Se han vendido miles de millones de este tipo de cebo: la lombriz de goma. Mann es más que un inventor: es un profesional de la pesca de primera categoría, y ha estudiado a los peces y la productividad de los pescadores, los cebos y las técnicas desde una perspectiva científica. Tuve el placer de escucharle analizar el elemento realmente importante en la ecuación de la pesca, pero no estaba promocionando su propio invento.

Mann afirma que el mejor cebo para pescar peces es aquél en el que el pescador tenga puesta la máxima confianza. Si tienes una gran confianza en tu cebo, pescarás con confianza. Triunfarás si crees. Incluso los peces saben quién tiene confianza en sí mismo.

Lo que Mann le dijo a su público me golpeó como un rayo. Me encanta pescar y tengo muchos cebos. He pescado desde los siete años, pero no creo que pescara ningún pez sin un cebo en el que no confiara completamente que me haría pescar peces. No puedo recordar ni una excepción a la afirmación de Mann.

Lo mismo pasa con el éxito en la vida. Si careces de confianza en ti mismo, encontrarás difícil alcanzar el éxito, ya que es extremadamente duro estar motivado si no crees en ti mismo. No puedes creer de verdad en lo que haces y, a su vez, estarás comunicando tu falta de confianza a los demás. ¿Cómo puedes convencer a los mejores candidatos para que trabajen para ti si ven la falta de confianza en ti mismo en tus ojos? ¿Cómo puedes vender algo, desde servicios médicos hasta rodamientos? No podrás hacerlo si tus clientes objetivo perciben que no crees en ti mismo y en lo que estás intentando vender.

Mis encuestas nacionales a nivel de EE. UU. a millonarios me han enseñado que, si crees que puedes triunfar, las probabilidades de alcanzar e incluso superar tus objetivos se verán enormemente favorecidas. Los millonarios indicaron frecuentemente que «creer en mí mismo» es una táctica o pensamiento proactivo que funciona cuando lo despliegan. Utilizan este proceso cuando el miedo y la preocupación aparecen debido a la necesidad de tomar ediciones cruciales sobre su trayectoria profesional, negocio u otros recursos económicos.

¿Cuál es la fuente de este «creer en mí mismo»? Algunos dicen que ciertas personas simplemente nacen con confianza en sí mismas. Yo tengo una opinión distinta. La confianza se inculca y puede inculcarse en la gente mediante la educación por parte de su familia, o pueden promoverla y desarrollarla por su cuenta. La mayoría de los millonarios posee esta capacidad de potenciar la confianza en sí mismos, el creer en sí mismos.

Algunas personas asumen que los triunfadores poseen una confianza permanente e inquebrantable en sí mismos. No es así. Nunca he entrevistado a un millonario que no tuviera algunos miedos y preocupaciones. Sin embargo, cuando se enfrentan a los miedos, pueden superar estos sentimientos. La gente que alcanza el éxito sabe cómo derrotar el miedo y la preocupación, y una de las primeras formas en las que lo hacen es recurriendo a la confianza interna en sí mismos y en la creencia en sus propias capacidades.

Los atributos que más frecuentemente generan éxito económico se han detallado en el capítulo 2 («Los factores del éxito»). Se trata de valores generales, incluso genéricos, como la disciplina, el llevarse bien con la gente, que te encante tu trayectoria profesional, invertir de forma inteligente, tener capacidades de liderazgo, trabajar duro, asumir riesgos económicos, tener integridad y encontrar un nicho de mercado rentable, que son esenciales si quieres tener alguna posibilidad de alcanzar el estatus de millonario. Si tus objetivos son más elevados, si no estás satisfecho con el mero hecho de convertirte en millonario y quieres hacerte decamillonario o incluso más, necesitarás más que factores del éxito genéricos para hacer ese esfuerzo extra.

Deberás potenciar constantemente tu cobertura protectora, tu armadura. Necesitarás, en esencia, un mayor grado de valentía en todas y cada una de las fases crecientes del éxito económico. Poca gente fuera de la categoría de la riqueza heredada se convierte en decamillonaria sin encontrarse con riesgos económicos crecientes. Con el riesgo creciente necesitarás unos niveles crecientes de coraje, y no hay coraje sin miedo, ya sea de tipo económico o de otro tipo.

En el caso de los millonarios, al igual que en el de cualquier otra persona, el miedo y la preocupación nunca son derrotados permanentemente. El asunto realmente importante es que esta gente económicamente productiva es capaz de desarrollar constantemente la confianza en sí misma y el creer en ellos mismos. Entonces es posible imaginar que un éxito económico viene tras otro y, de acuerdo con ello, a medida que los éxitos continuos se acumulan, la confianza en uno mismo se ve mejorada constantemente.

ACCIONES QUE REDUCEN EL MIEDO: LAS PERSONAS QUE ASUMEN RIESGOS FRENTE A LAS QUE LOS EVITAN

¿Cómo reducen, las personas que asumen riesgos económicos, sus miedos y preocupaciones frecuentemente relacionados con asumir riesgos financieros? ¿En qué se diferencian de la gente que evita los riesgos? Para responder a esta pregunta, he analizado las respuestas de toda la muestra de 1 001 encuestados, de los cuales 733 eran millonarios. El resto era gente que generaba unos ingresos elevados pero que no era millonaria. Estos encuestados con ingresos elevados pero un menor patrimonio neto son los que más evitan los riesgos: en términos generales, son gente que gasta y no inversores. Creen que tener unos ingresos altos les hace ganarse el título de «económicamente exitosos». Además, esta gente es más probable que afirme que son su cociente intelectual y su inteligencia superiores los responsables de su éxito económico, en lugar del hecho de asumir riesgos financieros y la valentía que lo acompaña.

En general, hay una relación inversa entre asumir riegos económicos y las distintas medidas de la inteligencia analítica, como por ejemplo los resultados en las pruebas de acceso a la universidad.

Mientras otros hablan de su inteligencia superior, la típica persona que asume riesgos económicos tiene un buen nivel de inteligencia práctica y creativa. Lo que el profesor Sternberg ha descubierto sobre mucha gente exitosa queda confirmado por mi encuesta: aquello de lo que las personas que asumen riesgos carecen en el área analítica lo compensan contratando a asesores de calidad superior, estudiando y analizando muchas publicaciones sobre economía y reconociendo oportunidades que otros ignoran. Estas habilidades son producto de la inteligencia creativa. También es útil disponer de una mentalidad práctica, de sentido común.

Las personas que asumen riesgos económicos, en comparación con aquellas que evitan los riesgos, es significativamente más probable que se impliquen en acciones o procesos de pensamiento que reduzcan el miedo y la preocupación. Disponen de un sistema para reafirmar la confianza en ellos mismos, potenciando su coraje y, en último término, incrementando las probabilidades de elegir inversiones que den frutos, tal y como se ha comentado anteriormente. Se describen otras técnicas más adelante.

COMPARTIR LAS PREOCUPACIONES CON EL CÓNYUGE (EL 71% DE PERSONAS QUE ASUMEN RIESGOS FRENTE AL 59% DE PERSONAS QUE EVITAN LOS RIESGOS)

Hay pruebas contundentes de que las personas que asumen riesgos son especialmente cuidadosas a la hora de elegir a su marido o esposa. Estadísticamente hablando, son más sensibles a ciertas cualidades al escoger a su pareja: compasión, sabiduría, aceptación, autocontrol, tranquilidad, virtud, confiabilidad y un temperamento sensato. Las personas que asumen riesgos tienen una mayor probabilidad, en comparación con las personas que evitan los riesgos, de indicar que un matrimonio exitoso es función de tener un compañero respetuoso, paciente, alegre y generoso.

Estas cualidades son especialmente importantes en matrimonios en los que asumir riesgos económicos forma parte del *modus vivendi* de la pareja. Puede que se encuentren con subidas y bajadas en sus movimientos de efectivo y sus beneficios en las inversiones en su negocio. Frecuentemente, un compromiso relativo a las inversiones de una pareja adquirirá prioridad sobre unas mejoras en el hogar, un coche o unas vacaciones. Esto es especialmente cierto durante los primeros años de matrimonio. No toda la gente está hecha para ser el cónyuge de una persona que asume riesgos económicos. La gente que es probable que alcance el éxito económico escoge deliberadamente cónyuges que poseen las cualidades que son complementos de la acumulación de riqueza, tal y como se detalla en el capítulo 6, «La elección de cónyuge».

HACER EJERCICIO DE FORMA REGULAR (EL 64% FRENTE AL 53%) Y EMPLEAR LA FORTALEZA MENTAL DESARROLLADA CON EL DEPORTE (EL 55% FRENTE AL 43%)

Era un atleta en el instituto y la universidad, pero no siempre se mantenía en una forma física óptima. Unos cinco años después de que el doctor

John Peterson inaugurase su primera consulta dental decidió que había llegado el momento para un cambio. Quería mejorar su forma física, por lo que contrató a un entrenador personal.

El doctor Peterson ha estado en una forma física excelente desde que inició su programa de ejercicio, y sostiene que hay una correlación directa entre hacer ejercicio y su capacidad de lidiar con el riesgo económico importante. Como autoproclamada persona que asume riesgos económicos, invierte constantemente grandes sumas en un equipamiento e instalaciones de vanguardia, pero rara vez se preocupa por poder recuperar los millones que ha invertido o por generar suficientes ingresos para pagar su equipamiento. Es un profesional excelentemente formado y muy cualificado, pero su capacidad para vencer al miedo consiste en algo más que en formación y cualificaciones. El doctor Peterson se ejercita todas las mañanas en un gimnasio, siguiendo un programa como el diseñado para los jóvenes reclutas del Cuerpo de Marines de EE. UU. en los campos de entrenamiento militar. Es, cuando menos, extenuante.

El resultado es mucho más que la mera preparación física: el doctor Peterson cree que es la clave de su fortaleza mental. Cree que es mucho más fácil, como resultado de ello, conservar su actitud mental y su personalidad positivas. El doctor Peterson cree que el miedo y el pánico son producto de un cuerpo, mente y espíritu en mala forma. ¿Qué sucedería si el doctor Peterson se sintiese amedrentado cada vez que pensase en invertir grandes sumas en su negocio? Entonces nunca hubiese invertido en absoluto y no sería el director de uno de los negocios más productivos del condado de Nassau, en el estado de Nueva York.

Algunas personas sugieren que una actitud mental positiva y la valentía de contrarrestar los miedos forma, simplemente, parte de la estructura genética de alguien. No según el doctor Peterson. Le pregunté si pensaba que era posible mantener una actitud sana y positiva y conservar su compostura en situaciones estresantes sin tener una buena forma física. «Imposible —me contestó—. No me importa quiénes sean tus progenitores. La fatiga saca lo peor de la gente que se ve enfrentada al estrés relacionado con el trabajo y el riesgo económico. ¿Por qué crees que los mejores grupos militares [y] los principales equipos de atletismo están en la mejor forma física? Si no hiciera ejercicio por lo menos una hora cada mañana, tendría que jubilarme o hacer algo distinto con mi jornada laboral de diez horas. Si eres presa del pánico, cometerás errores, y si cometes errores en este negocio no mantendrás tu actividad mucho tiempo».

Derrotar al miedo atacándolo (el 74% frente al 51%) y visualizar el éxito (el 76% frente al 57%)

Las personas que asumen riesgos son lo que llamo gente de «bolígrafo y bloc de notas». Listan todas las ventajas de una empresa a un lado y los aspectos negativos al otro. Primero examinan la lista de factores negativos y luego despliegan los aspectos positivos como destructores del miedo y asesinos de los aspectos negativos. Incluso las personas que asumen riesgos económicos se aventurarán en actividades sólo cuando los factores positivos superen a los negativos.

Para llevar a cabo este proceso de hacer el balance entre los pros y los contras, la persona que asume riesgos debe tener la capacidad de visualizar el éxito: todos los beneficios de la empresa. Los millonarios que asumen riesgos frecuentemente deben ser líderes de los recursos humanos y de capital, y en ese papel deben ser capaces de contrarrestar los miedos de sus seguidores enseñándoles a visualizar el éxito. Son innovadores, profesores y motivadores, pero en primer lugar son automotivadores con una gran visión.

EL AMOR Y LA FAMILIA

Algunas personas siguen trabajando para alcanzar sus objetivos a pesar de las pocas probabilidades: incluso destacan en condiciones adversas. La gente más económicamente exitosa se vio condicionada por sus padres, al principio de su vida, para soportar los miedos y las preocupaciones tan frecuentemente relacionadas con la adversidad y el asumir riesgos importantes. Sus progenitores les proporcionaron un entorno cariñoso, acogedor, estable y positivo. Este tipo de educación solía ser más frecuente, e incluso era la norma general en Estados Unidos, pero en la actualidad no es tan común. Más de la mitad de los matrimonios estadounidenses acaban en divorcio. Abundan los hogares monoparentales. Las cifras registradas de maltratos a cónyuges e hijos crecen cada año. Estos datos no presagian nada bueno para el futuro de EE. UU.

Dicho de forma sencilla, la gente estable procede de familias estables, acogedoras, cariñosas y solícitas, y la gente inestable tiene a ser producto de entornos familiares inestables, disfuncionales y con unos niveles de estrés elevados. El amor y la calidez suelen ser lujos escasos en tales hogares. Incluso en los marcos familiares tradicionales, si no se permiten ciertas libertades es probable que los hijos no se conviertan en adultos excepcionalmente exitosos.

¿Significa esto que cada persona que procede de un entorno estable donde el comportamiento innovador se respalda se convertirá en un millonario hecho a sí mismo? Ciertamente no, pero es sencillamente más difícil convertirse en alguien exitoso económicamente si uno procede de un entorno inestable, porque el éxito económico requiere que se superen muchas tensiones y mucho estrés. Es necesario asumir algunos riesgos y poseer la capacidad de derrotar a los miedos y las preocupaciones. Parte del proceso de convertirse en alguien exitoso económicamente consiste en la capacidad de llevarse bien con la gente e inspirarla, de ser un modelo a seguir. Frecuentemente, el éxito es producto de tener un cónyuge alentador y un matrimonio estable. La gente acaudalada hecha a sí misma está centrada en triunfar y comprometida con ello, y estas metas se aplican tanto a su vocación como a su matrimonio.

Sin las condiciones para ser alguien equilibrado, convertirse en exitoso económicamente se hace muy cuesta arriba. Por el contrario, la gente inestable tiende a no estar concentrada y ser temperamental, y tiene dificultades para llevarse bien con los otros, incluyendo a su cónyuge y sus hijos. También tiende a carecer de la determinación y la resolución para lidiar con las amenazas económicas, riesgos, miedos y preocupaciones recurrentes. Hay numerosos casos de ejemplos de personas que superaron su historial de inestabilidad, y se les debería alabar por sus logros. Esto es especialmente cierto dada la desventaja de una vida familiar inestable, pero esta gente es la excepción a la norma.

Quizás nunca conozcas ni valores la importancia de tu entorno familiar hasta que te encuentres en una situación de alto riesgo o amenazadora. Incontables millonarios han tenido, en algún momento, que apostar todo lo que tenían para fundar un negocio o una consulta profesional.

¿Qué sucedía si fracasaban? ¿Quién había ahí para sacarlos de la quiebra y la suspensión de pagos? Asumieron unos riesgos considerables, lo que forma parte del hacerse rico en EE. UU.

Una y otra vez, los millonarios reafirman su valentía con pensamientos como el siguiente:

¿Qué pasaría si lo perdiera todo, hasta el último dólar? Seguiría teniendo lo más importante: mi marido/esposa y mis hijos. Ellos nunca me abandonarían.

En mis entrevistas, estas afirmaciones son tan comunes entre los millonarios como su deseo de tener éxito.

Mientras lees este libro, un caso práctico tras otro describen a millonarios que escogieron vocaciones ideales, gestionaron negocios innovadores e hicieron inversiones inteligentes. Pero bajo todos estos elementos se encuentran algunos que son más fundamentales. No suelen comentarse una crianza estable, el amor de sus progenitores, un cónyuge leal y alentador y, en algunos casos, una fe religiosa fuerte. Estos elementos rara vez llegan a los titulares de la prensa cuando se hacen perfiles de la gente exitosa, pero pocas personas lo logran sin ellos. En el caso de casi todos los millonarios, la confianza en sí mismos tiene su origen en su hogar: sus padres se la infundieron.

UNA FUENTE DE CORAJE: LA FE RELIGIOSA

Mucha gente económicamente exitosa atribuye mérito a su fe religiosa como una fuente de su capacidad de eliminar o por lo menos reducir los miedos y las preocupaciones relacionados con poner en juego recursos financieros y otros relacionados. Casi cuatro de cada diez (el 37 %) de estos millonarios dicen que «tener una fe religiosa fuerte» fue un proceso de pensamiento clave en este aspecto y que explicaba su filosofía de «creer en sí mismo».

A medida que la fe religiosa crece, también lo hace la confianza en uno mismo. A su vez, con una autoconfianza potenciada, el millonario religioso puede lidiar mejor con nuevos y mayores retos y riesgos. ¿Qué pasa con los otros seis de cada diez? También disponen de una confianza en sí mismos creciente y que se fortalece constantemente, y algunas de las técnicas y estrategias que usan para potenciar su valentía incluyen la planificación cuidadosa, centrarse en asuntos clave y ser muy organizados; pero la gente con creencias religiosas es mucho más probable que emplee la oración y su fe religiosa fuerte general y sus valores para lidiar con los miedos y las preocupaciones que forman parte de su camino hacia el éxito constantemente creciente.

La encuesta indica que el 75 % de los millonarios religiosos (MR) rezan cuando se enfrentan al miedo y las preocupaciones. Sólo el 8 % del resto de los millonarios (RM) emplean la oración de forma similar. Es una relación de más de uno a nueve.

Una entrevista con S. Truett Cathy, presidente de Chick-fil-A

¿Cómo le ayuda su fe a superar los miedos y las preocupaciones o a tomar decisiones?
No encuentro ningún conflicto entre unos buenos principios bíblicos y unas buenas prácticas empresariales: honramos a Dios con nuestros éxitos, no con nuestros fracasos.

Dios nos creó a todos para tener éxito.

Dios está de nuestro lado en cuanto a querer que triunfemos. Personalmente, soy un baptista sureño y [...] recibí a Cristo como mi salvador particular cuando tenía doce años. Siempre he estado comprometido con mi familia y mi iglesia. Enseño el catecismo a chicos de trece años en la escuela dominical.

Siento la presencia de Dios en mi negocio: nuestro objetivo corporativo es glorificar a Dios siendo camareros fieles y teniendo una influencia positiva en la gente con la que entramos en contacto.

Pienso que cada decisión debería sopesarse durante la oración y la meditación y buscando la voluntad de Dios para nuestro caso personal. Siento, a través de circunstancias que han surgido, que Dios estaba preocupado por las decisiones que tomo y las oportunidades que se me presentan. Creo que Dios pone, en ocasiones, nuestra fe a prueba. A veces Dios tiene un mejor plan para nosotros que el que tenemos nosotros mismos. Si todo transcurriese con normalidad todo el tiempo, [no tendríamos la oportunidad de crecer]. Es cuando esos obstáculos aparecen en nuestro camino [cuando aprendemos y crecemos].

¿Puede ponerme algunos ejemplos de esta superación de obstáculos?
He sufrido dos incendios en mis restaurantes: uno quedó reducido a escombros. Me han tenido que operar y no sabía si viviría o moriría. [Estas cosas] me hicieron darme cuenta de lo que es importante...

¿Cómo influye su fe en tu estilo personal de inversiones?
Creo que sería buena idea valorar una empresa basándose en sus directores, sus propietarios. Si tienes a algunas personas cuestionables que fundan una compañía Estos valores [cristianos] son muy importantes para las empresas de éxito. Tengo muy poco invertido fuera de mi negocio [Chick-fil-A] y algún bien inmueble.

¿Qué influencia tiene su fe en su productividad?
No soy una persona perezosa. Necesito [dedicar] mi tiempo a ser productivo en lo que hago. A la gente le gusta seguir a una persona emocionada por el trabajo. Intento no ser un adicto al trabajo, procuro mantener mis valores en un orden adecuado. Tenemos once hogares de acogida en los que tenemos a ciento diez niños. Les proporcionamos segundas residencias y la experiencia de unos campamentos de dos semanas de duración en el campus de la Universidad Berry College. [Ésta es] una de las cosas que me proporciona alegría fuera de lo que me aporta mi negocio.

[Chick-fil-A promueve los principios cristianos a través de su] programa de becas para empleados, su observancia de los domingos cerrando el negocio y los regalos que acompañan a los menús infantiles, que suelen basarse en la moralidad, el carácter.

Debes tener fe en ti mismo y en el Señor, y fe en la vida:

Un tremendo deseo de hacer algo.
Ésa es la diferencia entre el éxito y el fracaso.

LOS FACTORES DEL ÉXITO Y LA FE RELIGIOSA

Para los MR, «tener una fe religiosa» supone una clave para reducir los miedos y las preocupaciones. Es treinta y cinco veces más probable que sostengan que:

Tener una fe religiosa fuerte es un factor muy importante para explicar su éxito económico.

Hay otros factores relacionados en el éxito que están íntimamente ligados a la fe religiosa. Éstos incluyen, en orden de importancia:

1. Ser honesto con toda la gente
2. Tener un cónyuge alentador
3. Llevarse bien con la gente
4. Amar su trayectoria profesional/negocio
5. Estar en forma
6. Tener unas grandes cualidades de liderazgo
7. Hacer inversiones inteligentes
8. Ver oportunidades de negocio que otros no vieron
9. Estar dispuesto a asumir riesgos económicos si hay un buen beneficio
10. Tener buenos mentores
11. Invertir en su propio negocio/empresa
12. Vivir por debajo de sus posibilidades
13. Tener unos excelentes asesores de inversiones

Los MR no parecen rezar a Dios para pedirle más, pero sí que buscan su orientación. Muchos me dijeron que su fe en Dios les aporta confianza.

Si estás completamente seguro de que tu vocación, por ejemplo, se adapta a ti a la perfección, será más fácil que tengas éxito. No tienes dudas. Tu fe en Dios se traduce en que crees en ti mismo y en cómo te ganas la vida. Para muchos MR, su consejero o mentor superior es Dios. Tienen un historial de estudio de la literatura religiosa, y este estudio les proporciona conocimientos sobre cómo lidiar con el miedo, la preocupación y los problemas.

Asociarse con Dios

Para Ken Melrose, presidente y director ejecutivo de Toro Company, la fe es una fuente de valentía y una brújula moral a la hora de tomar las difíciles decisiones a las que se ha enfrentado para darle un vuelco a la compañía. Ken dice que se encontró con su trabajo de dirigir la Toro Company «de forma más o menos accidental».

En 1981, la empresa para la que había trabajado durante once años era un completo caos y estaba al borde del desastre económico. Cuando la junta le nombró presidente (sin el grado de director ejecutivo), supo que tendría que tomar decisiones dolorosas que afectarían a la vida de cientos de personas.

«Despedir a gente, reestructurar, cerrar fábricas [...], cosas tan ajenas a mi naturaleza y tan difíciles para mí que necesité fe para asociarme con Dios –recuerda Melrose–. Mucha gente iba a tener que perder su empleo.

»Recuerdo estar intentando averiguar cómo iba a dirigir esta compañía, tomar las decisiones que harían dar un vuelco a la empresa y seguir valorando a la gente de forma cariñosa –dice–. En aquella época me sentía completamente perdido».

Así pues, recurrió a Dios en busca de fortaleza y orientación. Además de la oración cotidiana colgó un cartel justo encima de su ordenador que dice:

Dios quiso que estuvieses aquí y ahora.

«Fue una fuente muy vívida y real de fortaleza –relata Melrose–. Cada mañana le pedía a Dios que me ayudara a superar el día porque necesitaba ser dirigido, no podía hacerlo por mí mismo. Confiaba en que Dios sacaría a la compañía del agujero y me orientaría en la toma de decisiones».

Les pidió a dos equipos de gerencia que elaboraran una lista de puestos necesarios para la supervivencia de la empresa. Después de cuadrar prioridades, 735 de unos 1 300 empleos asalariados superaron el corte. En uno de los edificios desocupados debido a los despidos, la Toro Company instaló un centro de trabajo para encontrar empleos con teléfonos, respaldo administrativo, asesores y otros servicios. Melrose se siente orgulloso de decir que muchos de estos empleados regresaron a la Toro Company después de que ésta recobrase la salud.

A la compañía le llevó unos dos años salir del agujero y demostrar que sobreviviría. Desde entonces ha empleado los principios cristianos para transformar la rígida cultura vertical de la Toro Company en un entorno de trabajo participativo y empático.

Al articular los valores que la compañía quería que constituyesen su base, Melrose desarrolló principios de liderazgo procedentes de los Evangelios que afectan a todo, desde la visión de la empresa a largo plazo hasta sus ideales de comunicación con los empleados de forma cotidiana.

Desarrollar un entorno en el que los empleados dispongan de la confianza necesaria para asumir riesgos es vital para una empresa que está cargada de un historial de innovación de producto. «Proporcionamos un *feedback* positivo y negativo de forma empática (no de una forma protectora), tal y como Jesucristo hizo por los apóstoles».

Melrose resume su asociación con Dios. «Dios nos ha proporcionado a todos el don de un potencial para contribuir». Ayudar a la gente a contribuir a ese potencial «es el papel y el privilegio del líder».

EL VERDADERO INVENTOR

La clase de catecismo en la escuela dominical estaba llena hasta la bandera de asistentes (hombres y mujeres) de mediana edad. En términos de ingresos, riqueza y nivel educativo, este grupo se encontraba en la parte extremadamente superior de la clasificación, pero al igual que en la mayoría de los grupos de gente acaudalada, no todos habían recibido una educación superior. De hecho, el asistente con un mayor nivel de riqueza económica no había pasado ni un día en el aula de una universidad: se trataba de un hombre extraordinario llamado Henry.

Henry no sólo era muy rico, sino que también era el miembro más respetado de la iglesia. Poseía unas fuertes capacidades de liderazgo y era un asesor importante para la iglesia y sus pastores. También contribuyó con muchísimo dinero al fondo de construcción de la iglesia.

Los padres de Henry eran aparceros. Tenían poco dinero que dar a sus hijos e hijas, pero les dieron a Henry y sus hermanos un regalo más importante. Henry ha usado este regalo bien. Pregúntale cómo puede lidiar con los riesgos relacionados con ser el muy exitoso propietario de un negocio, cómo es capaz de reducir e incluso eliminar los miedos que surgen de la nada cuando sus recursos económicos están en peligro.

Pregúntale cómo lidia con el sentirse inferior a la gente que tiene unos niveles de educación formal superiores. Henry te dirá que todo consiste en:

Tener una fe religiosa fuerte.

La fe religiosa fuerte ha hecho más por Henry que ayudarle a enfrentarse a los miedos y las preocupaciones. Tiene un elevado nivel de aptitudes mecánicas, e inventó muchos de los productos que fabrica. ¿De dónde sacó Henry la idea de su producto más exitoso? Tuvo una visión una noche. Henry se atribuye poco mérito por la innovación: afirma que Dios se le apareció y le reveló la innovación mediante una visión. Fue un invento de Dios.

Henry no es el único. Su relación personal con Dios y su fuerte fe en él son compartidas por muchos otros millonarios en Estados Unidos que superaron una pobreza destacable y sus desventajas académicas.

Sé fuerte y valiente. No tengas miedo ni te desanimes porque el Señor tu Dios estará contigo dondequiera que vayas.

Josué 1, 9

Capítulo 5

VOCACIÓN, VOCACIÓN Y VOCACIÓN

Mi padre era un empresario que carecía de educación formal [...], nació en Lituania [...], fundó dos negocios exitosos [...] a los veintidós años [...], helado y salami [...] uno para el verano y el otro para el invierno [...]. Y luego fundó una fábrica textil.

B. N. R.

¿Por qué se convirtió Mel en decamillonario? Hay muchas razones, pero una destaca entre el resto. Al igual que muchos de los otros estadounidenses acaudalados a los que he entrevistado, escogió la vocación ideal en el momento correcto y el lugar adecuado.[1]

Mel fue reclutado y pasó dos años en el Ejército. Siempre se consideró un «chico de ciudad», pero cuando fue destinado al área rural del sur de EE. UU., aprovechó su experiencia allí al máximo. Aunque sus compañeros militares se quejaban de la comida del ejército y del entorno rural, Mel pasó buena parte de su tiempo libre buscando oportunidades económicas en el sector inmobiliario. Justo después de completar su servicio militar, encontró una oportunidad inmobiliaria cerca de donde le habían destinado.

[...] Había una propiedad [...] que estaba siendo vendida por el sheriff *local en un procedimiento de ejecución hipotecaria [...] [que] quería siete mil dólares por ella.*

---

1. Los tipos de negocio/empresa propiedad de las personas encuestadas para este sondeo y gestionados por ellas aparecen en los apéndices 2 y 3.

Nadie vio la oportunidad que Mel, con veinticuatro años, reconoció. ¿Quién iba a querer comprar un viejo edificio en un pueblo en el Sur Profundo?

Incluso mi padre, un hombre de negocios muy astuto, me dijo: «Mel, no compres esa propiedad». La compré de todos modos.

El padre de Mel y la mayoría de sus socios eran «yanquis [...], gente de ciudad» hasta el tuétano. Todos tenían prejuicios contra el sur en general, y en invertir en los estados del sur de EE. UU. concretamente. Mel se fijó en la realidad objetiva de las oportunidades en lo que ahora recibe el nombre del Cinturón del Sol, y sintió, de forma intuitiva, que el área donde hizo su primera inversión tenía potencial de crecimiento. Vio el pueblo como un futuro punto de intersección entre el norte y el sur. También reconoció que el área que había alrededor de su inversión estaba empezando a mostrar crecimiento industrial.

Mi edificio [...] se encontraba cerca de una gran fábrica [...] de veinte mil empleados. Alquilé el edificio [...] a cien dólares por mes. Hoy día obtengo tres mil dólares mensuales.

Después de que Mel arrendase su edificio, empezó a jugar a su propia versión del Monopoly.

[...] En los siguientes cinco años fui a ver a otras personas que tenían otros terrenos allí [...], les ofrecía entre siete mil quinientos y diez mil dólares por sus propiedades.

Al final Mel acabó siendo el propietario de tres edificios en la ciudad mediante el uso de dinero prestado (o dinero de otras personas, o DOP).

[En la actualidad] tengo 175 000 dólares en todo ello [...], era todo dinero del banco [...] Construí cincuenta tiendas en los primeros quince años. Todas se amortizaron y obtengo unos ingresos de 750 000 dólares desde un año desde entonces.

Para conseguir todo esto, Mel tomó prestado todo el dinero. Para empezar, pidió un préstamo de 7 500 dólares a un banco y adquirió su primera propiedad comercial. Su padre firmó el préstamo como garante después de que Mel describiese su investigación sobre el potencial de crecimiento de su área objetivo y porque quedó impresionado de que su hijo mostrase una destreza financiera considerable. Mel alquiló entonces su edificio de 7500 dólares antes de comprarlo. El valor del préstamo a dos años fue más que suficiente para pagar el capital y los intereses, por lo que su liquidez fue impresionante desde el primer día.

Al poco tiempo, Mel empezó, tranquila pero metódicamente, a comprar terrenos y edificios comerciales. Cada vez que adquiría otra propiedad ganadora echaba mano del DOP. Trató con más de doce prestamistas y, de hecho, nunca empleó ni un dólar de su propio dinero. En la actualidad, este decamillonario no puede evitar preguntarse qué fue de sus compañeros del ejército que se quejaban de haber sido destinados «al horrible sur». ¿Quién no está, simplemente, pensando en fantasías irrealizables?

Mel no sólo tuvo ojo para aprovechar una oportunidad, sino que también tuvo a su padre como mentor. El padre de Mel le contó a su hijo muchas historias de gente que ganó fortunas a partir de pequeñas inversiones en bienes inmuebles. La clave consistía en detectar las buenas oportunidades: aquellas que los demás ignoraban. Siguió el consejo de su padre y sus dos años en el ejército acabaron transformándose en una considerable fortuna. Mel se está acercando a esa edad en la que mucha gente se jubila, pero él no tiene esos planes. Sigue buscando oportunidades, aunque tiene muchas más propiedades que los tres edificios en Dixie. Mel les tiene especial cariño a los bienes inmuebles comerciales. Sólo compra propiedades adecuadas para la venta al por menor (tiendas y otros tipos de organizaciones comerciales). Nunca trata con el cliente final y no posee apartamentos: «Es, simplemente, demasiado engorroso». Mel siempre ha creído que la gente de negocios del sector comercial es más seria con respecto a sus obligaciones. También tiene otra creencia que le ha funcionado bien a lo largo de los años:

Hasta donde puedo recordar, he creído [...] que el Señor nos dio tierra [...]. ¡Cuando se haya acabado no habrá más!

Mel define su vocación como la de «propietario de un monopolio de tres edificios».

FACTORES DEL DESCUBRIMIENTO Y LA ELECCIÓN

Los millonarios me explican que hubo varios factores importantes en su «descubrimiento» de una vocación, y es raro encontrar una única razón que fuera la responsable. Los datos que aparecen en la tabla 5-1 indican que algunos de estos factores del descubrimiento son más importantes que otros. En general, casi cuatro de cada diez millonarios (el 39 %) indicaron que descubrieron su vocación mediante la intuición, y la intuición fue la más frecuentemente mencionada como importante por los cuatro grupos profesionales. Estos cuatro grupos representan la mayor proporción (el 67 %) de la población de los millonarios.

Según el diccionario *Webster, intuición* es «el conocimiento o aprendizaje inmediato de algo sin el uso consciente del razonamiento: una percepción rápida y veloz». Nótese que casi la mitad (el 46 %) de los propietarios de negocios y los empresarios dicen que descubrieron su vocación concreta mediante la intuición. La mayoría de los millonarios que son propietarios de un negocio te dirán una y otra vez:

Mi éxito económico es resultado directo de escoger un tipo o categoría concreto de negocio.

La categoría de los propietarios de un negocio/empresa es el grupo más importante en la población de los millonarios, pero la mayoría de los propietarios de negocios de EE. UU. no son millonarios ni se convertirán en millonarios en el transcurso de su vida. Obviamente, poseer un negocio no supone una garantía absoluta para convertirse en millonario, pero los propietarios de negocios pueden incrementar enormemente sus probabilidades de alcanzar el éxito mediante una selección cuidadosa.

LA CHATARRA Y EL TESORO DE UN HOMBRE

Richard es un caso práctico excelente de una elección inteligente de una vocación. ¿Cómo acabó un hombre que creció en un entorno de clase media-alta, que estudió en un instituto privado y que pasó sus primeros dieciocho años de vida en un excelente vecindario del área metropolitana de Nueva York siendo el propietario y dirigiendo una chatarrería en el Sur Profundo? Fueron las preguntas que le formulé.

TABLA 5-1
CÓMO ESCOGEN LOS MILLONARIOS UNA VOCACIÓN: FACTORES «DE DESCUBRIMIENTO» IMPORTANTES

PORCENTAJE DE MILLONARIOS QUE VALORAN EL FACTOR COMO IMPORTANTE SEGÚN SU CATEGORÍA PROFESIONAL

Factor de descubrimiento	Todos los millonarios 100%	Propietario de un negocio/ empresario 32%	Alto ejecutivo de una empresa privada 16%	Abogado 10%	Médico 9%
CAPTACIÓN DE INTELIGENCIA					
Idea a través de la intuición	39	46	37	30	31
Ha estudiado la rentabilidad del negocio	30	39	33	15	23
Ha leído al respecto en un periódico de «tendencias» o negocios	14	16	15	2	6
VOCACIÓN «POR ACCIDENTE»					
Se tropezó con una gran oportunidad	29	31	33	13	12
La descubrió tras la prueba y el error	27	30	29	13	8
No le gustaba un empleo anterior o lo perdió	12	15	10	5	4
Oportunidad que un anterior empleador pasó por alto	7	9	4	3	2
«IDEAS DE OTRAS PERSONAS»					
Sugerido por un agente de empleo	3	2	6	1	0
La descubrió en una feria de oportunidades o franquicias	2	2	1	3	0

Richard gana más de 700 000 dólares anuales y se le puede clasificar como un acumulador de riqueza, alguien que forma parte del grupo de la gente acaudalada en cuanto al estado de su situación patrimonial. Tiene más de doce dólares en patrimonio neto por cada dólar que genera en ingresos anuales. Cada mañana laborable se despierta a las 05:35 h con una sonrisa en el rostro y no puede esperar a llegar al trabajo.

Doctor Stanley: ¿Qué le motiva? ¿Qué hace que se emocione cada mañana?
Richard: No son las preocupaciones económicas [...]. Tengo que querer llegar al trabajo [...]. Para mí es muy importante cumplir con los objetivos para mi negocio.

No tengo problemas económicos. La cosa es distinta para el tipo que tiene una casa cara y no tiene nada en el banco [...]. Él tiene preocupaciones económicas.

Pese a ello, quiero llegar a la maldita chatarrería. Quiero hacer eso y quiero hacer aquello. Cada día tengo esta motivación para hacer algo [...], simplemente tengo que terminar de hacerlo.

¿Qué hay detrás de esta necesidad de trabajar muchas horas, de madrugar cada mañana? La motivación de Richard es la misma para la mayoría de la gente económicamente exitosa: cuanta más riqueza poseen más probable es que digan:

Mi éxito es resultado directo de amar mi trayectoria profesional o negocio.

Entre los factores del éxito citados en el capítulo 2, el amor por la trayectoria profesional lo citaron como muy importante el 46 % y como importante el 40 % de los millonarios para explicar su éxito. La gente como Richard me dice una y otra vez:

Si amas, adoras totalmente lo que estás haciendo, las probabilidades de que triunfes serán excelentes.

Frecuentemente, la pasión por una trayectoria profesional no es amor a primera vista.

TABLA 5-2

CÓMO ESCOGEN LOS MILLONARIOS UNA VOCACIÓN: FACTORES DE ELECCIÓN IMPORTANTES (N = 733)

PORCENTAJE DE MILLONARIOS QUE VALORAN EL FACTOR COMO IMPORTANTE
SEGÚN SU CATEGORÍA PROFESIONAL

Factor de descubrimiento	Todos los millonarios 100%	Propietario de un negocio/ empresario 32%	Alto ejecutivo de una empresa privada 16%	Abogado 10%	Médico 9%
AFECTO POR LA VOCACIÓN					
Permitió el uso completo de mis capacidades/aptitudes	81	83	77	87	83
Me proporcionó una alta autoestima	62	52	63	65	83
Enamorado de mi trayectoria profesional/del producto	55	55	55	38	72
Sueño de toda una vida cumplido	30	33	19	43	63
NECESIDAD DE INDEPENDENCIA					
Posibilidad de ser económicamente independiente	66	79	53	52	85
Proporcionó un gran potencial de beneficios/ingresos	58	71	55	46	42
Necesitaba ser mi propio jefe	49	73	22	34	77
INFLUENCIAS ACADÉMICAS					
Directamente relacionado con cursos estudiados en la universidad	44	36	44	53	56
Sugerido por mentores	29	19	34	39	33
Sugerido por los resultados de pruebas de aptitudes	14	8	17	30	23
ELECCIÓN POR LEGADO					
Sugerido por su(s) progenitor(es)	20	20	11	30	38
Formaba parte del negocio familiar	13	24	8	11	6
EL MÉTODO COOPERATIVO					
Relacionado con un empleo a jornada parcial	13	15	10	13	4
Sugerido mediante la oficina universitaria de colocación	6	3	9	6	6

En la tabla 5-2, sólo el 55 % de los millonarios afirmó que escogieron inicialmente su trayectoria profesional debido al amor por la vocación elegida, pero tal y como se afirma en el capítulo 2 («Los factores del éxito»), con el tiempo esta cifra aumenta hasta el 80 % en términos de explicar, en definitiva, su éxito económico. No todos los millonarios reconocieron al instante que la vocación que escogieron fuera a proporcionarles unos sustanciosos beneficios, pero alrededor de las dos terceras partes (el 66 %) indicó que, inicialmente, eligieron su vocación porque les proporcionaba la posibilidad de ser económicamente independientes. El 58 % indicó que un factor importante para su elección fue «el gran potencial de beneficios o de ingresos» proporcionado por su vocación.

Los propietarios de un negocio y los empresarios como Richard son especialmente sensibles a los asuntos relacionados con los beneficios y los ingresos. Buscan oportunidades de negocio que acabarán por hacerlos ricos y económicamente independientes. Son los que es menos probable, de entre la población de millonarios, que sugieran que sus vocaciones les aportan una alta autoestima. Pese a ello, la mayoría de los propietarios de negocios (el 52 %) citó el factor de la alta autoestima para su elección. Por contra, el 83 % de los médicos millonarios eligieron, en parte, su vocación porque potenciaba su autoestima.

Aunque alrededor de dos de cada tres millonarios te dirán que «la posibilidad de ser económicamente independiente» fue un factor importante para la elección de su vocación, pocos se jubilan después de hacerse ricos. Richard es ahora un hombre muy acaudalado que sigue adorando su trayectoria profesional. Pese a que dispone de lo suficiente para que él y su familia vivan cómodamente durante los próximos veinte o más años, sigue despertándose antes de que amanezca y va al trabajo cada día. Sigue queriendo hacer que su negocio sea cada vez más productivo.

Richard alcanzó sus objetivos económicos hace años, pero le sigue encantando su negocio. Ésa es la razón por la cual poca gente como Richard quiere embolsarse sus ganancias, vender su negocio pronto y jubilarse. Y es algo más que el mero amor por su empleo. La gran mayoría (el 81 %), escogieron una vocación porque:

Mi trabajo/trayectoria profesional me permiten emplear al máximo mis capacidades y aptitudes.

La mayoría de la gente no puede, honestamente, decir esto. Con demasiada frecuencia, aceptan el trabajo que se les ofrece. Es simplemente un empleo, no una obra de amor.

La mayoría de los millonarios escogieron una ocupación ideal: ¿tuvieron simplemente la suerte de encontrar un trabajo que les encanta y les proporciona una alta autoestima? Hay algo de suerte implicada, pero para dar con la trayectoria profesional ideal, primero tienes que entenderte a ti mismo. ¿Cuáles son tus fortalezas y debilidades, y qué es lo que te gusta y lo que no? Si no puedes contestar a estas preguntas, será casi imposible que conectes con una vocación que te encante y potencie tu autoestima. Este proceso no surge de la nada: los millonarios simplemente no se despertaron un día y dijeron: «Quiero fabricar cojinetes». Al igual que. Richard, la mayoría de los millonarios habían tenido otros empleos frecuentemente insatisfactorios o desagradables antes de encontrar su vocación ideal.

Doctor Stanley: Me vuelvo a preguntar sobre sus orígenes. ¿Qué es lo que le motivó a fundar un negocio de piezas de camión usadas?

Richard: Vacilé durante unos ocho años hasta que lo encontré […]. Simplemente trabajé para otras personas. Nunca cobré nada, así que monté un negocio por mi cuenta.

Doctor Stanley: Lo comprendo, pero ¿por qué no, sencillamente, cualquier negocio? ¿Por qué piezas de camión usadas?

Richard: Soy completamente distinto a los demás […], realmente distinto […]. Encuentra un nicho de mercado muy rentable. De otro modo no podrás dar lo mejor de ti si todos los demás están haciendo lo mismo […]. Esa competitividad hará que no puedas obtener beneficios.

Demasiada gente hace justo lo contrario de lo que hizo Richard para elegir una vocación: él se centró en un público concreto y muy bien definido. Y se aseguró, hace años, de ser la única verdadera alternativa en cuanto a competir por los clientes. Richard es un experto en nichos de mercado y especialización, y reconoce a otros grandes comerciantes dedicados a nichos de mercado cuando se encuentra con ellos. Piensa en su conversación sobre el «Doctor Maxilar».

Richard: […] Pero un amigo mío lo hizo de forma distinta […]. Mi amigo, […] dentista, se ocupaba de los dientes en los casos en los que un maxilar estuviese dañado [...]. Ésa era su especialidad original. [Entonces] regresó a la facultad de Medicina para ser médico, de modo que pudiese arreglar el maxilar como médico y luego dedicarse a solucionar los problemas dentales como dentista.

Doctor Stanley: ¿Cómo le va su negocio en la actualidad?

Richard: Se ha centrado en el campo más especializado en el que alguien podría involucrarse [...]. Está haciendo su agosto [...] debido a su especialización.

El doctor Maxilar tiene algo en común con la mayoría de los millonarios que son trabajadores autónomos a los que he entrevistado, y esto es especialmente cierto en el caso de los propietarios de negocios que se hicieron ricos en una generación. Se especializan: se dedican a nichos de mercado y tienen poca competencia.

El doctor Maxilar tuvo primero experiencia en un segmento concreto del mercado y un servicio profesional relacionado: la odontología; pero se mostró muy sensible a una extraordinaria oportunidad de mercado y se dio cuenta de que sería mucho más productivo si ofrecía a los pacientes un paquete completo de servicios. Así pues, la buena idea de ofrecer un servicio único de solución de problemas maxilares y dentales no le cayó del cielo.

La mayoría de los millonarios tenían algo de experiencia en el campo que acabaron escogiendo. Tenemos a un dentista que acabó dándose cuenta de que dos grados, uno en Odontología y otro en Medicina, son más productivos que la suma de sus partes. El doctor Maxilar se encontraba en el lugar adecuado para comprender en su totalidad las necesidades de los pacientes con problemas maxilares.

Richard también estaba implicado en un sector de la industria al que acabó sacándole todo el jugo de una forma muy rentable, y también tenía una gran afinidad por la oferta de este servicio. Siempre le habían gustado los camiones y la gente de ese sector. Ambos hombres disfrutaban conceptualizando y dirigiendo un tipo concreto de negocio. En la actualidad uno es el maestro de las piezas de camión usadas y el otro es el maestro de los maxilares en una región geográfica concreta. Estos caballeros no tienen, realmente, un competidor cercano en su región.

Cuando tenía veintimuchos años, Richard había trabajado para un gran fabricante y distribuidor de camiones durante cinco años. Tenía un graduado universitario con una media de calificaciones muy normalita, y no estaba ganando suficiente dinero para hacer mucho más que cubrir sus gastos básicos. Él y su mujer eran bastante frugales y siempre habían querido ser económicamente independientes, pero Richard se dio cuenta de que nunca se haría rico en el empleo que ocupaba entonces, por lo que estaba preocupado. No estaba seguro de qué hacer con su vida, y entonces se dieron una serie de situaciones interesantes en su trabajo.

Estaba trabajando para la White Motor Company [como subgerente]. Mi jefe me pidió que le vendiera un camión siniestrado a un comerciante de chatarra [...]. Lo vendí por quinientos dólares [...]. Unas dos semanas después me pidió que volviera a ver al chatarrero. Necesitábamos un motor usado para otro camión.

Él [el chatarrero] sacó el motor del mismo camión que le habíamos vendido hacía dos semanas, y el tipo me entregó una factura por valor de quinientos dólares, y además tuvimos que cambiar otro motor, que tenía que ser reemplazado.

Una bombilla se encendió en el interior de la cabeza de Richard. Pensó que muchas otras piezas del camión también tenían valor. De hecho, ese camión, que se vendió por quinientos dólares en total, valía entre cinco y diez veces más si se vendía por piezas. En ese momento de su vida, Richard tuvo lo que la gente llama una intuición. Vio de inmediato la extraordinaria oportunidad de negocio en la vocación a la que se refiere como chatarra.

Richard tiene mucho en común con otros millonarios, especialmente con aquellos que son propietarios de un negocio. Casi la mitad (el 46 %) indicaron que la intuición fue un importante factor «de descubrimiento» (*véase* la tabla 5-1). El 39 % de los millonarios que son propietarios de un negocio también «estudiaron la rentabilidad de su negocio» o vocación antes de tomar una decisión con respecto a escogerlo. Richard también indicó, tal y como hicieron el 31 % de los propietarios de negocios, que «se tropezó con una gran oportunidad». Debido a su afinidad con los camiones y con la gente que trabajaba distribuyéndolos, la decisión de Richard no fue, simplemente, un suceso aleatorio con el que se había tropezado: encontró un nicho de mercado concreto en un sector genérico que le encantaba.

Estaba mirando una factura y me dije: «Este tipo tiene la transmisión, la parte trasera, los neumáticos, las puertas, el radiador e incluso está consiguiendo nuestro viejo motor [intercambio] por quinientos dólares».

Hacía sólo […] dos semanas que le habíamos vendido todo el camión por quinientos dólares. [Ahora] nos estaba vendiendo el que era nuestro motor por quinientos dólares. ¿Quién estaba ganando dinero: nosotros o el chatarrero? Me dije a mí mismo: «Este hombre está haciendo su agosto».

Y Richard ha estado haciendo su agosto con piezas usadas de camión desde su revelación. Al cabo de dos semanas de descubrir el potencial de beneficios de las piezas usadas de camión, Richard ya trabajaba por su cuenta. Adquirió el primer camión siniestrado por otros quinientos dólares y al final vendió las piezas sueltas por siete veces su inversión original.

En el caso de Richard y los millonarios hechos a sí mismos, me refiero a la vocación como un proceso de elección. Hay miles y miles de negocios en Estados Unidos. De hecho, hace varios años identifiqué más de 22 000 categorías distintas de negocios. Así pues, hay más de 22 000 vocaciones en el ámbito de los trabajadores autónomos propietarios de negocios. Mediante su intuición, Richard simplemente añadió una más a la lista creciente de las 22 000 vocaciones. Además, hay docenas de mercados geográficos en EE. UU. Varias docenas de áreas multiplicadas por 22 000 vocaciones significa que hay varios cientos de miles de negocios geolocalizados. Muchos millonarios me han dicho que su éxito económico es función directa de ser propietarios de un negocio especializado en una zona geográfica en la que no hay competencia o hay muy poca.

Richard trabaja en un sector muy especializado. No es simplemente un distribuidor de piezas normal y corriente: su negocio concreto compra tráileres de dieciocho ruedas siniestrados. Él y su equipo desmontan estos cacharros y venden sus piezas. Es un negocio sencillo y, además, es muy rentable. Mucha gente imagina un desguace de piezas usadas de camión y sólo ve chatarra, pero esa chatarra es riqueza para Richard. En la actualidad posee un patrimonio neto cercano a las ocho cifras, y sus ingresos netos el año pasado superaron los 7 700 000 dólares. Sus mecánicos jefe ganaron más de 130 000 dólares el año pasado por desmontar camiones. Esos 130 000 dólares suenan bien: están cerca de los ingresos netos medios de un médico en EE. UU.

Mucha gente, incluso algunas personas superdotadas intelectualmente de EE. UU., carecen de la intuición de Richard. Suelen encontrarse en campos en los que la competencia es feroz. Piensa en el dato de que al 80 % de los profesores adjuntos de la Universidad de Harvard (que se encuentran entre la gente mejor dotada intelectualmente de EE. UU.) se les niega la titularidad. Estos profesores aceptan puestos en otras universidades y al final acaban siendo titulares. Así pues, no es sólo la elección de la vocación, sino también el nivel de competencia en la zona geográfica o el entorno elegido lo que influye en si la elección de la trayectoria profesional tiene éxito o no.

La forma en la que me fijo en el mercado estadounidense de empleo es distinta a las opiniones de los orientadores académicos y el personal de las oficinas universitarias de empleo. Tienen buenas intenciones, pero no perciben en toda su plenitud los enormes beneficios de ser trabajador autónomo en el sector ideal o incluso de ser alto ejecutivo en un sector industrial ideal.

El día después de entrevistar a Richard me pasé por un local de Kinko's para que me fotocopiaran parte de mi trabajo. El tipo que había tras el mostrador se fijó en el título de mi capítulo y expresó su interés por leer el material. También me comentó que mi material podría resultar beneficioso para su profesión, y averigüé que era un abogado en ejercicio. Pertenece a una profesión muy competitiva en mi ciudad de residencia, por lo que necesita complementar sus ingresos trabajando en Kinko's a jornada parcial. Pese a ser trabajador autónomo de su propio bufete, apenas puede mantenerse a flote.

Hay más de setenta páginas en las que aparecen abogados en las Páginas Amarillas de nuestra ciudad. ¿Cuántas páginas hay dedicadas a empresas que venden piezas usadas de camión? El negocio de Richard aparece listado bajo el encabezado «Equipamientos y piezas de camión», una categoría que ocupa alrededor de una página. El resto de las empresas listadas venden equipamientos y piezas nuevos o usados para camiones pequeños. Sólo Richard vende piezas exclusivamente para tráileres. En cuanto al prototípico tipo inteligente al que conocí en Kinko's: es instruido, superó el examen de acceso a la abogacía y fue a una facultad de Derecho acreditada. ¿Y qué? Es sólo uno de entre miles de abogados listados en setenta y cuatro páginas llenas de otros competidores muy inteligentes.

Es equivalente a construir una casa. Si los cimientos son de mala calidad, entonces no importa cuánto dinero y esfuerzo pongas en el resto de tu hogar, ya que nunca será nada más que un dolor de cabeza. Incluso peor: empezarás a odiar tu casa. Elige la vocación equivocada y quizás también llegues a aborrecerla. La gente como Richard es tan productiva porque su trabajo es una gran alegría para ellos. ¿Por qué sólo una minoría de nuestra población adora completamente su trabajo? ¿Por qué tantos pasamos por alto oportunidades económicas? Una razón tiene que ver con el estatus social. ¿Te dijeron tus padres alguna vez que deberías ir a la universidad y escoger una vocación que te proporcionara un elevado estatus profesional? Puede que no te dijeran explícitamente eso, pero quizás te lo comunicaron de otras formas.

Mis progenitores siempre me dijeron que un empleo adecuado para un graduado universitario tenía algo que ver con llevar traje y corbata al trabajo cada día. Bueno, no todos los millonarios llevan traje. Richard lleva una camisa de trabajo de color azul marino y pantalones a juego, igual que todos sus empleados.

Los progenitores pueden arrinconar a sus hijos e hijas. Veamos: si mi hijo Johnny no puede convertirse en un profesional, un médico, un abogado o un contable público colegiado, entonces debería aceptar un puesto en una compañía importante y prestigiosa. Un puesto en la enseñanza o una trayectoria profesional como funcionario podrían resultar aceptables. Los títulos, las afiliaciones y los códigos de vestimenta son criterios importantes para la selección de una trayectoria profesional, al igual que con unas buenas prestaciones adicionales. Mucha gente de EE. UU. fue educada para dedicarse a estas carreras orientadas al estatus. Pocos siquiera tendrían en cuenta una trayectoria profesional como la de Richard.

Mi madre decía: «Cualquiera puede ser el propietario de una chatarrería. ¿Para qué fuiste a la universidad? ¡No para ser dueño de chatarra!».

Otro factor es que algunos miembros de la clase media quizás no se sientan cómodos siendo los propietarios y dirigiendo un negocio de obreros. Si ése es el caso, nunca serán aptos para convertirse en el tipo de millonario que es Richard. Sus orígenes eran de clase media-alta, pero se siente cómodo interactuando con su cuadrilla de buenos trabajadores y trabajadoras todos y cada uno de los días.

Me rodeo de mucha gente competente y capaz. Esto hace tu vida mucho más fácil. Si tienes a gente mediocre, la vida puede ser deprimente.

Richard contrata a gente de calidad y no le preocupan sus orígenes en cuanto a su clase social. Sin embargo, la «intensa necesidad de estatus social» ciega a la gente en referencia a muchas oportunidades económicas importantes. Puede que nunca se den cuenta del nivel de riqueza de Richard o de su afecto por su negocio y sus empleados. Es triste pero cierto: los esnobs no son grandes empresarios.

Frecuentemente, son las soluciones sencillas a los problemas las que constituyen la base de un negocio exitoso. La gente suele pasar por alto los problemas cotidianos que pueden definir los negocios innovadores como el de Richard.

Doctor Stanley: ¿Por qué cree que fundó un negocio de piezas usadas de camión y otras diez mil personas no lo hicieron?

Richard: Las cosas difíciles de ver [...] no se han hecho antes. Cuanto más grandes sean las recompensas [...]. No hay una en cada esquina [...]. La gente te buscará. Ahora la gente puede ver lo que estoy haciendo. No es un gran secreto. Pero incluso ahora nadie quiere hacerlo.

Richard está hablando sobre «la selección de una carrera profesional con una plantilla». Ciertas ocupaciones de alto estatus tienen un proceso consolidado de formación, y nuestros mejores estudiantes son canalizados hacia estas vocaciones.

Los médicos, abogados y contables públicos colegiados siguen un procedimiento establecido; pero la gente como Richard define su propio canal. Crean negocios singulares y muy rentables y tienen poca competencia.

VOCACIÓN POR ACCIDENTE

El millonario hecho a sí mismo Jim R. nunca obtuvo un grado universitario, y te dirá que varios factores fueron importantes para ayudarle a alcanzar la independencia económica. Lo más importante es que Jim escogió un tipo ideal de negocio, cuya descripción es bastante singular, en el que invertir sus recursos. Jim es propietario, dirige o gestiona varios clubs «de ejecutivos» y clubs de campo exclusivos.

Jim es una persona idónea para su vocación. Siente un gran afecto por su negocio, pero la opción que eligió no cristalizó de un día para otro. Sufrió varios reveses en su vida, y pasó por una búsqueda bastante larga e involucrada de una vocación que le:

- Permitiera un uso completo de sus habilidades y aptitudes;

- Proporcionara una oportunidad excelente de ser económicamente independiente;

- Aportara una alta autoestima.

Al igual que muchos millonarios hechos a sí mismos, Jim disfrutó de muchas experiencias distintas cuando era joven, y su elección de una vocación concreta aparece bajo el encabezamiento general «vocación "por accidente"» (*véase* la tabla 5-1). Tiene lo que muchas otras personas de éxito poseen: lo que llamo el olfato del cazador, o intuición. Puede oler las oportunidades y puede distinguir las verdaderamente buenas de las de mentira. Éste no siempre fue el caso para Jim: algunas experiencias amargas templaron su percepción e hicieron que sus empresas exitosas fueran aún más dulces.

Jim es uno de los muchos millonarios estadounidenses actuales que no tienen un grado universitario. Empezó a estudiar en la Universidad de Florida, pero la abandonó y se alistó en el Ejército. Acabó consiguiendo la graduación de oficial. Me dijo que su experiencia como oficial del Ejército le proporcionó las habilidades clave de la disciplina, la organización y el liderazgo que tanto le sirvieron más adelante en la vida. El Ejército fue el programa de formación ejecutiva de Jim. Tras cumplir su compromiso con el Ejército, Jim abandonó la vida militar y volvió a asistir a la universidad al poco tiempo.

Jim prefería vivir en una casa que en un apartamento, pero la mayoría de las casas en alquiler eran demasiado grandes para sus necesidades. Pese a ello estaba decidido a vivir en una casa, por lo que alquiló una con espacio sobrante, lo que le aportó la semilla para la mayoría de sus empresas futuras. Alquiló el exceso de espacio a compañeros estudiantes y gestionó la casa. Ninguno de sus inquilinos tenía ningún interés por recaudar el alquiler, comprar muebles, extender cheques a las compañías de servicios públicos, segar el césped o cualquiera del resto de las tareas propias de un gestor y superintendente de un edificio.

Jim disfrutaba en su papel de gestor de la casa y descubrió que podía ganarse dinero con las propiedades inmobiliarias. Aquí es donde su intuición entró en juego: tenía la sensación de que gestionar bienes inmuebles podía convertirle en un hombre rico. Al poco tiempo, Jim alquilaba veinticuatro casas y bloques de apartamentos cerca del campus. Apenas tuvo dificultades para realquilar estos espacios, y en una época tuvo a más de cinco mil estudiantes como clientes.

¿SERVIR O SER SERVIDO?

Con los beneficios procedentes de su empresa de gestión, Jim fundó una compañía de renovación de edificios, ya que pensó que la renovación de edificios era el siguiente paso natural para ascender por la escalera económica y del estatus. También creía que ganaría más dinero renovando y construyendo edificios que gestionándolos, y la renovación y construcción de edificios atraía a su lado creativo. Según Jim, hay más prestigio: un constructor está al mando. Todos los contratistas y subcontratistas, además de toda una variedad de proveedores, son responsables ante el constructor; pero Jim descubrió que no es oro todo lo que reluce. La mayoría de las veces, son las instituciones financieras que prestan dinero a los constructores las que realmente ostentan el control. Jim y muchos otros poseen lo que llamo la mentalidad del fabricante o creador. La gente que padece esta tribulación cree firmemente que la parte del león de los beneficios es para los creadores, fabricantes y constructores. En realidad, es la gente que sirve a los constructores y a los fabricantes la que genera un mayor beneficio con respecto a lo que ha invertido en su negocio. La gestión de bienes inmuebles, y no la renovación o construcción de edificios, es uno de los negocios más rentables en EE. UU. Esto es así independientemente de cómo mida uno la rentabilidad.

Aquellos que sirven suelen ser los vencedores en la carrera económica. Es lo que llamo el dilema del *rock and roll*. Tu hijo quiere convertirse en un artista que grabe álbumes. Te dice que «Los Rolling Stones» están ganando cientos de millones de dólares. O tu hija quiere ser escritora, y cita que la revista *Publishers Weekly* ha publicado que John Hancock Jr. acaba de firmar un contrato de dos millones de dólares con una importante editorial. Suena fantástico, pero las probabilidades de que alguien se haga rico cantando, escribiendo, renovando o erigiendo edificios, o fabricando son muy bajas; y aquellos que se imponen a los pronósticos tendrán que compartir los beneficios a lo grande.

Los agentes son los que obtienen la mayor tasa de rentabilidad a partir de sus inversiones. Piensa en este ejemplo: puede que a un escritor le lleve tres mil horas investigar y escribir un libro que acabe convirtiéndose en un superventas. Su agente literario normalmente gana el 15 % de sus derechos de autor. Eso no parece mucho, pero es un dineral si lo calculas en relación con las horas invertidas. El escritor invierte su vida, su trayectoria profesional, sus tres mil horas. El agente puede que invierta tan sólo cien horas comercializando el manuscrito. El editor vende un millón de ejemplares y el autor obtiene el 15 % del precio de venta al por menor, que es de veinte dólares, lo que equivale a 3 millones de dólares. El agente gana 450 000 dólares, que es el 15 % de tres millones. Esto le deja al autor 2 550 000 dólares.

Ahora normaliza esas cifras. El autor ha ganado 2 550 000 dólares, que dividido entre tres mil horas equivale a 850 dólares por hora. El sueldo por hora del agente es de 450 000 dólares dividido entre cien horas invertidas, que equivale a 4 500 dólares por hora. Si el agente hubiese dedicado tres mil horas, el beneficio esperado sería de 13,5 millones de dólares, o más de cinco veces lo que el autor recibió por sus tres mil horas de trabajo. Y el agente no tiene que salir de gira o participar en firmas de libros.

¿A quién le va mejor económicamente hablando? ¿Quieres ser gestor, banquero de inversiones, abogado, agente, servidor, comercializador de talento o gestor de bienes inmuebles? ¿O quieres ser el renovador de edificios, el fabricante o el autor de libros?

Te diré lo que les digo a mis hijos: la gente inteligente apuesta por los servidores. Han cuestionado esta respuesta, por lo que compartí con ellos las cifras que han aparecido anteriormente; pero también les dije que cada año se publican más de 300 000 libros y que dos de cada tres nunca llegan a las librerías. De esos 100 00 que se distribuyen, pocos acaban vendiendo un millón de ejemplares o más. Mis propias estimaciones son que alrededor de la décima parte de un 1 % se acercan a la cifra del millón de ejemplares. Hay miles de autores que han dedicado miles y miles de horas a investigar y escribir libros y nunca han vendido más de 10 000 ejemplares. Ninguno de ellos ha ganado más de 10 000 dólares, y varios de estos autores eran brillantes en sus respectivos campos.

Con estos datos, ¿por qué tanta gente quiere ser escritor, renovador o constructor de edificios o incluso fabricante? Ciertamente, hay algunos asuntos de estatus implicados, pero, en realidad, la mayoría de la gente desconoce las probabilidades de obtener siquiera un dólar de beneficio en tales empresas. Lo que es incluso peor es que no valoran inicialmente la extraordinaria cantidad de dinero en riesgo y el resto de recursos necesarios.

Si Jim R. hubiera dispuesto de los datos sobre los beneficios de antemano, no habría hecho la transición de ser gestor inmobiliario a renovador y constructor de edificios con un fuerte apalancamiento. Quedó abrumado por la euforia de la «suerte del principiante» porque le fue bien como gestor. Tuvo algunos éxitos iniciales con su empresa de renovación y construcción de edificios, pero la euforia económica puede cegarnos muy fácilmente. Esto es especialmente cierto cuando alcanzamos el éxito a una edad temprana, y Jim, antes de haber cumplido los veintiocho, había renovado y construido edificios en cinco estados. Durante todo ese tiempo no se había encontrado con ningún contratiempo en su negocio. La euforia económica tenía mucho que ver en las decisiones empresariales y el estilo de vida de Jim en esa época.

[...] A la tierna edad de veintiocho, yo era quien tenía la mayor bancarrota profesional en la historia de Florida, pero fue una experiencia excelente. Tenía una residencia de vacaciones en Acapulco. Tenía un avión Learjet [...], apartamentos en doce ciudades y una novia distinta en cada localidad.

Jim lo perdió todo. Su empresa de renovación y construcción de edificios estaba muy apalancada, igual que su estilo de vida. Cuando las tasas de interés subieron de repente, su joven imperio colapsó. De un día para otro pasó, literalmente, de su ático a casa de sus padres. Su abuela hasta contribuyó dándole a Jim las llaves de su viejo automóvil Studebaker.

Pero no estuvo en el barro durante demasiado tiempo. Poco después de su caída aceptó un puesto en una gran empresa privada de gestión de bienes inmuebles, y con respecto a ello dice:

Aprendí muchas buenas lecciones sumadas a lo que ya había aprendido durante el fracaso de mi negocio.

Jim pasó entonces dos años como ejecutivo regional para esta empresa de gestión, y allí aprendió mucho sobre la administración de propiedades inmobiliarias. Una vez más, se estableció por su cuenta y fundó su propia compañía de gestión. Además, adquirió propiedades con el fin de invertir. A pesar de su anterior revés, Jim también renovó y construyó diversos bloques de pisos y apartamentos.

Después de varios años muy productivos y rentables, Jim percibió que el mercado inmobiliario estaba a punto de caer. Liquidó todas sus propiedades justo antes del desplome y se centró en su negocio de gestión de propiedades. Uno de los principales clientes de Jim era un gran banco comercial para el que gestionaba varias propiedades de inversión. Frecuentemente, el banco encontraba necesario ejecutar renovaciones de propiedades inmobiliarias que había financiado y contrataban a Jim como asesor. Les proporcionaba consejos relacionados con la liquidación de activos. En algunos casos, Jim vio que las renovaciones y construcciones acabarían, en último término, siendo triunfadoras si se completaban de acuerdo con los plazos. El banco acabó siendo propietario de una de estas propiedades que era una lujosa zona residencial con su propio club de campo. El club incluía un excelente campo de golf de dieciocho hoyos, múltiples pistas de tenis, piscinas y una sede del club enorme y muy bien equipada. El banco se enfrentó a un dilema. ¿Debía simplemente vender o liquidar cada solar restante del lote (había cientos), las casas parcialmente acabadas y el club de campo, o sería mejor hacerse cargo del proyecto y dejar acabada la urbanización? El consejo de Jim fue directo al asunto: la única forma en la que el banco podía evitar perder millones y millones de dólares consistía en completar la construcción; pero el banco no se dedicaba al negocio de la construcción, por lo que quería que Jim se encargase del trabajo de construcción y la finalización del proyecto. Como Jim tenía experiencia gestionando proyectos de construcción, aceptó la propuesta del banco.

Gestionar recursos de construcción era algo que Jim llevaba en la sangre, pero había un problema relacionado. Imagina que eres un posible comprador de una casa en esa urbanización. ¿Adquirirías una casa en un club de campo sin que éste estuviese completamente operativo? Probablemente no: el club debía estar abierto y en funcionamiento si se quería que los compradores pagasen precios decentes por las casas de su urbanización.

El problema del banco se convirtió en una importante oportunidad económica para Jim, y por ello se considera «uno de los hombres más afortunados» en la actualidad. Tenía un historial sobresaliente en la gestión de diversos proyectos, por lo que, una vez más, el banco recurrió a él para solucionar el problema «del club de campo». Lo gestionó para ellos. Jim nunca había hecho algo parecido antes, y me explicó que nunca había atendido un bar ni jugado al golf, pero consideró la experiencia como una gran oportunidad para aprender mientras le pagaban por hacerlo.

Simplemente tenía que aprender. Usé su dinero durante dos años y aprendí de verdad el negocio [de las casas de campo]. El negocio de las casas de campo propiamente dicho era resultado de encargarse [de la finalización de las obras] de la urbanización […] acabar las casas, las calles, las alcantarillas, el suministro de agua.

Dos años después de que Jim se encargara del club de campo y de la finalización de las obras de la urbanización, ésta fue todo un éxito. Casi todas las casas se acabaron y vendieron, y el club de campo estaba en marcha y funcionando sin contratiempos, pero el banco seguía preocupado por el club. Si lo vendía, puede que los nuevos propietarios no lo gestionaran al alto nivel prometido a los miembros, y la reputación del banco quedaría dañada. El banco volvió a llamar a su solucionador de problemas número uno: Jim. Le presentaron una oportunidad extraordinaria: el banco le ofreció un trato muy beneficioso con el precio de compra y un acuerdo formidable con un paquete crediticio para financiar la compra.

Jim se dio cuenta pronto de que ser el propietario de clubes y gestionarlos era mucho mejor que estar en el sector de la renovación y construcción de inmuebles. Descubrió que no importaba lo bueno que fuera como constructor: el mercado dictaba su éxito o su fracaso. Cree que la gestión de propiedades es un negocio mejor. Proporciona un flujo constante de ingresos y le permite a Jim usar al completo sus capacidades y aptitudes. Sus extraordinarias capacidades de liderazgo y organizativas encajan a la perfección con los requisitos necesarios para gestionar clubes exclusivos de forma eficaz, por lo que su vocación accidental se ha convertido en su carrera profesional de elección durante más de veinte años.

LAS PRIMERAS EXPERIENCIAS

Hoy en día, cuando Jim se pregunta cómo sucedió todo esto, se da cuenta de que empezó con su abuela. Cuando todavía era un niño pequeño, le enseñó el valor de la disciplina, el trabajo duro y ser trabajador autónomo. También le instruyó en el arte de reconocer y sacar todo el jugo a las oportunidades económicas. Su rápido ascenso al estatus de millonario antes de los veintiocho años y su posterior bancarrota le templaron. Su trabajo duro, especialmente con un banco importante, se vio recompensado. Su éxito no fue «pura chiripa». Jim cree que si sales a la búsqueda de la oportunidad y trabajas duro, te sorprenderás de cuánta suerte acudirá a ti.

Uno de los hijos de Jim se graduó hace poco en la universidad. Expresó su interés por trabajar en la empresa de gestión de su padre. ¿Cómo respondió Jim a la propuesta de su hijo?

Le pedí que se fuera a otro lugar durante tres o cuatro años antes de entrar en la empresa.

¿Dónde recibirá su hijo la formación de liderazgo para dirigir a doscientos empleados y varios negocios? Según Jim, la respuesta es en el programa de aspirantes a oficiales del Cuerpo de Marines de EE. UU. Después de pasar tres años en los Marines, «habrá madurado [...], se convertirá en un líder».

Jim cree firmemente en los beneficios del adiestramiento militar. Es esencial que su hijo aprenda a dirigir y supervisar a la gente, y Jim también cree que su propia experiencia militar potenció su capacidad de tomar la iniciativa y llevarse bien con la gente. Ciertamente, estas cualidades son una razón importante por la cual Jim tiene éxito hoy, pero tuvieron su origen mucho antes de que Jim se alistara en el Ejército de EE. UU.

La abuela de Jim fue su mentora. Era una empresaria y ganadera hasta la médula. Incluso antes de que Jim cumpliera los seis años le animó a «encontrar su propio camino» y le formó para que reconociera las oportunidades económicas cuando apareciesen.

Introdujo primero a Jim en el mundo de la libre empresa con una oferta. Jim recibiría la mitad de los beneficios de una vaca y los ingresos por su leche si la ordeñaba cada mañana. Jim hizo tan bien su trabajo que su abuela le dio una bonificación: le concedió la propiedad de los terneros que pariese la vaca.

La mayoría de la gente no tiene el buen ojo de Jim para las oportunidades, pero probablemente no tuvieron una abuela como la suya. Incluso le animó a apreciar las oportunidades económicas asociadas al estiércol de vaca.

Empecé a empacar estiércol de vaca procedente del establo. Se lo vendía a gente que lo usaba para cultivar tomates.

Los padres de Jim eran buenos proveedores de alimentos básicos, ropa y alojamiento, pero incluso cuando era niño, le dijeron si quería algo más que «mis necesidades básicas, tendría que ganármelas». Tuvo necesidades más allá de las básicas, por lo que se vio motivado a ganar dinero extra; pero fue su abuela la que le enseñó los beneficios de ser el propietario, gestionar y cuidar sus activos productores de ingresos.

Había lecciones de vida ahí. Mi abuela dijo: «Cuida de esta vaca [...], de este ternero y te darán leche».

Frecuentemente daba lecciones a Jim sobre el credo del propietario de un negocio económicamente independiente.

[...] Si no puedes averiguar cómo ganar dinero por tu cuenta, trabajarás para otras personas toda tu vida.

Una trayectoria profesional trabajando para otra persona es un pecado capital para Jim. Cree que uno siempre debe ser sensible a los beneficios de hacer uso de las relaciones y las oportunidades económicas. Aprendió a hacerlo mientras estudiaba en el instituto. Durante su primer año en el instituto, Jim persuadió a un veterinario local, cuyos servicios había usado su familia durante muchos años, para que le contratase.

Jim trabajó para el veterinario durante todos sus años en el instituto. Trabajaba todas las tardes de los días laborables, cada fin de semana y a jornada completa durante el verano. Cuando le contrataron, a Jim se le ocurrió una idea para aprovechar su puesto criando golden retrievers. Este negocio suplementario fue bastante rentable. Jim pudo comprar alimento para perros a precio de mayorista debido a su relación con su empleador. Muchas de las tarifas por los servicios veterinarios normalmente relacionadas con la cría de perros eran dispensadas o se le proporcionaban con un descuento importante. Y Jim fue capaz, fácilmente, de vender sus cachorros de golden retriever a través de la red de contactos de la que disfrutaba su empleador.

Cuando Jim entró en la universidad, tuvo que abandonar su «gran» trabajo y su negocio suplementario como criador. Pensaba que la universidad le enseñaría cómo ganarse la vida, pero no se dio cuenta de que ya sabía cómo mantenerse gracias a las lecciones de vida de su abuela.

UNA VOCACIÓN ESTUDIADA EN LA UNIVERSIDAD

El análisis del caso de Joe Smith resalta otra elección exitosa de la vocación de un millonario, pero se trata de una vocación un tanto diferente a la de otros propietarios de negocios.

Tal y como se muestra en la tabla 5-2, sólo el 36 % de los propietarios de negocios o empresas indicaron que un factor importante subyacente a la elección de su vocación estaba directamente relacionado con cursos estudiados en la universidad.

Smith trabaja en el sector de la ferretería: es propietario y dirige una pequeña cadena de ferreterías extremadamente productivas. ¿Qué puede aprender alguien sobre el sector de la ferretería en la universidad? Todo depende de la orientación del estudiante. Si supieses exactamente, mientras todavía estabas en la universidad, qué querías hacer durante el resto de tu vida laboral, tendrías una meta, una hoja de ruta. Sabrías por qué estás ahí y qué quieres hacer al acabar tus estudios universitarios. Así pues, probablemente te tomarías la universidad en serio y escogerías una especialización que te resultase útil en tu trayectoria profesional. Podrías fijarte en cada concepto de cada curso con una idea principal en mente: «¿Cómo puedo emplear este conocimiento dada la vocación que he escogido?».

En cada curso que Joe Smith estudió a partir de su tercer año en la universidad, se convirtió en un recolector de conocimientos e ideas. Es inusual que la mayoría de los estudiantes tenga unas metas tan claras sobre la vocación que ha escogido y, así pues, sus acciones no están orientadas hacia sus objetivos. La «mentalidad del coleccionista» es muy importante para explicar la productividad económica.

Mientras Joe iba a la universidad, varios cambios en su vida le moldearon para convertirle en un coleccionista. Empezó a coleccionar cursos en la escuela de negocios que le pudieran ayudar a hacer que una empresa de ferretería al por menor fuese más productiva. En cada asignatura se preguntaba:

¿Qué ideas de este curso puedo aprovechar para que me ayuden a que mi empresa sea más productiva?

Pero durante los dos primeros años en la universidad, Joe no fue un coleccionista. Ni siquiera estaba seguro de por qué estaba yendo a la universidad. Tampoco estableció la conexión entre lo que había aprendido en la universidad y cómo podría aplicarse a su vocación algún día.

El padre de Joe inició su trayectoria profesional como dependiente en una ferretería y más tarde abrió la suya propia. Jim nunca estuvo muy implicado en el negocio de su padre, y éste creía que un grado universitario sería la clave para el éxito de su hijo. Asumió que una vez que su hijo tuviera un grado universitario estaría automáticamente cualificado para dirigir el negocio de la ferretería. Su padre le decía frecuentemente:

Joe, quiero que vayas a la universidad [...] para aprender cómo dirigir este negocio para que así podamos tener un gran éxito con él.

Al principio, Joe era un estudiante marginal. En realidad, no tenía mucho interés por la universidad, y nunca relacionó su trabajo académico con la ferretería.

Así pues, fui a la universidad [...] [durante] dos años [...]. Supongo que dirías que fueron dos años preliminares. Nunca aprendí nada sobre el sector de la ferretería.

Entonces, en el verano entre el segundo y tercer curso de Joe en la universidad, su padre falleció. Joe estaba entonces al cargo del negocio de su familia, y seguía queriendo cumplir el sueño de su padre de tener un graduado universitario en la familia.

Así pues, fui a la universidad estatal [a jornada parcial] [...] Seguí allí [...] cuatro años [...] estudiante a jornada parcial [...] y también dirigiendo el negocio de la ferretería.

Salía a flote o se hundía. Entonces, todo estaba en manos de Joe Smith. Un joven de veinte años era el responsable de dirigir un negocio y mantener a su familia. El miedo y la adversidad pueden ser grandes motivadores, y ése era el caso de Joe. Mientras estaba en cada clase siempre se hacía la misma pregunta:

[...] Me seguía preguntando qué iba a aprender [...] que fuera a ayudarme en este negocio [...]. Aprendí [...] y me gradué.

Joe se convirtió en un coleccionista de conocimientos mientras asistía a las clases nocturnas. En esa época empezó a darse cuenta de la importancia de su clase de contabilidad y asignaturas de negocios relacionadas. Incluso sus cursos de lengua inglesa parecían entonces importantes. Después de todo, tuvo que escribir muchas cartas e informes como parte de su puesto de trabajo. Joe se convirtió en un alumno de sobresaliente y se graduó entre el 5 % superior de su curso. Hizo mucho más que simplemente encargarse del negocio de su padre: lo transformó en uno de los negocios minoristas más rentables del país.

Aprender a jugar a la defensiva y a la ofensiva

Nunca he entrevistado a ningún propietario exitoso de una empresa que no se preocupe por los precios. Poco importa si se trata de un negocio de ferretería al por menor, un bufete de abogados o una chatarrería. La defensa (es decir, prestar mucha atención a los gastos), es la base de la productividad. Un negocio que no controle los gastos estará fuera de control.

¿Qué sabía el joven Joe Smith sobre los costes y los gastos? Muy poco al principio, pero Joe empezó a recopilar información sobre «jugar excelentemente a la defensiva» de sus libros de contabilidad y sus clases en la universidad. Luego aplicó este conocimiento cada día para gestionar el negocio de ferretería.

Smith: Comprendí que, si tenía que alcanzar el éxito en esa empresa, tendría que aplicarme y aprender cada pequeño detalle del negocio. Por lo tanto, estaba atento a cada pequeño gasto, cada pequeño coste y cada pequeño detalle.

Doctor Stanley: Joe, ¿de dónde sacó el tiempo para dirigir un negocio, ir a las clases nocturnas, estudiar y controlar todos esos gastos?

Smith: Mucho lo hago antes del trabajo. Me despierto temprano y llego antes del trabajo [antes de abrir la tienda].

Aunque Joe se convirtió en un maestro del control de los gastos, también empezó a coleccionar otra cosa. La mayoría de los propietarios exitosos de negocios son conscientes de que los clientes se captan (o coleccionan) uno a uno. Joe desarrolló una formidable base de clientes ubicando y reubicando tiendas en lugares estratégicos ideales. Sus tiendas estaban, además, ubicadas cerca de zonas en las que vivían o trabajaban grandes concentraciones de clientes ideales de una ferretería.

No es suficiente con el simple hecho de estar físicamente cerca de los clientes: debes sentir empatía por sus necesidades. Debes dedicar el tiempo y la energía para estudiar sus necesidades y luego asegurarte de surtir tus tiendas de productos que reflejen estas necesidades.

Joe Smith se despertaba cada día a las 05:00 h y llegaba a su oficina antes de las 06:00 h. Entonces estudiaba los datos de los costes. Estudiaba las cifras de ventas y rentabilidad de cada artículo. Justo antes de que la tienda que representaba su buque insignia abriese, se situaba al frente.

Durante el día me ponía al frente. Me aseguraba de que toda la gente fuese atendida [...], que obtuviesen todo lo que necesitaban [...]. Imaginaba que si alguien iba a la tienda era porque necesitaba algo. Si tenía que enviarle a otro lugar, no estábamos satisfaciendo las necesidades de la gente. Ésa es nuestra filosofía.

En la región de Joe, cada vez se están abriendo más tiendas de importantes cadenas de ferreterías para mejoras del hogar, pero su negocio sigue mejorando. Incluso en el sector de la ferretería se puede ganar especializándose, desarrollando un mercado o un nicho competitivo.

Doctor Stanley: ¿Puede darnos algún detalle sobre cómo compite?
Smith: [...] Muchas pequeñas cosas [...], innumerables pequeñas cantidades de cosas. Encuentras tu nicho de mercado [...], averiguas lo que funciona para ti [...] y lo haces.
[...] Nuestro negocio no es como cualquier otro negocio de ferretería. Vendemos cosas que nadie más vende. Nos encontramos con que había demanda de eso.

Si hay demanda de ciertos artículos y sólo tú los ofreces, tienes un nicho de mercado. Joe se dio cuenta de que muchos clientes siempre estaban apareciendo, buscando artículos concretos que nadie más en esa zona ofrecía. Aprovechó esa necesidad y al hacerlo captó clientes al responder a sus necesidades singulares.

Por ejemplo, tenemos tuberías de acero inoxidable en existencias. No las encontrarías en ninguna otra ferretería [...]. Pero hay demanda, así que tendremos una amplia variedad en stock [...]. Nos trae clientela. Y tenemos armarios de juntas tóricas. Así pues, lo que estoy diciendo es que si eres lo suficientemente abierto para observar, encontrarás un nicho de mercado [...] y funcionará.

Joe redefine continuamente su vocación con actualizaciones periódicas que reflejan los cambios en la demanda de los clientes. Todo eso forma parte de ser un coleccionista. En la actualidad puede rastrear su capacidad demostrada de coleccionar conocimiento, información del mercado y clientes hasta llegar a su época en las clases universitarias nocturnas. Coleccionar conocimiento e información tiene valor económico si estás centrado y tienes unas metas de negocio concretas. Si no tienes un nicho de mercado, entonces no podrás coleccionar nada o coleccionarás cosas que carecen de importancia.

Algunos días antes de las Navidades, estaba almorzando en un restaurante que se encuentra cerca de la tienda que es el buque insignia de Joe, por lo que después de comer me fui a comprar artículos de ferretería. El lugar estaba lleno de compradores, pero averigüé que así es la mayor parte del tiempo, y no sólo durante las fiestas. A pesar de la multitud, me dieron la bienvenida y me ofrecieron asistencia. Había empleados ayudando a la gente por doquier. No importaba lo pequeña que fuese la compra ni lo peculiar que fuese el problema: los dependientes eran muy atentos. Muchos de los clientes de la tienda que es el barco insignia de Joe son propietarios de casas millonarios. Generalmente, sus hogares se construyeron antes de la segunda guerra mundial, por lo que frecuentemente necesitan que se reemplace algo: tanto si se trata de un interruptor de la luz o de una grieta que debe rellenarse, tanto el millonario al que le gusta el bricolaje como el que contrata a alguien para las reparaciones obtienen sus artículos de ferretería en el negocio de Smith.

Una generalización sobre un asunto concreto

Permíteme exponer una idea. Los alumnos que sacan el máximo provecho de su educación formal son aquellos que se percatan por completo del valor concreto de lo que están estudiando. Son los que tienen menos dificultades para obtener buenas calificaciones y los que les sacan todo el jugo a sus programas educativos. Cuando era estudiante de posgrado, me di cuenta de que la gente con algo de experiencia en la docencia o laboral antes de inscribirse en nuestro programa comprendían muy claramente el valor del trabajo y la investigación de su curso. Muchos otros tenían problemas para motivarse para rendir a un alto nivel en cada materia.

Preguntaban: «¿Por qué tendría, un candidato a un doctorado en *marketing*, que estudiar Estadística, Macroeconomía y Microeconomía?». En el programa que yo completé, teníamos el equivalente a un grado de máster en Estadística y Economía para cuando nos graduábamos: siete exámenes de aptitud de cuatro horas de duración cada uno en Estadística, Análisis Cuantitativo, Microeconomía y Macroeconomía, además de un examen de ocho horas de duración en la especialización de cada uno de nosotros.

Era mucho más fácil lidiar con todo esto si comprendías muy bien tu puesto de trabajo futuro. Junto con muchos de mis compañeros de curso, había impartido clases antes de entrar en el programa de doctorado. Nos dimos cuenta de que tener un doctorado era como poseer un carnet de un sindicato: es casi imposible que te contrate una universidad importante si no tienes uno. Si de verdad disfrutas dando clases y conferencias y quieres potenciar y ampliar tus habilidades, entonces es probable que encuentres algún elemento en todos y cada uno de los cursos que te ayude a alcanzar tu objetivo. Cuando estudiaba, mantuve la misma imagen en mi mente. Fue una visión de mí mismo, dando clase con el material que estaba estudiando a una clase llena de alumnos atentos. Esa misma técnica sigue funcionando en la actualidad. Cuando escribo libros, me imagino a lectores que es de esperar que incrementen su productividad económica leyendo mis obras.

Debes tener un objetivo si quieres ser económicamente exitoso. Es mucho más fácil superar el «adiestramiento básico» de la universidad si sabes lo que harás durante el resto de tu vida laboral. Ésa es la razón por la cual tantos estudiantes de cursos introductorios a la medicina pueden completar con éxito las exigencias de los difíciles cursos de los estudios de grado. Por el contrario, simplemente intenta obtener sobresalientes en todas las materias científicas sólo por el hecho de conseguir unas buenas calificaciones. Es mucho más fácil si pones tu mirada y tu mente en un objetivo.

Si careces de objetivos, la universidad puede ser una pesadilla. Cuanto antes en tu vida determines lo que de verdad quieres hacer, en quién te quieres convertir de verdad, más fácil será y más llena de propósito estará tu formación. Ésa es la razón por la cual a tantos estudiantes que tienen experiencia laboral les acaba yendo bien en la vida. Simplemente pregunta a los Joe Smith del mundo.

¿Qué sucede si tienes un objetivo en mente, pero, pese a ello, obtienes malas calificaciones? Algunos de los empresarios actuales más exitosos fueron estudiantes de aprobado o incluso de insuficiente o muy deficiente. Muchos trabajaban a jornada completa y estudiaban para obtener un grado universitario a jornada completa o prácticamente completa. Otros siguieron la ruta de los estudios nocturnos, pero todos tenían algo de confianza en sí mismos debido a su experiencia laboral en desarrollo y su foco en una meta vocacional.

Muchos poseían algo más que les ayudó a escoger su vocación ideal. Sus progenitores, frecuentemente durante las horas de las comidas, comentaban historias sobre gente económicamente exitosa. Los periódicos, las revistas, los libros e incluso las experiencias personales eran las fuentes de estas historias. No lleva mucho tiempo compartir este tipo de información con los niños, y los beneficios de enseñarles a empezar a conceptualizar su vocación «ideal» al principio de su vida pueden ser enormes.

ACERCA DE CONVERTIRSE EN UN COLECCIONISTA

¿Cuándo me convertí en un coleccionista serio? Era junio de 1980 cuando me presentaron a Jon Robbin, fundador de la primera empresa de geocodificación de EE. UU. Los dos servíamos en el mismo cuerpo de trabajo formado por un cliente. Jon había diseñado una forma de segmentar de forma eficiente las poblaciones de los hogares por vecindario. Este concepto fue la clave para la focalización de la publicidad, promoción y distribución de productos y servicios.

En este proyecto se necesitaba la aportación de Jon para estimar el tamaño de la población de millonarios, y disponía de un modelo estadístico que estimaba el patrimonio neto medio de cada vecindario de EE. UU. Mi trabajo consistía en diseñar cuestionarios y la metodología de las encuestas, analizar las respuestas a dichas encuestas y preparar un informe estratégico de mercado.

Jon clasificó cada vecindario de Estados Unidos según su patrimonio neto medio, y luego yo encuesté a millonarios de aquellos vecindarios que contenían la mayor concentración de hogares acaudalados. En el momento en el que Jon hizo su primera presentación sobre la distribución de los hogares millonarios, se me encendió una bombilla en la cabeza. Lo que nos dijo es que muchos de los supuestos vecindarios lujosos tenían pocos millonarios, mientras algunos tenían una cantidad desproporcionadamente alta. De forma similar, alrededor de la mitad de todos los millonarios no viven en los llamados vecindarios lujosos.

Quedé completamente fascinado por esta información y sus implicaciones. La presentación de Jon hizo saltar la chispa de gran parte de mi trabajo desde entonces. He sido un recopilador (coleccionista) serio de información sobre la gente rica. No estaba seguro sobre cómo se acabaría presentando la información, y ni siquiera estaba seguro de qué aspectos trascendentes acabarían apareciendo; pero sigo coleccionando ideas, almacenando todos los datos que puedo encontrar sobre la temática de los millonarios.

UN DIÁLOGO IMAGINARIO

Pregunta: Doctor Stanley, ¿cómo aborda el encontrar todos los otros millonarios que describe en detalle?

Respuesta: Frecuentemente leo sus revistas profesionales.

Pregunta: ¿Se refiere al *The Wall Street Journal* y similares?

Respuesta: No exactamente. Me refiero a publicaciones se dirigen a miembros de sectores muy definidos.

Pregunta: ¿Podría ponerme un ejemplo?

Respuesta: Le proporcionaré varios, pero asuma, por un momento, que es usted propietario de una pequeña cadena de pizzerías. ¿Qué publicaciones estaría interesado en leer? Probablemente leería una revista profesional que le proporcione información crucial sobre tendencias, competencia, tácticas, productos, mercados, estrategias y proveedores.

Leería usted *Pizza Actual*. O, si trabajara en el sector de los silenciadores para coches, leería *Noticias de Escapes*. O, si deseara encontrar alguna ganga en maquinaria para movimientos de tierras, leería *Rocas y Tierra*. Si quiero encontrar y después entrevistar al mejor veterinario de EE. UU. acudiré a los ejemplares actuales de *Veterinario Bovino, Profesionales Porcino* y *Práctica Equina*. En ocasiones hasta leo la revista *Semanario de Editores*. Mi adquisición más reciente es *La Revista de los Remolcadores*.

Pregunta: ¡Eso es desternillante! ¿De verdad lee *La Revista de los Remolcadores*?

Respuesta: Sí, y es gracioso que nadie más, excepto Tom Stanley, se preocupara alguna vez de entrevistar a algunas de las personas más económicamente exitosas de EE. UU. que aparecen en revistas profesionales. Lo gracioso es que los medios nacionales me piden que les encuentre millonarios para que los entrevisten. El programa *20/20* de la cadena de televisión ABC me preguntó. El periódico *The Wall Street Journal* me preguntó. Las revistas *Money, Success* y muchas otras me hicieron la misma pregunta.

Pregunta: ¿Cuántas revistas profesionales hay en EE. UU.?

Respuesta: Casi diez mil, según mis propias estimaciones. Creo que los lectores de *La mente millonaria* obtendrán conocimientos cuando lean los perfiles de la gente a la que identifico procedente de estos oficios. Una vez más, una gran pregunta que se responde en este capítulo tiene relación con cómo la gente descubrió los beneficios de tener un negocio que aparecen en las revistas *Pit and Quarry, Trade-a-Plane, Pork, Waste News, Alaska Commercial Fisherman*, y *Dixie Contractor*.

La respuesta es sencilla. La mayoría de los millonarios no siente la necesidad de que su historia se explique en *The Wall Street Journal*, en *Money*, o en *20/20*. Prefieren aparecer en la revista profesional de su sector. Disfrutan de su estatus apareciendo en estas publicaciones como artículo de portada o como «hombre del año». A lo largo de los años, he quedado impresionado por muchas de estas revistas profesionales. No sólo presentan a los millonarios estadounidenses, sino que muchos de los propietarios de estos negocios también se han convertido en millonarios mediante su vocación.

Pregunta: ¿Pero no tienen la mayoría de los propietarios o los editores de las revistas profesionales mucha experiencia y capital a sus espaldas?

Respuesta: No necesariamente. De hecho, muchos de los fundadores de distintas revistas profesionales no tenían ninguna experiencia en absoluto en la industria editorial. La mayoría ni siquiera se especializó en periodismo en la universidad. Nótense los comentarios que me hizo recientemente el fundador de *Pizza Today*, una de las mejores revistas de negocios de EE. UU.:

Apreciado Tom:

Me gustó saber que conoce nuestra publicación intersectorial *Pizza Today*. Le aseguro que ha sido todo un placer concebir y hacer realidad esta revista, y esto ha estado repleto de momentos emocionantes y amenos.

Por ejemplo, durante los primeros meses de una empresa emergente, un emocionado anunciante llamó para preguntar cómo hacíamos que nuestras cartas [material de papelería del negocio] olieran «como una pizzería». Le dije que era un secreto profesional, pero, de hecho, fue algo sencillo y automático, ya que, durante los dos primeros años de nuestra existencia, la revista y la feria y la asociación del sector compartían espacio en mi pequeña pizzería de Indiana. El espacio de almacenamiento escaseaba y las especias para las pizzas se guardaban es una estantería al lado de los sobres y el papel con los membretes de la revista, que absorbieron los característicos olores como una esponja.

Disfrute de redescubrir nuestra revista y de los antiguos programas de la feria Pizza Expo. Espero charlar en mayor detalle con usted sobre su posible participación en nuestra exposición.

Saludos cordiales.
GERRY DURNELL
Fundador y editor

Pregunta: ¿Me está diciendo que un muchacho que dirigía una pequeña pizzería fundó una editorial multimillonaria?

Respuesta: Totalmente. En la actualidad es la mayor fuerza en toda la asociación del sector, incluyendo la revista *Pizza Today* y la feria Pizza Expo, pero al principio no formaba parte de ninguna editorial. Tampoco se especializó en periodismo en la universidad. Era el propietario y trabajador en una pizzería de Santa Claus (Indiana). Quería leer una revista profesional sobre las pizzas, pero no había ninguna hace quince años, por lo que fundó la suya propia. Sabía que había una necesidad en el mercado porque formaba parte de él.

Aprovechar la propia recopilación

Al final me di cuenta de que los conocimientos sobre los ricos que estaba recopilando constituirían una lectura interesante para los compradores de libros. Después de años de recopilación de datos, entrevistas, informes de investigación y encuestas, no me resultó difícil producir una obra única que ha fascinado y ayudado a muchos lectores. Cuando la gente me pregunta cuánto tiempo me llevó, les remito a junio de 1980. Puede sonar a mucho trabajo durante mucho tiempo, pero me encanta mi trabajo y nunca me aburre. Si:

- te encanta tu trabajo y te emociona cada día,

- sabes que la vocación que has escogido te permite un uso completo de tus capacidades y aptitudes,

- obtienes una alta autoestima a partir de tu trabajo,

- estás absolutamente seguro de que tu vocación te conducirá a la independencia económica algún día,

entonces no deberías tener ninguna dificultad para centrarte en tu propio objetivo y trabajar con un gran nivel de productividad.

Todo esto gira alrededor de que te conviertas en un recopilador de datos e información que tienen valor si se concentran. Demasiada gente en la actualidad carece de un enfoque, no recopilan nada: ni datos, ni clientes, ni habilidades comercializables concretas. Por otro lado, los recopiladores o coleccionistas pueden leer un periódico y encontrar varias ideas o información sobre la vocación que han escogido. En veinte años pueden generar una colección de tesoros. Los no coleccionistas no suelen comprender lo que deberían hacer con sus aptitudes y habilidades. Pueden leer miles de periódicos y no añadir ni un objeto a su colección. Puede que nunca hayan iniciado una o, lo que es peor: que aborrezcan su trabajo. A largo plazo es imposible trabajar a un alto nivel de productividad si no te gusta tu trabajo.

La clave consiste en dar con el trabajo que se adapte a tus talentos, y entonces será más fácil que te enamores de él, pero también deberías encontrar un trabajo que tenga el potencial de hacerte rico. Si tienes en cuenta estos factores, te sorprenderá lo disciplinado que te volverás. El tiempo y las horas de trabajo pasan rápidamente cuando te lo estás pasando bien.

La vocación ideal no siempre es fácil de encontrar. De hecho, la mayoría de los millonarios me dijeron que tuvieron varios otros trabajos antes de encontrar el ideal.[2] Si se hubieran sentido satisfechos permaneciendo en el primer empleo que aceptaron nada más completar sus estudios universitarios, o si hubieran permanecido en un empleo que no les gustaba y con el que no estuviesen satisfechos, entonces la mayoría nunca serían millonarios en la actualidad.

Frecuentemente hay algo en nuestro pasado, alguna formación o experiencia laboral, lo que nos conduce a la idea de esa vocación ideal. Fíjate en formas de satisfacer necesidades de mercado que otros han ignorado, aquellas que no tienen competencia o apenas la tienen. Empieza a pensar en ellas y a conceptualizarlas hoy. Las mejores vocaciones que encuentro en mi investigación sobre los millonarios son verdaderamente únicas. Incluso áreas que parecen tradicionales pueden tener algún grado de singularidad. Recibí formación para ser un sencillo profesor de *marketing*, pero escogí un tema de estudio que me ha permitido alcanzar el éxito.

LOS FACTORES DEL DESCUBRIMIENTO DE TOM STANLEY

Sé que la exposición experimentada en el pasado puede influir en la búsqueda de la vocación ideal a partir de mi propia experiencia vital. Cuando era niño, vivíamos en un pequeño apartamento en una zona obrera del Bronx. A sólo cuatrocientos metros se encontraba el vecindario más rico de la ciudad de Nueva York: una zona residencial llamada Fieldston. Ese vecindario tenía una elevada concentración de casas unifamiliares extraordinarias. Para mi mirada de niño podrían haber aparecido en películas de Sherlock Holmes: lo tenían todo excepto fosos y cocodrilos. Tenía nueve años. Le dije a mi hermana, que tenía once años: «Hermanita, ya sabes, me disgusta la mínima propensión de la gente de nuestro barrio obrero a dar caramelos a los niños del "truco o trato" en Halloween. Creo que debe-

---

2. En el apéndice se incluye una lista completa de los negocios/empresas que poseen o dirigen los millonarios encuestados.

mos apartarnos de nuestro vecindario obrero la noche de Halloween e ir a Fieldston». Ella dijo: «Genial, Tommy, hagámoslo». Por lo tanto, Tommy, su hermana Barbara y dos de sus amigos empezaron a presentarse a puerta fría en la avenida Waldo de Fieldston. Identificaron la primera casa: una hectárea en la ciudad de Nueva York. Una gran verja. Un gran muro. La casa estaba a cincuenta metros de la calle. Sus luces estaban apagadas.

Mi hermana me dijo: «Ha sido idea tuya. Ve tú hasta la casa. Nosotros nos quedaremos aquí». Llamé a la puerta durante unos cinco minutos. Al final se abrió y allí, frente a mí, estaba James Mason, el distinguido actor británico. Tenía delante de él a Tommy Stanley, el soldado del comando de Halloween de nueve años. Le dije: «Truco o trato». Me contestó: «No tengo caramelos, joven». Le dije: «Sr. Mason, esta ecuación tiene dos incógnitas. ¿Qué quiere hacer sabiendo esto?». Ésa fue mi primera experiencia con la gente rica. Me contestó, y nunca le olvidaré, con su corbata de nudo francés y todo: «Joven, le daré toda la plata que tengo en casa». ¡Caramba! ¿Qué es lo que quería decir? Estaba a punto de averiguarlo. Dejó la puerta entornada y volvió a entrar en su casa. Entonces apareció mi hermana y dijo: «Tommy, ¿qué está pasando?». Le contesté: «Barbara, se trata de monedas, cubertería o una mezcla de ambas». Ese amable hombre nos dio dos puñados de monedas de cinco centavos: el equivalente a lo que habríamos conseguido con el «truco o trato» llamando a trescientas casas de un barrio obrero. Eso es lo que significa ser rico en EE. UU.

Después de haber caído sobre Mason como nuestro primer cliente de Halloween, nos dimos cuenta de que las luces estaban encendidas en la casa de estilo Tudor que había al otro lado de la calle, pero nuestro pronóstico cambió al acercarnos a ella. Había un cartel en la puerta delantera: «Atención, niños del "truco o trato". Mi esposo está enfermo. No llaméis al timbre ni a la puerta. Encontraréis monedas en la caja de la leche». Me dije: «Monedas en la caja de la leche, claro. Engañando a los niños: estos tipos seguro que pusieron algunas monedas de centavo en la caja y luego se metieron en casa y cerraron la puerta». Abrí la caja de la leche y ¿adivina qué? ¡Era la isla del tesoro! Estaba llena y contenía más de veinte sobres comerciales con una letra preciosa con tinta negra que decía: «El contenido de este sobre está diseñado para un grupo de uno o dos niños que vengan con el juego del "truco o trato"». Había sobres para tres, cuatro, cinco, seis o siete niños. El grande era para grupos de ocho o más niños, y había tres de cada categoría. Cogimos sólo un sobre, para un grupo de cuatro niños, y luego nos fuimos de Fieldston y regresamos a casa. Veinte años después empecé a estudiar a la gente acaudalada de EE. UU.

ENCONTRAR LO QUE ENCAJE PARA TI

La historia de Dan R. no es tan directa como la mía. ¿Cómo alcanzó el estatus de millonario antes de los cuarenta años, ganando más de un millón de dólares por año, un estatus que sólo alcanza uno de cada mil hogares en Estados Unidos? Muchos factores contribuyeron al éxito de Dan R., y estuvieron implicados muchas pruebas y errores. Fue muy inteligente cuando acabó escogiendo el ideal:

Vocación, vocación y vocación.

Dan es como casi todos los millonarios de primera generación, ya que la mayoría te dirán que escogieron la vocación perfecta. Para la gente interesada en hacerse rica en una generación, la vocación perfecta es una que les permita el pleno uso de sus habilidades y aptitudes.

Nueve empleos

A Dan R. le llevó bastante tiempo presentarse a los otros diez miembros del grupo de sondeo. A mitad de su presentación, casi le detuve porque pensaba que la persona que había hecho la selección había cometido un error. Se suponía que Dan era un millonario que había tenido éxito debido a sus habilidades de alto rendimiento como profesional de las ventas, pero en su presentación, todo de lo que habló fue de una serie de empleos en el sector de las ventas en los que rindió por debajo de lo esperado o le despidieron. Pensé que Dan se encontraba en el lugar equivocado esa noche, pero le dejé continuar, y me alegro de no haberle interrumpido. De hecho, documentó nueve empleos en los que tuvo un mal rendimiento antes de describir cómo acabó triunfando con el décimo. Piensa en el camino de Dan para encontrar la vocación ideal.

- Empleo número 1. Después de graduarse en una excelente escuela de negocios con un grado en *Marketing*, Dan aceptó un trabajo en una empresa vendiendo calculadoras y relojes electrónicos a grandes minoristas. «Nunca parecí cogerle el tranquillo […], no vendí mucho. Después de dos años me pidieron que abandonara el trabajo».

- Empleo número 2. Dan fue entonces a trabajar para un importante productor de juguetes electrónicos, pero «una vez más, no pude pillarles el truco a las ventas y me pidieron que me fuera alrededor de un año y medio después».

- Empleo número 3. Fue contratado por una empresa emergente de ordenadores. Dan dimitió al cabo de nueve meses de «no vender ni un ordenador».

- Empleo número 4. Dan fue contratado por una empresa de ordenadores más pequeña. «Tampoco vendió una gran cantidad de su producto» y dimitió después de algunos meses en el trabajo.

- Empleo número 5. El quinto empleo de Dan también fue con una empresa de ordenadores. No alcanzó su cuota de ventas y, una vez más, le pidieron que abandonara el puesto.

- Empleo número 6. En el sexto trabajo de Dan, «me estaba yendo realmente bien porque no estaba en el departamento de ventas […], estaba en el de *marketing* […]. Pero nueve meses después, la compañía se quedó sin dinero y quebró».

- Empleo número 7. Dan aceptó un puesto de ventas en «una empresa emergente de ordenadores y sólo gané 45 000 dólares anuales hasta el último año que estuve con ellos, en el que gané 200 000 dólares. Pero entonces el mercado se ralentizó mucho y la compañía quebró».

- Empleo número 8. Dan aceptó otro puesto de ventas, pero «la compañía tuvo problemas conmigo debido a mi bajo volumen de ventas».

- Empleo número 9. Dan fue contratado por una empresa que fabrica lectores de códigos de barras para cajas registradoras. «Me despidieron».

No fui el único que pensó que Dan se encontraba en el lugar equivocado. El tipo que estaba sentado a su lado soltó, riéndose, el siguiente comentario después de la historia de Dan sobre su empleo número 5: «¡No quiero seguir sentado al lado de este tipo!».

Finalmente, al llegar al empleo número 10, la búsqueda de Dan de su vocación ideal dio sus frutos. Hace seis años, encontró una trayectoria profesional singular que encaja muy bien con sus habilidades y aptitudes. Encontró un empleo que se describía como «profesional de ventas», pero consistía en mucho más que en vender en la forma en la que lo describían la mayoría de sus antiguos trabajos. Este empleo no sólo requería que Dan cerrara grandes tratos, sino que también conllevaba una importante planificación del mercado, el comprender las necesidades concretas de cada cliente, preparar propuestas detalladas y, especialmente, centrarse en las grandes cuentas. Le proporcionó a Dan mucha capacidad de decisión sobre cómo se dedicaba al negocio. En realidad, Dan consideraba su puesto como más bien el de un asesor de mercado que como el de una simple persona dedicada a las ventas comerciales. Casi de inmediato después de comenzar a trabajar en este décimo empleo, Dan se dio cuenta de que no era la persona adecuada para sus anteriores trabajos, donde era superado constantemente por otros profesionales de las ventas porque él es un pensador, y no un agente de ventas.

Los profesionales de ventas más exitosos eran aquellos que visitaban al mayor número de posibles clientes: la planificación previa quedaba relegada a concertar citas; pero los compañeros profesionales de ventas de Dan solían bromear con él, diciéndole que era alguien con muchos planes, pero pocos clientes.

Dan es más que un planificador estratégico. Tiene una extraordinaria capacidad de descubrir importantes oportunidades de mercado y generar millones de dólares en ingresos a partir de estas oportunidades; pero le llevó nueve experiencias con otras situaciones laborales antes de conceptualizar plenamente su definición del empleo ideal. Durante estos nueve equivalentes a las estaciones del vía crucis, solía desesperarse.

Me sentaba en mi coche y conducía de un lugar a otro [...]. Me deprimía tanto porque tenía mucha energía y era muy trabajador [...]. Me estaba decepcionando a mí mismo y a mis padres.

Dan supo, intuitivamente, que había una vocación ideal en algún lugar: ésa es la razón por la cual siguió buscando la oportunidad que le permitiría dar uso a su aptitud como comercializador muy inteligente y dotado.

[…] Si simplemente pudiera encontrar el producto y la oportunidad adecuados, podría hacerlo bien.

Dan se dio cuenta de que el sector de los ordenadores proporciona una importante compensación a los comercializadores con un mejor rendimiento, pero esa descripción era demasiado amplia. Era como intentar encontrar la habitación de alguien en un gran hotel. Dan tenía la dirección correcta del hotel, pero no disponía del número de la habitación. Así pues, dentro del dominio de «comercializador de sistemas informáticos», Dan inició su búsqueda de la combinación ideal de empresa, beneficios adicionales, producto y mercado objetivo. Nunca se arrepiente de sus experiencias anteriores trabajando en ventas para otros nueve empleadores: le ayudaron a conceptualizar su vocación ideal. Hace seis años, Dan estaba convencido de haber descubierto la oportunidad correcta, la que le permitiría usar al completo sus habilidades.

¿Por qué perdió el tiempo trabajando en nueve puestos anteriores que no eran adecuados, dadas sus aptitudes y habilidades? Según Dan, le hizo falta cierta experiencia con situaciones que distaban de ser ideales valorar la vocación adecuada; pero sabía que siempre sería «el hombre poco productivo en las ventas» si permanecía en cualquiera de sus antiguos empleos.

Seguiría vendiendo relojes y calculadoras si fuera mínimamente bueno [...]. Lo que era distinto en mi caso fue que me convertí en un buen buscador de oportunidades, un buscador de nichos de mercado futuros o simplemente diferentes.

Una persona es constantemente despedida o renuncia a su empleo porque no logra alcanzar las cuotas de ventas, y luego da un cambio a su vida y se convierte en unos de los generadores de ingresos mejor pagados y más productivos. Dan conoce la razón de su éxito.

Durante los últimos diecisiete años he estado buscando [...]. Soy un buen buscador. He estado practicando cómo buscar oportunidades y fijarme en mis ventas de una cierta forma. Y eso es lo que sigo haciendo hoy en día. Encontré esta empresa. En mi primer año gané 200 000 dólares [...] en mi segundo año otros 200 000 mil.

Este éxito animó a Dan a trabajar todavía más duro en estar «realmente concentrado». Se dio cuenta de que había encontrado su nicho de mercado: su orientación hacia el *marketing* encajaba a la perfección con las necesidades de su empleador actual, que fabrica, comercializa y distribuye ordenadores portátiles diseñados a medida.

[...] Este pasado diciembre [...], después de trabajar (planificar) durante cinco años y no conseguir pedidos de Home Depot [...] recibí un contrato de 35 millones de dólares de Home Depot [...] vendiéndoles 6 000 ordenadores portátiles [...]. En el formulario que me entregó mi jefe con el detalle de mis ganancias aparecía la cifra de una comisión de 1 033 000 dólares en el cheque.

Cuando Dan hizo esta afirmación, todos los miembros del grupo de sondeo le aplaudieron y vitorearon. Cada uno de ellos era un millonario hecho a sí mismo, y cada uno tenía una historia parecida. Sentían una gran empatía por el trayecto de Dan hacia el éxito.

En contra de lo que podrías esperar, Dan no se ve constantemente «estresado» por sus intensos esfuerzos productivos. Tal y como informan la mayoría de los millonarios, el estrés es resultado directo de dedicar mucho esfuerzo a una tarea no acorde con nuestras habilidades. Es más difícil y física y mentalmente exigente trabajar en una vocación inadecuada para tus aptitudes. Es incluso peor si sabes que te sientes como un pez fuera del agua. Añade el hecho de percatarte de que tu vocación tiene pocas o ninguna probabilidad de hacerte rico y estarás muy estresado.

Dan te dirá que era más estresante ganar 45 000 dólares anuales como agente de ventas mínimamente productivo que cerrar tratos multimillonarios en su entorno actual. Dos destacados eruditos estudiaron recientemente la relación entre el entorno en el que se desempeñan las tareas y la inteligencia.

[…] La gente inteligente es más probable que confíe en el esfuerzo inte-
lectual para resolver problemas que aquellos que tienen una inteligencia
relativamente baja […]. (Fiedler, F. E. y Link, T. G.: «Leader intelligence, interpersonal stress and task performance», en Steinberg, R. J.
y Wagner, R. K., eds., *Mind in context: Interactionist perspectives on*
human intelligence. Cambridge University Press, Nueva York, 1994,
p. 163)

Una de las razones por las cuales Dan tiene actualmente un rendimiento tan bueno es que su empleador valora su combinación de aptitudes y habilidades, mientras que la mayoría de sus anteriores patrones no
lo hacían.

Preferían personal de ventas que «tirara abajo puertas» si fuera necesario para obtener unos ingresos inmediatos por ventas; pero Dan es demasiado creativo, demasiado analítico, demasiado reflexivo, demasiado inteligente para rendir a un elevado nivel de productividad en las situaciones
de «no pienses, sólo vende».

Las situaciones estresantes requieren de respuestas rápidas y preferiblemen-
te automáticas. La deliberación cuidadosa y el sopesar las alternativas
impedirá, más que ayudará, a solucionar el problema. Así pues, la inteli-
gencia se correlaciona negativamente con el rendimiento. (Fiedler, F. E. y
Link, T. G., *op. cit.*, p. 163)

VEN PERO NO VEN

Don pasó más de una hora reflexionando sobre los comentarios de los
otros diez participantes en mi entrevista al grupo de sondeo. Pude adivinar que estaba enfrascado en sus pensamientos mientras escuchaba a los
otros millonarios hechos a sí mismos hablar sobre «la elección de su vocación y su oportunidad económica».

Estaba especialmente interesado en lo que diría Don. Fundó un negocio exitoso hace más de veinticinco años y ha tenido otras tres empresas
muy exitosas desde entonces. ¿Cómo explicó Don esta racha ganadora de
cuatro de cuatro?

Debes ser un oportunista [...]. Debes ser un oportunista. Todos los que estamos en esta habitación somos oportunistas. En su negocio, doctor Stanley, ¿cómo se metió en el negocio de los libros? Todos tenemos distintas historias, pero todos tuvimos una oportunidad.

¿Significa esto que la gente exitosa es simplemente afortunada? ¿Sucedió simplemente que se tropezaron con la oportunidad de su vida? ¿Son las personas desafortunadas aquellas que nunca se tropezaron con una oportunidad económica importante? Don hizo las mismas preguntas retóricas del grupo, y todos coincidieron plenamente con sus respuestas.

[...] Todos tenemos una oportunidad para meternos en el mundo de los negocios [...]. La oportunidad de venderle algo a alguien [...]. Algunos no pueden verla. Tienes que ser capaz de verla.

La exposición de Don sobre el ver las oportunidades económicas procedía, prácticamente palabra por palabra, de la biografía de Erich Hartmann, el exitoso piloto de aviones de combate (Toliver, R. F. y Constable, T. J.: *The blond knight of Germany*. Aero Books, Blue Ridge Summit [Pensilvania], 1970, pp. 43, 44, 84-85). El comandante Hartmann solía hablar de la «ceguera de combate». Se preguntaba por qué tantos pilotos tenían dificultades para ver el blanco de oportunidad con respecto al enemigo, y él padeció ese mismo problema cuando era novato. ¿Cómo es posible, preguntaba, que pilotos con una vista excelente, medida oftalmológicamente, sufran de ceguera de combate? Estos mismos pilotos podían leer todas las letras en una tabla optométrica a distancias mayores de lo normal, pero no podían ver en condiciones reales de combate. Hartmann fue quien mejor lo expresó:

Ven pero no ven!

Éste es el mismo mensaje que Don transmitió al grupo. Don señaló que algunas de las personas más brillantes nunca ven una oportunidad cuando la tienen delante de las narices. Todos ellos obtuvieron sobresalientes en los exámenes de la universidad, como los pilotos, que obtuvieron un dictamen excelente en sus exámenes de la vista; pero a no ser que seas experimentado, estés formado y de verdad quieras ver una oportunidad, siempre sufrirás de ceguera de combate o para ver las oportunidades económicas. Aunque mucha gente cree que la capacidad de ver blancos de oportunidad es una característica genética, yo creo firmemente que se puede enseñar a la gente a ver lo que los demás no ven.

Basándonos en las mediciones científicas, las tablas optométricas, la percepción de la profundidad, etc., la vista de Hartmann no varió mucho durante sus más de mil cuatrocientas misiones de combate aéreo, pero su capacidad de ver objetivos mejoró enormemente con la ayuda de sus mentores y con más y más experiencia. Además, se entrenó para concentrar sus receptores en zonas del cielo en las que preveía que se concentrarían sus blancos.

Podía detectar aviones [...] [a] una distancia increíble, a veces minutos antes que cualquiera que estuviese volando con él. (Toliver, R. F. y Constable, T. J., *op. cit.*, p. 170)

LA VISIÓN DE LOS ESTADOUNIDENSES DE PRIMERA GENERACIÓN

Piensa en el asunto de la oportunidad desde otra perspectiva. Durante la década de 1970, menos de catorce hogares de cada mil tenía unos ingresos de 100 000 dólares o superiores, pero ciertos grupos tenían una mayor proporción. Por ejemplo, de acuerdo con mi análisis de datos de la década de 1970 proporcionado por el Instituto de Estadística de EE. UU., los estadounidenses de origen coreano tenían unas tres veces más probabilidades de tener unos ingresos de seis cifras que el típico hogar estadounidense.

El éxito económico disfrutado por una cantidad desproporcionadamente alta de estadounidenses de origen coreano era resultado directo de su capacidad de ver oportunidades económicas que otros pasaban por alto. Esto puede parecer increíble dados sus orígenes, porque la mayoría eran estadounidenses de primera generación y no habían recibido educación universitaria. Además, el inglés era una lengua extranjera para ellos. Pocos heredaron algo de su riqueza económica: sus ingresos procedían de lo ganado con su trabajo, en contraposición con las cuentas de fideicomisos. ¿Cómo es posible que un grupo de recién llegados a EE. UU. viera oportunidades económicas importantes mientras que, al mismo tiempo, la mayoría de la gente nacida en EE. UU. «viera pero no viera»?

Durante muchos años llevé a cabo un experimento en mis clases universitarias. Hacía a mis estudiantes de grado, posgrado y del máster en Administración de Empresas para ejecutivos esta pregunta:

¿Cuáles son las diez pequeñas empresas más rentables de Estados Unidos?

Una y otra vez, mis alumnos eran incapaces de aportar ni siquiera una respuesta correcta. Esta ignorancia sobre las oportunidades económicas en EE. UU. entre algunos de nuestros estudiantes más brillantes no se debe a una falta de inteligencia de origen genético. Creo que hay varias razones. Una es que la mayoría de los estudiantes universitarios especializados en empresariales no tienen ninguna intención de fundar su propio negocio. Planean trabajar para alguna gran compañía, por lo que la rentabilidad es problema de otro. Otra razón es que a la mayoría de los estudiantes nunca se les enseña acerca de la rentabilidad inherente de distintos tipos de negocios: quizás porque la mayoría de los escritores de libros de texto y profesores piensan que las cifras de rentabilidad «no son técnicamente desafiantes para los estudiantes».

Pero hay una razón todavía más convincente por la cual nuestros estudiantes no pueden ver lo que los inmigrantes recientes sí pueden ver sobre las oportunidades económicas importantes. Hartmann fue quien mejor lo expresó: la capacidad de alguien de ver un objetivo es función de la experiencia, la formación y la necesidad. ¿Quién necesita saber acerca de la variación de beneficios entre las incontables categorías empresariales? ¿Nuestros hijos e hijas, los que han recibido una educación excelente, tienen confianza en sí mismos y consiguen trabajo fácilmente o los estadounidenses de origen coreano de primera generación?

La respuesta está clara: los estadounidenses de origen coreano llegaron a EE. UU. con un gran deseo de alcanzar la independencia económica. En su mente disponían de una oportunidad para alcanzar el objetivo, y ser el propietario y dirigir un negocio era la única autopista que tenían abierta.

Muchos estadounidenses de origen coreano de primera generación escogieron correctamente los negocios que tenían una elevada probabilidad de éxito y de generar grandes beneficios. Hay numerosas asociaciones comerciales coreanas y organizaciones culturales coreano-estadounidenses que proporcionan este tipo de información. Además, hay una red de comunicación interpersonal entre los propietarios de negocios exitosos y los que quieren fundar su propia empresa. La información que proporcionaba parece haber sido bastante precisa.

Entre las categorías más rentables de negocios en EE. UU. durante la década de 1970 estaban las tintorerías. Nótese que hay, en la actualidad, tantos estadounidenses de origen coreano en el sector de la tintorería que un editor de una revista profesional de este sector no tuvo más remedio que publicar dos versiones: una en inglés y la otra en coreano.

Hay muchas otras categorías de negocios que han sido objetivos principales para los estadounidenses de origen coreano perspicaces. Simplemente, echa un vistazo a las pequeñas empresas de EE. UU. y te harás una buena idea de las oportunidades económicas que algunos ven y otros ignoran. Los estadounidenses de origen coreano se han convertido en una fuerza importante en diversas categorías de negocio rentables como la venta de fruta y verdura al por menor y al por mayor, la reparación de calzado y los supermercados abiertos 24 h. También saben que si proporcionan un buen producto o servicio a un precio competitivo, pueden tener unas buenas expectativas de alcanzar el éxito económico. A su vez, el éxito económico se traduce en independencia económica.

VER NO ES SUFICIENTE

La mayoría de los millonarios de primera generación me han dicho que el reconocer una oportunidad no se transforma automáticamente en dinero: tiene que haber algo más en la ecuación. Don, un millonario hecho a sí mismo, lo expuso de forma concisa:

Debes ser capaz de verlo, y luego debes creer que puedes hacerlo.

El creer en la propia capacidad para triunfar es una buena piedra angular. Explica gran parte de la variación en el rendimiento entre las personas que forman parte de la vasta economía estadounidense. A su vez, creer en uno mismo es resultado directo de saber que las probabilidades están a nuestro favor. Se proporciona un análisis más detallado del «creer en un mismo» en el capítulo 4 («La relación entre la valentía y la riqueza»).

¿Por qué tantos negocios fracasan al cabo de un año o dos de su inauguración? Ciertamente, una de las razones es el asunto de las probabilidades: la mayoría de la gente que escoge una categoría de negocio para dirigir no tiene ni idea sobre las probabilidades reales de éxito. Recuerda que no es cuestión de cuánto estudies ni durante cuánto tiempo: también tiene que ver con lo que estudias y lo bien que pueda aprovecharse en el mundo de los negocios. Conocer las probabilidades de éxito puede suponer toda la diferencia. Escoge algo con pocas probabilidades de éxito y puede que tu grado universitario no sea suficiente para salvarte. Elige una opción ganadora y puede que las leyes económicas nunca te penalicen por no haber pasado ni un sólo día en la universidad, por no dominar a la perfección la lengua inglesa y por haber nacido fuera de Estados Unidos.

Don también habló de la importancia del deseo. Uno debe estar muy motivado para tener éxito en una vocación concreta.

Debes tener algo en tu interior que quiera matar [...]. Sales [...] y aprovechas esa oportunidad, esa posibilidad [...]. [Eres] el líder indiscutible.

Explicó que el «algo en tu interior que quiera matar» es una emoción o instinto específico de la vocación. En otras palabras, cree que hay alguna vocación, producto o servicio muy concreto ahí fuera que nos emocionará a cada uno de nosotros, pero si carecemos de esta emoción, del instinto asesino, es improbable que nuestra empresa sea productiva.

Don cree que la mayoría de la gente posee algo de este instinto, pero en el caso de muchos permanece inactivo a lo largo de toda su vida porque nunca encuentran el catalizador de la vocación ideal ni de la oportunidad económica. Así pues, el enorme poder de esta emoción nunca se explotará. Cada producto, en cada uno de los cuatro negocios de Don, fue una obra de amor.

Le encantaba conceptualizar los productos basándose en su valoración de las necesidades del mercado, y sentía unas intensas emociones positivas en relación con el desarrollo, diseño y *marketing* del producto. Don te dirá que sin esta enorme energía emocional ningunos de sus productos serían una realidad en la actualidad.

La energía emocional de Don hizo que lo que otros considerarían un trabajo duro fuera algo divertido para él. Los riesgos y sacrificios relativos al estilo de vida que asumió como joven empresario rara vez pasaban por su mente: eran suprimidos fácilmente centrando su pensamiento en el producto y el negocio que le emocionaban.

Hay una sencilla lección que puede aprenderse de las experiencias de Don: se pueden conseguir unos niveles extraordinarios de productividad económica buscando y encontrando la vocación que provoque y haga aparecer energía emocional; pero Don también afirmará que es importante que nuestra vocación tenga una rentabilidad importante, y esto, a su vez, puede verse modificado por nuestro entusiasmo y capacidad para vender.

Lamentablemente, esto puede sobreestimarse cuando el intenso amor por un producto ciega a su creador. Ésa es precisamente la razón por la cual todos necesitan a terceras personas objetivas que evalúen las ideas. Los asesores de confianza y frecuentemente los contables públicos colegiados o los abogados de mente abierta son recursos muy valiosos. Tienen experiencia en separar la emoción de la realidad económica. Uno de los principales asesores de Don es su contable.

Tras la exposición de Don sobre la energía emocional, otro encuestado hizo una valiosa contribución a la entrevista. Definió otras razones para explicar el éxito de Don:

Dispones de la mejor descripción de tu producto [...]. Has hecho un trabajo extraordinario explicando en qué consiste tu compañía, tu tecnología y cómo funcionan tus productos.

Comprendes la tecnología, su encaje en el mercado y cómo va a beneficiar a otras personas.

Algunas personas se enamoran de una idea concreta para un producto, y ese cariño puede alterar nuestra propia valoración de la demanda por parte del mercado. El amor de Don no es sólo por las ideas de producto: su emoción está firmemente arraigada en su estimación precisa de la intensa necesidad de su producto por parte del mercado. Su motivación es el resultado directo de imaginar a los compradores pudiendo resolver problemas con su tecnología, y ésa es, en esencia, la razón por la cual es un éxito en la actualidad. Siente una gran empatía por las necesidades del mercado y queda literalmente entusiasmado cuando su tecnología satisface estas necesidades.

Los ambientes del mercado en EE. UU. son muy democráticos. Recompensan a la gente como Don, que satisface una necesidad, y no importa si Don es alto o bajo, grueso o delgado, hombre o mujer, blanco o negro. Esto es especialmente cierto en el entorno empresarial, pero también se aplica a situaciones en las que se paga a los empleados según su rendimiento, como por ejemplo en los puestos de ventas en los que sólo se cobra a comisión.

Al mercado no le importa. Así pues, ¿qué pasa si una persona ha trabajado para otras nueve compañías, no obtuvo sobresalientes en todas las asignaturas en la universidad y nunca leyó el libro de Amy Vanderbilt sobre la etiqueta? Tal y como afirmó otro encuestado del mismo grupo de sondeo:

> *Creo que la ironía de todo esto es que no tienes que parecerte a los tipos [de las empresas privadas] que tienen que tener un buen aspecto.*

Don coincidió con que las empresas privadas contratan a ejecutivos que son embajadores. Son símbolos de excelencia, por lo que deben ser guapos, sensatos, haber recibido una buena educación, vestir bien, tener cierta tendencia política, ser afables y elocuentes; pero según Don, no se les exige tener su mismo nivel de «instinto asesino» o su necesidad de desarrollar nuevas ideas para el mercado. En una época tuvo una opinión muy distinta sobre el entorno de las empresas privadas.

> *[…] Crecí […] en un entorno obrero. Obtuve un grado en Física Aplicada. Fui a trabajar para una gran compañía […]. Siempre soñé con ascender por la escala empresarial y ser un alto ejecutivo.*

[Los ejecutivos] de las estructuras empresariales no estuvieron a la altura de lo que esperaba [...]. Los había puesto en un pedestal. Quedé muy desanimado trabajando a su lado y con las cosas que hacían. Así pues, [...] fundé mi propia empresa [...]. Tenía veintinueve años.

Don aprendió cómo funcionan los negocios gracias a sus experiencias en la empresa privada, pero lo más importante que aprendió fue que una vocación en el mundo de la empresa privada nunca «encendería su fuego emocional». Saberlo le ayudó a definir su vocación hacia donde sus talentos y aptitudes encajarían mejor. Sin esta experiencia en la empresa privada, puede que Don nunca hubiese decidido establecerse por su cuenta.

¿UN AUTOR GENÉRICO?

Un miembro de mi público me preguntó hace poco: «¿Qué hay de su vocación? Usted hace hincapié en la importancia de la especialización y en que la elección de la vocación es un elemento crucial para explicar las variaciones en el nivel de riqueza; pero usted, usted mismo, se encuentra en una vocación muy competitiva. ¿Es usted culpable de no practicar lo que predica?». No, soy inocente, pero permíteme demostrar mi argumento. Calculo que hay varios cientos de miles de escritores en EE. UU. Si tuviera que competir directamente con cada uno de ellos, iría a la bancarrota en poco tiempo.

No soy un autor genérico. Mi vocación ni siquiera está listada como «escritor». De hecho, soy un especialista dentro de la gran población de autores y escritores. Escribo sobre cómo la gente normal y corriente se hace rica en una generación. Escribo sobre temas que otros pasan por alto. Soy el «Richard» de la literatura. Incluso el diccionario *Webster* describe el término *vocación* como «la función especial de una persona o grupo».

Puede que resulte fácil decir esto ahora, ya que ya he escrito un superventas. A toro pasado todo se ve clarísimo, pero nunca dudé que *El millonario de la puerta de al lado* sería un éxito. Planeé esta obra durante muchos años. Puse a prueba mis ideas en cientos de conferencias por todo EE. UU. Sabía que había dos ideas principales que entusiasmaban a los asistentes. En primer lugar, definí quién era el millonario estadounidense y quién no. En segundo lugar, describí *cómo* la gente normal y corriente se convierte en millonaria en una generación.

Durante muchos de los últimos siete años, recibí peticiones para dar más de doscientas conferencias y charlas sobre estos dos temas. ¿Por qué todo este interés? Era porque disponía de información que nadie más tenía. No era sólo información, sino conocimientos basados en encuestas sobre cómo alcanzar la independencia económica.

Las respuestas de mi público y los conocimientos que me proporcionaron los millonarios refinaron la descripción de mi empleo. Mi trabajo proporciona respuestas a preguntas que mucha gente hace, y cuando se trata de los competidores soy como el listado de Richard en la guía telefónica. Uno de los millonarios que aparece en el artículo de portada de la revista *Money* sobre *El millonario de la puerta de al lado* fue el que mejor lo expresó. John Shmilgenko es un inversor en bienes inmuebles. Le preguntaron sobre la fuente de sus conocimientos acerca de hacerse millonario.

> *Jugando al Monopoly cuando era niño, compraba [...] propiedades porque eran baratas [...]. Adopté un enfoque similar en la vida real.* (Cook, T.: «7 secrets to achieve your money dreams». *Money,* junio de 1997, p. 76)

Fueron los millonarios encuestados los que me animaron a especializarme, a monopolizar.

Nunca habría triunfado como escritor de historias románticas, misterio o cualquier otro tipo de ficción genérica. Algunos de mis familiares me recuerdan que el linaje de los Stanley está repleto de escritores y poetas que se remontan a la antigua Irlanda. Creen que el éxito es un factor de origen genético, pero no creo que la calidad de mi forma de escribir explique la demanda de ejemplares de *El millonario de la puerta de al lado*. ¿Dónde estaban los genes de todos estos antepasados cuando obtenía aprobados en los cursos de lengua inglesa y escritura en el instituto y la universidad?

El gran asunto es lo que se dice, y no cómo se dice. El mercado que escogí define lo que hago. Gracias a los miles de horas de contacto con el público, sé qué es lo que quiere. Sé qué preguntas quiere ver respondidas.

Como dispongo de estos conocimientos, siempre me sentí seguro con respecto a la demanda de mi trabajo. No es necesario que seas Shakespeare si dispones de una excelente investigación de mercado. La premisa básica de mi vocación es dar al mercado lo que quiere y que no está recibiendo de otros autores. Es así de sencillo.

Me siento simplemente un poco culpable por el éxito de mi superventas. Debe de haber miles de estudiantes de sobresaliente que nunca lograron aparecer en la lista de superventas recomendados por el *The New York Times,* y ya no hablemos de haber permanecido en ella durante más de cien semanas. Por otro lado, la mayoría de estos escritores ignoran repetidamente la norma número uno del *marketing*: yo, yo y yo es aburrido, aburrido y aburrido. Es el estudiante de sobresaliente el que por lo común escribe de maravilla y plasma ideas con gran elegancia. Sus obras son gramaticalmente sólidas, pero sus criterios para escoger un tema son, estrictamente, yo, yo y yo. Escribe sobre cosas que son de interés para él y se olvida de los intereses del mercado. Así pues, ¿qué sucede si escribes fabulosamente pero tu temática principal es Villa Aburrida? ¿O qué pasa si hay tantos competidores en tu temática escogida que ni siquiera puedes conseguir que un editor le eche un segundo vistazo a tu manuscrito?

Yo tengo lo mejor de cada casa. Tengo un gran interés por mi principal temática y la demanda de mi trabajo por parte del mercado es alta; pero debo admitir que mi primer amor fue la historia estadounidense. Sin embargo, hace mucho tiempo, me di cuenta de que el nivel de competencia en este campo es extremadamente alto. ¿Qué pasaría si intentara publicar algo en el campo de la historia de EE. UU.? Sería la prueba viviente de que:

Yo, yo y yo es aburrido, aburrido y aburrido.

Por supuesto, puedo compensar la culpabilidad por tener éxito recordándome a mí mismo mi inversión en tiempo, energía y dinero. ¡Tengo algunos millones de puntos del programa de recompensas para los pasajeros que vuelan frecuentemente!

Ésa es la cifra necesaria para visitar a millonarios que quieren contar su historia de éxito. Ése es el requisito para dirigirse a cientos de espectadores y pedir consejo y sugerencias. Así pues, y en varios sentidos, las ideas que aparecen en *El millonario de la puerta de al lado* y en *La mente millonaria* son producto de mi propia investigación personal y activa sobre el mercado: el tipo que pocos escritores han tenido alguna vez la posibilidad de llevar a cabo.

En ocasiones he tenido la posibilidad de aconsejar a otros escritores sobre la selección de la temática y otros asuntos relacionados en el *marketing*. Sin embargo, la mayoría cree que lo que estoy sugiriendo es una blasfemia. Hace poco asistí a una feria del libro con más de veinte autores cuyas obras habían sido publicadas. Algunos de ellos habían dado clases, en algún momento u otro, de escritura creativa, y varios eran profesores de lengua inglesa. Me sentí realmente fuera de lugar, pero me dije a mí mismo:

Tom, todas estas personas saben escribir: es decir, plasmar ideas mejor que tú; pero ninguno de ellos ha tenido nunca una obra en la lista de superventas.

Varios de los autores que enseñaban escritura creativa se agruparon en una esquina. Hablaban de estilo, creatividad y la carga que suponía evaluar ciento treinta tareas escolares ese trimestre. Uno de ellos me dijo que en realidad tenía poco tiempo para considerar, para pensar detenidamente en la temática de su siguiente obra, pero que tenía que ocurrírsele algo pronto: en este negocio sigue tratándose de publicar o morir. La mejor parte de sus recursos en forma de energía los dedica a desplazarse diariamente al trabajo, las reuniones del personal escolar, la enseñanza y a corregir trabajos de los alumnos.

La energía que le queda la dedica a su siguiente libro. Creo firmemente que es casi imposible escribir de forma eficaz si el libro queda relegado a ser la tercera o la cuarta prioridad.

Algunos de estos conocimientos se aprendieron a base de palos. Otros fueron recopilados leyendo acerca de gente productiva. De hecho, durante muchos años busqué una plantilla sobre la productividad que poder seguir. Nunca la encontré. Se ha escrito mucho sobre la productividad de grupos y empresas, pero escribir es una actividad individual. Es diferente de los deportes de equipo. Incluso muchas de las biografías de grandes líderes de equipos y de gente de negocios económicamente productiva no aplican a mi vocación.

Capítulo 6

LA ELECCIÓN DE CÓNYUGE

¿Puedes vivir para siempre? Cásate con el cónyuge equivocado y cada día te parecerá la eternidad. Cásate con el cónyuge adecuado y la vida será una experiencia alegre y quizás incluso rica.

UNA CARRETERA PEDREGOSA

Varios representantes me han dicho que en EE. UU. se celebran cinco congresos de primer orden cada año, y una invitación para ser un presentador en una de las principales tarimas en cualquiera de ellos indica un verdadero estatus de superestrella en el circuito de las conferencias. Eso me hizo ponerme un tanto nervioso cuando me invitaron a dar una conferencia en uno de esos congresos: la Million Dollar Round Table (la Mesa Redonda del Millón de Dólares), una asociación profesional formada por los agentes de seguros de vida con una mayor productividad.

En esa época era profesor en la Universidad Estatal de Georgia, pero el jefe del comité de selección de los conferenciantes leyó acerca de mí en el *The Wall Street Journal* y le gustó la idea de que un experto en millonarios se dirigiera a sus colegas.

Nunca he pensado que yo perteneciera a la categoría de las superestrellas, pero allí me encontraba, frente a catorce mil personas, junto con distinguidos conferenciantes como Eunice Shriver, Marvin Hamlisch y Lee Iacocca.

Otro conferenciante que se encontraba en la tarima ese día era un antiguo jugador de fútbol americano que había tenido una impresionante carrera profesional y había jugado en cuatro Super Bowls, a pesar de haber sido herido en la guerra de Vietnam. Rocky Bleier era un hombre encantador y con los pies en la tierra que había realizado una exitosa transición de ser un jugador profesional de fútbol americano a alcanzar un estatus de conferenciante famoso. Todos los grupos importantes querían oírle porque era un excelente conferenciante. Tenía carta blanca: podía pedir unos honorarios considerables y ser muy selectivo en cuanto a su elección de clientes. Poca gente puede jugar al fútbol americano a ese nivel y después convertirse en una estrella en un campo completamente distinto, por lo que sospechaba que era extraordinariamente talentoso y que seguramente se convertiría en un éxito económico durante el resto de su vida adulta.

Sorprendentemente, nunca volví a oír nada sobre Rocky Bleier hasta que nuestro periódico local publicó una historia con el siguiente titular: «Bankrupt Bleier hocks Super Bowl rings» («Un Bleier en bancarrota empeña sus anillos de la Super Bowl») (*Atlanta Journal-Constitution*, 4 de enero de 1997, p. F3). ¿Cómo podía ser que un tipo con un considerable talento para conseguir unos ingresos elevados acabara siendo objeto de una historia periodística que detallaba su quiebra económica? Ahí estaba todo explicado con todo lujo de detalles:

> *Bleier, que superó sus heridas en la guerra de Vietnam para después jugar en cuatro Super Bowls, se declaró en bancarrota [...] dos días después de vender sus anillos de campeón [...] para poder pagar los impuestos federales.*

El artículo proseguía diciendo:

> *Su exesposa [...] dijo en una contrademanda, que Bleier simplemente quiere evitar pagarle 837 949 dólares por la venta de su casa.*

En la declaración de bancarrota que rellenó, Bleier manifestó que ya había «[...] pagado [a su exesposa] 1,3 millones de dólares en metálico y propiedades». ¿Podría ser que los reveses económicos de Bleier estuvieran relacionados con su divorcio?

El divorcio suele tener un impacto devastador sobre el patrimonio neto de la gente, y eso sirve tanto para los millonarios como para los no millonarios. Como el 92 % de los hogares millonarios de EE. UU. están formados por una pareja casada y estas parejas casadas tienen una tasa de divorcios inferior a una tercera parte de la de las parejas no millonarias, podemos llegar a la conclusión que hay otro factor que distingue a la mentalidad del millonario: la capacidad de escoger el compañero adecuado para toda la vida. Estar divorciado no evita que alguien se convierta en millonario y siga siéndolo: simplemente hace que resulte bastante más difícil, tal y como puede que haya descubierto Bleier.

LA PRODUCTIVIDAD ECONÓMICA DEL MATRIMONIO

Los estudios han encontrado, constantemente, una correlación significativa entre la duración de un matrimonio y la acumulación de riqueza. Un estudio hecho con más de doce mil encuestados es especialmente revelador (Wilmoth, J. y Koso, G. [1997]: «Does marital history matter? The effect of marital status on wealth outcomes among pre-retirement age adults». *Proceedings of the 1997 North Central Sociological Association*). Los autores vieron que «la participación constante en el matrimonio da como resultado una riqueza significativamente superior». Por el contrario, las personas que no están casadas continuamente a lo largo del tiempo tienen propensión a acumular unos niveles inferiores de riqueza durante su ciclo de su vida adulta.

¿Qué tiene el estado civil que afecta a nuestro nivel de riqueza? Según la investigación llevada a cabo por Wilmoth y Koso, los matrimonios legales tienen ciertas características institucionalizadas que son favorables a la acumulación de riqueza, y una característica importante es el reparto de las tareas en el seno de la relación marital. Además, en un hogar formado por una pareja casada hay ciertas economías de escala que no suelen estar relacionadas con un hogar formado por una sola persona. La correlación positiva entre la duración del matrimonio y el nivel de riqueza es muy acusada y es válida para todos los grupos estadounidenses en lo tocante al nivel educativo y el nivel de ingresos.

LOS MILLONARIOS Y EL MATRIMONIO

¿Qué sucedería en la actualidad si todas las parejas estadounidenses millonarias se separaran? Por supuesto, habría muchas más personas solteras al frente de hogares millonarios. También habría una tercera parte menos de hogares millonarios, porque sus activos deberían dividirse, los gastos domésticos fijos se doblarían y los honorarios de los abogados se llevarían un buen bocado; pero, al igual que el resto de la población, los millonarios permanecen casados por razones distintas a las económicas. Los millonarios y aquellos que probablemente alcanzarán este estatus tienen una habilidad única para elegir a parejas que poseen un cierto conjunto de cualidades. Algunas de estas cualidades son importantes para explicar sus matrimonios duraderos y felices, mientras que otras características están más directamente relacionadas con la acumulación de riqueza.

La gente que permanece casada hasta el final («hasta que la muerte nos separe») tiende a ser generosa, cariñosa, flexible, paciente, comprensiva, disciplinada y virtuosa. También es de ayuda que la pareja tengas unos intereses, actividades y opiniones similares. Al igual que Tina Turner, puede que te preguntes, como dice el título de su canción, «What's love got to do with it?» («¿Qué tiene que ver el amor con eso?»). Subyacente a cualquier matrimonio feliz están el amor y el afecto profundos, pero el afecto puede nublar nuestro juicio. Si estás profundamente enamorado de un cónyuge potencial que carece de características como la paciencia y la comprensión, puede que lo valores demasiado bien debido a tu implicación emocional. Sólo más adelante, mediante la experiencia directa antes de tu divorcio, podrás reconocer las carencias de tu cónyuge.

Los millonarios a los que he entrevistado parecen poseer un sistema de advertencia temprana: tienen la asombrosa capacidad de determinar si un posible cónyuge es generoso, cariñoso y virtuoso antes de implicarse emocionalmente, y eso explica la elevada frecuencia de matrimonios de por vida en este grupo. Pregúntale al millonario prototípico que ha estado casado con el mismo cónyuge veinticinco, treinta y cinco o incluso cincuenta años:

¿Qué puede decirme de su cónyuge?

Entre las primeras cosas que dicen se incluyen:

Tiene los pies en la tierra	Mi soporte emocional
Generoso	Paciente
Tiene valores tradicionales	Comprensivo

Hay una pregunta incluso más reveladora.

¿Qué es lo que le atrajo inicialmente de su cónyuge?

Los encuestados mencionan, la mayoría de las veces, algún atributo físico, pero el atractivo físico nunca es el único factor. La mayoría sugiere que tuvo alguna intuición sobre otras cualidades, como las que acabamos de enumerar, que poseía su posible cónyuge.

Piensa en el caso de Barbara *Bobbie* y Forester, que llevan más de treinta y cinco años casados. Tienen cuatro hijos ya adultos y poseen y dirigen compañías manufactureras. Son económicamente exitosos.

Bobbie fue criada en una pequeña localidad del oeste de Kansas, cerca de la frontera con el estado de Colorado. Forester creció en una granja en el sur de Georgia. ¿Cómo llegó a conocer una chica del oeste de Kansas a un muchacho granjero del sur de Georgia en una fiesta universitaria celebrada en Boston? Tanto Bobbie como Forester tenían orígenes modestos, pero ambos eran extremadamente brillantes y destacaron en el instituto. Sus familias se sacrificaron para abrir un fondo universitario para sus hijos, y ambos recibieron el apoyo adicional de becas académicas. Forester fue a estudiar al Instituto Tecnológico de Massachusetts (MIT), y Bobbie fue al Wellesley College.

Según Forester:

Lo primero en lo que me fijé fue en que su ropa estaba hecha a mano. Estaba muy bien confeccionada, pero estaba hecha a mano.

Desde el principio, Forester quedó fascinado con Bobbie. Ciertamente, era guapa y encantadora, pero fue su vestimenta lo que más le impresionó. Su madre le había confeccionado la ropa. Ese dato le dijo mucho sobre los orígenes de Bobbie. Era obvio que procedía de una familia modesta, pero, sin embargo, habían enviado a su hija a una de las mejores universidades femeninas de EE. UU. Llegó a la conclusión de que tanto Bobbie como sus padres tenían sus prioridades clasificadas en el orden adecuado. Bobbie quedó impresionada con la presencia de Forester en el MIT, dados sus orígenes modestos como chico que vivía en una granja.

Ambos tenían una sensibilidad con respecto a la elección de su cónyuge ideal, y su elección ha demostrado ser acertada durante más de treinta y cinco años. Bobbie y Forester estaban hechos el uno para el otro, y también poseían las cualidades ideales para ser los propietarios de y dirigir una empresa familiar. Al principio de su matrimonio sacrificaron el comprar bienes de consumo caros para financiar un negocio: el negocio era su principal prioridad. No es sorprendente que actualmente también sean económicamente exitosos.

Nadie se ha hecho millonario nunca gastándose los ingresos familiares en bienes de consumo costosos, como ropa y coches nuevos, a modo de símbolos de estatus, mientras descuida sus inversiones en su empresa o en acciones de compañías que cotizan en la bolsa. Tanto Bobbie como Forester aprendieron estas realidades de sus frugales progenitores.

LOS VOTOS DEL MATRIMONIO Y EL SECRETO DE LAVAR COCHES: INTERESES COMUNES

Las parejas que comparten intereses comunes tienden a permanecer casadas, y existe una correlación entre la duración del matrimonio y el patrimonio neto; pero el compartir intereses comunes y la duración de un matrimonio no son, ni de lejos, predictores perfectos de la acumulación de riqueza. Si una pareja tiene como interés común gastarse todos sus ingresos, puede que vayan de compras juntos y que sigan casados mucho tiempo, pero es improbable que alcancen la independencia económica en algún momento.

Así pues, la clave son el tipo de actividades y los intereses que comparte una pareja. Los intereses compartidos relacionados con la acumulación de riqueza son importantes, incluyendo la preparación de un presupuesto para el hogar, la planificación y materialización de inversiones, marcarse unos objetivos económicos y ser propietarios de un negocio y dirigirlo. Las parejas que comparten estos intereses es mucho más probable que alcancen el estatus de millonarias. Para ellas, parece mucho más sensato adquirir un coche nuevo y caro a partir de las ganancias conseguidas con inversiones inteligentes que de los ingresos obtenidos.

Hace poco me tropecé con un viejo conocido que me explicó que acababa de comprarse un barco por 23 000 dólares. También dejó claro que había hecho la compra con parte de los dividendos obtenidos de tan sólo una de sus inversiones en acciones de una compañía que cotizaba en la bolsa. Su mujer, con la que lleva casado doce años, y él, disfrutan navegando en barco, y también disfrutan trabajando juntos en el presupuesto familiar, estudiando oportunidades de inversión y planeando objetivos económicos a largo plazo. Para esta pareja, navegar en barco es algo especialmente placentero, ya que no es un sustitutivo de acumular riqueza. De hecho, el barco era una recompensa. Se recompensaron el uno al otro por superar su meta de acumulación de riqueza. Compraron su barco con sólo una pequeña porción de las ganancias obtenidas con unas acciones adquiridas hacía casi diez años. Aparte del dinero que habían invertido, la pareja había dedicado algunas horas de su tiempo a estudiar la valoración de las acciones bursátiles ofrecida por la compañía de servicios financieros *Value Line*, donde descubrieron estas acciones concretas. Ni siquiera tuvieron que comprar su excelente publicación: la encontraron en las estanterías de su biblioteca local.

Tener un interés común en actividades que hacen acumular riqueza es una clave para las parejas que desean conseguir la independencia económica, y la más común de estas actividades es poseer y dirigir un negocio familiar, como B. y D. Ferguson. Ninguno estudió nunca en la universidad, pero el patrimonio neto de su hogar supera al de muchos graduados universitarios. Ambos eran ambiciosos y muy trabajadores y tenían un gran interés por alcanzar la independencia económica de modo que pudieran jubilarse antes que la mayoría de las parejas. Llegaron a la conclusión de que el ser propietarios de un negocio podría proporcionarles la mayor probabilidad de alcanzar su objetivo. La pareja fue muy cuidadosa a la hora determinar el tipo ideal de negocio: buscaron una categoría que tuviese un elevado potencial de beneficio y encontraron una que pensaban que la gente nunca identificaría como generadora de unos ingresos elevados. El área de negocio que escogieron tenía pocos competidores. Bobbie me dijo:

Gracias por no incluir el sector del lavado de coches como uno de los negocios de los millonarios hechos a sí mismos [...]. Cuanta menos atención pública, mejor [...]. Lo cierto es que hay muchos millonarios hechos a sí mismos en este sector.

La gente suele preguntarme sobre el tamaño de la inversión necesario para fundar un negocio: la creencia popular es que siempre es muy caro. La gente cree que hacen falta millones para ganar millones, pero los Ferguson tenían un punto de vista distinto. No tienes que invertir, necesariamente, millones para alcanzar la independencia económica si empiezas con un negocio pequeño y eficiente. Según Bobbie:

A la edad de veintiséis y veintinueve años respectivamente, mi marido y yo arrendamos un lavadero de coches venido a menos que ofrecía todos los servicios con cinco mil dólares que nos prestaron los padres de mi marido.

Cinco mil dólares situaron a una pareja en el negocio del lavado de coches. Fue una inversión inteligente: trece años después vendieron el negocio por 750 000 dólares. Sí, los Ferguson habían encontrado un diamante en bruto. La mayoría del resto de las parejas casadas no habrían adquirido un lavadero de coches «venido a menos», pero a los Ferguson nunca les importó que su negocio no fuese glamuroso y no denotara un estatus elevado ni riqueza. A los Ferguson nunca les preocupó que la mayoría de los clientes les consideraran «totalmente obreros».

Las creencias de esta pareja formaban parte de su fortaleza. Siempre que uno de ellos cuestionaba la decisión relativa a su trayectoria profesional en el «lavado de coches», era rebatido con argumentos como el siguiente:

A la mayoría de los propietarios de lavaderos de coches (incluyéndonos a mi marido y a mí), probablemente nos va mejor que a nuestros clientes profesionales con estudios universitarios. Los sacrificios valen claramente la pena a largo plazo.

La pareja había, de hecho, convertido una potencial desventaja (el no haber estudiado en la universidad) en una ventaja. Se motivaban en la frugalidad y en el ser productivos recordándose constantemente que habían acumulado más riqueza que la mayoría de sus clientes que habían recibido una buena educación, iban bien vestidos y vivían lujosamente. Incluso durante los malos tiempos, cuando llovía varios días seguidos y no tenían clientes, pensaban a largo plazo y no en los pequeños contratiempos:

¡A largo plazo nos jubilaremos con más!

UNO ENTRE UN MILLÓN: ATRACCIÓN Y ELECCIONES EXITOSAS

Un asunto está muy claro: los ingresos y la riqueza no son los factores más importantes que explican el matrimonio exitoso de un millonario, y ninguno de estos dos factores fue el factor principal del interés inicial por el hombre o la mujer con el/la que se acabaron casando.

¿Por qué todo este interés por lo que los millonarios creen que constituye un matrimonio exitoso? La típica pareja estadounidense millonaria ha estado casada veintiocho años. Uno de cada cuatro lleva casada treinta y ocho o más años. Teniendo en cuenta la tasa de divorcios en EE. UU. en la actualidad, los millonarios como grupo pueden enseñarnos algo sobre encontrar el compañero correcto para toda la vida. Además, la elección de cónyuge es un factor importante para explicar las variaciones en el nivel de riqueza. Hay una correlación negativa muy significativa entre el divorcio y la riqueza y, por el contrario, hay una relación muy significativa entre los años de matrimonio ininterrumpido y el patrimonio neto.

En esencia, ¿por qué hay matrimonios millonarios? Porque tomaron las decisiones adecuadas relativas a asuntos importantes en su vida, y una de ellas es la elección de cónyuge. Por lo tanto, no resulta sorprendente que el atractivo físico de su cónyuge no se considerara muy importante para el matrimonio exitoso de un millonario. En mis entrevistas personales y grupales, «físicamente atractivo/a» fue mencionado por casi todos los encuestados, y este factor contribuye en algo a los matrimonios exitosos. Sin embargo, la importancia de esta cualidad por sí sola se exagera enormemente en la literatura actual. Tal y como dijo uno de mis encuestados sobre el atractivo físico:

> *Dada la posibilidad de elegir, prefiero sentirme físicamente atraído por una mujer que sea inteligente, honesta, generosa, equilibrada [...].*

En resumen, eso es lo que la mayoría de los millonarios me dicen sobre la cualidad del «atractivo físico». Casi nunca piensan siquiera en casarse con alguien simplemente por razones de «atractivo físico».

La inteligencia es importante como criterio de selección entre el grupo de los millonarios, pero hay otras cualidades muy importantes que deben estar presentes.

Los futuros millonarios parecen ser capaces de valorar a sus parejas potenciales con respecto a características como la sinceridad, la alegría, la confiabilidad y el afecto. ¿Cómo y dónde adquieren los millonarios esta capacidad de distinguir a un cónyuge ideal entre otros candidatos? Recordarás la discusión que aparecía en el capítulo 3 («La etapa escolar»). ¿Cuál fue uno de los aspectos más importantes de la escuela y la universidad que influyeron en los millonarios para que se convirtieran en adultos económicamente productivos?

Aprender cómo hacer valoraciones certeras sobre la gente.

En este aspecto, el 88 % indicó que sus experiencias en la escuela y la universidad tuvieron un grado elevado de influencia en ellos. Este aspecto fue el segundo en importancia tras el de «desarrollar una sólida ética de trabajo».

La mayoría de los millonarios dijeron que las experiencias relacionadas con la escuela y la universidad los enseñaron a ser sensibles a las variaciones en las cualidades de la gente. Cuantas más interacciones tuvieron con diversos compañeros estudiantes en muy distintos entornos sociales, más capaces fueron de emitir valoraciones acertadas sobre los candidatos al papel de pareja estable. ¿Es esta persona verdaderamente sincera, confiable, etc.? Ésa es la pregunta que forma parte crucial del proceso de elección de cónyuge.

Progenitores, ¿habéis animado a vuestros hijos a ser sensibles a las variaciones en cuanto a la sinceridad entre sus amigos y amigas? El asunto clave aquí es cuán sinceros son sus amigos con toda la gente, y no sólo con aquéllos a quienes intentan impresionar. ¿Cómo tratan a la gente? ¿Son sinceros debido a su carácter y educación, o pueden ser sinceros sólo cuando eso los beneficia?

No toda la gente inteligente con la que uno se encuentra en la universidad posee todas las otras cualidades importantes. De hecho, la cualidad de tener una inteligencia elevada puede, frecuentemente, actuar como camuflaje. Algunas personas quedan tan prendadas del elevado nivel de intelecto de un pretendiente que sus defectos quedan ocultos o se pasan por alto, al igual que otros quedan cegados por el atractivo físico. Si uno pone demasiado énfasis en una cualidad como la inteligencia, entonces puede que sea insensible a las variaciones en la sinceridad, alegría, confiabilidad y virtud, por ejemplo.

CUALIDADES IMPORTANTES

¿Por qué la mayoría de las parejas millonarias permanecen casadas? Tanto los maridos como las esposas tienen opiniones firmes sobre los factores que contribuyen a un matrimonio exitoso. Saben cuáles son los componentes de un matrimonio duradero, y no tienen dificultades para describirlos. Un matrimonio exitoso es función directa de la presencia de varias cualidades: tanto los maridos como las esposas tienen unas opiniones casi idénticas sobre estas cualidades en sus cónyuges.

Casi todos los hombres (el 99 %) y la gran mayoría de las mujeres (el 94 %) indicaron que ser honesto es importante (*véase* la tabla 6-1). Ambos grupos son también bastante similares en cuanto a la frecuencia con la que valoran otras cuatro cualidades como importantes. El 96 % de los hombres y el 92 % de las mujeres creen que su pareja es «responsable». El mismo porcentaje (el 95 %) tanto de maridos como de esposas consideran «cariñoso» a su cónyuge. La gran mayoría de ambos grupos también cree que su cónyuge es «competente» y «alentador». Todas estas cualidades son componentes importantes de un matrimonio duradero y exitoso.

TABLA 6-1

LAS CINCO PRINCIPALES CUALIDADES DE UN CÓNYUGE QUE CONTRIBUYERON AL MATRIMONIO EXITOSO DE LOS MILLONARIOS

PORCENTAJE QUE INDICÓ QUE ERA IMPORTANTE

Cualidad del cónyuge	Todos los millonarios	Hombres (N = 625)	Mujeres (N = 73)	Diferencia significativa[1]
Honesto	98	99	94	No
Responsable	95	96	92	No
Cariñoso	95	95	95	No
Competente	94	95	96	No
Alentador	94	94	91	No

1. Probabilidad por debajo de un nivel del 0,05.

Estos puntos de vista dan mucho sobre lo que pensar. La típica pareja millonaria ha estado junta durante casi treinta años, y su vínculo tiende a ser permanente además de económicamente productivo. Y no importa si le pides al marido o a la esposa que explique la productividad de su hogar: la respuesta es la misma. Cada uno concede un mérito importante al otro.

Por cada 100 millonarios que dicen que tener un cónyuge alentador no fue importante para explicar su éxito económico, hay 1 317 que indican que su cónyuge fue importante. De los 100 que no concedieron mérito a su cónyuge, 22 nunca habían estado casados y otros 23 eran divorciados o separados. Eso nos deja con sólo 55 de 1 317 que creían que su cónyuge no desempeñó un papel importante su éxito económico.

S., que es empresario, habló sobre su éxito en una entrevista a un grupo de sondeo. Dejó manifiestamente claro al grupo que el negocio de su familia nunca hubiese sido tan productivo sin el apoyo de su mujer, con quien llevaba casado treinta y ocho años.

Yo [...] se lo voy a atribuir a mi mujer [...]. Si no hubiese sido por ella [...], no podríamos haber hecho lo que hemos hecho hasta ahora. Tuvimos cinco hijos. Nunca tuve que ir al médico con ella o con ninguno de los niños. Ella se encargaba de todo eso [...]. Ella lo hacía todo [...].

Una gran mayoría de los millonarios coinciden con los puntos de vista de S. Cada uno tiene su historia particular, pero todos tienen características en común.

Todos afirman que su cónyuge es muy alentador, y que para que la pareja de alguien sea alentadora se debe ser honesto, responsable, cariñoso y competente. Éstos son los componentes básicos de los matrimonios exitosos ente los millonarios.

Don D., un empresario y millonario hecho a sí mismo, me proporcionó un excelente perfil de un cónyuge alentador, responsable y competente. Cuando Don tenía veintinueve años, le preguntó a su esposa por su opinión sobre fundar su propio negocio. Él le explicó que deberían hacer algunos sacrificios. En primer lugar, él tendría que dejar su trabajo en una empresa privada por el que recibía un buen sueldo. Don le pidió a su mujer su opinión sobre financiar la puesta en marcha de un negocio: «¿Qué pasaría si tuviéramos que venderlo todo?».

Mi esposa dijo: «¿Qué pasará si no ganas dinero?». Le contesté: «Bueno, me buscaré otro trabajo». Y ella dijo: «De acuerdo».

Pero dos años después de que Don fundara el negocio, la empresa no lo logró. Su mujer, que trabajaba con él, nunca se quejó. Don volvió entonces a trabajar para una empresa. Cinco años después abandonó este empleo, una vez más con las bendiciones y el apoyo de su esposa. Don puso en marcha otro negocio que ha sido un éxito desde su fundación en 1976. Desde entonces ha montado otros tres negocios.

¿Cómo define Don «capacitado y responsable»? Su mujer no sólo asumió la responsabilidad de prácticamente todas las tareas domésticas, sino que además hizo mucho más. Nunca poseyó los conocimientos técnicos de Don en física, pero tomó la iniciativa y aprendió sobre el negocio y su tecnología. En la actualidad, Don dice con orgullo y admiración que dos de los cuatro negocios que fundó son propiedad de su esposa, que los dirige muy eficientemente.

TABLA 6-2

LAS CINCO PRINCIPALES CUALIDADES DE SUS CÓNYUGES QUE INTERESARON INICIALMENTE A LOS MILLONARIOS

PORCENTAJE QUE INDICÓ QUE ERA IMPORTANTE

Cualidad del cónyuge	Todos los millonarios	Hombres (N = 625)	Mujeres (N = 73)	Diferencia significativa[1]
Inteligente	96	95	99	No
Sincero	95	95	95	No
Alegre	92	93	83	Sí
Confiable	92	92	91	No
Afectuoso	91	92	88	No

1. Probabilidad por debajo de un nivel del 0,05.

Llevo casado treinta años [...], mi esposa no ha cambiado. Es exactamente la misma persona hoy. Nunca podría imaginármelo sin mi mujer [...]. Yo soy algo testarudo, y ella es tranquila, un tipo de persona que te tranquiliza.

Don indicó que él y su mujer son la pareja perfecta. Ambos reconocen y admiran las cualidades del otro, y ambos poseen muchas de las cinco principales cualidades esenciales para una relación productiva y duradera. Son honestos el uno con el otro, responsables, cariñosos, competentes y alentadores.

Más allá del atractivo físico también hay cinco cualidades principales que explican que los millonarios se sintieran inicialmente atraídos por su cónyuge. Una vez más, Don es como la mayoría de los millonarios, que te dirán que se sintieron atraídos por su pareja porque era inteligente, sincera, alegre, confiable y afectuosa. ¿Cuán precisas fueron estas percepciones, desarrolladas durante las primeras fases de su noviazgo?

Casi todos los millonarios dicen que la inteligencia es una cualidad importante (*véase* la tabla 6-2).

En una ocasión le pedí a un grupo de diez millonarios que me describieran a sus esposas, y la palabra *inteligente* fue mencionada frecuentemente. ¿Pero que querían decir estos hombres cuando se referían a que sus cónyuges eran inteligentes?

[…] Mi mujer tiene la capacidad de aprender y adaptarse a cualquier cosa […]. En este preciso momento podría dirigir el negocio mejor que yo.

El 90 % de los maridos y el 85 % de las esposas de los hogares millonarios obtuvieron grados universitarios. A las mujeres en concreto les fue bien (alrededor del 80 % estuvieron clasificadas en el cuartil superior de su curso). Por supuesto, hay otras formas de medir la inteligencia, pero independientemente de cómo la definas, los millonarios creen que sus cónyuges la poseen en abundancia.

¿Qué hay de los otros factores? Tal y como se detalla en la tabla 6-2, tanto el 95 % de los maridos como de las esposas se interesaron en sus futuros cónyuges porque eran sinceros, y parece que la mayoría tuvieron buen ojo. Según estos encuestados, la sinceridad es la precursora de la honestidad, lo que es muy importante para contribuir, en último término, a un matrimonio exitoso.

La mayoría de los millonarios encuestados había tenido casi treinta años para juzgar la precisión de su primera valoración sobre su pareja. Probablemente disponen de un sólido conocimiento de las cualidades de su cónyuge. Esos futuros consortes que se determinó que eran confiables al principio del noviazgo demostraron ser más que confiables: también fueron responsables. La confiabilidad es un precursor de la responsabilidad, que es otro factor del éxito conyugal.

EL FACTOR MONETARIO

¿Qué papel desempeña un potencial para obtener unos ingresos elevados en atraer a un cónyuge y contribuir a un matrimonio exitoso? Los maridos y las esposas que se encuentran entre las filas de los millonarios tienen distintas opiniones sobre las cualidades relativas a la riqueza y los ingresos de sus cónyuges.

Las mujeres tienen cuatro veces más probabilidades que los hombres de indicar que la cualidad de ser «una persona que obtiene unos ingresos elevados» de su cónyuge era importante para explicar un matrimonio exitoso. Casi la mitad de las esposas (el 49 %) indicó que unos ingresos elevados eran importantes (*véase* la tabla 6-3).

En marcado contraste, sólo el 12 % de los maridos indicaron que las ganancias de sus esposas fueron importantes para contribuir a su matrimonio exitoso.

TABLA 6-3

HOMBRES FRENTE A MUJERES:[1] CUALIDADES IMPORTANTES DE SU CÓNYUGE QUE CONTRIBUYERON A SU MATRIMONIO EXITOSO

PORCENTAJE QUE INDICÓ QUE ERA UNA CUALIDAD IMPORTANTE

Cualidad del cónyuge	Hombre (N = 625)	Mujer (N = 73)
Proveedor de unos ingresos elevados	12	49
Rico	12	37
Virtuoso	88	71
Organizado	69	55
Generoso	86	74
Alegre	88	80
Atractivo físicamente	88	80
Educado	91	84
Frugal	46	39
Honesto	99	94

1. Todas las diferencias son significativas, estando la probabilidad por debajo de un nivel del 0,05 excepto en la cualidad «frugal».

Tal y como he afirmado tan frecuentemente, los ingresos no son riqueza, y suele decirse que los ingresos en forma de dinero no dan la felicidad. Aunque la cualidad de «rico» no fue valorada como importante por la mayoría de los maridos y esposas millonarios, las mujeres tenían tres veces más probabilidades (el 37 %) que los maridos (el 12 %) de creer que «rico» era un factor clave para el éxito (*véase* la tabla 6-3).

Esto no significa necesariamente que la mayoría de las parejas estadounidenses millonarias fuesen a seguir casadas si estuviesen arruinadas. Lo que estos maridos y esposas nos están diciendo sobre su riqueza y su matrimonio es que podrían estar casados con un mismo nivel de éxito con unos ingresos mucho menores y con una fracción de su riqueza. La mayoría de estos maridos y esposas son más sensibles a las variaciones en las cualidades distintas a la riqueza y los ingresos.

Los millonarios, tanto hombres como mujeres, me dicen una y otra vez sobre su cónyuge que es honesto, responsable, cariñoso, competente y alentador.

Estas cualidades son de lo más importantes para explicar su matrimonio exitoso, y la mayoría de los maridos y esposas millonarios no han reemplazado ni sustituirán la riqueza o los ingresos por estas cinco cualidades básicas. Las mujeres son más sensibles a las cualidades de los ingresos y la riqueza de sus cónyuges por una buena razón. La mayoría de las esposas de los hogares millonarios tienen unos valores tradicionales y creen que el hombre de la casa debería ser el principal generador de ingresos. Los hombres comparten esta opinión. Pocos esposos millonarios, alrededor de sólo uno de cada ocho (el 12 %), piensa de forma distinta.

Los resultados de esta encuesta son congruentes con las opiniones defendidas por John Gray, una destacada autoridad en lo relativo a las diferencias entre hombres y mujeres con respecto a los motivos, hábitos y deseos. Según Gray, los hombres tienen la necesidad biológica de mantener a las mujeres (*véase* Gray, J.: «Mars and Venus: Do men buy love? Are women needy?». *Currency,* abril de 1998, pp. 56-67). De hecho «la necesidad principal del hombre es ser necesitado» por una mujer.

Una gran parte de esta necesidad es en el contexto de los ingresos y la riqueza. Aquí, una vez más, las opiniones de Gray se ven apoyadas por mi investigación mediante encuestas sobre los millonarios. ¿Buscan, de hecho, las mujeres a hombres con unas capacidades de obtención de ingresos elevados? Gray cree que sí.

Por el contrario, los hombres son diferentes. No sólo quieren mantener económicamente a las mujeres, sino que además es probable que no se sientan atraídos por las mujeres que están generando o tienen el potencial de generar unos ingresos elevados por su cuenta (Gray, J., *op. cit.*, p. 51).

Los datos ilustrados en la tabla 6-4 documentan algunas de estas principales diferencias entre los hombres y las mujeres en el hogar millonario. Un porcentaje significativamente mayor de esposas (el 59 %) que de maridos (el 13 %) indicó que la cualidad de «el potencial de obtener unos ingresos elevados» era importante para que se interesaran inicialmente por su cónyuge. ¿Qué sucede con el otro factor económico? La cualidad de la «riqueza» no fue tan crucial para la mayoría de las esposas (el 23 %) o de los maridos (el 9 %), pero las mujeres superan a los hombres en este aspecto.

Curiosamente, la cualidad de «ambicioso» fue más importante para un porcentaje superior tanto de mujeres (el 82 %) como de hombres (el 48 %) que la cualidad de «rico». «Disciplinado» y «confiable» son también más importantes para las mujeres.

Los hombres es más probable que se interesen por las mujeres si visten bien (el 80 % frente al 60 %); son virtuosas (el 79 % frente al 61 %); son alegres (el 93 % frente al 83 %) y son alentadoras (el 87 % frente al 80 %).

Las mujeres que se casan con hombres que se hacen millonarios se ven atraídas por aquellos que poseen más que las cinco grandes cualidades «atractivas» (inteligente, sincero, alegre, confiable y afectuoso): también deben ser ambiciosos y tener el potencial de obtener unos ingresos elevados.

Para casi cuatro de cada cinco mujeres, «rico antes del matrimonio» no fue una cualidad importante. Por supuesto, estas mujeres se casaron con hombres que acabaron haciéndose millonarios junto con sus mujeres.

Los hombres tienen las mismas cinco grandes cualidades en mente al valorar inicialmente a potenciales esposas, pero muchos no quieren competir con su mujer en términos de dinero, ingresos o riqueza. Quieren que su esposa sea inteligente, pero sólo una minoría se interesó por cualidades como «el potencial de generar ingresos» o «ambiciosa». Generalmente, las mujeres permiten que sus maridos asuman el papel de ser el principal sostén de la familia.

TABLA 6-4

HOMBRES FRENTE A MUJERES:[1] CUALIDADES IMPORTANTES DE SU CÓNYUGE
QUE INTERESARON INICIALMENTE A LOS MILLONARIOS

PORCENTAJE QUE INDICÓ QUE ERA UNA CUALIDAD IMPORTANTE

Cualidad del cónyuge	Hombre (N = 625)	Mujer (N = 73)
Potencial de obtener unos ingresos elevados	13	59
Ambicioso	48	82
Bien vestido	80	60
Virtuoso	79	61
Rico	9	23
Disciplinado	71	82
Frugal	34	23
Íntegro	71	81
Alegre	93	83
Alentador	87	80

1. Todas las diferencias son significativas, estando la probabilidad por debajo de un nivel del 0,05.

LOS CRITERIOS DE LA ELECCIÓN

¿Cómo determinaron los millonarios de antemano que un potencial cónyuge acabaría siendo el marido o la esposa ideal? En primer lugar, los criterios que usaron para evaluar a las parejas potenciales son los mismos que dan lugar a matrimonios duraderos y exitosos. En segundo lugar, son capaces de predecir, con acierto, si un potencial cónyuge obtendría una buena valoración con respecto a estos criterios. La gran mayoría de los millonarios hicieron esas predicciones y las correspondientes elecciones mucho antes de convertirse en millonarios.

¿Por qué tantos adultos de nuestra población son incapaces de hacer las mismas predicciones acertadas sobre un potencial cónyuge? Hacer predicciones acertadas consiste, de hecho, en un proceso que consta de dos pasos. En primer lugar, debes identificar los criterios adecuados que son compatibles con un matrimonio duradero. Si los criterios son incorrectos, entonces no importa si puedes predecirlos con acierto en tu potencial pareja.

¿Qué criterios usa la mayoría de la gente (no millonarios, no potenciales millonarios) al escoger una pareja? ¿En qué se diferencian con lo que ya has leído sobre los millonarios en este capítulo? La doctora Belinda Tucker, de la Universidad de California en Los Ángeles, dirigió hace poco un importante estudio con 3407 adultos de la población general, con una edad que oscilaba entre los dieciocho y los cincuenta y cinco años, sobre los criterios que emplean los adultos para elegir a su pareja. Presentó sus hallazgos en la conferencia nacional de la Asociación de Psicólogos de EE. UU. de 1997.

La profesora Tucker encontró que los hombres dan más importancia a la dimensión del atractivo físico que a cualquier otro criterio. Los hombres valoraron el criterio relativo a los ingresos (salario y potencial de ingresos) como el segundo en importancia después del atractivo. Compara estos hallazgos con lo que se ha reportado sobre los hombres millonarios.

Ellos dicen que los factores que contribuyeron a su matrimonio exitoso son:

Honesta, responsable, cariñosa, competente y alentadora.

Por lo tanto, si te casas con una mujer atractiva y que obtiene unos ingresos elevados que no es honesta, responsable, cariñosa, competente y alentadora, puede que tu matrimonio no sea exitoso.

El estudio de Tucker también determinó los criterios más importantes para las mujeres en la selección de su pareja. La dimensión del «salario y potencial de ingresos» fue la mejor valorada: más importante que el atractivo, el nivel educativo o el empleo. Una vez más, esto contrasta enormemente con los criterios para la elección de pareja usados por las mujeres que son millonarias. La mayoría de estas mujeres indicaron que la honestidad, la inteligencia y la ambición son más fundamentales para un matrimonio duradero que los ingresos o el potencial de ingresos de su pareja.

Comparar a los millonarios con la población general aporta algo de luz sobre por qué la tasa de divorcios es tan alta entre los no millonarios. Tucker afirmó que:

La satisfacción con las contribuciones económicas de tu pareja está muy relacionada con cómo te sientes con respecto a tu relación y si crees que permanecerás en la relación.

Tucker también vio que, en general, tanto los hombres como las mujeres se plantearían divorciarse de su cónyuge que hubiera perdido su empleo. Esta actitud es diametralmente opuesta a la de las parejas que son millonarias o es probable que lleguen a serlo. Recuerda que para acumular riqueza puede que tengas que renunciar a obtener unos ingresos elevados durante muchos años. No es inusual que las parejas acumuladoras de riqueza cobren «justo lo suficiente» para vivir mientras invierten cada dólar sobrante.

Tampoco es inusual que los millonarios hechos a sí mismos informen de que:

Justo después de ser despedido de mi trabajo [...] puse en marcha nuestro negocio [...]. Gasté cada parte de nuestros ahorros [...]. Los ingresos de mi cónyuge nos mantuvieron vivos durante los primeros (pocos) pero muy muy largos años.

Otra mujer, junto con su marido cofundador y propietario de un negocio familiar, afirmó que:

Nunca más me sentiré arrepentida por ser tan frugal [...]. No somos tacaños [...], sino simplemente verdaderos empresarios. Nosotros [...] nos resistimos a los deseos de caer en las trampas de nuestros vecinos, que son muy consumidores y que obtienen unos ingresos anuales más altos que los nuestros, pero nosotros nos jubilaremos con más riqueza.

Los datos de Tucker sugerirían que, en el mundo actual, esta mujer es inusual. Nunca pensó en romper sus votos matrimoniales debido a asuntos relacionados con los ingresos, y ésa es una razón por la cual ella y su esposo son ricos hoy. Aguantaron en los buenos y los malos tiempos y a lo largo de muchos años con unos ingresos bajos. Nunca se hubieran hecho millonarios si los ingresos hubieran sido la cosa más importante que los hubiese mantenido juntos. Ambos poseían el mismo conjunto de actitudes, creencias y valores, y ambos creían que para alcanzar la independencia económica valía la pena hacer sacrificios a corto plazo.

Tucker vio que los hombres en general clasificaban la dimensión del atractivo físico por encima del resto de los criterios para la elección de pareja. ¿Qué le pasó a la creencia de que la belleza está en el interior? Para la mayoría de los millonarios, y para aquellos que están en camino de hacerse millonarios, el atractivo sólo es una de entre muchas cualidades, y no es la mejor valorada.

Puede que nuestra alta tasa de divorcios esté relacionada con la importancia que muchos hombres dan al atractivo. Puede que una mujer sea atractiva en la época de su boda, pero si no se mantiene así, él tendría motivos, en su mente, para divorciarse. Ésta es la realidad de muchos matrimonios débiles en EE. UU. De acuerdo con las afirmaciones de Tucker, puede que haya una tasa de divorcios incluso superior motivada por los hombres cuando su mujer pierda tanto su atractivo como su empleo generador de ingresos más o menos al mismo tiempo. En este caso, puede que la mujer reciba la bendición de divorciarse de un marido perdedor: no es probable que él se haga millonario ni sea feliz, ya que tendrá un historial, un hábito de involucrarse en matrimonios inestables. Los divorcios pasan una elevada factura sobre nuestro patrimonio neto y nuestra felicidad.

UN CASO DE ESTABILIDAD Y COMPATIBILIDAD

Victor Ganz y su mujer, Sally, estuvieron casados cincuenta años. Eran una pareja sencilla de Manhattan que dedicaba una gran parte de su tiempo libre a estudiar e invertir en arte.

> *[...] Sentían pasión y un compromiso por coleccionar arte, y dedicaban todos los sábados a visitar galerías de arte. Frecuentemente sacrificaban cosas como un nuevo abrigo para el invierno siempre que no podían resistirse a hacer una compra.* (Vogel, A.: «Prized Picasso leads collection to

record $206 million auction». *The New York Times,* 11 de noviembre de 1997, pp. A1, A18)

La colección de arte de los Ganz se vendió recientemente en una subasta de Christie's por 206 millones de dólares. Unos de los cuadros, *El sueño,* de Picasso, fue adquirido por Victor Ganz en 1941 por sólo siete mil dólares. En la subasta se vendió por 48,2 millones de dólares.

Los Ganz no sólo estuvieron casados toda su vida, sino que, además, su matrimonio fue económicamente productivo. No estaba basado en el atractivo ni en los ingresos, sino en mucho más. Compartían un interés común por el arte. Ambos estaban dispuestos a renunciar a la compra de bienes de consumo y, en lugar de ello, invirtieron en obras de arte de gran calidad. Los Ganz eran una «cita barata», y pasaban los sábados paseando por las galerías de arte. Estas galerías no solían cobrar entrada.

LA INOCULACIÓN DE AYUDAS ECONÓMICAS EXTERNAS (AEE)

Un decamillonario hecho a sí mismo me telefoneó alrededor de una semana después de la publicación de mi artículo en la revista *Medical Economics* (Stanley, T. J.: «Why you're not as wealthy as you should be» [«Por qué no eres tan rico como deberías»]. *Medical Economics,* julio de 1992). Me dijo que había leído el artículo tres veces y citaba material procedente de él repetidamente:

La riqueza es, muy a menudo, el resultado del trabajo duro, la perseverancia y, por encima de todo, la disciplina.

Quedó especialmente sorprendido por el hecho de que la mayoría de los millonarios estadounidenses son gente hecha a sí misma y son frugales. Durante nuestra discusión, también hice hincapié en que la mayoría de los millonarios no reciben regalos en forma de dinero ni otras ayudas económicas externas (AEE) por parte de sus familiares. Estaba especialmente interesado en saber que existe una relación inversa entre las AEE y el nivel de riqueza de los receptores. En cuanto pronuncié esas palabras me interrumpió: «Tengo que hacerme con reimpresiones de sus artículos. ¿Puede enviarme algunos?».

Quería compartir mis artículos con tres hombres jóvenes. Parece ser que este decamillonario tenía tres hijas: una en la facultad de Derecho, otra que se acababa de graduar en una universidad prestigiosa, y la más joven de ellas, que estaba en su último año de sus estudios universitarios. Las tres tenían novios formales y, en su opinión, estos tres jóvenes necesitaban que les abriesen la mente.

Este decamillonario estaba seguro de que los tres eran conscientes de que él era rico, y también creía que estos tres jóvenes podrían estar «orientados por la riqueza» (OR), o tener inclinación a sentirse interesados en una potencial esposa porque su familia fuese rica. Además, pensaba que estos pretendientes podían creer que el camino hacia la riqueza empieza y acaba con el dinero de otras personas (DOP).

Este decamillonario se sintió obligado a hacer algo para mejorar el proceso de elección de esposo de sus hijas, y ahí es donde entraban en escena las reimpresiones de mis artículos. ¿Cómo podía valorar si los pretendientes de sus hijas estaban interesados o no en su riqueza? Le dio a cada uno de ellos las reimpresiones de varios de mis artículos que comentaban la importancia del trabajo duro, la disciplina y un estilo de vida frugal, y que destacaban los efectos perniciosos de las AEE. Esto, me dejó muy claro, fue una forma elegante de decirles: ¡Nada de AEE!

Sí, se trata de una forma elegante de decir a tres jóvenes pretendientes que no recibirán ayudas económicas externas. Si un pretendiente perdía, súbitamente, el interés por una de sus hijas, podría asumir que el tipo simplemente estaba OR.

¿Cuáles son las probabilidades de que los tres pretendientes pierdan repentinamente el interés en sus respectivas novias? De acuerdo con mis propios datos es improbable. Sólo alrededor de nueve de cada cien hombres millonarios casados se interesaron inicialmente por sus esposas porque sus padres fuesen ricos, e incluso esos nueve indicaron que otras cualidades eran importantes. De hecho, ninguna de estas personas se interesó por su pareja debido a la cualidad «rica» por sí sola. Por lo menos ocho de cada diez se sintieron atraídos porque su futura esposa era sincera, tenía los pies en la tierra, era inteligente, afectuosa, confiable, tolerante, sensata, alegre e íntegra.

MUJERES ORIENTADAS POR LA RIQUEZA

¿Qué hay de las mujeres que se sintieron atraídas por sus compañeros debido a la cualidad de «rico»? Las esposas del hogar formado por una pareja millonaria tienen una mayor probabilidad que sus maridos de indicar que la cualidad de «rico» de su cónyuge era importante. Unas veintitrés de cada cien esposas, en contraposición con nueve de cada cien maridos, afirmaron que se sintieron inicialmente atraídas por su pareja porque era «rico»: unas dos veces y media más mujeres que hombres.

Es la riqueza percibida en los progenitores de una pareja potencial la que supone la clave. ¿Están todas esas mujeres con las que tu hijo ha tenido citas simplemente interesadas por el cofre del tesoro de su madre y su padre? Los datos sugieren que no. Incluso aquellas mujeres que indicaron que «rico» era un factor de atracción sintieron que había muchas más cualidades que eran importantes. Más del 90 % también se sintió atraída por un potencial cónyuge que fuera sincero, inteligente, afectuoso, confiable, tolerante, sensato, alegre, íntegro y que poseyera potencial para obtener unos ingresos elevados. Además, el 85 % de estas mujeres se sintieron atraídas debido a la cualidad de «ambicioso».

Estas noticias son revitalizantes. En general, a la mayoría de los hombres y las mujeres que se casan y se convierten en millonarios no les preocupa cuánto dinero puedan haber acumulado sus suegros. Son ciertamente sensatos: es mucho mejor casarse basándose en las cualidades y los rasgos específicos de la persona en lugar de los que son específicos de sus antepasados o sus progenitores. La gran mayoría de los millonarios me han dicho que las cualidades económicas de sus suegros tuvieron poco que ver con la elección de su cónyuge, y eso es algo bueno, porque frecuentemente uno puede predecir mejor las cualidades de un cónyuge que las conductas de sus suegros.

Hay una norma sencilla sobre hacerse rico en EE. UU.:

Nunca pienses en confiar en el dinero de otras personas para que te haga rico.

Aquellos que ignoren esta norma pueden encontrarse con sorpresas, tal y como ilustra este caso práctico.

Los orígenes de Peggy son de clase obrera. Se graduó en una universidad importante. Era encantadora y muy atractiva. Sus padres estaban impresionados con la gente que era rica, y enseñaron a Peggy a sentir de la misma forma. Sin embargo, tanto Peggy como sus progenitores obreros asumían que la gente que tenía un estatus profesional elevado poseía unos niveles altos de riqueza. Así pues, cualquiera que sea médico, abogado, contable o ejecutivo de una empresa es rico. Lamentablemente, Peggy violó esta norma de la gente orientada por la riqueza:

Lección número uno: **Si sientes propensión a casarte con el hijo o la hija de una familia acaudalada, primero asegúrate de que sea, de verdad, rica. Las apariencias de riqueza pueden inducir a engaño.**

El cónyuge que escogió procedía de una familia destacada y era descendiente directo de gente importante. Su padre era un líder empresarial muy conocido en su comunidad, y ambos progenitores se mostraban activos en variedad de causas cívicas y otras causas nobles. Vivían en una gran casa y conducían coches de lujo. Eran miembros de un prestigioso club de campo. Su hermana era miembro de la Junior League (una organización femenina educativa y caritativa que fomenta el trabajo voluntario dirigido hacia la mejora de las comunidades).

Pero tal y como dijo Shakespeare: «No es oro todo lo que reluce». Lamentablemente, Peggy fue incapaz de distinguir el oro de la pirita. Empezó interesándose por un joven y acabó casándose con él debido a la cualidad de «rico», pero ninguno de los datos que hemos citado son predictores perfectos de las variaciones en la riqueza.

Fue sólo después de casarse cuando Peggy descubrió que la familia de su esposo había pasado por dificultades económicas durante años, incluso antes de la boda. Habían hecho mucho por mantener la imagen de una familia exitosa y próspera. Peggy pensó que a ella y a su marido les regalarían una casa, pero nunca les dieron ninguna AEE ni equivalentes en metálico. Lo que resultó todavía más desagradable fue el darse cuenta de la dura realidad: su marido le dijo que ella tendría que trabajar.

El matrimonio de Peggy no superó los tres años. Pese a ello, estaba determinada a conocer y, finalmente, casarse con un hombre rico, y ahí es donde entraron en juego su experiencia pasada y su intuición. En busca de un «acompañante», Peggy aceptó un empleo en una gran compañía de fideicomisos. Conoció y se casó con un cliente acaudalado de esta empresa de fideicomisos, un hombre que le llevaba muchos años. Esta vez hizo la elección adecuada. Le tocó la lotería: un multimillonario. En la actualidad él trabaja y ella no. Ella gasta y él acumula riqueza. Es un ejercicio de malabarismo. ¿Satisfará la cuenta de resultados de su esposo el estilo de vida hiperconsumista de Peggy? Ya lo veremos.

Lección número dos: **Incluso aunque tus suegros sean muy ricos, tú y tu cónyuge quizás nunca recibáis ni un dólar de herencia o ni siquiera en forma de AEE.**

No todos los progenitores acaudalados proporcionan casas a sus hijos e hijas con AEE. Algunos ni siquiera les dejan herencia. De hecho, el 46 % de la gente en tales situaciones nunca recibe una transferencia intergeneracional de riqueza.

Alrededor de una de cada tres mujeres que se casaron con hombres de familia rica informan de que su hogar recibió una media de unos 400 000 dólares de los familiares de su esposo. Esto se traduce en unos 13 333 dólares por año de matrimonio. Cuando revelé por primera vez esta cifra económica a un grupo de mis socios, un tipo especialmente perspicaz señaló: «¡A ella le iría mejor, económicamente hablando, trabajando treinta años en un McDonald's!». Quizás no estés de acuerdo con esta afirmación, pero resulta difícil estar en desacuerdo con los datos. La mayoría de la gente que se casa por las AEE queda sorprendida. En algunos casos, la familia de su objetivo simplemente parecía acaudalada. En otros casos, la familia del cónyuge fijado como objetivo no cree en proporcionar AEE a sus hijos, hijas, yernos, nueras u otros. Muchos progenitores ricos creen que las AEE enfrían la ambición.

HOMBRES ORIENTADOS POR LA RIQUEZA

¿Qué hay de los hombres OR? Son más productivos en su búsqueda de DOP que las mujeres; pero por cada cien hombres OR había unas 255 mujeres OR. Sólo alrededor de uno de cada tres hombres OR informan de que su hogar recibió cero dólares en forma de AEE o herencias. La gran mayoría de los hombres OR informan de que alrededor de 700 000 dólares en transferencias intergeneracionales beneficiaron a su hogar. ¿Por qué los hombres OR suelen beneficiarse más de las AEE que las mujeres OR? La respuesta forma, de hecho, parte de la lección número tres.

Lección número tres: **Alrededor de la mitad de las mujeres que se casan con hombres OR se convierten en amas de casa. Las hijas de padres ricos que son amas de casa se encuentran entre las personas que es más probable que reciban AEE. Por el contrario, la mayoría de las mujeres OR se casan con hombres que son económicamente productivos. Los progenitores acaudalados dan la menor cantidad de dinero en AEE a su descendencia más productiva.**

Si una persona OR se casa con un cónyuge productivo, cuanto más gane la persona productiva, menos probable será que reciba AEE. Por lo tanto, la elección está clara. Parece ser cierto que uno puede casarse con la riqueza *o* los ingresos, pero no con la riqueza *y* los ingresos.

Lección número cuatro: **Los progenitores ricos prefieren proporcionar AEE a sus nietos que a sus yernos y nueras OR.**

Si te casas con el hijo o hija de una pareja próspera, es mejor asumir, emocional y espiritualmente, que nada de su riqueza llegará nunca a tus manos. Para la gran mayoría de las parejas millonarias (más del 80 %), la riqueza de otras personas nunca fue un factor importante en su elección de cónyuge, y tampoco fue determinante para explicar un matrimonio duradero y exitoso.

EL AMOR FRENTE A LA HONESTIDAD

En una ocasión le pregunté a Henry, un millonario hecho a sí mismo, si alguna vez pensó que él y su novia formal, Sally, se casarían algún día. Me respondió con un firme «Sí», pero después de siete años saliendo juntos, él rompió la relación. Claro, sí, Henry amaba a Sally, y ella le amaba a él.

Todo parecía encajar a la perfección. La pareja tenía muchas cosas en común: disfrutaban con los mismos elementos en cuanto al estilo de vida, sus opiniones e intereses estaban en armonía, les gustaban los mismo alimentos y bebidas, y ambos disfrutaban saliendo a comprar ropa.

Luego, cuando llevaban varios años de relación, sucedió algo: Henry descubrió que el amor de su vida le había ocultado deliberadamente una deuda pendiente de 35 000 dólares. Lo que era incluso más importante era que debía más de 20 000 dólares en préstamos. El balance de la deuda pendiente se debía a una combinación de los balances de su tarjeta de crédito, créditos para comprar un coche y cuentas de crédito de tiendas. Todos los préstamos que adeudaba estaban pendientes de pago.

Uno de los acreedores de Sally se puso en contacto con Henry porque aparecía listado como avalista en una solicitud de un préstamo. Recibió una carta del prestamista, que parecía tener problemas para contactar con Sally. Había cambiado de dirección varias veces desde la solicitud del préstamo, y era consciente de que había incumplido el contrato del crédito. Sally nunca había devuelto ni un centavo de sus préstamos para sus estudios, a pesar de haber finalizado sus estudios de grado y posgrado hacía años.

El prestamista que se puso en contacto con Henry no era el único que estaba intentando encontrar a Sally: varias personas más también estaban buscando recuperar lo que se les debía. Dados estos hechos, Henry quedó estupefacto. Sally nunca le había comentado nada relativo a tener problemas crediticios. De hecho, le dio indicaciones de que le iba bien económicamente. Tenía un trabajo con un buen sueldo, un coche nuevo y una ropa preciosa.

Henry se enfrentó a Sally con las pruebas de su crisis económica. Al principio ella dijo que eso no era un problema. Le dijo que iba a empezar a pagar sus préstamos pendientes, pero cuando él la presionó para conocer los detalles, ella le explicó la verdadera historia. Al cabo de un rato le reveló la cantidad que debía. Henry le preguntó cómo planeaba saldar la deuda con los acreedores.

Sally tenía un plan sencillo, y casi le funcionó. Se dio cuenta de que a Henry le iba bien económicamente. Él le había explicado el dinero que podía acumular debido a su puesto de vicepresidente de una compañía. Sally pensó que los ingresos y el patrimonio neto de Henry eran las claves para resolver sus problemas crediticios. Ella pensó que una vez que Henry se casara con ella, podría usar el DOP para saldar sus deudas. En este caso, las «otras personas» eran simplemente Henry.

Sally nunca había planeado hablarle a Henry de sus créditos pendientes hasta después de que se hubiesen casado. Ella no previó que él fuera a descubrir su verdadera posición económica de antemano. Sally también creía que sus problemas crediticios no supondrían una gran preocupación para Henry una vez que diera el «Sí, quiero».

Sin embargo, había juzgado equivocadamente a Henry. Él sentía que ella había traicionado su confianza gravemente, pero incluso independientemente de su subterfugio, él no deseaba casarse con alguien que debiese más de 35 000 dólares. En realidad, esto no era más que un signo de un problema más grave: Sally era total y completamente irresponsable en lo tocante al dinero, y había traicionado la confianza de un hombre que se enorgullece de ser económicamente responsable.

Henry dio por terminada la relación, pero no todo está perdido. Ahora es más sabio, y la próxima vez que se plantee casarse, las cosas serán diferentes. Él jura que nunca se casará con una mujer sin antes someterla a una investigación de sus créditos. Dice que estaría muy dispuesto a proporcionarle a su siguiente posible esposa los datos de su cuenta de resultados y su situación patrimonial. Si esta información revela problemas, será mejor que se pongan de manifiesto antes que después de casarse. Algunos problemas pueden resolverse: la simple voluntad de una pareja de compartir información puede fortalecer una relación. Sin embargo, es difícil que a Henry se le pasase por la cabeza subvencionar las obligaciones crediticias de una posible esposa.

¿Es atípico el caso de Henry y Sally? No. Casi todos los millonarios encuestados (el 95 %) creen que las cualidades de «honesto» y «responsable» de su cónyuge eran importantes para explicar su matrimonio exitoso. Sally fue insensata. Pensaba que el amor de Henry por ella era tan fuerte que no le importaría saldar sus deudas; pero el problema iba más allá de saldar unos préstamos. Henry no iba a tener nada que ver con una mujer con intenciones ocultas.

UN CURSO COMO EL LUGAR IDEAL

¿Qué recuerdos conservan las parejas casadas de sus experiencias durante el noviazgo? Muchos atesoran las primeras fotografías de su relación, conservan las entradas de cine o de un evento deportivo de su primera cita. Yo tengo muchos objetos como ésos, pero también poseo algo inusual. Durante mis veinte años como profesor universitario, sólo he conservado uno de mis boletines de notas de un semestre en el cajón superior de mi escritorio. Lo guardo ahí porque es un símbolo importante de mi noviazgo, y también es un amuleto de la buena suerte. Me recuerda que soy un tipo muy afortunado.

La suerte tiene un papel en la explicación de los matrimonios exitosos y del triunfo en la vida en general. Fui muy afortunado al encontrar a Janet, mi única e inigualable mujer desde hace más de veinticinco años. No estaba buscando una novia el día que la conocí. En esa época era un profesor de veinticuatro años en la Universidad de Tennessee encargado de enseñar el curso de *Marketing* 3110, semestre de otoño, Sección 33 243, entre las 14:20 h y las 15:10 h los lunes, miércoles y viernes.

En el curso había un elevado porcentaje de mujeres jóvenes y guapas, incluyendo a una que estaba sentada en el primer asiento de la sexta fila. Recuerdo haber percibido algunas cualidades de Janet incluso en la primera clase. No sólo era atractiva, sino que prestaba atención y vestía bien. Durante el semestre tuve la maravillosa oportunidad de aprender cada vez más sobre ella. Incluso desde lejos parecía poseer muchos de los atributos de una esposa ideal.

Mi trabajo de profesor en esa época no me reportaba un gran sueldo, y tampoco proporcionaba beneficios adicionales, pero enseñar durante ese semestre me proporcionó un paquete que contenía a una esposa y una madre de mis hijos ideal. Conseguí el mayor beneficio para toda la vida. Hay muchas otras cualidades que son más importantes que los ingresos o la riqueza, y Janet las posee todas. ¿Cuántas esposas se habrían sentido satisfechas bajo las siguientes condiciones? Janet pasó sus tres primeros años de casada en un pequeño apartamento. Era todo lo que nos podíamos permitir mientras yo formaba parte de un programa de doctorado de tres años con un estipendio anual 3 600 dólares. Janet aceptó alegremente un empleo de secretaria en la universidad por 4 500 dólares anuales. Es algo bueno que no tuviésemos mucho dinero: dadas las exigencias del programa de doctorado quedaba poco tiempo libre para gastarlo.

Además de su empleo diurno, Janet pasó dos veces a máquina todos mis artículos y mi tesis doctoral. Nunca se quejó. Cuando tuve mi primera reunión con mi tribunal de la tesis doctoral, querían que rehiciese buena parte de mi propuesta, que ocupaba más de cien páginas. Eso sucedió un viernes, y el tribunal quería recibir las «modificaciones» lo antes posible. Cuando, más tarde, Janet regresó del trabajo, me preguntó cómo había reaccionado el tribunal ante a mi propuesta, y le transmití su mensaje.

¿Cómo respondió Janet? Volvió a pasar a máquina la propuesta corregida esa noche y durante gran parte del sábado. Nunca tenía que pedirle ayuda: Janet medra ayudando a los demás. Esto se refiere no sólo a su familia, sino a la escuela y las buenas causas cívicas. Es el no va más en generosidad.

Dados sus orígenes escoceses, también es frugal. Nunca entra en un supermercado sin una lista completa de la compra y su carpeta de cupones de descuento, y antes de ni siquiera plantearse comprar muebles nuevos, le da muchas vueltas a restaurar o volver a tapizar el mobiliario que ya tenemos en casa. Tenemos la casa llena de muebles «reciclados». Hemos tenido el mismo sofá durante más de veinte años: su tapizado ha cambiado, pero su estructura es la original.

Debería haber imaginado que Janet era frugal. Durante nuestra primera cita, pidió un bocadillo de queso al grill y una Coca-Cola para comer. ¿Cómo es posible que alguien que vestía tan bien fuese una «cita tan barata»? Más adelante supe que su padre era un comerciante de artículos reciclados, y que su especialidad era la ropa femenina. Viajaba por todo Estados Unidos para pujar por inventarios de tiendas que habían sufridos incendios o daños causados por desastres naturales. De hecho, su madre me explicó en una ocasión que «todo lo que Janet vestía cuando fue a la universidad fue rescatado de un incendio, por lo que espero que les compréis a vuestros hijos ropa que no proceda de situaciones como ésa».

Echando la vista atrás en lo relativo a nuestro noviazgo, ahora me doy cuenta de algunos patrones importantes que no resultaron tan obvios hasta que empecé a estudiar a la gente que había tenido matrimonios exitosos. La gente de la familia de Janet se respetaba mucho mutuamente, y los miembros de su familia eran, además, generosos, alentadores y estaban dispuestos a cooperar. Fui a ver a Janet a casa de sus padres muchas veces durante los distintos períodos vacacionales. La casa estaba llena de tías, tíos y primos. Todos tenían una cosa en común: todos intentaban echar una mano para recoger la mesa, servir bebidas, sacar al perro a pasear, lavar los platos, etc. Escucharlos era como ver un musical en Broadway. Con el «Yo haré esto, yo haré aquello, déjame que te eche una mano, yo haré, yo puedo […]»: era mejor que los ideales de los Boy Scouts.

La madre de Janet me dice que es algo genético. Ella y su marido llevan casados más de cincuenta años. Ella cree que los dos fueron el fruto de «gente que es generosa y alentadora», pero puede que haya otro factor: las dos ramas de los abuelos de Janet eran granjeros. Ciertamente, cualidades como la generosidad y el respeto fueron inculcados en el ambiente de una granja. En una granja todos trabajan, incluidos los niños.

La madre de Janet tenía diez hermanos. Su madre falleció cuando ella tenía cuatro años. A todos los hijos se les enseñó el valor de compartir las tareas del hogar. En su mayor parte tuvieron que arreglárselas solos. Cocinaban, limpiaban, hacían la compra y llevaban a cabo cualquier tarea rutinaria relacionada con la vida en una zona rural. Puede que la adversidad los animara a respetarse y apoyarse mutuamente.

Pero a pesar de todos sus maravillosos atributos, Janet se siente avergonzada cuando la elogio. No le gusta ser el centro de atención bajo ninguna circunstancia. En una ocasión, la revista *People* envió a un equipo de fotógrafos a mi casa para tomar unas «instantáneas familiares». El fotógrafo principal insistió en que Janet apareciese en el retrato, pero ella fue todavía más insistente con respecto a no aparecer en la revista *People.* El fotógrafo no tuvo nada que hacer con ella. A pesar de pasar a máquina y editar todos mis libros, incluido éste, Janet no deseaba aparecer en los medios. Ciertamente, merecía ser incluida en todas las fotografías junto con su marido, el escritor de libros superventas, pero cosas más básicas como la familia y los amigos íntimos le proporcionan alegrías que son más gratificantes para ella.

Estoy realmente contento de que no se casara con ese otro tipo. Se sentaba justo detrás de ella en la clase que impartía hasta que me opuse a que hablara mientras daba la clase. Rick seguía hablándole a Janet pese a que ella no respondía a su conversación. Para conservar la armonía en la clase, además de para aislar a Rick, le obligué a sentarse en el fondo de la sala.

Como era inapropiado que saliera con alguien a quien daba clases, tuve que esperar a que Janet ya no fuese estudiante para pedirle una cita, pero mientras tanto era correcto reducir mi competencia, por lo que cambié a Rick de sitio. Había otro problema: ¿qué pasaba si Janet decidía cursar la otra asignatura que tenía programado impartir el siguiente semestre? Oh, no: otro semestre de espera y más espera. Tenía que hacer algo. ¿Qué podía hacer para incrementar las probabilidades de que Janet escogiese otro curso, uno que no impartiese yo? Frecuentemente había oído que era mejor si los alumnos estudiaban cursos impartidos por diversos miembros de profesorado, por lo que en varias ocasiones les decía a los alumnos de mi clase que deberían hacer el siguiente curso de la secuencia que fuera impartido por un miembro distinto del profesorado.

Janet siguió mi consejo, y nuestra primera cita se materializó cuando me tropecé casualmente con ella en el campus. La saludé y luego la invité a comer conmigo. Pareció un poco sorprendida, quizás un tanto desconcertada, pero me dijo que sí. ¿Fue debido a la suerte o estaba destinado a ser así? Nos comprometimos siete meses después de nuestra primera cita, y nos casamos unos diez meses después. Ese curso fue, ciertamente, un paquete de la máxima calidad para mí.

Lisa, alias «Lisa Biblioteca»

Piensa en las cualidades de un cónyuge ideal mencionados en este capítulo, como la ambición, la inteligencia, la disciplina y el atractivo físico. ¿Dónde encuentras a gente con estas cualidades? Puedes encontrarlas en las facultades y los campus universitarios de todo el país. Se trata del lugar ideal entre todos los lugares para encontrar a cónyuges excelentes.

Muchos millonarios me han contado que conocieron a su cónyuge en la universidad por casualidad: alguien en el campus presentó a Joe y a Gloria, o a Bill y a Helen. No obstante, toda esta gente se encontraba en un entorno rico en objetivos. Si estás buscando un cónyuge inteligente, hay unas altas probabilidades de que encuentres a muchos candidatos en el campus. La gente de calidad se encuentra en entornos de calidad: escoge el adecuado y quedarás sorprendido de la cantidad de suerte con la que te cruzarás. Piensa en el caso de «Lisa Biblioteca».

Una de las tareas más gratificantes de un profesor es trabajar con alumnos con un gran mérito y potencial, como mi alumna Lisa. Ella obtenía sobresalientes en un programa de grado bastante competitivo, y sus puntuaciones en el curso de admisión para estudios de posgrado y en el GMAT (Examen de Aptitud para Estudios de Posgrado de Administración de Empresas) fueron muy altas. También era encantadora y atractiva y tenía una gran variedad de intereses y actividades extracurriculares en su haber.

Lisa estaba inscrita en uno de mis cursos de estudios de grado del semestre de otoño de su último año de la carrera. Durante la segunda semana, ella y tres compañeros de clase me abordaron en mi oficina y expresaron su interés por aprender más sobre un área del *marketing* a la que había dedicado una considerable cantidad de tiempo. Lisa era la portavoz del grupo. Me propusieron que el grupo llevara a cabo una investigación y escribiera un artículo basado en su estudio. Pese a que lo que estaban proponiendo no iba a hacer que se les reconociera ningún mérito, Lisa y sus compañeros de clase querían mejorar su conocimiento en una nueva área y, en su mente, el proyecto mejoraría sus expedientes para ser admitidos en la escuela de estudios de posgrado.

Acordamos reunirnos durante una hora o dos cada lunes por la mañana durante el semestre. Me ponían al día en lo tocante al proyecto, y yo les proporcioné orientación y material de lectura suplementario. Todo fue según lo planeado durante casi todo el semestre. Y luego sucedió algo extraordinario. El lunes de la penúltima semana del semestre, Lisa no estuvo presente por primera vez.

Justo unas semanas antes había entregado sus peticiones de recomendación. Estuve encantado de respaldar sus solicitudes para ser admitida en tres de los principales programas de MBA de EE. UU. Pregunté, inocentemente: «¿Dónde está Lisa?».

¿No se ha enterado? Lisa se va a casar. No va a ir a la escuela de estudios de posgrado.

Quedé sorprendido, ya que Lisa nunca mencionó que estuviese comprometida, por lo que pregunté al grupo y me enteré de que la mayoría de ellos lo ignoraban, igual que yo. Su sustituto como líder del grupo nos informó de que Lisa no iba a completar nuestro programa de estudio independiente porque no lo necesitaba para respaldar sus solicitudes para entrar en la escuela de estudios de posgrado: ahora que se iba a casar, ya no tenía ningún interés por la escuela de estudios de posgrado.

Lisa había decidido casarse con un médico que estaba estudiando su último curso de la carrera de Medicina, alguien con quien había empezado a salir y con el que se comprometió al poco tiempo. Todos expresamos nuestra sorpresa porque hubiera abandonado su gran objetivo de entrar en la escuela de estudios de posgrado, pero nuestro informador nos dijo que, de hecho, la escuela de estudios de posgrado era su segundo objetivo en importancia, por si no podía casarse con un médico.

También compartió con nosotros el secreto de Lisa para alcanzar su objetivo número uno. Cada noche estudiaba en la biblioteca de la facultad de Medicina: un consejo que le dio su madre, que le dijo que, si se casaba con un médico, nunca tendría que trabajar ni preocuparse por el dinero. También le sugirió que la biblioteca de la facultad de Medicina era el lugar perfecto para conocer a ese médico.

No lo mostré, pero quedé estupefacto por estas revelaciones. Lisa era una joven estudiante que podría fácilmente convertirse en exitosa económicamente por sí sola. Me resultó increíble que se hubiera retirado prematuramente del campo de la economía estadounidense. ¿Por qué su madre la animó vehementemente a casarse con un médico, empujando literalmente a su joven y brillante hija hacia ese entorno perfecto, la biblioteca de la facultad de Medicina?

Cuanta más información recopilo sobre la gente rica, más comprendo los motivos de la madre de Lisa.

En la actualidad hay cinco hombres por cada mujer que obtiene unos ingresos por rendimientos del trabajo de seis cifras. Lo que es incluso peor es que menos del 10 % de aquellos que obtienen unos ingresos de siete cifras son mujeres. Las mujeres, incluso en las profesiones mejor pagadas, ganan sólo alrededor del 55 % de lo que ganan sus equivalentes masculinos. Tal y como he dicho frecuentemente, la baraja económica está marcada en su contra.

Aunque la prensa popular ha celebrado el crecimiento previsto en la población de mujeres acaudaladas durante más de veinte años, mis investigaciones no indican un gran cambio en absoluto. Más del 90 % de la población millonaria estadounidense está compuesta por hogares de parejas casadas, y alrededor de la mitad del 10 % restante está formada por viudos y viudas. ¿Quién es el principal sostén de la familia, el que toma las decisiones económicas y el encargado de las inversiones domésticas en el hogar millonario? Las encuestas a nivel nacional que he llevado a cabo a lo largo de los años documentan que en más del 80 % de los hogares millonarios compuestos por parejas casadas se trata del hombre.

Dados estos hechos, ¿cuán bueno fue el consejo que Lisa recibió de su madre? Sospecho que su madre era, tristemente, bastante intuitiva con respecto a las probabilidades en el aspecto económico a las que se enfrentaba su hija, pero sigo sosteniendo que Lisa, con sus extraordinarias aptitudes, podría haberlas superado.

EL OTRO BENEFICIO DE LA ESCUELA NOCTURNA

Un estudiante que asistió a uno de mis recientes seminarios me preguntó indignado: «¿Qué le convierte a usted en un experto tal en el matrimonio?». Quiero dejar muy claro que no soy asesor matrimonial, y ni siquiera psicólogo. Mi trabajo es mucho más sencillo que éstos. Estudio a la gente productiva que obtiene grandes ingresos y acumula una riqueza importante. Subyacente a esta productividad hay varios factores, y uno de los más importantes está relacionado con la elección de cónyuge. Con quién te cases y durante cuánto tiempo permanezcas casado son importantes factores determinantes. Si haces la elección correcta, entonces la marea os acompañará en vuestro viaje para convertiros en un hogar productivo. No asegura que llegues a ser rico algún día, pero te puedo decir, a partir de las encuestas hechas a miles de millonarios sobre la importancia del matrimonio para su éxito, que alrededor de nueve de cada diez cree que fue un factor principal.

¿Qué sucede si haces una mala elección? ¿Por qué te interesaste inicialmente en el cónyuge del que te acabas de divorciar? Él era encantador. Era capaz de ocultarte los elementos de un carácter defectuoso. Bebía mucho durante las primeras fases de vuestro noviazgo, pero pensabas que abandonaría ese vicio de la época universitaria. Lamentablemente, su consumo de alcohol continuó a lo largo de vuestro matrimonio. Tal y como averiguaste más tarde, era poco sincero, egoísta, indisciplinado, poco fiable y tenía tendencia a perder los nervios. ¿Y qué sucedió con sus primeros pronunciamientos sobre grandes ambiciones y su autoproclamada inteligencia superior? Caíste rendida ante su presentación de ventas.

¿Dónde conociste a don Perfecto? ¿Fue un viernes durante la hora feliz en un bar de solteros? Puede que algunas personas tengan más suerte que otras y que encontraran a su cónyuge ideal en un lugar similar, pero este difícilmente es el lugar ideal en el que buscar cónyuge.

Piensa en los posibles cónyuges que constituyen el grupo del bar de solteros. ¿En qué lugar crees que queda clasificado esto entre los criterios que la mayoría de los millonarios usan para valorar al cónyuge que eligieron? Recuerda la importancia que los millonarios asignan en las cualidades como la ambición, la inteligencia, la confiabilidad, la disciplina, la generosidad, la honestidad, la ética de trabajo y el respeto. Nótese que dos de cada tres millonarios indicaron que la cualidad de bebedor moderado o abstemio de un cónyuge también fue importante para contribuir a un matrimonio exitoso.

Si los criterios como la ambición y la inteligencia son cualidades importantes en tu mente, puedes mejorar tus probabilidades de encontrar a un cónyuge ambicioso e inteligente saliendo por la noche a los lugares donde salen estas personas. Te diría que los cursos nocturnos en la universidad local serían un mejor lugar para buscar cónyuge. Además, puedes matar dos pájaros de un tiro. Además de encontrar pareja, puedes conseguir un título de grado o incluso de posgrado.

Incluso aunque no quieras dedicar mucho tiempo y esfuerzo a la obtención de un grado, sigues pudiendo incrementar tus probabilidades de aflorar en medio de un grupo de gente inteligente. Muchas facultades y universidades ofrecen cursos sin créditos para la superación personal. Puedes aprender programación informática o una lengua extranjera a nivel conversacional y, al mismo tiempo, buscar cónyuge.

Incluso puedes incrementar tus probabilidades escogiendo un curso que tenga una elevada concentración de estudiantes del sexo opuesto. Aunque se han dado algunos cambios recientemente, los patrones siguen estando ahí.

La mayoría de las clases de estudios de profesorado contiene un número desproporcionadamente alto de mujeres, mientras que los cursos de ingeniería y contabilidad suelen contener más hombres.

EL DILEMA DE TERRY

El problema de Terry no era único. En la época en la que me pidió consejo tenía treinta y pocos y ya era la propietaria de una pequeña empresa de servicios profesionales. Terry estaba casada y tenía un hijo. Cuando hablamos, parecía tener los ánimos por los suelos. Me dijo que ella y su marido habían decidido divorciarse hacía poco, pero ésa no era su mayor preocupación. De hecho, anhelaba desembarazarse de su actual esposo.

Terry temía «regresar al juego de las citas». Lo había hecho a mediados de su veintena. Ya había recorrido ese camino. Había encontrado a su actual marido entre el grupo de gente que iba a un bar de solteros.

¿Qué tiene de malo buscar cónyuge entre el grupo de gente que va a un bar de solteros? Según Terry, se trata del problema de la rana: se tiene que besar a muchas ranas antes de conocer al príncipe. Estaba segura de que cada vez había menos príncipes que encontrar en los bares de solteros. Terry creía en la idea del matrimonio y la familia tradicional. ¿Dónde encontraría a un esposo de calidad? En su mente, el proceso llevaría años con la ruta del bar de solteros. Llevaba diez años fuera del mercado y se sentía algo insegura con respecto a su capacidad de volver a entrar en el juego de las citas.

Si fuera tu amiga, hermana o hija, ¿qué le sugerirías hacer? Aquí está lo que le recomendé. En pocas palabras, le dije que se uniera a un grupo parroquial. Su comunidad estaba repleta de iglesias y templos que tenían grupos de adultos solteros bien organizados. Ya preví la respuesta de Terry. Ella no era miembro de ninguna iglesia y rara vez había ido a alguna desde su boda. Sin embargo, a la gente de las iglesias les encanta atraer a aquellos que se han alejado del rebaño, por lo que le dije a Terry que podía regresar al ambiente del bar de solteros o, como dicen, «darse a la religión». ¿En qué otro lugar puede alguien aprender religión y, posiblemente, encontrar a un compañero adecuado al mismo tiempo?

Creo que uno puede encontrar mejores probabilidades en el ambiente de una iglesia que en los bares de solteros. Por supuesto, no hay garantías, pero la gente con una orientación religiosa es más tendente a respetar los principios recogidos en la Biblia. ¿Dónde es probable encontrar a la mayor concentración de gente con unos valores tradicionales? Y escogería el ambiente de la iglesia antes que el de cualquier bar de solteros.

No consiste sólo en las distintas orientaciones de la gente de estos entornos. Las iglesias y los grupos relacionados con ellas, como los de «adultos solteros», son más estables y tienen sistemas formales de membresía. Con el tiempo, sus miembros llegan a conocerse, haciendo así más fácil que alguien como Terry pregunte sobre las características de un miembro de la iglesia de lo que podría hacer en el caso del dueño de un bar de solteros. Los miembros de los clubs y grupos de solteros que pertenecen a una iglesia buscan un lugar en el que poder conocer a gente con buenos valores tradicionales. A su vez, muchas de estas personas buscan relaciones duraderas, y no relaciones de una noche.

ANN ASIGNA CÓDIGOS GEOGRÁFICOS A LAS IGLESIAS

A Terry se le aconsejó que se uniera a un grupo de solteros relacionado con una iglesia, pero ¿de qué iglesia? Esa decisión fue fácil: uno de los grupos de solteros afiliado a una iglesia más numeroso se encontraba cerca de su casa, por lo que no sintió la necesidad de hacer una búsqueda o de comparar entre grupos que comparten afinidades. Terry lo consiguió de inmediato, pero la situación no fue la misma para Ann.

Ann es una intelectual. Es extremadamente brillante y ha recibido una educación excelente, fue la editora jefa de una importante editorial en la época en la que me pidió consejo. Se acababa de divorciar de su marido y, al igual que Terry, estaba sufriendo de un caso grave de depresión tras su divorcio que era lo suficientemente intenso como para que se planteara mudarse a otra ciudad. Ann era como muchas personas recién divorciadas cuando la conocí. Se cuestionaba su capacidad de atraer a miembros del sexo opuesto y me dijo que la ciudad en la que vivía «no disponía de hombres idóneos con los que salir». En realidad, estaba equivocada, pero llevaba bastante tiempo fuera del juego de las citas y era fácil que se lo creyera.

Durante muchos meses, Ann se quejó de la falta de expectativas, pero, al mismo tiempo, las iglesias estaban haciendo un negocio floreciente atrayendo a adultos solteros a sus reuniones de grupos que comparten afinidades. Le recomendé encarecidamente que buscara una solución relacionada con la iglesia para su problema, pero su problema era más complicado que el de Terry.

Estaba claro que Ann no se sentiría cómoda en cualquier grupo parroquial para solteros. Ann es una persona singular, una intelectual con unos valores muy tradicionales. Necesitaba un grupo en el que hubiera una elevada concentración de hombres y mujeres que estuvieran en su plano intelectual. No tenían que ser necesariamente ricos, y ni siquiera tener unos ingresos altos, pero debían proceder de un entorno académico y profesional similar al suyo.

¿Cómo lo hace alguien para encontrar un grupo parroquial que comparta afinidades que contenga una concentración elevada de gente con un conjunto concreto de características entre los cientos de iglesias que se encuentren a una distancia razonable de su hogar? Llevaría toda una vida visitar cada una de ellas y echar una ojeada a sus respectivas reuniones de solteros. Sugerí una mejor forma de hacerlo: la geocodificación o asignación de códigos geográficos. Este sistema se basa en la teoría de que Dios los cría y ellos se juntan: la gente que vive en un vecindario concreto tiene unas características socioeconómicas similares, y tiende a frecuentar las iglesias cercanas.

Para ayudar a Ann a encontrar un grupo parroquial de solteros adecuado, identifiqué las zonas o vecindarios de su ciudad que tenían unas concentraciones elevadas de personas instruidas. Una vez establecido esto, empezaron los preparativos. Teníamos que descartar las iglesias que no tuviesen grupos activos de solteros, y las secciones religiosas de los periódicos locales y de los vecindarios fueron de gran utilidad en ese sentido. Los periódicos también contenían anuncios que incluían los precios de las propiedades inmobiliarias en urbanizaciones que estaban en venta. Era fácil averiguar dónde se encontraban los distritos «de renta alta» en la comunidad de Ann.

El nombre del grupo no fue importante en el proceso de selección de Ann: estaba más interesada en encontrar un grupo de solteros adecuado que en el pensamiento religioso. En general, hubo un vencedor absoluto en términos de las matemáticas y las estimaciones aproximadas. Contenía el filón principal de abogados, médicos, contables, arquitectos, ejecutivos y empresarios instruidos, pero la iglesia no se encontraba en el vecindario de Ann, por lo que condujo y dejó atrás el resto de las iglesias interesantes mientras se dirigía hacia «la iglesia de grandes intelectuales disponibles».

Encontrar cónyuge es un asunto serio, y generalmente se vuelve más difícil después de finalizar los estudios e ir ganando años y canas. Por lo tanto, le dije a Ann que debía tomar la iniciativa. Al igual que ella, la mayoría de la gente puede incrementar significativamente las probabilidades de encontrar un cónyuge idóneo identificando uno o más grupos que compartan afinidades que contengan una elevada concentración de candidatos. No todos los grupos parroquiales de solteros son iguales: algunos son más adecuados que otros, dados los orígenes y las necesidades de cada cual.

Lamentablemente, la mayoría de los solteros dedican más tiempo a comprar coches que a los grupos que comparten afinidades. Buscar cónyuge es, en un cierto sentido especial, un juego de cifras: cuanto mayor sea la concentración, mayores serán las probabilidades de conocer a grandes cantidades de posibilidades. Dales a estos posibles cónyuges una oportunidad para conocerte. Es increíble pensar que hay millones de posibles parejas geniales como Ann que están solteros otro año más y año tras año.

No puedo dar por concluido el caso de Ann sin decir algo importante. Una vez dentro de un grupo parroquial que comparte afinidades, ¿qué haces? La respuesta es sencilla: hacer trabajo voluntario, tal y como le dije a Ann. Los grupos de solteros suelen pedirles a personalidades de su región que sean oradores invitados, y nadie quiere asumir el trabajo de organizar esos eventos. La mayoría de los miembros están ahí para conocerse y relacionarse, pero ser el jefe del comité de reclutamiento de oradores tiene unas ventajas maravillosas.

Ann puede elegir a cualquiera que quiera que dé un discurso.

Estoy seguro de que ella y la editorial para la que trabaja estarían encantados de encontrar una nueva fuente de manuscritos. ¿Qué pasaría si Ann investigara un poco? Podría identificar a hombres solteros exitosos en su área que pudieran estar interesados en escribir un libro sobre sus experiencias. En el proceso de pedirle a alguien que dé una charla, Ann también podría descubrir a un posible cónyuge que se encuentre en su plano intelectual. Muchas revistas de negocios locales publican regularmente listas, además de perfiles, de la gente que ocupa los primeros puestos en sus respectivos campos y que podrían ser oradores idóneos. Simplemente para poner el balón a rodar, le hice a Ann una oferta. Aunque no estoy soltero ni espero estarlo, me ofrecí voluntario para dar una conferencia. Quizás el hecho de disponer de un autor superventas que hablara sobre los millonarios le haría ganar puntos a los ojos de los otros miembros.

EL MEOLLO DE LA PETICIÓN DE MANO

John esperó pacientemente su turno. Yo acababa de finalizar una conferencia de dos horas para casi cien ejecutivos de empresas privadas, y muchos participantes en el seminario se me acercaron mientras me preparaba para abandonar la tarima. Me di cuenta de que John seguía permitiendo que gente que estaba por detrás de él en la cola pasara por delante. Al final fue la única persona que quedaba. Era obvio que quería una audiencia privada.

En el momento de nuestra conversación, John era el vicepresidente de una importante corporación, y ganaba más de 300 000 dólares anuales. Era un millonario hecho a sí mismo. Sus progenitores nunca habían sido ricos, pero le dieron algo más importante que el dinero. Sostiene que su ambición, integridad y ética del trabajo le fueron inculcados por su madre y su padre.

Sospeché que el elevado grado de sentido común de John también procedía de sus progenitores. Estas cualidades le fueron de gran ayuda a lo largo de su trayectoria profesional; pero incluso antes de que ésta empezase, John se encontró frente a una propuesta tentadora que rechazó. Nunca se arrepintió de su decisión: John siempre fue y sigue siendo él mismo.

Cuando John inició su cuarto y último curso en una importante universidad estatal, tenía una novia formal, Becky, que también estaba en su cuarto y último año de carrera. Según John, Becky era una persona encantadora. No sólo era atractiva, sino que también poseía muchas de las cualidades positivas comentadas a lo largo de este capítulo. John la consideraba sincera, con los pies en la tierra e inteligente. Durante el semestre de otoño de su cuarto y último año de carrera, John y Becky desarrollaron un gran afecto mutuo. Así pues, la pareja decidió que las fiestas navideñas supondrían un buen momento para que John conociera a los padres de Becky.

El padre de Becky era el fundador, propietario y director de una muy exitosa empresa de procesamiento y envasado de productos cárnicos. Su madre era ama de casa. Según John, los padres de Becky eran personas muy agradables. Se desvivieron para hacerle sentir como en casa, e hicieron que John se sintiese querido. Aquí es donde entró en juego la petición de mano, pero no se trataba de una petición de mano corriente. Al parecer, John causó una gran sensación en los padres de Becky.

Después de un largo día de Navidad, Becky y su madre se fueron a dormir, y las dos hermanas de Becky y sus maridos ya se habían retirado a sus respectivas casas, que estaban cerca. Eso dejó solos a John y al padre de Becky sentados y charlando en el cuarto de estar. El padre de Becky era un ejemplo del éxito en EE. UU. Su base económica partía de cero en términos de orígenes familiares y nivel académico, pero, sin embargo, se convirtió en millonario con su negocio de envasado de productos cárnicos. En términos de riqueza, el padre de Becky pensaba que era el hombre más afortunado del mundo: era el «Sr. Carne» en esa parte de EE. UU.

El padre de Becky asumía que todos los hombres estadounidenses jóvenes querrían tener la oportunidad de trabajar para el «Sr. Carne» y, finalmente, tener una participación en el capital de la empresa. John podría convertirse un día en el «Sr. Carne Jr.». El Sr. Carne inició su exposición con una importante pregunta: «John: tú y Becky os tomáis en serio vuestra relación, ¿verdad?». John admitió que sus intenciones con respecto a Becky «eran serias». Entonces, y durante casi dos horas, el Sr. Carne habló sin parar.

En primer lugar, proporcionó un perfil verbal de sus vicisitudes. Buena parte de su discurso se centró en «la oportunidad» frente a las bajas probabilidades de cualquiera que empezara desde cero para alcanzar el estatus del Sr. Carne. El Sr. Carne siguió hablando. John permaneció sentado y escuchó educadamente lo que parecía ser una presentación de ventas bien ensayada, y que parecía ser la misma que el Sr. Carne había expuesto a los dos jóvenes que ahora estaban casados con sus otras hijas.

En el trato del sr. Carne había más cosas implicadas que una simple oportunidad de trabajo. Era una propuesta para un estilo de vida programado. John parafraseó en detalle lo que el Sr. Carne le había propuesto, interpretando el papel del Sr. Carne para mí. Parece un anuncio clasificado en el *The Wall Street Journal,* pero ésa es la forma en la que John lo describió. ¿Qué habrías hecho si hubieses recibido la misma oferta?

Una oportunidad de empleo y de estilo de vida: Se busca yerno y alto ejecutivo

El «Sr. Carne», el propietario de una compañía privada muy exitosa dedicada al envasado de productos cárnicos busca a un hombre cualificado para que se case con su hija Becky. Becky debe aprobar al candidato elegido. Becky prefiere a un hombre que sea ambicioso, confiable, inteligente, honesto, disciplinado y afable. Lo ideal sería que el candidato se haya acabado de graduar en la universidad o que sea un estudiante universitario de último año con un expediente académico excelente. El candidato elegido por Becky debe, además, cumplir con los requisitos relativos a su empleo. Debe:

1. Estar dispuesto a trabajar para su suegro, el Sr. Carne. El candidato elegido acabará obteniendo el puesto de vicepresidente. Sus tareas se le asignarán después del acuerdo y de que se haya celebrado la boda. El salario será generoso y significativamente superior al que reciben los universitarios recién graduados con un expediente académico similar.

2. Estar dispuesto a vivir cerca del Sr. Carne y su familia, y al lado de las otras hijas casadas del Sr. Carne y sus maridos. El candidato y su esposa, Becky, recibirán la casa que elijan.

3. Estar emocionado con la idea de irse de vacaciones cada año con el Sr. Carne y toda su familia. El candidato y su familia dispondrán del uso gratuito e ilimitado de la casa de lujo del Sr. Carne en la playa. El candidato recibirá unas vacaciones veraniegas de dos semanas. Se espera de él y de su familia que pasen todo este tiempo con el Sr. Carne y su familia. La esposa del candidato y sus hijos (cuando lleguen) pasarán todo el verano gratis en la playa. El candidato se reunirá con su familia los fines de semana. Las otras hijas del Sr. Carne y sus familias harán lo mismo.

4. Estar dispuesto a trabajar en estrecha colaboración con el Sr. Carne y sus otros dos yernos. El candidato se convertirá en miembro del comité ejecutivo dirigido por el Sr. Carne. Puede que al candidato se le den algunas acciones del negocio, con la posibilidad de que-

darse al cargo cuando el Sr. Carne se jubile. Los detalles se negociarán en un futuro con el Sr. Carne y sus ejecutivos.

Ésta es una oportunidad que sólo se presenta una vez en la vida, además de un estilo de vida y una obligación de por vida. La mano de Becky sólo le será dada al candidato que acepte el empleo ofrecido por el Sr. Carne. Los que no estén dispuestos no hace falta que presenten su candidatura.

John escuchó todo el discurso. Entonces, el Sr. Carne hizo el «cierre presuntivo», tal y como se le llama en los cursos básicos del arte de las ventas: «Sé exactamente lo que estás pensando. Te estás preguntando: "John, eres el tipo más afortunado del mundo"». ¿Por qué iba a pensar algo distinto? Después de todo, el Sr. Carne ya llevaba dos de dos fichajes.

A John nunca se le dio una verdadera oportunidad de responder esa noche: el Sr. Carne pensó que había fichado a otro yerno. Así pues, John se retiró a la habitación que se le había asignado y se fue a dormir. Se fue a casa de sus padres al día siguiente. Habló con Becky algunas veces por teléfono antes del siguiente semestre: ella parecía tan emocionada con el «plan familiar» como su padre.

John esperó hasta que Becky y él regresaron a la universidad para darle la noticia. No habría compromiso y, finalmente, no habría boda siguiendo el plan familiar. Becky era más fiel al Sr. Carne que a los deseos de su novio. En realidad, probablemente amaba a John, pero no estaba interesada en casarse con alguien que fuera a apartarla del estilo de vida diseñado y programado por sus progenitores.

¿Por qué rechazó John lo que algunos considerarían la oportunidad de su vida? En resumen, él tiene una intensa necesidad de ser independiente. Encontró insultante que alguien propusiese dictar su estilo de vida. El Sr. Carne estaba enamorado del sector cárnico, pero John no sentía ningún afecto por este sector, y ni siquiera estaba mínimamente impresionado por ningún aspecto del estilo de dirección del Sr. Carne.

John tenía mucha confianza en sus propias capacidades. Era un excelente estudiante en una universidad estatal bastante exigente, y había puesto su mirada en ser contratado por una gran compañía de tipo sociedad anónima. En su mente, el mundo empresarial disponía de una formación de ejecutivos de alta calidad y grandes oportunidades para la gente brillante y ambiciosa.

John tenía otros problemas con la propuesta del Sr. Carne. Se preguntaba sobre la productividad de contratar a ejecutivos basándose en con quién se casaban. Si los otros dos yernos del Sr. Carne eran unos perdedores, ¿quién cubriría el puesto? El sentido común le dijo a John que el nepotismo no era la mejor forma de escoger y ascender a los ejecutivos. Quedó especialmente enfurecido por los problemas domésticos que era probable que se diesen. El Sr. Carne les regalaría una casa a John y Becky, pero ¿el nombre de quién aparecería en la escritura? ¿Cómo se gestionarían las disputas familiares? Para Becky resultaría fácil decir:

John, ésta es mi casa. Es la casa que pagó mi padre [...], así que, si no te gusta la forma en la que estoy haciendo las cosas, puedes largarte.

Por supuesto, sería difícil para un yerno del Sr. Carne largarse. Irse implicaría mucho más que simplemente abandonar la casa: también supondría renunciar a la trayectoria profesional como ejecutivo en la empresa del Sr. Carne. John se dio cuenta de que bajo esas condiciones nunca sería el cabeza de su propio hogar. Las disputas probablemente se dirimirían fuera del hogar, en el terreno del Sr. Carne. John también vio que había juzgado equivocadamente a Becky. Nunca pensó que ella estuviera dispuesta a vivir bajo esas condiciones. Claramente, sentía más afinidad por sus padres y su estilo de vida autoritario que por la orientación de su futuro marido.

Dada la ambición de John y su necesidad de ser independiente, tomó, claramente, la decisión correcta. En la actualidad es un ejecutivo de éxito en una empresa privada y ha alcanzado el estatus de millonario por sí solo. John es consciente de que es la lucha, el viaje hecho por uno mismo hacia el éxito, lo que nos hace fuertes. Los subsidios del Sr. Carne pueden hacernos dependientes. ¿Qué sucede si el Sr. Carne fallece de repente? ¿Qué pasa si resulta que no tiene ninguna intención de ceder su negocio a sus yernos? Peor todavía: ¿qué sucede si simplemente está buscando a unos títeres dependientes a los que dominar? ¿Cuántos Sres. Carne han colgado, como una zanahoria delante de las narices de unos candidatos incautos, la expectativa de ser el propietario de un negocio? ¿Cuántos de estos candidatos estaban buscando el amor y un matrimonio, pero no una emasculación?

Los datos de mi encuesta son muy claros con respecto a que mucha gente que escoge a un cónyuge debido al factor riqueza acaba finalmente decepcionada. A veces, los padres del cónyuge disponen de poco o nada de riqueza. En otras ocasiones, los progenitores actúan como si fuesen acaudalados, pero en realidad son gente del tipo «mucho ruido y pocas nueces». Es mejor casarse por amor, respeto y ambición que por los antepasados de un cónyuge y sus factores económicos.

Capítulo 7

EL HOGAR ECONÓMICAMENTE PRODUCTIVO

Dr. Stanley [...], usted debe de haber entrevistado a mis padres [...] millonarios excéntricos [...]. Mamá, al ir a hacer la compra a la tienda de comestibles, conduce un coche que tiene diez años con su caja de zapatos llena de cupones de descuento en el asiento del copiloto. Cuando los grandes almacenes Macy's le piden veinte dólares por unos gemelos, se va trotando hacia la tienda de objetos de segunda mano para conseguir una oferta [...]. Llegué a darme cuenta de que, aunque mi marido y yo nos sentimos, frecuentemente, «pobres», en realidad no lo somos. Somos ricos en propiedades y pobres en metálico, y llevamos un estilo de vida bastante frugal (aunque en realidad no tenemos por qué).

Los millonarios no sólo son productivos en términos de acumular riqueza, dirigir un negocio exitoso y generar unos ingresos elevados, sino que también tienen tendencia a gestionar un hogar productivo.

La mayoría de la gente se queda sorprendida al enterarse de que muchos millonarios mejoran la productividad de su hogar con las siguientes prácticas:

- Hacer que les restauren los muebles, en lugar de comprar unos nuevos.

- Cambiar de compañía telefónica para sus llamadas a larga distancia.

- No comprar nunca nada que les quieran vender por teléfono.

- Hacer que les pongan suelas a los zapatos o se los reparen de otras formas.

- Usar cupones de descuento al hacer a compra.

- Comprar los artículos para el hogar al por mayor.

Las personas que forman parte de mi público suelen preguntar por qué recortaría cupones un millonario. No se trata sólo de ahorrase cincuenta centavos hoy, sino cuánto puede ahorrarse e invertirse en toda una vida. La típica familia estadounidense acaudalada gasta más de 200 dólares semanales en comida y artículos para el hogar. Eso equivale a más de 10 000 dólares anuales. Durante la vida adulta y en dólares corrientes, eso se traduce a entre 400 000 y 600 000 dólares. Si recortas tan sólo un 5 % de esta cifra (entre 20 000 y 30 000 dólares) y la inviertes en un fondo de inversión líder, dada la tasa de rentabilidad de los últimos años, la cantidad ganada será de más de 500 000 dólares.

La mayoría de los millonarios miran hacia el futuro. Es muy posible que computen los costes y los beneficios, a lo largo de toda una vida, de diversas actividades que tengan algún potencial para ahorrar dinero. Este tipo de comportamiento está muy correlacionado con la acumulación de riqueza, y no es más que uno de los elementos de la estrategia frugal general de los millonarios. Aquí tenemos el argumento: más de las dos terceras partes de los estadounidenses que van a hacer la compra a las tiendas de alimentación compran por impulso. Van al supermercado sin una lista, o la que llevan es corta. Van dando vueltas por la tienda sin una estrategia y, por lo tanto, es más probable que pierdan más tiempo simplemente buscando. Cuanto más tiempo se pierde, más dinero se gasta. Este hecho se ha demostrado una y otra vez. Y sin una lista, la gente suele comprar cosas que quizás no necesite hasta más adelante durante la semana o que quizás no necesite en absoluto. Además, podrías pensar que la mayoría de los millonarios hacen que un sirviente o un *au pair* les haga la compra. La gran mayoría de ellos hacen la compra ellos mismos.

Así pues, ¿cuál es la mejor forma de hacer la compra? Una de las parejas de millonarios a las que entrevisté disponía de un sistema ideal. Hicieron mapas del interior de dos supermercados en los que compraban e incluyeron los nombres y la ubicación de cada categoría de producto. Entonces hicieron copias de ambos mapas, que les servían como lista de la compra semanal y como plantillas para planificar. Durante la semana, cuando se quedaban sin un artículo de alimentación, trazaban un círculo rodeándolo en el mapa. También planeaban su compra para sus menús de esta forma y, por supuesto, los artículos que formaban parte del menú solían incluirse debido a los cupones y ofertas relacionadas.

Esto suena como si llevara mucho trabajo, pero en realidad no es así. De hecho, ellos lo consideran de otra forma. Asumamos que no tuvieses una lista, un plan de compra. Entonces pregúntate: ¿qué placer obtengo perdiendo esos veinte o treinta minutos extra cada semana en mi supermercado favorito? Eso es lo que sucede cuando no planeas con antelación. Treinta minutos semanales a lo largo de la vida adulta de alguien se traducen en entre 62 400 y 78 000 minutos; o entre 1 040 y 1 300 horas; o entre 65 y 81 días de vida en estado de vigilia.

No es muy productivo perder más de 62 000 minutos de tu vida en un supermercado. ¿No sería mejor dedicar algo de ese tiempo a planificar inversiones, ver a tu hijo practicar deportes, tomarte algunos días extra de vacaciones, dar las gracias a Dios por sus maravillosas bendiciones, mejorar tus habilidades informáticas, hacer ejercicio, hacer que tu negocio sea más productivo o escribir un libro?

CUPONES DE DESCUENTO [...]
OJALÁ FUESEN SÓLO PARA LOS NIÑOS

Hay otra razón importante por la cual tantos millonarios preparan listas de la compra detalladas: es la misma razón por la cual usan cupones de descuento al comprar comestibles. Sus hijos y sus nietos observan estos procesos y acaban comprendiendo en qué consiste un hogar organizado.

Imagina la típica mesa de la cocina en la casa del Sr. y la Sra. Estadounidenses Millonarios: están jugando a un juego. Los niños están buscando en el periódico y los folletos de cupones para encontrar cupones de descuento que mamá y papá puedan usar. Su recompensa por encontrar los cupones adecuados consiste en algo más que en una simple sonrisa. Están interpretando una importante lección que les será de ayuda cuando sean adultos. Mamá no sólo enseña a sus hijos a buscar cupones, sino que también les enseña organización básica. Dispone de una carpeta de fuelle en la que guarda sus cupones, y enseña a los niños a clasificarlos y ordenarlos.

Esta experiencia también les enseña a ser sensibles a los precios y a jugar una buena defensa. Nunca es demasiado pronto para aprender cómo proteger tu dinero. También es de utilidad para los niños ayudarles a preparar una lista de la compra, integrando los cupones y ciertos artículos en oferta que aparecen en los anuncios. Enseñar a tus hijos a organizarse, planificar e integrar información les será de gran utilidad en el futuro.

La mayoría de los millonarios hechos a sí mismos te dirán que planificar y ser organizado tienen una gran importancia para explicar su éxito económico. ¿Y sabes qué? También te dirán que sus progenitores, y especialmente su madre, eran planificadores y organizadores. Tal y como se ha comentado anteriormente en el capítulo 4 («La relación entre la valentía y la riqueza»), cuatro de cada cinco millonarios creen que el ser organizado al ocuparse de los asuntos importantes y el planificar son factores valiosos para superar los miedos y las preocupaciones que aparecen cuando importantes recursos relacionados con la trayectoria profesional, el negocio o los recursos económicos están en peligro.

Piensa en tus propios hijos pequeños mientras vas redactando tu lista de la compra integrando las necesidades que les has verbalizado con cupones. Están diseñando un plan estratégico para distribuir recursos económicos adecuadamente y escoger a proveedores. Puedes incluso pedirles que preparen mapas del interior de supermercados con detalles sobre la localización de los artículos. Pueden marcar qué artículos se necesitan y luego darte el mapa y ordenarte que vayas a hacer la compra, como si fueran altos ejecutivos.

Incluso aunque no ahorres mucho dinero recortando cupones de descuento, incluso aunque pienses que preparar una lista de la compra es personalmente contraproducente, el mero hecho de que trabajes con tus hijos interpretando el papel de «instructor de planificación» los beneficiará algún día. Lo mismo ocurre en el caso de mantener un calendario estricto en cuanto a las facturas del hogar, las actividades familiares y las tareas domésticas. Los calendarios mensuales son ideales para los jóvenes y los mayores: disponen de mucho espacio en el que los niños pueden escribir.

Tan pronto como los niños puedan montar en bicicleta se les debería poner al corriente de los beneficios de un sistema de planificación con un calendario mensual. Se debe educar y solicitar a los niños que gestionen su propio calendario. Pueden empezar listando sus tareas domésticas, pero también debería incluir cosas divertidas como fiestas de cumpleaños y otros eventos sociales.

Recuerda que si demuestras ser organizado y disciplinado, tus hijos imitarán tus acciones. Si eres desorganizado en el hogar, tus hijos quizás sigan tu ejemplo. Es más eficaz enseñar con el ejemplo que hablar de ser disciplinado y organizado si tú no lo eres.

Durante años di un curso de planificación estratégica de mercados que requería de un proyecto de planificación. Contaba para el 50 % de la calificación de los estudiantes.

Cada alumno debía desarrollar un plan para una compañía real que trabajara en nuestra área de mercado. Para la mayoría de los estudiantes, la parte más difícil de esta tarea fue la preparación de un programa diario para que cada parte del plan se desplegase. Para remediar esto, hice que cada estudiante del máster de administración de empresas se comprase un calendario mensual y luego hice que empezaran a rellenarlo a lápiz con procesos según su fecha. La tinta no resultaría adecuada y no funcionaría nunca, ya que cometían errores constantemente en su proceso de planificación. Tenían que anotar cada acción, proceso y tarea en tarjetas de unos ocho por trece centímetros (entre unas cien y doscientas tarjetas, cada una con una acción). Entonces se les pedía que incorporaran las tareas al calendario.

Siempre preguntaba a mis alumnos si habían hecho algo así antes. Demasiados decían que no. No importaba la inteligencia analítica que tuviesen esos estudiantes: tenían poca experiencia o ninguna en cuanto a ser verdaderamente organizados. Incluso careciendo de habilidades organizativas o sin haber sido formados para planear, recibían su título de grado haciendo exactamente lo que sus profesores les pedían que hicieran: cuándo estudiar, que expusieran tareas concretas y que hiciesen exámenes.

No hay muchas labores de organización cuando otra persona diseña tu plan. La gente exitosa es la que lleva a cabo la planificación y la organización.

Algunos días antes de unas Navidades, un mensajero me trajo a casa una gran caja con un regalo para mi mujer y algunas botellas de licores de gran calidad para un servidor. Los regalos habían sido enviados por Carl, un jubilado que había sido el director ejecutivo de dos importantes corporaciones.

Después de escuchar una cinta de audio de una charla que di en el Rotary Club del centro de Atlanta, Carl me había telefoneado y me había pedido un favor. Me dijo que iba a hacerle una propuesta a sus tres nietos, que estaban en edad escolar. Los tres tendrían que leer *El millonario de la puerta de al lado* y luego escribir una breve reseña del libro, centrándose en el punto clave que cada nieto aprendiese con la tarea de la lectura de la obra. Las reseñas serían evaluadas y se les asignaría una calificación. El nieto que recibiese la mejor nota obtendría un premio en metálico de 500 dólares. Los dos finalistas recibirían, cada uno, doscientos cincuenta dólares en metálico; pero si el abuelo Carl calificaba los trabajos podría ser criticado de «tener favoritismos», por lo que Carl le pidió a un tercero imparcial que valorara las tres reseñas. Y sí, acepté actuar como juez.

Las reseñas estaban muy bien. Francamente, quedé sorprendido de que tres estudiantes de primaria pudieran interpretar y escribir tan bien. La nieta de Carl recibió un sobresaliente por su tarea. Las otras dos tareas también eran muy competitivas y recibieron un sobresaliente bajo.

Carl es sabio. Sabía que *El millonario de la puerta de al lado* enseñaría a sus jóvenes nietos mucha información importante sobre la acumulación de riqueza y los factores que contribuyen al éxito económico. Él sabía que los jóvenes, incluso en sus primeros años de escuela primaria, pueden aprender mucho sobre los beneficios de la planificación de su futuro económico.

Los padres deberían educar a sus hijos sobre cómo planificar. En la actualidad, muchos adultos jóvenes no tienen ni idea de cómo prepararse para el futuro, así que, ¿cómo podemos esperar que se conviertan en personas económicamente independientes? Debemos ser mentores como Carl, modelos a imitar e instructores de planificación para nuestros hijos y nietos. También debemos hacer que el aprendizaje sea divertido, e incluso una experiencia que aporte gratificaciones inmediatas. Carl lo sabía de forma intuitiva. Sospecho que ésa es la razón por la cual dos importantes corporaciones le contrataron en su día para que fuera su director ejecutivo.

FONTANERÍA PROFESIONAL FRENTE A *AMATEUR*

El fontanero que acaba de instalar tu nuevo calentador de agua gana más por hora de su tiempo profesional que el que tú cobras: ¿fue un error contratarle en lugar de hacer el trabajo tú mismo? En algunos estados de EE. UU., la ley exige que sólo un fontanero autorizado pueda instalar calentadores de agua que funcionen con gas, y no creo que quieras estudiar fontanería y obtener una autorización. ¿Qué sugerirían los millonarios a los que entrevisté?

Los millonarios y aquellos que es probable que se hagan ricos algún día no se dejan influir por el primer precio, sino que son gente sensible al precio del ciclo de vida. El «primer precio» hace referencia al ahorro monetario si tú instalas en calentador de agua en lugar de contratar a un fontanero cualificado. Quizás te hayas ahorrado 150 dólares en el proceso, pero esa cifra es muy engañosa.

Verás, la factura del fontanero incluía un calentador de agua de alto rendimiento. Tú has salido de compras y has encontrado un calentador de agua barato (de primer precio) con la misma capacidad que el de alto rendimiento, pero teniendo en cuenta la vida esperada de ambos calentadores, el del fontanero te ahorrará más de los 150 dólares en relación con los costes operativos. Además, el del fontanero se estima que durará más y calentará el agua más rápidamente. A lo largo de la vida del calentador que hubieses instalado tú, no habría ninguna garantía sobre la instalación. Podrías muy fácilmente instalarlo incorrectamente y quemar todo el sistema. Lo que es incluso peor es que si no está correctamente instalado, podría haber una fuga de gas que te asfixiase a ti y a tu familia. Estos asuntos están relacionados, todos ellos, con el ahorro en coste real al comparar los costes de «primer precio» con los de todo el ciclo de vida. ¿Qué valor tiene tu vida y la de los miembros de tu familia? Son elementos con un valor incalculable en la ecuación.

El otro asunto tiene que ver las soluciones intermedias. Tú no puedes instalar un calentador de agua y, al mismo tiempo, cumplir con las tareas propias de tu trabajo. Por supuesto, el fontanero sigue cobrando más por hora de lo que cobras tú por una hora de tu tiempo, así que podrías ahorrar dinero haciendo tú el trabajo por tu cuenta; pero no estás pensando en las diferencias relativas al ciclo de vida. No estás pensando como un millonario. Analízalo de esta forma: si decides instalar el calentador de agua por tu cuenta, deberás comprar un calentador, lo que lleva tiempo y energía. Podrías emplear este mismo tiempo y energía a potenciar tus habilidades profesionales o a estudiar inversiones. Es tiempo que podrías emplear para conseguir nuevos clientes: obtener un nuevo cliente valdría mucho más de 150 dólares. Además, tendrías que estudiar técnicas de instalación de calentadores de agua y comprar las herramientas adecuadas. Tanto si alquilas las herramientas como si las compras, eso seguiría suponiendo tiempo y dinero. Por último, ¿cuántos calentadores de agua más instalarás durante el resto de tu vida laboral? Te apuesto a que nunca más querrás instalar otro una vez que hayas sufrido con el primer intento por ahorrarte 150 dólares. ¿Por qué estudiar fontanería si no vas a ser fontanero? Después de todo esto, pregúntate sobre el dinero que te has ahorrado realmente. En términos de un análisis coste-beneficio a lo largo del ciclo de vida, escoge la opción número dos: llama al fontanero.

He explicado repetidas veces a la gente que los millonarios son frugales, pero muchos piensan que todo el concepto de «hazlo por ti mismo» define la frugalidad. Los millonarios son frugales cuando la frugalidad se traduce en verdaderos aumentos de la productividad económica de un hogar. El diccionario *Webster* define *frugal* como «caracterizado por lo que refleja economía en el uso de recursos». La palabra clave aquí es *recursos*, y no sólo el dinero del primer precio o los recursos en forma de dinero. Hay recursos de todo un ciclo de vida relacionados con hacer una compra o tomar otra decisión de tipo económico. La gran mayoría de los millonarios *no* es gente que lo haga todo por sí misma. Razonan que es más productivo obtener ingresos de su vocación y usarlo para contratar a pintores, carpinteros y fontaneros profesionales.

En una ocasión le hice a un humorista gráfico-pintor-ilustrador la pregunta del «hazlo por ti mismo». En ese momento me encontraba en su hogar, una gran casa de estilo Tudor inglés con vistas al valle del río Hudson. Mientras hablábamos, miré por la ventana y vi a un grupo de pintores de edificios montando un andamiaje alrededor de la casa. Le pregunté por el precio de pintar una vivienda tan grande. El precio parecía tan elevado que me sentí obligado a preguntar: «Usted es pintor. ¿Por qué no pinta su propia casa?».

Respondió rápidamente y yendo al meollo, diciéndome que podía ganar más dinero desempeñando su trabajo que lo que le costaría tener a un equipo pintores pintando su casa. Lo que es quizás más importante es que dijo:

> *¿Qué pasaría si me caigo de una escalera mientras estoy pintando la casa? Podría matarme o quedar discapacitado permanentemente [...] y no ser capaz de ganarme bien la vida.*

El humorista gráfico de este caso es como la mayoría de los millonarios hechos a sí mismos: no son ahorrativos pero descuidados con las sumas grandes.

Las cosas que los millonarios hacen para mejorar su productividad económica reduciendo el coste de la gestión de su hogar tienen en cuenta el coste del ciclo de vida. Colgar de una escalera podría poner en peligro su capacidad de ganar millones de dólares futuros ejerciendo su propia vocación. Es mucho más probable que vuelvan a aislar su casa y hacer que les instalen sistemas de calefacción y de aire acondicionado muy eficientes. Recuerda que los millonarios suelen vivir en la misma casa durante veinte años o más. A lo largo de los años, estos cambios amortizarán sobradamente su coste.

¿ESCRIBIR O DESPLAZARSE DIARIAMENTE AL TRABAJO?

Uso el análisis de mis propios recursos como forma de motivarme para escribir mis libros. ¿Cuánto me llevó escribir *El millonario de la puerta de al lado*? Escribí todo el manuscrito de 477 páginas en unos 180 días, o 43 200 minutos. Escribí durante una media de 4 horas todos y cada uno de los días: unos 240 minutos diarios durante 180 días. Esto puede sonar a mucho tiempo y esfuerzo, pero yo no lo veo de esa forma. Fueron más que simplemente 43 200 minutos: fueron 1,5 millones de caracteres escritos por mi mano con un bolígrafo Papermate número uno azul de punta normal. Consideré la tarea de la forma en la que la mayoría de la gente productiva piensa en su trabajo. Se motivan escogiendo de entre varias alternativas a las que dedicar su tiempo.

Por lo tanto, cuando consideré el escribir *El millonario de la puerta de al lado*, me dije:

> *Tommy, te llevará menos tiempo escribir un libro que el tiempo que has perdido en embotellamientos de tráfico a lo largo de trece años, yendo y volviendo de la universidad en la que hace tiempo estuviste contratado como profesor.*

La tarea rutinaria de desplazarme diariamente al trabajo me llevaba más minutos de mi tiempo y unidades de energía mental y física que escribir un libro. Sólo dispones de algunas horas cada día para trabajar al máximo de tu eficiencia mental. En mi caso son unas cuatro horas como máximo, por lo que tuve que decidir si quería pasar otros 50 000 minutos en mi coche o escribiendo un libro. ¿Qué derechos de autor te pagan por desplazarte diariamente al trabajo? ¿Cuánto más productivo me volveré, en relación con mi trayectoria profesional, dominando la conducción en la que hay que estar parado y avanzar a ratos? Lamentablemente, millones de estadounidenses desperdician su energía mental y física haciendo cosas improductivas.

Por lo tanto, es buena idea dedicar algunos minutos cada mes a mejorar tu productividad. Hazte algunas preguntas sencillas sobre a qué dedicas tu tiempo:

- ¿Cuánto tiempo dedicaré a cada tarea durante toda mi vida?

- ¿Hay alguna forma en la que pueda reducir el tiempo dedicado?

- ¿Hay mejores formas de emplear mi tiempo que llevar a cabo las tareas que he estado realizando habitualmente?

- ¿Hay alguna tarea que pueda llevar a cabo que me proporcione beneficios durante el resto de mi vida?

CONSTRUIR, RENOVAR O ALQUILAR

Mantuve, recientemente, una conversación con D. D. Thompson, un maestro de obras dedicado a la construcción de casas. Él y otros miembros de su familia llevan a cabo la mayor parte de la construcción de las viviendas que erigen. La empresa familiar produce un producto de calidad.

Thompson mencionó que los tipos como yo «lo tienen fácil […]. Nosotros clavamos 250 000 clavos en el proceso de construir esa casa. Ustedes sólo tienen que sentarse en un escritorio». Disfruté de este comentario. Entonces le dije que «gusta más lo ajeno, más por ajeno que por bueno».

Me llevó 1,5 millones de caracteres [letras] escritas por mi mano completar mi manuscrito. Además, es necesario pensar mucho en la elección de las palabras.

Aunque a D. D. le encantaron mis comentarios, no estoy seguro de que hubiese captado toda la idea. Clavar clavos lleva esfuerzo, como también lo lleva escribir un libro, pero hay una gran diferencia. ¿Qué pasaría si la letra o la palabra situada en una página acabara formando parte de un libro superventas? Es como si cada letra supusiera un arroyo de ingresos futuros. Una vez que D. D. clava un clavo en una pieza de madera, se le paga una vez. No tiene un inventario. Le pagan sólo una vez: no se pagan derechos de autor por los clavos.

Lo que es incluso peor es que D. D. erige casas para un constructor. D. D. obtiene alrededor del 20 % de los beneficios, y el constructor el resto. Eso es como ser un escritor fantasma que obtiene una tarifa fija y ningún derecho de autor futuro. A D. D. le iría mucho mejor construyendo casas siendo él mismo el constructor. Incluso mejor: debería construir y alquilar pequeños apartamentos. Eso equivale a tener clavos como si fuesen una renta. Sin embargo, D. D. no dispone del capital para asegurar su propia constructora, ni tiene la disciplina ni la planificación para desarrollar un plan de ahorro que le permitiese acumular suficientes ingresos para ser un constructor algún día. Puede que D. D. no haya clavado suficientes clavos todavía. Algún día puede que se acabe cansando de verdad de dedicar todo su tiempo y energía a clavar clavos que nunca le proporcionan dividendos.

Creo que muchos graduados universitarios tienen empleos en puestos que implican clavar clavos.

Toma, por ejemplo, a la mayoría de los contables públicos colegiados de EE. UU. Son unos profesionales inteligentes y que trabajan duro que preparan muchas declaraciones de la renta cada año, pero no puedes hacer un inventario de las declaraciones de la renta. Se trata de una tarea que es nueva cada año, año tras año.

Algunos contables públicos colegiados fueron más allá de clavar más clavos cada año. Desarrollaron programas de *software* relacionados con los impuestos, vendieron miles y miles de estos programas y venderán incluso más en el futuro. Los programas son el equivalente a la gallina que sigue poniendo huevos en forma de derechos de autor y pagos relacionados. Lo genial es que estos productos se pueden inventariar: generan ingresos sin que sus creadores tengan que hacer una declaración de la renta personalizada más.

La idea clave es la siguiente: de todas formas, vas a trabajar duro clavando clavos. Puedes clavar clavos que te pagarán una vez o cien veces: es asunto tuyo. Si vas por la vida como D. D., siempre se tratará de un sólo clavo, de una paga. Si D. D. simplemente pasase algunas horas más cada semana construyendo su propia casa erigida antes de que un comprador se interesase por ella, quizás con un inversor que aportara el dinero para los materiales a cambio de obtener la mitad de los beneficios, haría la transición desde la existencia rutinaria consistente en clavar clavos a una vida de inventariar los equivalentes en metálico de los clavos: el capital.

La gente suele pedirme mi opinión sobre los elevados salarios de muchos deportistas profesionales. Creo que les pagan lo que se merecen, y no siento ninguna envidia de los atletas que tienen unos ingresos altos. Muchos tienen unas carreras deportivas muy cortas. Algunos son conscientes de que los goles, los *home runs* e incluso los *touchdowns* no se pueden inventariar. Pese a que reciben muchos más dólares por batear una pelota o incluso por bloquear a un *quarterback*, sigue siendo el viejo juego de los clavos. Los dólares que ganes por los clavos clavados hoy no importan tanto: el verdadero asunto es cuántos dólares futuros te pagarán tus esfuerzos actuales.

A la prensa le encanta contarnos cuánto ganará algún joven deportista con su contrato, pero una vez que sus días de juego lleguen a su fin, ¿dónde quedan las anualidades?: están muertas y bien muertas. La gente realmente inteligente en el sector del deporte profesional son los dueños de los equipos y los agentes.

Estos agentes son un grupo de gente especialmente astuta. No tienen un gran talento concreto: no corren, patean, bloquean ni marcan goles. No cantan ni bailan. Pese a ello, duran y duran. Así pues, ¿qué sucede si eres uno entre un millón entre los talentos del fútbol americano? Fuiste el mejor jugador estadounidense en el instituto, y también el mejor jugador estadounidense en la universidad, y has sido el primer *running back* elegido por los equipos profesionales este año, pero te has lesionado gravemente la rodilla.

Tu agente, por otro lado, tiene un «criadero» de gente como tú. Hace crecer su negocio igual que hay gente que cultiva manzanos. Una vez que te encuentres en su huerto de árboles frutales, seguirás produciendo para él. Cuando ya no puedas producir manzanas o clavar clavos retirarán tu tronco muerto o moribundo del campo. Se plantará un manzano sustituto igual que se insertan piezas intercambiables en una máquina.

LOS FRUGALES Y PRODUCTIVOS POINT

Los Point son una pareja jubilada que vive en una excelente casa de cuatro habitaciones en uno de los mejores vecindarios de Austin. Tienen un patrimonio neto de siete cifras. Son una pareja frugal, y son muy cuidadosos con cómo gastan su dinero. Tal y como dice la señora Point: «Mi marido y yo crecimos durante la Gran Depresión, por lo que ambos tenemos cuidado con nuestro dinero». Aunque actualmente viven en una casa que vale 800 000 dólares, se ha amortizado a lo largo de los años gracias a su revalorización.

Para los ricos en cuanto al estado de su situación patrimonial, cuidadoso significa elegir una casa y un vecindario muy minuciosamente. Puede que también signifique pagar más por una casa inicialmente y tener unos impuestos sobre la propiedad más elevados.

Haz la elección adecuada y quizás hasta te vaya mejor que si tu casa se amortizara en términos de dinero real. La señora Point expresó su actitud al respecto:

Creo en vivir en el mejor *barrio de la ciudad [...] ubicación, ubicación y ubicación [...]. Me las apañaré sin buenos coches, pero insisto en tener* la mejor *casa posible.*

Ciertamente, los Point podían tener ambas cosas. Podrían comprar coches y ropa caros y seguir perteneciendo al grupo de los millonarios, pero ése no es su estilo. La señora Point resumió amablemente la filosofía que su marido y ella siempre habían sostenido.

Creen que es muy importante ser sensible a los precios con respecto a los productos que pierden todo o la mayor parte de su valor inicial una vez comprados. En términos de valor en dinero, estos artículos son muy perecederos: como ejemplo tenemos la ropa. Si adquieres un traje o un vestido caros hoy, ¿cuánto valdrá mañana en una venta de objetos de segunda mano? Puede que sólo un 5 o un 10 % de su precio original de compra. La señora Point nunca quiere gastar mucho dinero en ropa: se deprecia con demasiada rapidez. Deja un vacío en nuestro patrimonio neto. No obstante, siempre quiere parecer bien vestida. Aquí tenemos su solución:

Oh, sí, llevo ropa de alta costura que compro en la tienda de la Junior League (una organización femenina educativa y caritativa que fomenta el trabajo voluntario dirigido hacia la mejora de las comunidades). La mayor parte de ella fue donada por la familia _____ [una de las familias más ricas de EE. UU.]: Yves Saint Laurent, Armani, Valentino, Oscar de la Renta, Gucci, Dior. Me encanta la ropa. De hecho, se podría decir que la colecciono. Incluso tengo un Balenciaga.

Si algunas de estas prendas no le sientan a la perfección, ella y el señor Point hacen lo que hacen unos cuatro de cada diez millonarios para resolver este problema: hacen que se los ajusten en lugar de comprar ropa nueva. El dinero que la señora Point se ahorra como resultado de su tendencia a comprar en tiendas de segunda mano se dedica a artículos cuyo precio es «muy duradero» y que, de hecho, aumentan de valor.

Soy consciente de que vivimos en una época de milagros médicos [...]. Yo [...] invierto en acciones relacionadas con la medicina.

La señora Point cree que la compra de acciones mejorará el patrimonio neto de la pareja, mientras que pagar el precio al por menor de artículos de ropa tendrá el efecto opuesto. No es que los Point sean gente tacaña: no lo son, está claro. Simplemente quieren ser siempre económicamente independientes. También tienen presentes a otras personas al operar con una filosofía de ser muy productivos: planifican para que sus seis hijos tengan una herencia sustanciosa.

Revisemos el estilo de la señora Point. Cree en comprar una casa que se revalorice, pero no cree en pagar el precio al por menor de ropa y otros artículos que conservan poca parte de su precio original. Es mejor invertir en valores del sector médico, que tienen longevidad.

Hay otra razón por la cual la señora Point invierte en acciones del sector médico. Se preocupa mucho por la salud, lee mucho sobre asuntos relacionados con la salud y asiste a muchos seminarios y programas sobre salud y medicina. Es muy productiva en términos de matar dos pájaros de un tiro: potencia su bienestar físico y económico leyendo y estudiando acerca de medicinas y nuevos fármacos y patentes.

La mayoría de los alimentos son perecederos. ¿Significa esto que la señora Point racanea con la comida para mejorar su salud económica?

Creo firmemente en comer sano y hacer ejercicio [...], pero soy muy cuidadosa con la compra de comida. Recorto y organizo los cupones de descuento, cocino yo misma, etc.

Estoy seguro de que la señora Point le parece una mezcla desconcertante a mucha gente. Lleva ropa cara, pero no gasta mucho en coches. Usa cupones de descuento, pero vive en una casa cara situada en uno de los mejores barrios. La gente podría pensar que ella y el señor Point se mantienen simplemente a flote económicamente hablando, pero las apariencias pueden ser engañosas.

«Tenemos tierras [...] [y] explotaciones mineras y concesiones petroleras. No les hablamos a nuestros amigos sobre nuestras propiedades porque muchas de las personas con las que nos relacionamos no poseen tanto como nosotros.

La señora Point es como muchos millonarios cuando se trata de comprar muebles y accesorios para el hogar. Gasta su dinero en muebles con cualidades duraderas. El mobiliario «muy perecedero», que prácticamente se desintegra si se te cae un café caliente encima, nunca ha entrado en su casa.

«Compramos artículos de calidad y los hacemos durar. ¡Compramos muebles de anticuario del siglo XVIII!

La gente como la señora Point es rica porque destina una parte desproporcionada del dinero que gasta en muebles a categorías con un valor duradero. Incluso aunque pagues 10 000 dólares por una mesa y unas sillas de anticuario, estos muebles tienen dos funciones: puedes sentarte en la silla y comer en la mesa y estás manteniendo una inversión.

Ésta es una razón importante por la cual la mayoría de los decamillonarios asisten regularmente a ferias de antigüedades. Muchísimos de ellos se han hecho a sí mismos: sus padres no eran ricos. Sus padres y sus abuelos es probable que fueran lo que llamo conservadores y recolectores: un rasgo que se fomenta en las familias plenamente funcionales y cariñosas que se remontan a muchas generaciones.

El millonario actual tiene un hogar que contiene el preciado cofre de la abuela, la máquina de coser manual Singer de la bisabuela, el rifle modelo Winchester 70 de antes de 1864 del abuelo y la colección de monedas del tío Bill.

Algunas personas creen que los artículos de segunda mano son basura. Para ellos lo nuevo siempre es mejor: define el éxito. Lo viejo indica fracaso económico y reveses. Pero esto no es así en el caso de la señora Point: ella tiene mucha confianza en sí misma y está orgullosa de quién es y de cómo ha acumulado una considerable riqueza.

Nadie de la avenida Madison le dirá nunca cómo tiene que pensar. Tiene sus propias ideas sobre el valor de lo nuevo frente a lo viejo, o de la madera de verdad frente al aglomerado. Ésa es la razón por la cual el señor Point y ella son ricos.

RECICLAR: LOS MOCASINES CON BORLAS FRENTE AL CALZADO DEPORTIVO

¿Es la gente estadounidense acaudalada la principal consumidora de bienes comprando hoy y desechando mañana? Puede que el pensar en reciclar o, más en concreto, en poner suelas a unos zapatos les parezca aborrecible. Los hallazgos de mi encuesta a nivel nacional de EE. UU. sobre los millonarios contradicen esa hipótesis: el 70 % de los millonarios encuestados hacían que le pusieran suelas al calzado. Esta cifra supone, en cierta medida, una subestimación, porque el 20 % son millonarios jubilados que normalmente dejan de vestir su «uniforme de gala», que incluye un calzado al que pueden ponerse suelas.

Este calzado suele recibir el nombre de «zapatos de vestir» o «calzado ejecutivo» y suelen llevarlos los hombres, incluyendo a los cuatro de cada cinco millonarios encuestados que son hombres. Estos zapatos son de marcas con nombres como Alden, Allen Edmonds y Johnson-Murphy, y normalmente se venden en tiendas de artículos específicos para hombres o en grandes almacenes exclusivos. Se trata de artículos artesanales que no es posible que se encuentren en los armarios de todas las casas de EE. UU.

Los zapatos de este tipo son muy apreciados entre los altos ejecutivos de las compañías que cotizan en la bolsa, los propietarios de las principales empresas privadas y los médicos, abogados, banqueros de inversiones y corredores de bolsa que más ganan. ¿Por qué pagan 200, 300 o más dólares por un par de zapatos? Todo esto es un asunto de percepción y preferencias. La mayoría de la gente, especialmente los hombres, toman decisiones, con respecto a la compra de zapatos, según el precio inicial o el primer coste. Cuando necesitan unos zapatos «de vestir» se compran unos zapatos negros lo más baratos posible. Esa gente es sensible al precio o al primer coste y son la principal razón por la cual existen tantas tiendas de zapatos de rebajas en la actualidad.

El otro segmento del mercado de los zapatos «de vestir», gran parte del cual está formado por millonarios, es relativamente insensible al primer coste o al precio inicial. Están menos preocupados por las variaciones de precio de los zapatos que por la calidad de los zapatos «de vestir». Esta gente sensible a la calidad define la calidad en términos de coste a lo largo del ciclo de vida. Mis mocasines con borlas de la marca Alden tienen más de diez años y he hecho que les pongan suelas dos veces. Además, nunca pasan de moda. Son, de lejos, los zapatos más cómodos que he tenido. Al final de muchas jornadas de trabajo de doce horas, mis pies nunca me han provocado malestar cundo llevaba mis Alden. Están hechos para durar, sostener y proporcionar comodidad a nuestra base física, por lo que no son baratos en comparación con otro tipo de calzado que se ofrece en el mercado. Si eres el ejecutivo de una compañía o un profesor de empresariales, querrás llevar «el uniforme». Las zapatillas de deporte no pasan el corte, al igual que pasa con los zapatos «de vestir» de confección barata. Un encuestado en un sondeo citó sus experiencias con unos de los llamados zapatos de vestir baratos.

Los zapatos baratos te desgastan. No eres tú el que los desgasta.

Permíteme que amplíe el argumento sobre el coste a lo largo del ciclo de vida. En los diez años que he tenido mis zapatos de la marca Alden, los he llevado puestos aproximadamente 1 600 días. Pagué inicialmente 100 dólares por esos zapatos y les he puesto suelas un par de veces por 50 dólares cada vez. Por lo tanto, el dinero que te tenido que desembolsar han sido 200 dólares. Añade los 20 dólares que pagué por unas buenas hormas y el coste total fue de 220 dólares. Las hormas tienen una importancia fundamental para alargar la vida de unos zapatos de buena calidad.

Divide los 1 600 días que he llevado puestos los zapatos entre 220 dólares, y el resultado son un poco menos de 14 centavos por día de uso. Muy por el contrario, permíteme que te asesore acerca del coste que tiene el calzado de mi hijo adolescente. Desgasta o acaba aburriéndose de seis pares de zapatillas deportivas de la marca Nike o Adidas por año. Principalmente las desgasta caminando por el simple hecho de deambular por un campus universitario enorme, pero también sale a correr o practica deporte en cualquier lugar con ellas. La madre de Brad estima que se pone cada par de zapatillas deportivas entre 80 y 100 veces. Este calzado cuesta entre 65 y 85 dólares por par. Incluso en el mejor de los casos, asumiendo que se las pusiese 100 veces, el coste a lo largo del ciclo de vida de estas zapatillas es de 65 centavos por cada vez que se las pone.

Dadas estas cifras, tengo que preguntar quién paga más por el calzado que se pone cada día. ¿Es el ejecutivo millonario con sus mocasines de piel de 300 dólares o el estudiante universitario con sus zapatillas deportivas de 85 dólares? Las apariencias pueden engañar mucho, como también puede hacerlo el primer coste o el precio de compra. Para muchos productos, el coste a lo largo del ciclo de vida es un criterio mucho más relevante que emplear al comprar.

PUEDES RESTAURAR LA MADERA, PERO NO EL AGLOMERADO

Mira en el interior del hogar de un millonario y quizás te sorprendas con lo que veas. Quizás esperes una casa muy decorada llena de muebles y accesorios a la última moda. Hasta aquí otro mito sobre los ricos. Los hábitos de diseño de interiores y de compra de muebles de los millonarios no son los que ves en las películas o en la televisión. No cambian de muebles como las estrellas de cine de Hollywood cambian de pareja.

La mayoría de los millonarios viven en casas unifamiliares con un diseño tradicional. Estos hogares son casas bien construidas de estilo colonial, incluyendo las de estilo Tudor inglés, y los diseños de estilo americano temprano son los más preponderantes. Cuando se trata de muebles modernos, los millonarios no son consumidores importantes. Prefieren los muebles tradicionales de alta calidad, que nunca pasan de moda. Su mobiliario tiene otra característica notable: suele ser de madera maciza y no de aglomerado ni de finas capas de madera de calidad sobre aglomerado. Los millonarios prefieren los muebles hechos de madera maciza o, en algunos casos, de revestimientos de calidad sobre buenas maderas macizas.

Para echar un vistazo al estilo, y no necesariamente a las marcas, del mobiliario que tienen estas personas, visita una tienda local de muebles. Mira en las Páginas Amarillas bajo el encabezado «Muebles» y mira qué tiendas venden mobiliario de alta calidad del siglo XVIII y otros enseres tradicionales. Busca palabras clave como *Baker Williamsburg, Councill Craftsmen* y *Henkel-Harris*. Éstas no son las únicas marcas que es probable que veas en las casas de la gente rica, pero supondrán un buen primer paso.

Los millonarios no sólo tienden a tener muebles de estilo tradicional o antiguo en sus hogares, sino que además es significativamente más probable que, en comparación con la población no millonaria, posean muebles «viejos» o de anticuario. Pregunta a los comerciantes de antigüedades auténticas sobre las características de su principal mercado objetivo y te dirán que la mayor porción está compuesta por gente acaudalada con un gusto tradicional que es más sensible a la calidad de los muebles que a las variaciones en cuanto al precio.

Hay varias fuentes del mobiliario tradicional que poseen los millonarios. En primer lugar, adquieren reproducciones de alta calidad hechas de madera maciza, la mayoría de ellos de comerciantes de antigüedades. Algunos hacen que les fabriquen los muebles a medida. En segundo lugar, los millonarios tienen propensión a comprar muebles de anticuario o de estilo tradicional de alta calidad. En tercer lugar, algunos obtienen parte de sus muebles a través de regalos intergeneracionales y de tiendas de objetos de segunda mano.

Independientemente de la fuente, el mobiliario tiende a ser del mismo tipo. Es de diseño tradicional y está bien hecho con madera maciza. A ojos del millonario, este tipo de mobiliario pertenece a la categoría de alta calidad. La calidad no se refiere sólo a la construcción, sino que tiene algo que ver con cuánto durará un mueble. Los mejores muebles, incluso con unos cuidados mínimos, durarán un siglo o más, y el asunto de la longevidad física es importante. ¿Pero durante cuánto tiempo seguirá el mobiliario tradicional de moda y, por lo tanto, tendrá una alta demanda entre la población acaudalada?

Nadie puede tener la certeza absoluta, pero las tendencias pasadas suelen predecir el futuro. Los muebles de alta calidad probablemente ganarán valor. ¿Cuántos de los bienes de consumo adquiridos hoy se revalorizarán en el futuro (ese coche por el que pagaste 30 000 dólares hace cuatro años, o ese traje de 500 u 800 dólares que te compraste ayer)? Muy por el contrario, he visto muebles de las marcas Henkel-Harris y Baker (por nombrar sólo dos marcas) que tienen diez o veinte años venderse por más del doble de su precio de venta original.

Por definición, los millonarios tienden a ser acumuladores: una característica que heredaron de progenitores que eran recolectores. Sus padres y abuelos se aferraban a las cosas que tenían valor. Así pues, la mayoría de los millonarios tiene un legado familiar de recolección, ahorro y conservación. «No malgastes y no desees» es un lema que los millonarios de primera generación llevan a la acción en la actualidad. Sus antepasados les legaron posesiones que tenían un valor sentimental duradero, además de económico. Conocían, intuitivamente, el valor de recolectar y conservar cosas que aumentarían de valor. Sus predicciones sobre el aumento de valor de ciertos objetos no era su único motivo: incluso en la actualidad, sus hijos e hijas millonarios tienden a adquirir teniendo a otros en mente. Adquieren, deliberadamente, muebles hoy que puedan dejar en herencia a la generación más joven mañana. Esto es, en esencia, su definición del mobiliario de calidad. Durará más que la esperanza de vida normal de un adulto, nunca perderá su atractivo y probablemente aumentará de valor.

Piensa en el proceso de selección de los muebles a través de los ojos y la mente de los millonarios. Ven el verdadero beneficio de amueblar sus hogares con los muebles que he descrito. Puede que paguen dos o tres veces más por un baúl o una cómoda de calidad que por una pieza de imitación de aglomerado. Si el baúl barato es de aglomerado chapado, quizás nunca dure más de media generación. Deja unas gotas de agua o café encima y puede que el chapado se separe del aglomerado. Además:

No puedes serrar el aglomerado. Ni siquiera puedes lijar el aglomerado.

Puedes restaurar los muebles de muy buena calidad una y otra vez. ¿Por qué haría un millonario que le restaurasen sus muebles? No piensan en el mobiliario como un bien de consumo o un objeto perecedero. No compran muebles nuevos en cuanto los viejos tienen un arañazo. Casi la mitad (el 48 %) de los millonarios que respondieron a mi último informe de la encuesta a nivel nacional de EE. UU. informan de que:

Hacen que les restauren o vuelvan a tapizar los muebles en lugar de comprar muebles nuevos.

Claurice Rector, una multimillonaria, me dijo en una ocasión que ella hace que le restauren y vuelvan a tapizar «todo en su casa».

Porque es, simplemente, mucho más cómodo que buscar [...] comprar [muebles nuevos] durante horas, mirando muebles malos con un precio elevado.

Rector ha elaborado una lista de grandes restauradores, además de varios tapiceros.

Llamo. Me envían muestras de tela. Recogen el mueble. No tengo que ir a un centro comercial ni pasar por engorros.

Sus tapiceros favoritos disponen de una gran cantidad de telas. Según Rector, la selección de una tela es mucho más fácil que elegir unos muebles nuevos. Ha hecho que el mismo negocio familiar le vuelva a tapizar su sofá favorito cinco veces en treinta años.

En este mismo sentido, un reciente artículo periodístico escrito por James R. Hagerty y Robert Berner se preguntaba: «Desde la comodidad de tu sofá, ¿te has preguntado alguna vez por qué comprar muebles puede ser un quebradero de cabeza tan grande?» (*The Wall Street Journal*, 2 de noviembre de 1998, pp. 1A, 18A). El artículo documenta la dificultad que tiene la gente para encontrar muebles que comprar. Incluso después de incontables horas de búsqueda, puede que el comprador tenga que esperar semanas o incluso meses para que se los entreguen. Hay tantos estilos y colores de muebles en la actualidad que es muy complicado, incluso para un comprador experimentado. El periódico *The Wall Street Journal* mencionaba una compañía que ofrecía 1 700 millones de combinaciones posibles de sofás y sillas tapizadas. Dada la gran variedad de telas y estilos, ¿es sorprendente que tantos millonarios restauren y vuelvan a tapizar en lugar de buscar entre tantas combinaciones de muebles?

BUSCANDO PISTAS

Hay ciertas acciones que revelan muchas cosas sobre nuestros hogares y sobre si son económicamente productivos. Cuando empecé a estudiar las características de los hogares acaudalados, se propusieron más de doscientas acciones y hábitos. Éstos se pulieron, en parte, en mi grupo de sondeo y en entrevistas personales con millonarios. Al final se incluyeron trece acciones en el cuestionario empleado para esta encuesta hecha a millonarios a nivel nacional de EE. UU. (*véase* la tabla 7-1).

TABLA 7-1

ACCIONES EMPRENDIDAS POR LOS MILLONARIOS PARA REDUCIR LOS COSTES/MEJORAR LA PRODUCTIVIDAD DE LA GESTIÓN DEL HOGAR

	Porcentaje de millonarios (N = 733)
1. PROLONGAR EL CICLO DE VIDA	
Hacer que pongan suelas/reparen el calzado	70
Hacer que te vuelvan a tapizar/te restauren los muebles en lugar de comprar muebles nuevos	48
Hacer que te arreglen/ajusten la ropa en lugar de comprar ropa nueva	36
2. REDUCIR LOS GASTOS MENSUALES	
Elevar la temperatura del aire acondicionado durante el verano/el día	57
Cambiar de compañía telefónica para las llamadas a larga distancia	49
Amortizar/haber amortizado la hipoteca de tu hogar pronto	48
3. PLANIFICACIÓN DE LAS COMPRAS	
Nunca comprar nada que te quieran vender por teléfono	74
Elaborar una lista antes de ir a hacer la compra	71
Usar cupones de descuento al hacer la compra	49
Comprar los electrodomésticos y/o los coches «mejor valorados» por las revistas de asociaciones de consumidores	44
Abandonar los grandes almacenes en cuanto hagas la compra que ibas a hacer	36
4. FRECUENTAR INSTITUCIONES QUE OFRECEN DESCUENTOS	
Comprar suministros para el hogar al por mayor en grandes superficies que ofrecen precios reducidos	49
Hacer cada vez más negocios con agencias de corredores que ofrecen descuentos	25

¿Por qué sólo trece acciones? Porque los patrones de respuesta a estas acciones podrían predecir las respuestas a otras. A su vez, surgieron cuatro patrones principales de los datos de la encuesta. Tomemos el patrón número uno: *Prolongar del ciclo de vida*. Alrededor de la mitad de los millonarios (el 48 %) indicó que volvía a tapizar o restauraba sus muebles para reducir el coste y mejorar la productividad de la gestión de su hogar. Estos mismos encuestados tendieron a responder que «hacen que les pongan suelas/reparen el calzado» y que «les arreglen/ajusten la ropa».

Ahora piensa en el patrón número dos: *Reducir los gastos mensuales*. En general, las respuestas a las tres acciones que se encuentran bajo este encabezado son independientes de los ítems incluidos dentro de *prolongar del ciclo de vida*. En otras palabras, las respuestas a la acción «Cambiar de compañía telefónica para las llamadas a larga distancia» no están significativamente relacionadas con las respuestas al ítem «Hacer que te vuelvan a tapizar los muebles».

Para comprender mejor a los millonarios, uno debe analizar varios patrones de respuestas distintos. Hay cuatro factores en total; los dos mencionados, el patrón número tres *(planificación de las compras)* y el patrón número cuatro *(frecuentar instituciones que ofrecen descuentos)*. He determinado que, de todas las acciones, hay dos que son las que representan mejor el enfoque de los millonarios para reducir los costes y mejorar la productividad de la gestión de un hogar. Las dos acciones que son clave para comprender a los millonarios son:

- Cambiar de compañía telefónica para las llamadas a larga distancia

- Hacer que te vuelvan a tapizar/te restauren los muebles en lugar de comprar muebles nuevos

Me fijé en dos muestras de millonarios. El primer grupo contenía sólo encuestados de hogares económicamente productivos que cambian de compañía telefónica para las llamadas a larga distancia y que hacen que les vuelvan a tapizar o les restauren los muebles. La otra muestra contiene a encuestados de hogares no productivos que no llevaban a cabo ninguna de estas acciones.

¿En qué se diferencian los millonarios del primer grupo, que gestionan hogares económicamente productivos (MEP) de los millonarios económicamente no productivos (MENP)? Los dos grupos tienen estilos muy distintos en lo relativo a acumular riqueza. Los MEP son ricos por varias razones. Por supuesto, gestionan hogares productivos (*véase* la Tabla 7-2), pero también son mucho más reflexivos en su enfoque a la hora de comprar una vivienda, y dedican más tiempo a estudiar y planificar sus inversiones.

TABLA 7-2

HOGARES ECONÓMICAMENTE PRODUCTIVOS FRENTE A NO ECONÓMICAMENTE PRODUCTIVOS: ACCIONES EMPRENDIDAS POR LOS MILLONARIOS PARA REDUCIR LOS COSTES/MEJORAR LA PRODUCTIVIDAD DE LA GESTIÓN DEL HOGAR

	(PORCENTAJE QUE EMPRENDE ACCIONES) GESTIONA UN HOGAR ECONÓMICAMENTE PRODUCTIVO	
	Sí **(N = 182)**	**No** **(N = 190)**
1. PROLONGAR EL CICLO DE VIDA		
Hacer que te pongan suelas/reparen el calzado	81	55
Hacer que te arreglen/ajusten la ropa en lugar de comprar ropa nueva	62	17
2. REDUCIR LOS GASTOS MENSUALES		
Elevar la temperatura del aire acondicionado durante el verano/el día	76	36
Amortizar/haber amortizado la hipoteca de tu casa pronto	57	44
3. PLANIFICACIÓN DE LAS COMPRAS		
No comprar nunca nada que te quieran vender por teléfono	77	74
Elaborar una lista antes de ir a hacer la compra	84	57
Usar cupones de descuento al hacer la compra	65	33
Comprar los electrodomésticos o los coches «mejor valorados» por las revistas de asociaciones de consumidores	58	31
Abandonar los grandes almacenes en cuanto hayas la compra que ibas a hacer	50	26
4. FRECUENTAR INSTITUCIONES QUE OFRECEN DESCUENTOS		
Comprar suministros para el hogar al por mayor en grandes superficies que ofrecen precios reducidos	57	41
Hacer cada vez más negocios con agencias de corredores que ofrecen descuentos	35	13

¿Qué hay de aquellos que están en la categoría de los MENP? ¿Cómo pueden ser millonarios y no gestionar un hogar eficiente? Obtienen tantos ingresos que es difícil que no se hagan ricos. Para entender plenamente los estilos contrarios de estos dos grupos se imponen unos casos prácticos.

OAKS FRENTE A O'TOOLE

Oaks tiene un patrimonio neto de unos 7,5 millones de dólares, pero no pertenece al grupo de los MEP. Él y otros miembros de su hogar nunca emprendieron las dos acciones clave: es decir, cambiar de compañía telefónica y volver a tapizar o restaurar los muebles. O'Toole tiene un patrimonio neto de unos 5 millones de dólares e indica que sí emprende casi todas estas acciones. Es un asunto de estrategia y estilos. Tiene unos ingresos anuales de 829 000 dólares. Tiene unos horarios muy prolongados como abogado. Está concentrado y dedica su energía a su trayectoria profesional. Mientras se mantenga en la cima de su profesión, cree que la riqueza aparecerá como corresponde. Oaks y su esposa creen que la mayoría, por no decir todas, las acciones que aparecen enumeradas en la Tabla 7-2 roban tiempo y energía a una trayectoria profesional muy bien pagada. Tiene la firme opinión de que su mejor estrategia individual para hacerse rico consiste en concentrar su inteligencia superior en la práctica del derecho.

O'Toole es muy distinto en cuanto a sus tendencias. Es un empresario del sector del reciclaje/la chatarra. Sus ingresos anuales son de 544 000 dólares, y su patrimonio neto se estima que es de unos 5,2 millones de dólares. Tiene un nivel inferior de patrimonio neto que Oaks, en gran parte debido a las diferencias en cuanto a los ingresos. O'Toole poseería una riqueza considerablemente menor si no tuviera un hogar económicamente productivo. De hecho, desde su boda, hace más de veinticinco años, su esposa y él siempre han gestionado su hogar de forma productiva. Tuvieron que hacerlo, o no habrían podido erigir su negocio de reciclaje.

Oaks y su esposa son unos propietarios distintos. Oaks se graduó en una universidad de élite prácticamente entre los mejores de su curso, tanto en sus estudios de grado como en la facultad de Derecho. Un excelente bufete de abogados le contrató de inmediato. Al poco tiempo le hicieron socio del bufete. No es infrecuente que Oaks trabaje sesenta, setenta u ochenta horas semanales. Trabaja duro y se esfuerza mucho. Tiene la respuesta formal cuando le preguntan sobre las acciones que se podrían emprender para reducir los costes de gestión de su hogar:

Ahorrativo en lo pequeño, pero descuidado con las sumas grandes.

Sostiene que los costes de gestión del hogar pertenecen a la categoría de «ahorrativo». La categoría de las sumas grandes implica concentrar toda su energía intelectual en ayudar a un cliente a ganar un acuerdo de 100 millones de dólares. Si su cliente gana, los ingresos de Oaks superarán el millón de dólares el año que viene. Ésa es la razón por la que tiene poco interés en leer sobre las variaciones en el valor de los hornos y las lavadoras en las revistas de las asociaciones de consumidores. Los Oaks simplemente compran los electrodomésticos más caros, que teóricamente son los mejores.

Aquí tenemos otras diferencias interesantes entre Oaks (el MENP) y O'Toole (el MEP). Se les preguntó sobre por qué son exitosos, y comparten algunos factores comunes relativos al éxito, como sucede con la mayoría de los millonarios. Ambos afirman que tiene algo que ver con ser muy disciplinados, trabajar duro, llevarse bien con la gente y ser competitivos, pero Oaks, el abogado con unos ingresos elevados, también atribuye su éxito a:

- Tener un cociente intelectual alto/una inteligencia superior.
- Haber estudiado en una facultad de élite.
- Haberse graduado entre los mejores o prácticamente entre los mejores de su curso.

O'Toole tiene su propio conjunto de explicaciones del éxito específicas de su grupo:

- Invertir en su propio negocio.
- Tener una esposa alentadora.
- Estar dispuesto a asumir riesgos económicos dado un beneficio adecuado.

Y hay otro factor del éxito que es muy importante para O'Toole:

Vivir por debajo de mis posibilidades.

Más de la mitad (el 53 %) de aquellos millonarios que se encuentran en la categoría de los MEP valoran este factor como importante o muy importante. Sólo alrededor de uno de cada tres MENP valora este factor de la misma forma. O'Toole y los MEP tiene un estilo de vida distinto al de Oaks y los MENP. Los MEP es significativamente más probable que:

- Asistan a servicios religiosos.
- Lean la Biblia.
- Compren en grandes superficies que ofrecen descuentos, ya que venden al por mayor.
- Coman en un McDonald's o un Burger King.
- Se impliquen en proyectos de bricolaje/carpintería.
- Compren por Internet.
- Sieguen su césped.
- Practiquen la jardinería.
- Asistan a ferias/ventas de artículos de anticuario.
- Consulten a un asesor en inversiones.

Oaks y los MENP son más tendentes a:

- Ir a grandes eventos deportivos.
- Asistir a eventos benéficos para recaudar fondos.

Parte del estilo de vida de los MEP consiste en integrar el comportamiento con respecto las compras y la conducta relativa a las inversiones. Los MEP buscan su casa de forma activa y perciben su hogar como parte de su cartera de inversiones. Muchos MENP no lo ven así. Alrededor del 81 % de los MEP, pero sólo el 52 % de los MENP, indican «Tomarse semanas e incluso meses para comparar precios para conseguir el mejor trato general» (*véase* la Tabla 7-3).

TABLA 7-3

ACCIONES EMPRENDIDAS EN EL PROCESO DE COMPRA DE UNA VIVIENDA:
MILLONARIOS DE HOGARES ECONÓMICAMENTE PRODUCTIVOS (MEP)
FRENTE A ECONÓMICAMENTE NO PRODUCTIVOS (MENP)

	MEP (%)	MENP (%)
1. PLANIFICACIÓN Y DELIBERACIÓN		
Nunca pagar el precio inicial pedido por una vivienda	91	80
Estar dispuesto a abandonar un trato en cualquier momento	84	77
Buscar los precios de las viviendas vendidas recientemente en el vecindario	89	72
Tomarse semanas e incluso meses para comparar precios para conseguir el mejor trato general	81	52
Nunca intentar comprar una vivienda en un período breve de tiempo	64	44
2. BÚSQUEDA		
Buscar un vecindario que disponga de excelentes escuelas públicas	80	74
Adquirir una vivienda que te puedas permitir fácilmente	66	53
Buscar una vivienda con bajos costes de mantenimiento y una gran eficiencia energética	42	20
Buscar una vivienda «chollo» que forme parte de una ejecución hipotecaria, un acuerdo de divorcio o una liquidación de patrimonio	45	14
Buscar un vecindario con unos impuestos a la propiedad razonables	39	21
3. NEGOCIACIÓN		
Poner a prueba la sensibilidad al precio del vendedor haciendo una oferta con un precio muy rebajado	55	36
Pedir al agente inmobiliario que reduzca su comisión de modo que el vendedor pueda reducir el precio	35	27
Adquirir un terreno edificable y construir una vivienda	27	25
Pedir al constructor/vendedor que valore la casa de acuerdo con su precio de coste o exacto o aproximado	21	13

Con esto no queremos sugerir que ninguno de los grupos tomase una mala decisión, en términos económicos, al adquirir su vivienda actual. El año medio de compra de su casa fue 1988, y desde entonces, el valor de las casas propiedad de los MENP se ha más que doblado. El grupo de los O'Toole lo hizo incluso mejor: sus casas casi triplicaron su valor. Los MEP creen firmemente que es económicamente productivo comprar viviendas de forma activa. Ambos grupos compraron excelentes casas en vecindarios muy bien valorados y respetables, y ambos fueron muy inteligentes al hacerlo, pero Oaks y los MENP dedicaron muy poco tiempo a buscar y adquirir la mejor oferta. En esencia, compraron una vivienda excelente, pero pagaron por su calidad. O'Toole y los MEP buscaron y buscaron, y mostraron una gran paciencia. Adquirieron una vivienda excelente, pero por una cantidad menor como producto de una negociación agresiva del precio y buscando ejecuciones hipotecarias y otras propiedades inmobiliarias que urgía vender.

Tanto los Oaks como los O'Toole y las personas pertenecientes a sus grupos fueron ganadores en el mercado de las propiedades inmobiliarias como vivienda. Los O'Toole lo hicieron mejor, pero dedicaron mucho más tiempo y energía en el proceso. Oaks, el abogado con unos ingresos elevados, odia ir de compras y no tiene tiempo para buscar «el chollo del siglo».

En estas circunstancias, la gente como Oaks compra casas maravillosas en vecindarios excelentes. Generalmente tratan con la flor y nata de los agentes inmobiliarios. Le dicen al agente: «Encuéntreme una casa maravillosa en una semana o un mes». A largo plazo, su casa incrementó su valor, y seguirá haciéndolo. Así pues, puede valorarse una norma de la gente como los Oaks:

Al verse enfrentados a una falta de tiempo, es mejor comprar una casa de alta calidad a un precio elevado que una casa que no sea de calidad a un precio reducido.

Analiza las características relativas al patrimonio neto y los ingresos de los MEP y de los MENP y verás que son bastante similares. Los Oaks (los MENP) tiene unos ingresos anuales de 830 000 dólares, frente a los O'Toole, con 544 000 dólares. Los Oaks tiene un patrimonio neto medio de 7 550 000 dólares, frente a los O'Toole, que han acumulado, de media, 5 200 000 dólares. Esto se traduce en 9,56 dólares de patrimonio neto acumulados por cada dólar de ingresos anuales para los O'Toole y de 9,10 dólares para los Oaks.

Compara los 9,56 y los 9,10 dólares como medidas de productividad. Los MEP, con 9,56 dólares, son más productivos que los MENP, con 9,10 dólares, pero no por mucho. Se trata de tan sólo alrededor de un 5 % de diferencia. En esencia, ambos grupos son productivos en cuanto a generar unos altos ingresos y unos niveles correspondientemente elevados de patrimonio neto. Cada uno de ellos adoptó una estrategia de acumulación de riqueza que se adaptaba bien a sus respectivas habilidades e intereses.

¿Qué sucedería si Oaks, el abogado muy bien pagado, y O'Toole, el comerciante de chatarra, intercambiasen sus papeles? Probablemente ambos experimentarían una fuerte reducción en sus ingresos y su patrimonio neto.

Nunca intentes adoptar una tendencia económica que sea incongruente con tus capacidades y aptitudes.

Alrededor del 80 % de ambos grupos sugería que su vocación actual les permite un uso pleno de sus aptitudes y capacidades, y lo mismo hacen sus respectivas filosofías sobre la mejora de la productividad de sus hogares.

Capítulo 8

LA CASA

Pregunta: *¿Cómo puedes ser rico? Vives en una casa que vale 1,4 millones de dólares. Eso supone un gran riesgo.*

Respuesta: *Pero sólo pagué un 40 % de esos 1,4 millones de dólares cuando la compré. El riesgo consiste en comprar una vivienda en un vecindario en el que nada se revalorice.*

Hemos aprendido algo sobre cómo los estilos de vida de los millonarios dan como resultado unos hogares económicamente productivos, pero ¿qué sucede con las viviendas en sí? ¿Cómo son sus casas y vecindarios y cómo las compran y venden? Este capítulo estudia las respuestas a estas preguntas proporcionadas por mi encuesta y explora muchos más mitos sobre la gente acaudalada en EE. UU. La siguiente sección describe los hogares de los millonarios «en sus propias palabras».

BIENVENIDO AL VECINDARIO

Soy el millonario prototípico: llamadme Brian Abel. Vivo en uno de los vecindarios estadounidenses ricos en cuanto al estado de su situación patrimonial (RESP): vecindarios que contienen elevadas concentraciones de millonarios. Casi el 80 % de mis vecinos son millonarios. Por el contrario, sólo alrededor del 5 % de los aproximadamente 100 millones de hogares estadounidenses se encuentran en la categoría de los millonarios.

Así pues, como residentes de tales vecindarios, es dieciséis veces más probable que seamos ricos que la media de EE. UU.

TABLA 8-1

AÑO DE COMPRA DE LA VIVIENDA ACTUAL (N = 733)

Año de compra	Porcentaje que compró su hogar ese año o más tarde	
	Antes	Después
1968	10	90
1977	25	75
1986	50	50
1993	75	25
1995	90	10
1996	95	5
1998	99	1

Compré mi vivienda hace unos doce años, y mi familia ha vivido ahí desde entonces (*véase* la tabla 8-1). El precio de compra aproximado estaba justo por debajo de los 560 000 dólares (*véase* la tabla 8-2). De acuerdo con estimaciones conservadoras, hoy se vendería justo por debajo de los 1,4 millones de dólares. Incrementé mi riqueza, en términos nominales, en aproximadamente 850 000 dólares, o alrededor de 70 000 dólares por año. La mayoría tenemos la misma tendencia anticuada: compramos viviendas y nos aferramos a ellas durante mucho tiempo. Por el contrario, alrededor del 20 % de los estadounidenses se muda cada año. Nuestro grupo está formado por distintos tipos de personas. Más de la mitad (el 53 %) no nos hemos mudado ni siquiera una vez en los últimos diez años. Alrededor de uno de cada cuatro (el 24 %) se ha mudado sólo una vez en la última década. Aproximadamente el 80 % de estas mudanzas fueron locales. Como grupo tenemos una elevada tendencia a quedarnos en el mismo lugar.

Una razón por la cual rara vez nos mudamos es que muchos somos profesionales autónomos o propietarios o directores de nuestros propios negocios. Alejarnos de nuestros clientes, pacientes, parroquianos o proveedores clave tendría una importante influencia negativa sobre la productividad de nuestra empresa. El simple proceso de prepararse para mudarse puede ser extremadamente perturbador, especialmente en el caso de las mudanzas a larga distancia.

TABLA 8-2

EL HOGAR DEL MILLONARIO: EL PRECIO ORIGINAL DE COMPRA
DE LA VIVIENDA FRENTE A SU VALOR ACTUAL (N = 733)

Precio pagado por la vivienda actual	Porcentaje de viviendas compradas a este precio
Menos de 300 000 dólares	29,7
300 000-399 999 dólares	7,8
400 000-499 999 dólares	9,2
500 000-999 999 dólares	28,1
1 000 000 de dólares y más	25,2

Valor actual de la vivienda	Porcentaje de viviendas valoradas actualmente a este nivel
Menos de 300 000 dólares	0,6
300 000-399 999 dólares	2,0
400 000-499 999 dólares	4,9
500 000-999 999 dólares	31,2
1 000 000 de dólares y más	61,3

Como RESP, mi esposa y yo hemos notado un cambio en los patrones de movilidad de nuestro grupo. Un número creciente está «subiendo de categoría», esperando sacar provecho de un mercado al alza en sus respectivas áreas geográficas. Están vendiendo, por 1,4 millones de dólares viviendas por las que pagaron medio millón de dólares hace diez años, para luego reinvertir «localmente» en casas más caras. Prevén que estos «aumentos de categoría» se revaloricen incluso más rápidamente que sus anteriores hogares.

Muchos de los que «han ascendido de categoría» tienen considerables conocimientos de los mercados inmobiliarios en su región: algunos incluso están subiendo de categoría mudándose a otra vivienda en el mismo vecindario. Este tipo de movimientos es más común en las ciudades más nuevas del sur, sudoeste y oeste de EE. UU. En la mayoría del resto de las regiones, especialmente en el medio oeste y el nordeste de EE. UU. la orientación de comparar una vivienda y aferrarse a ella goza de buena salud.

TABLA 8-3
LA CASA DEL MILLONARIO: AÑO DE CONSTRUCCIÓN (N = 733)

	Porcentaje de viviendas construidas antes	Porcentaje de viviendas construidas ese año o después
1922	10	90
1935	25	75
1958	50	50
1978	75	25
1989	90	10
1993	95	5
1997	99	1

La mayoría de los barrios de la gente RESP se asentaron hace décadas. A nivel nacional de EE. UU., el año medio de construcción de las casas propiedad de millonarios fue 1958 (*véase* la tabla 8-3). De hecho, las dos terceras partes vivimos en viviendas que se construyeron originalmente antes de 1973. Muy al contrario, alrededor de sólo uno de cada veinte vive en casas construidas en los últimos cinco años.

La mayoría disfruta viviendo en vecindarios respetables. No hay nada llamativo, ni siquiera moderno, en el estilo de las viviendas de estos vecindarios. Nuestras casas nos delatan: la mayoría son de un estilo conservador, como nuestro estilo de vida.

Nuestros hogares oscilan entre casas bien construidas y diseñadas de estilo colonial tradicional hasta de estilo Tudor inglés. A pesar de que la mayoría somos millonarios, no solemos vivir en grandes mansiones. Sólo alrededor de dos de cada cien (el 1,7 %) vivimos en casas con ocho o más habitaciones (*véase* la Tabla 8-4). Más de la mitad (el 52 %) vivimos en casas con cuatro o menos habitaciones.

Entre nosotros, lo típico es que seamos familias con dos o tres hijos. Así pues, ¿quién necesita ocho o más baños? Sólo el 2,3 % de los RESP vive en casas con ocho o más baños, y casi la mitad de nuestras viviendas (el 46,6 %) dispone de tres baños o menos.

TABLA 8-4

LA CASA DEL MILLONARIO: EL NÚMERO DE HABITACIONES
Y BAÑOS COMPLETOS (N = 733)

HABITACIONES

Número	Porcentaje	Porcentaje acumulado
1 o 2	2,1	2,1
3	14,1	16,2
4	35,9	52,1
5	30,2	82,3
6	11,8	94,1
7	4,2	98,3
8 o más	1,7	100,0

BAÑOS COMPLETOS

Número	Porcentaje	Porcentaje acumulado
1 o 2	12,7	12,7
3	33,9	46,6
4	28,2	74,8
5	15,8	90,6
6	5,5	96,1
7	1,7	97,7
8 o más	2,3	100,0

CAMBIOS EN EL VECINDARIO

Los Abel, que representan el hogar RESP prototípico, se han dado cuenta de algunos cambios en su vecindario recientemente. Los RESP están vendiendo, pero no están siendo sustituidos por otros con la misma orientación. Permíteme que te presente a la prototípica pareja rica en cuanto a su cuenta de resultados (RCR): I. Steve Adams («Stever») y su esposa.

Los RCR están comprando viviendas en todos los barrios actuales de los RESP de EE. UU. Stever es un corredor de bolsa de treinta y cinco años que ganó más de medio millón de dólares el año pasado. Su mujer y él estaban eufóricos por el hecho de ganar tanto dinero, y adquirieron una casa por valor de 1,4 millones de dólares. El propietario original pagó menos de 400 000 dólares por la casa hace quince años.

TABLA 8-5

LA CASA DEL MILLONARIO: SALDO HIPOTECARIO PENDIENTE (N = 733)

Hipoteca pendiente no pagada (cifra)	Porcentaje de millonarios	Porcentaje acumulado de millonarios
Sin hipoteca	39,9	39,9
Menos de 100 000 dólares	10,2	50,1
100 000-299 999 dólares	15,9	66,0
300 000-499 999 dólares	13,0	79,0
500 000-999 999 dólares	16,3	95,3
1 000 000 de dólares o más	4,7	100,0

Stever pagó su compra suscribiendo una enorme hipoteca de 1,2 millones de dólares. Sólo uno de cada veinte de sus vecinos tiene un saldo hipotecario pendiente de un millón de dólares o más (*véase* la tabla 8-5). Es común que la gente de la edad y perteneciente al grupo profesional de Stever compre casa de un millón de dólares con unas hipotecas muy cuantiosas. De hecho, y de acuerdo con mis datos, las personas con unos ingresos elevados de treinta y tantos y de cuarenta y pocos años suponen una parte desproporcionada del mercado de las hipotecas enormes.

Stever no es millonario: ni siquiera se acerca a la definición aproximada de un RESP (es decir, no tiene un patrimonio neto mínimo diez veces superior a sus ingresos anuales). Stever se encontrará con que, incluso en la actualidad, la mayoría de sus vecinos son RESP que no dependen de que las comisiones por ventas o incluso un mercado de valores floreciente los mantengan.

Nunca pidas prestado a largo plazo con la expectativa de unos ingresos a corto plazo.

Stever sólo puede esperar que sus ingresos por comisiones de ventas y su cartera de clientes no le den la espalda. Si el mercado de valores entra en declive o si sus ingresos se reducen a la mitad, Stever estará en bancarrota. ¿Y quién comprará su vivienda por un precio muy rebajado?: probablemente una pareja RESP. Serán los únicos con un montón de dólares guardados a los que les encanta buscar «nidos que se caen de los árboles». Esta gente no permite que la euforia de las alzas en sus ingresos le afecte de modo que efectúe compras poco inteligentes y mal financiadas.

No son sólo los corredores de bolsa los que están aprovechando las comisiones por ventas actuales. La categoría genérica llamada profesionales de las ventas con un alto rendimiento de treintena y tantos y cuarenta y pocos años están llegando a los vecindarios de los RESP (tarde con respecto al alza de los precios de la vivienda). Las casas que están comprando ya han doblado o incluso triplicado su valor en los últimos diez o doce años. También han llegado tarde porque tuvieron que esperar hasta que la economía ya estuvo en un ciclo ascendente. Les pagan las comisiones sólo después de hacer una venta, y el volumen de ventas aumenta a medida que la economía crece, pero los precios de las propiedades inmobiliarias están directamente relacionados con los cambios en la economía. Cuando la economía y el mercado de valores correspondiente están floreciendo, lo mismo hacen los precios de las viviendas en los vecindarios de los RESP.

Los profesionales de las ventas rara vez se encuentran en una posición económica como para hacerlo en ningún otro momento. En los buenos tiempos tienen unos ingresos elevados, pero incluso entonces disponen de poca riqueza porque gastan, gastan y gastan, y piden préstamos y más préstamos.

La mayoría de los RESP son muy diferentes. Compran casas sólo después de haber acumulado riqueza, y sólo después de disponer de un flujo de caja bien asentado y predecible. Asume, por un momento, que llevas residiendo durante mucho tiempo en un vecindario de RESP. Recuerda la última vez que la economía no iba a ningún sitio y que el mercado de valores estaba estancado. ¿Quién compró entonces casas en tu vecindario?

- Propietario/director de funerarias
- Comerciante de chatarra
- Propietario/director de aparcamientos
- Cardiocirujano
- Socio principal de un importante bufete de abogados
- Propietario/director de un negocio de gestión de residuos
- Socio principal de una empresa de contabilidad

Estos RESP compraron una casa cuando sintieron que estaban plenamente cualificados para hacerlo, y adquirieron una vivienda que probablemente se podrían permitir.

ENCONTRAR UNA «CASA ENCANTADORA»

¿Has dedicado alguna vez tiempo a buscar una casa? Muchos de los encuestados en mis entrevistas me han dicho que buscar una vivienda «nueva» puede ser frustrante. Es como si todas las casas del mercado en un momento dado tuviesen inconvenientes importantes. Muchas han estado meses en el mercado. ¿Dónde están todas las ventas de viviendas de segunda mano que son verdaderas casas «encantadoras»?

Las casas que son «encantadoras» se venden muy rápidamente en la mayoría de los casos. Uso el término «encantador/a» para definir aquellas que están en un estado excelente, agradablemente decoradas, bien situadas en una parcela de calidad y ubicadas en un vecindario excelente con buenas escuelas públicas. Estas viviendas suelen venderse al cabo de días de aparecer listadas en la cartera de un agente inmobiliario, y algunas hasta se venden antes de que el listado se haga público. En algunos casos, las viviendas «encantadoras» se venden sin la ayuda de esta tercera persona, un corredor inmobiliario profesional.

Cuando los compradores potenciales más inteligentes buscan la ayuda de los agentes inmobiliarios mejor valorados, advierten al agente:

1. No tenemos prisa por comprar. Podemos esperar, pero somos compradores serios.
2. Cuando aparezca listada una casa «encantadora» queremos que nos lo comunique lo antes posible, pero recuerde nuestros parámetros: debe estar en un estado excelente y en la ubicación adecuada.

La mayoría de los millonarios pertenecen a esta categoría. La mayoría de los encuestados indicaron que:

Ni siquiera intentaron comprar una casa en poco tiempo.

No es que procrastinen cuando surge la oportunidad de comprar una vivienda ideal, sino que simplemente se sienten satisfechos esperando a que aparezca la casa «encantadora» adecuada. Los millonarios nunca se colocan en una posición en la que se vean forzados a aceptar una vivienda de calidad inferior. Esto contrasta marcadamente con muchos empleados que deben mudarse a una nueva ciudad y sólo disponen de un par de días, o de menos tiempo, para encontrar una vivienda, o con los que aceptan «nuevos» trabajos que requieren un traslado. No es de extrañar que la movilidad geográfica frecuente suponga un factor negativo para la acumulación de riqueza. Una vez más, más de la mitad de los millonarios estadounidenses no se han mudado en diez o más años. Más de uno de cada cinco viven en la misma casa que compraron hace por lo menos veinticinco años.

Digamos que estás buscando una vivienda nueva y tu búsqueda arroja dos resultados. Una casa tiene veinticinco años y está ocupada por su propietario original, y la otra casa en venta en la misma zona ha estado ocupada por ocho propietarios distintos. Las probabilidades son de que, como la mayoría de los millonarios, optes por la primera casa como la elegida. Ocho propietarios dejan ocho huellas distintas de su paso por la vivienda. Los compradores inteligentes prefieren «el modelo que sólo ha tenido un propietario y con pocos kilómetros».

¿Cómo se hace para encontrar una casa «con pocos kilómetros»? Un método consiste en contratar los servicios de un agente inmobiliario excelente, pero hay muchas situaciones en las que la propiedad de una casa «encantadora» se transfiere, literalmente, sin publicidad y sin un desfile de posibles compradores paseándose por toda la casa.

Por ejemplo, cuando mi padre falleció, sabíamos que mi madre tendría que acabar por vender nuestra casa familiar. Todo en la vivienda encajaba en la definición de «encantadora»: estaba bien construida, bien diseñada, bien conservada, bien ubicada y sólo había tenido dos propietarios en cuarenta y cinco años. Mamá esperó hasta seis o siete meses antes de la fecha planeada para su mudanza, y entonces permitió que varios vecinos supiesen que la casa estaba en venta. Le dijo que no al agente inmobiliario que llamó y pidió incluir la casa en su lista con una comisión del 7%. A medida que se corrió la voz, mi madre dejó claro a los vecinos que no tenía prisa por vender. Estaba llena de confianza, sabiendo que la casa se vendería en un instante, potenciando todavía más la imagen de la vivienda. Al final hubo varios compradores ávidos y acabó vendiendo con menos de mil dólares en gastos variados.

La lección es que, al igual que muchos vendedores ricos, puedes usar el que se corra la voz a nivel local para encontrar compradores sin tener que pagar la comisión de un agente inmobiliario.

Mi amigo Billy Gilmore ha encontrado otra técnica exitosa. Cuando estaba buscando una casa «encantadora», se dirigió a un constructor local con muchos apartamentos en venta. Pensó que el constructor podría disponer de un inventario de compradores potenciales que no estuviesen dispuestos a inscribirse sin antes vender la casa en la que estaban viviendo en ese momento. El constructor pudo remitir a Billy a algunos de ellos, y hubo una vivienda que se adaptó a la perfección a las necesidades de su familia. Así pues, todos ganaron en esa situación.

Me he encontrado con situaciones en las que posibles compradores muy agresivos han sondeado vecindarios. Simplemente llamaban a la puerta de las casas que estaban interesados en adquirir. Estas viviendas no tenían ningún cartel visible de «en venta» ni ninguna otra indicación: los compradores simplemente se las marcaron como objetivo porque les resultaban atractivas. Sí, incluso esas visitas a puerta fría pueden funcionar, pero considero que normalmente llevaría mucho tiempo encontrar esa casa «encantadora» que ha sido propiedad de un residente de toda la vida que justamente esté empezando a sentir la necesidad de vender.

BÚSQUEDA PROACTIVA

Al ciudadano de a pie le parecería lógico que la gente que ha acumulado menos riqueza fuera más cuidadosa y reflexiva al comprar una vivienda, y que la gente con una riqueza considerable no tuviera que preocuparse tanto. Si toman una mala decisión relacionada con la vivienda, eso no les llevará a la bancarrota. De hecho, los millonarios son mucho más reflexivos en el proceso de adquisición de su casa que los no millonarios. No obstante, incluso entre las filas de los millonarios hay una correlación interesante.

¿Quién es más probable que busque una casa que sea un «chollo» y que forme parte de una ejecución hipotecaria, un acuerdo de divorcio o una liquidación de patrimonio: aquéllos con un patrimonio neto de entre 1 y 2 millones de dólares o los decamillonarios?

Más de uno de cada tres (el 36 %) de los decamillonarios indican haber «salido a la compra de una ganga» por una vivienda que formaba parte de una ejecución hipotecaria, un acuerdo de divorcio o una liquidación de patrimonio. Menos de uno de cada cinco (el 18 %) de los millonarios pertenecientes a la categoría de entre uno y dos millones de patrimonio neto indican que haber salido a la compra de un chollo en lo relativo a una casa de esta forma.

Nótese que estos millonarios y decamillonarios estaban respondiendo a preguntas sobre la búsqueda de viviendas que ellos mismos poseerían y ocuparían, y no sobre casas que necesitasen reparaciones y que pretendieran poner el alquiler. Quizás también te sorprenda saber que algunos compradores potenciales de casas adinerados buscan en la sección de necrológicas de los periódicos para obtener pruebas tempranas de que puede que haya una liquidación de patrimonio próximamente. Una esposa millonaria emprendedora no podía esperar a que los propietarios de casas maravillosas fallecieran. Introdujo la siguiente nota en los buzones de las viviendas de un vecindario encantador:

NOTA

Me gustaría comprar una casa en su vecindario. Si tiene *algún interés* en la posible venta de su casa en el próximo año, póngase en contacto conmigo de inmediato en el siguiente número de teléfono.

Obtuvo varias respuestas interesantes al cabo de días.

DIRECTRICES DE LOS COMPRADORES MILLONARIOS

¿Qué me cuentan los millonarios sobre cómo adquieren viviendas? Este conjunto de directrices se basa en las respuestas a encuestas hechas a 733 millonarios, además de las entrevistas a grupos de sondeo y personales. Para la mayoría de los millonarios, por lo menos parte de su éxito económico puede atribuirse a la selección cuidadosa de propiedades inmobiliarias en las que vivir. Informan de una importante revalorización de las viviendas que han adquirido. No tienes por qué ser millonario para aprovechar sus recomendaciones. La gran mayoría de estos millonarios son gente acaudalada hecha a sí misma, y empezaron partiendo de cero en términos económicos. Sus procesos para la compra de una casa forman, generalmente, parte de un plan general de inversión. Planificar y estudiar inversiones y oportunidades de inversión supone una tarea habitual para unos nueve de cada diez millonarios.

1. Estate dispuesto a retirarte de cualquier trato por una casa en cualquier momento. Por cada cien millonarios que informan que por lo menos una vez, en el proceso de compra de una vivienda no estuvieron dispuestos a retirarse, hay 456 que nunca jamás iniciaron un proceso de negociación por la compra de una casa sin estar dispuestos a abandonarlo. En otras palabras, el 82% (*véase* la tabla 8-6) de estos millonarios sintieron que podían decirle que no a un vendedor. Este porcentaje también está correlacionado con el patrimonio neto.

Los decamillonarios representan el mayor porcentaje, de entre todos los grupos de millonarios, que creen en la importancia de «la disposición a retirarse».

Un decamillonario hecho a sí mismo me dio, en una ocasión, un consejo sensato. Me dijo que ni siquiera debería empezar a negociar para comprar nada con respecto a lo cual tuviera dificultades «para retirarme». Así es como dirige su propio estilo de vida en lo relativo a las compras. Prosiguió para contarme que es mala idea permitir que las emociones dicten las compras. Según este decamillonario, uno nunca debería enamorarse de las cosas, y eso incluye las viviendas.

TABLA 8-6
ACCIONES EMPRENDIDAS: EL PROCESO DE COMPRA DE UNA VIVIENDA
(N = 733)

1. PLANIFICACIÓN Y DELIBERACIÓN	Porcentaje de millonarios
Estar dispuesto a abandonar un trato en cualquier momento	82
No pagar nunca el precio inicial pedido por una vivienda	86
Buscar los precios de las viviendas vendidas recientemente en el vecindario	79
No intentar nunca comprar una vivienda en un período breve de tiempo	54
Tomarse semanas e incluso meses para comparar precios para conseguir el mejor trato general	65

2. BÚSQUEDA	
Buscar un vecindario que disponga de excelentes escuelas públicas	79
Adquirir una vivienda que te puedas permitir fácilmente	58
Buscar una vivienda con bajos costes de mantenimiento y una gran eficiencia energética	25
Buscar un vecindario con unos impuestos a la propiedad razonables	26
Buscar una vivienda «chollo» que forme parte de una ejecución hipotecaria, un acuerdo de divorcio o una liquidación de patrimonio	25

3. NEGOCIACIÓN	
Poner a prueba la sensibilidad al precio del vendedor haciendo una oferta con un precio muy rebajado	46
Pedir al agente inmobiliario que reduzca su comisión de modo que el vendedor pueda reducir el precio	32
Construirte tu propia vivienda	27
Pedir al constructor/vendedor que valore la casa de acuerdo con su precio de coste exacto o aproximado	18

2. Nunca pagues el precio inicial pedido por una vivienda. ¿Has pagado alguna vez el precio inicial solicitado por una casa? Si es así, es improbable que seas millonario. Por cada cien millonarios que han pagado el precio inicial pedido hay 614 que nunca jamás abonaron la cantidad inicial solicitada. El 86% de estos millonarios piden un descuento, e incluso el 14% restante no se entregó y pagó ciegamente el precio inicial. Pasaron mucho tiempo estudiando precios, y cuando se presentó una verdadera ganga pagaron el precio solicitado.

Holly y su marido, Bill, tenían cuarenta y pico años y encajaban en el cuadro perfecto del hogar de millonarios que «vive por debajo de sus posibilidades», pero siempre fueron conscientes del valor de ser propietarios de una casa maravillosa en un vecindario maravilloso. Las casas de este tipo escaseaban constantemente en su área de mercado, y frecuentemente se vendían el primer día en que aparecían anunciadas en el periódico. Algunas nunca aparecían listadas porque se vendían el mismo día en el que el vendedor llamaba al agente inmobiliario. Los agentes suelen tener una lista de espera de compradores potenciales de casas maravillosas.

Holly jugaba al bridge con varios propietarios de viviendas del vecindario maravilloso, y durante partida de bridge uno de los jugadores mencionó que la vecina de la casa del al lado se mudaba. La casa se pondría en venta en una semana o dos.

Dos horas después de saber de la disponibilidad de esta casa maravillosa, Holly llamaba a la puerta de la propietaria. Reconoció de inmediato el precio de ganga que pedía la vendedora, por lo que Bill y ella le dieron una señal por la vivienda al día siguiente por la mañana.

El caso de Holly y Bill no es el normal para la mayoría de los millonarios. Cuando adquieren una vivienda, generalmente juegan al juego de la competencia. Suelen elegir por lo menos dos viviendas que satisfagan sus necesidades y entonces inician las negociaciones relativas al precio. La clave consiste en conocer el mercado y el valor de las casas y estar dispuesto a no pagar el precio completo. Esto requiere algo de tiempo y de estudio de los precios de venta de viviendas vendidas recientemente en los vecindarios escogidos.

Casi cinco de cada diez millonarios (el 46%) informa de que, de hecho, prueba con respecto a la sensibilidad al precio entre varios vendedores de casas haciendo unas ofertas muy rebajadas. Entonces, estos compradores potenciales valoran las respuestas de los vendedores. Muchos de los «probadores» van un paso más allá: le piden al agente inmobiliario que reduzca su porcentaje de comisión. Esperan que esto, a su vez, incremente la probabilidad de que el vendedor rebaje el primer precio solicitado incluso más.

¿Quién esperarías que negociase agresivamente el precio de una vivienda así? No es quien esperarías (la gente que tiene dificultades «para llegar a fin de mes»). Hay una correlación positiva muy significativa entre el patrimonio neto y la negociación «agresiva relativa al precio/la comisión». Un 42 % de los decamillonarios son «negociadores agresivos con respecto al precio/la comisión». Sólo el 29 % de los millonarios del grupo de entre 1 y 2 millones de dólares de patrimonio neto negocia así.

3. No intentes nunca comprar una vivienda en poco tiempo. ¿Hacen las prisas que paguemos más? En la mayoría de los casos la respuesta es que sí. Pese a ello, todos podemos aprender de nuestros errores. Si me engañas una vez la culpa es tuya, pero si me engañas dos veces la culpa es mía. Incluso los millonarios admiten haber tomado, en algún momento del pasado, decisiones relativas a la compra de una casa que distaban de ser óptimas, y la mayoría de las veces estas decisiones se tomaron con prisas.

Si te encuentras en una situación en la que debes comprar una vivienda en un período breve de tiempo, asegúrate de encontrar al mejor agente inmobiliario posible. Un agente muy cualificado con unos resultados superiores es una base de datos andante y parlante. Debería poder prever qué casas que se venderán hoy valdrán la pena el año que viene y dentro de cinco y de diez años. Pide referencias. Contacta con personas que le hayan comprado viviendas a ese agente hace años y pregúntales lo bien que predijo el valor de las casas.

Estas personas tienen un historial de encontrar viviendas que son triunfadoras, y pueden vender casas rápidamente incluso aunque el mercado vaya a la baja; pero recuerda dos cifras: diez y sesenta y cinco. En mi larga experiencia estudiando a la gente adinerada y a los profesionales de ventas que los representan, he visto que alrededor del 10 % de los profesionales de ventas son responsables de más del 65 % del negocio generado por los hogares de millonarios. Me encuentro constantemente con que la gente económicamente exitosa frecuenta a los contables públicos colegiados, abogados, médicos y agentes inmobiliarios más productivos. Los millonarios tienen facilidad para encontrar el gran talento, y han desarrollado un agudo sentido para valorar a distintos proveedores.

¿Cómo se hace para encontrar a un agente inmobiliario de primera? Puede que el empleador de tu empresa disponga de una base de datos y de experiencia con un talento tal. Sal y compra la edición dominical del periódico o busca compañías inmobiliarias en Internet. Luego llama a los gerentes de estas empresas y pídeles los nombres de sus mejores agentes, solicitándolo con esas precisas palabras. Pregunta por la precisión de sus predicciones sobre el valor de las viviendas. Pregunta por sus anteriores clientes y verifícalo. Pregunta a los anteriores clientes lo bien que predijo el agente inmobiliario el futuro.

Otra técnica empleada por la gente económicamente exitosa implica su asistencia legal. Frecuentan bufetes de abogados que tienen muchas oficinas: generalmente bufetes conocidos de tamaño entre mediano y grande. Por lo tanto, si van a mudarse de Nueva York a Atlanta, o de Chicago a Denver, pueden pedirle a su abogado que le remita a un socio que viva en esa ciudad para que le aporte referencias de agentes inmobiliarios.

No tienes que ser millonario para frecuentar un bufete de abogados que sea entre mediano y grande. Como mínimo puedes hacer que redacten un testamento para ti y tu cónyuge. Frecuentemente no sólo obtendrás unos excelentes servicios profesionales básicos, sino que además tendrás acceso a su red de información. Estos bufetes de abogados suelen tener socios y colaboradores que son especialistas en el sector inmobiliario y que pueden darte las señas de agentes inmobiliarios muy productivos. Además, deberías emplear a tu abogado para que te ayude a consumar el cierre de la operación y te asesore sobre los pros y los contras del contrato de compra. Pero eso no es todo: hay todavía otro beneficio potencial por el hecho de trabajar estrechamente con bufetes de abogados de calidad.

4. Considera el buscar una vivienda que forme parte de una ejecución hipotecaria, un acuerdo de divorcio o una liquidación de patrimonio. ¿Le has comprado alguna vez una casa a un banco? Yo lo hice. Me gustaría contarte que estaba buscando una casa que fuese una verdadera ganga, pero no fue así. Simplemente vi un cartel de «En venta» en el césped delante de la vivienda, y más adelante averigüé que esta casa completamente nueva procedía de una ejecución hipotecaria. Pese a ello, algunos millonarios a los que he encuestado son más proactivos que un servidor.

Uno de cada cuatro millonarios declara que buscó una casa que fuese una «ganga» procedente de una ejecución hipotecaria, un acuerdo de divorcio o una liquidación de patrimonio.

En los treinta y seis meses que siguieron al desplome de la bolsa de 1987, un 37 % de aquellos que compraron viviendas pertenecían al grupo que estaba «buscando una ejecución hipotecaria». Muchas de estas personas simplemente están esperando al siguiente hundimiento del mercado.

Algunos millonarios descubrieron estas oportunidades a través de su afiliación a un bufete de abogados de calidad. ¿Por qué no hacerle a tu abogado algunas preguntas creativas?:

- ¿Alguien en su bufete está especializado en ejecuciones hipotecarias, acuerdos de divorcio o liquidaciones de patrimonio?

- Si es así, ¿sería posible que yo, como su cliente, fuese remitido a cualquier casa con un precio «de ganga» que deba venderse?

Según mis encuestas, los abogados son el grupo profesional que es más probable que ningún otro que indiquen que han buscado casas con un precio de chollo en las categorías de gente que estaba en apuros. No todas las viviendas de este grupo tienen defectos y tampoco tienen, necesariamente, un precio inferior. Los constructores y los compradores implicados en el terreno de las casas de lujo no son inmunes a las leyes de la economía y la bancarrota. Hay muchos de estos locos de la especulación que actualmente viven en casas de un millón de dólares cuyos ingresos a corto plazo no siempre serán suficientes para cubrir la deuda hipotecaria a largo plazo. Hay muchas ventas de casas caras que conllevan la solicitud de créditos incluso en las épocas de bonanza económica.

Piensa en un anuncio reciente («Subasta de casas maravillosas: Las tres mansiones de mayor calidad de Atlanta», *The Wall Street Journal*, 26 de febrero de 1999, p. W13). Parece que los subastadores estadounidenses de casas maravillosas tienen una definición diferente a la mía en lo concerniente a dichas viviendas maravillosas. Para mí significan «casas encantadoras de tres, cuatro o cinco habitaciones» que están ubicadas en vecindarios excelentes, los de mayor solera. No son mansiones, pero sus propietarios son bastante ricos. Sin embargo, las tres mansiones listadas quizás fueron propiedad, en algún momento, de gente que no es rica actualmente: ¿a qué otra conclusión se podría llegar a partir de la afirmación «El banco ordena que estas propiedades se vendan»? ¿Podría ser que alguien gastara más de lo que ganaba? ¿Por qué, si no, se desprenderían de:

- «La mansión más palaciega del barrio más suntuoso de Atlanta»?

- Un «opulento palacio francés renacentista con un gran salón»?

- «Elementos fijos de oro de veinticuatro quilates»?

- Un «opulenta mansión de veintidós habitaciones»?

- Un «estanque con cascadas y un balneario»?

5. Fíjate en las directrices de los millonarios sobre cómo construirse una casa a medida. Sólo una minoría (el 27 %) de los millonarios se han construido, en alguna ocasión, una casa a medida. La mayoría compra casas que han tenido propietarios anteriores, aunque algunos han adquirido viviendas nuevas totalmente terminadas o casi construidas por un constructor o promotor inmobiliario para venderlas. De hecho, por lo menos una vez en su vida, alrededor de uno de cada cinco millonarios han adquirido una de las llamadas casas sobre plano. Hay varias razones por las cuales los millonarios son reacios a la opción de la casa hecha a medida, y las detallaremos más adelante en este capítulo.

Si insistes en construir una casa, yo le digo a la gente que me pide consejo sobre las empresas constructoras que hacerlo es como implicarte en un negocio del que sabes poco o nada. No sólo vas a meterte en un negocio, sino que frecuentemente, y además, vas a trabajar con un desconocido. Un extraño (el constructor) será tu socio, pero generalmente es un socio con una responsabilidad limitada. Como estás cubriendo a esta empresa, gran parte del riesgo económico recaerá sobre tus hombros.

En primer lugar, te aconsejo que explotes tu relación como cliente con tu contable y tu abogado. Ambos profesionales y sus respectivos colegas poseen considerables conocimientos sobre varios constructores de viviendas. Tienen experiencia con los buenos, los malos e incluso con algunos excelentes.

Querrás tener a tu lado a profesionales experimentados y astutos si vas a implicarte en un negocio con un constructor. Querrás que te ayuden a diseñar una larga lista de socios potenciales y luego refinarla. Una vez que dispongas de una lista corta con dos o tres constructores que cumplan los requisitos, será el momento de entrar en tratos, pero no seas el principal negociador. Especifica los requisitos relativos al presupuesto, las limitaciones de tiempo y luego déjalo en manos de tu contable público colegiado y tu abogado.

Estos profesionales tienen una extraordinaria capacidad para satisfacer una amplia variedad de necesidades. Piensa, por ejemplo, en el papel que un contable cualificado desempeñó recientemente para ayudar a un cliente rico que mostró interés porque le construyesen una casa a medida. Ten presente que el contable, Art Gifford, es un negociador dotado y experimentado. Frecuentemente negocia la compra de cualquier cosa, desde negocios hasta coches.

En el proceso de hablar con un cliente, que era neurocirujano, descubrí que estaban a punto de aprovecharse de él. Estaba a las puertas de cerrar un trato con un constructor [...], pero carecía de experiencia en el trato con constructores.

Muchos [...] muchos problemas. El constructor quería cargarle a mi cliente los costes más un 15 % en concepto de sus honorarios. Es un poco duro cuando estás hablando de una casa de 1,1 millones de dólares.

Además, había otros problemas. El constructor también quería que mi cliente pagara una comisión de venta del 5 % sobre los 300 000 dólares que valía la parcela sobre la que se iba a construir la casa.

El constructor quería ser el agente [...]. También era el propietario de la parcela. ¡Menudo trato! Propuso a mi cliente que pagara una comisión de venta de 15 000 dólares por la parcela, además del 15 %, sobre 1,1, millones de dólares, de honorarios para el constructor. Eso suponía 15 000 más 165 000 dólares de pagos al constructor: un beneficio de 180 000 dólares que no incluían los 100 00 dólares de beneficio solamente por la parcela.

Le dije [al constructor] que su cliente me había dado plenos poderes para negociar. También le hice saber [...] lo que otros constructores que eran competidores estaban cobrando en el sector. Y añadí que varios de mis clientes eran constructores. Estarían muy contentos de construir una casa de este valor por una comisión del 10 %.

Le dije que no debería cobrar una comisión de venta por la parcela. Además, pensé que un 10 % de comisión por la construcción de la casa sería más razonable.

Mi cliente [el neurocirujano] odia tener que ir con prisas [...], no dispone de tiempo [...,] y mucha gente, especialmente los médicos, encuentran un tanto degradante tener que tener que discutir por el precio. Así pues, me ofrecí a negociar en su nombre.

Disfruto con el proceso de negociación [...], especialmente cuando represento a un cliente. Lo hago todo el tiempo.

Lo primero que hice cuando hablé con el constructor fue suprimir el 5 % de la comisión de venta por la parcela. Así pues, le ahorré a mi cliente 15 000 dólares con, simplemente, algunos momentos de trabajo. Después de varias conversaciones, el constructor se mostró de acuerdo con unos honorarios del 10 % en lugar del 15 % [...]. Esto le ahorró a mi cliente unos 70 000 dólares.

Gifford no le cobró a su cliente, el neurocirujano, honorarios por su trabajo de negociación. Esto es lo que me dijo:

Es un cliente. Paga por nuestro trabajo de contabilidad y planificación tributaria. Todo lo demás es gratis. Simplemente forma parte de nuestro servicio. No obstante, les digo que me envíen trabajo [...], que les hablen a sus amigos de nosotros [...], que nos recomienden. Así es cómo hacemos negocios.

Ésta es una de las razones del crecimiento del despacho de contabilidad de Gifford, pero hay más. Al final, el constructor de esta anécdota se convirtió en cliente de Gifford porque éste remitió a varios de sus otros clientes ricos a este constructor. Llevó a cabo un trabajo excelente construyendo casas tanto para el neurocirujano como para varios de los clientes de Gifford. En esencia, Gifford sabe cómo ganar clientes y amigos y hacerles felices a todos, pero nunca intentará aprovecharse de un proveedor ni recortar el beneficio de un constructor, por lo menos excesivamente.

Lo que no quieres es hacer un trato tan desequilibrado que un provee-
dor, un constructor o quien sea esté resentido contigo. Quieren un trato
justo. Recuerda que si recortas su beneficio en exceso probablemente igno-
rarán tu petición para regresar y reparar cosas una vez que la casa se haya
construido.

Lo mismo pasa [...] con los vendedores de coches. Ciertamente, puedo
cerrar tratos de modo que vendan los automóviles a precio de coste [...] e
incluso por debajo de ese precio, pero entonces me odiarán a mí y mis
clientes. Simplemente, intenta retroceder bajo estas circunstancias y com-
prueba qué tipo de trabajo relativo a la garantía llevarán a cabo, o pide
un vehículo de sustitución gratuito. Si reduces su beneficio hasta dejarlos
en los huesos, podrás irte olvidando de los servicios posventa. Por otro
lado, no puedes quedarte sentado y permitir que estafen a tus clientes.
Nadie tendría que pagar un 15 % para construir una casa ni el primer
precio de venta de un coche. Sé justo y equilibrado y todos saldrán ganan-
do a largo plazo.

Si nos estamos fijando en la construcción de una casa cara, haría que
mi abogado cerrase el trato con mi constructor. No tengo la suficiente
experiencia como para enfrentarme a un constructor que ha negociado
más de cien tratos de construcción. También añadiría a mi contable al
equipo. Le pediría que pusiese en orden los detalles matemáticos del contrato con el constructor.

¿Por qué introducir a estas terceras personas? Porque a largo plazo
puedes ahorrarte mucho dinero. Incluso aunque tu contable público colegiado y tu abogado te cobren varios cientos de dólares por hora de sus
servicios y tengas que pagar 5 000 o incluso 10 000 dólares, unos profesionales cualificados pueden ahorrarte cinco, diez o hasta veinte veces sus
honorarios al cerrar un trato razonable para sus clientes.

Hay algo más implicado en esta ecuación. Los constructores y otros
proveedores tienden a rendir mejor cuando son conscientes de que un
cliente está bien representado por unos profesionales cualificados. Algunos de estos proveedores tienen un nombre para un cliente así:

¡Es un hombre de negocios!

La gente que tiene un negocio tiende a tener un respeto mayor por los hombres y las mujeres de negocios que por el Sr. y Sra. «Consumidor Probablemente Inocente», así que sé serio al contemplar gastos importantes como la construcción de una casa.

6. Comprende siempre el significado de una vivienda fácilmente asequible. ¿Has comprado, alguna vez en tu vida, una vivienda que te pudieras permitir fácilmente? Si tu respuesta es que sí, entonces puede que estés bien situado en tu camino para acabar siendo rico. No obstante, los millonarios, alguna vez en su vida, han adquirido viviendas que no se podían permitir fácilmente. De hecho, alrededor de cuatro de cada diez millonarios (el 42 %) lo han hecho.

¿Cómo es posible que alguien pueda comprar una vivienda por la cual sea difícil hacer los pagos de la hipoteca a no ser que acaben siendo ricos? La clave no consiste sólo en el precio de compra de una casa cara: un factor importante es si la vivienda aumentará de valor. Otra cosa a tener en cuenta es si los ingresos del comprador aumentarán de forma significativa en términos de dinero real.

Ten algunas cosas presentes cuando pienses en adquirir una casa que quizás esté un poco por encima de tus posibilidades. ¿Resultarían las mensualidades propuestas de la hipoteca difíciles de pagar? ¿Qué hay del futuro: aumentarán o descenderán tus ingresos? ¿Aumentará el valor de la casa propuesta en un futuro cercano? Responde a estas preguntas y a otras relacionadas con honestidad y será menos probable que cometas un error económico.

¿Qué sucede si no eres cándido, ni siquiera contigo mismo, y te convences de que no hay ningún problema por comprar una casa de 1,2 millones de dólares disponiendo de tan sólo un 10 % de tu propio dinero como entrada? Sin embargo, después de hacer los pagos de tu hipoteca cada mes y de cubrir los gastos de gestión de tu casa no te quedará nada de dinero.

Los «inconscientes que compran casas de lujo» se convencen a sí mismos de que sólo se trata de un problema temporal. Me dicen:

- Mis ingresos seguirán aumentando cada año.

- El valor de la casa se disparará en los próximos años.

- Soy un inversor experimentado. Ésa es una razón por la cual no arriesgo mucho de mi propio dinero: sólo un 10 %. Es un trato ventajoso.

- Con sólo 120 000 dólares de mi propio dinero controlo prácticamente 1,1 millones de dólares del banco.

- El valor de esa casa se doblará en cinco años: puedo sentirlo. Por lo tanto, por una inversión de tan sólo 120 000 dólares pronto seré propietario de una casa de 2,4 millones de dólares. Después de pagar la hipoteca me llevaré un beneficio de más de un millón de dólares.

Mi respuesta ante esta lógica es dar a estos atrevidos los nombres y direcciones de los mejores abogados de casos de bancarrota del país. A diferencia de estos inconscientes, la mayoría de los millonarios ya eran ricos antes de adquirir sus viviendas actuales cuando tenían cuarenta y tantos o cincuenta y pocos años.

Cuando la gente me pregunta por el significado de *asequible,* tengo una respuesta sencilla: antes de comprar la próxima casa de tus sueños, asume que, en el transcurso de un año desde tu compra, tus ingresos anuales se verán reducidos a la mitad. ¿Durante cuánto tiempo podrías satisfacer los pagos de la hipoteca y los pagos relacionados dados tus ingresos reducidos? Avanza un paso más y asume que el valor de tus inversiones se redujese en un 50 %. ¿Podrías seguir llegando a fin de mes durante por lo menos cinco años? Si la respuesta es que no, entonces la casa que deseas comprar *no es fácil que te la puedas permitir.*

Es difícil decirle al típico inconsciente que tras las épocas buenas vienen las malas. La mayoría de ellos nunca han tenido que ganarse sus ingresos durante las épocas de vacas flacas. Piensan que como la economía está floreciendo, lo hará indefinidamente. No es así. Pero intenta decirle eso a un joven corredor de bolsa que ganó 300 000 dólares en comisiones el año pasado. Estos profesionales de las ventas son los que pagan un precio excesivo por su casa y se extralimitan en las épocas buenas. Valoran su capacidad de pagar una vivienda cara y llevar un estilo de vida opulento basándose en el año en el que han logrado más ingresos.

No es sorprendente que muchos profesionales productivos y experimentados de las ventas tengan, de hecho, sentimientos encontrados sobre las llamadas épocas de vacas gordas. Disfrutan participando de una economía próspera, pero pueden producir incluso en las épocas de vacas flacas. Les gustan las malas épocas porque los inconscientes, especialmente los jóvenes, acaban eliminados, y los veteranos experimentados tienen así menos competidores.

Lo mismo ocurre con los compradores de casas. Los inteligentes se dan cuenta de que las bajas tasas de interés y el rápido crecimiento de los hogares con unos ingresos elevados se traducen en importantes aumentos en el precio de compra de las viviendas. En la actualidad, el precio de las casas caras es función directa del número de inconscientes que obtienen unos ingresos elevados. El mayor número de estos imprudentes nació en 1957. Así pues, en la actualidad, estos compradores de casas de cuarenta y tantos años parecen encontrarse en todos los lugares en los que hay altas concentraciones de viviendas e hipotecas de un millón de dólares. Mira lo que sucederá con muchos de estos imprudentes durante la siguiente recesión: habrá muchas casas maravillosas disponibles.

¿VERDE O AZUL?

¿Por qué tiene el Sr. Verde un patrimonio neto significativamente superior al de otras personas de su mismo grupo de ingresos? Te dirá que es un inversor extremadamente productivo. En la actualidad es rico porque tiene un proceso plenamente integrado de distribución de sus dólares dedicados a la inversión, y no limita sus inversiones al mercado de valores. El Sr. Verde reconoce que hay muchas otras grandes oportunidades. Indica que invertir en acciones de compañías que cotizan en bolsa le ha ayudado a hacerse rico, pero que hay otros factores que son importantes en sus hábitos de inversión. Tiene olfato de cazador. Puede echar una ojeada a su alrededor y detectar o reconocer buenas oportunidades de inversión, o tal y cómo respondió el Sr. Verde en el cuestionario que rellenó:

Ver oportunidades de negocio que otros no ven.

El Sr. Verde posee unos considerables conocimientos de las tendencias del mercado inmobiliario en su área. Me escribió:

El millonario de la puerta de al lado *es una importante publicación. A mi esposa y a mí nos encantó, lo comentamos con amigos y familiares y seguimos comparándonos con las normas.*

En lo que diferimos es en el hacer de las propiedades inmobiliarias una importante oportunidad de inversión. No estamos casados con nuestra casa, pero disfrutamos de ella. La venderemos en el próximo año o dos y esperamos conseguir un beneficio de 2,1 millones de dólares, o del 125 % después de impuestos. Construiremos otra casa, de menor tamaño, pagaremos nuestra hipoteca relativamente pequeña (el 11 %), abonaremos los impuestos y aun así ganaremos más de un millón de dólares. Bienvenido al Greenwich (Connecticut) de la década de 1990.

Los Verde construyeron su vivienda actual hace seis años por un coste de 1,7 millones de dólares, incluyendo el terreno. ¿Cuánto vale cinco años después? Según el Sr. Verde «Su valor actual es de 3,8 millones de dólares». Según mis propias investigaciones, esta cifra supone una estimación muy conservadora: la propiedad podría venderse por más de 4 millones de dólares. Los Verde son miembros fundadores del grupo de los ricos en cuanto al estado de su situación patrimonial.

Si sigues las acciones del Sr. Verde con respecto a la compra de propiedades inmobiliarias, puede que tu situación patrimonial se vea mejorada. Los Verde han comprado y vendido casas cuatro veces en diez años, y han aprendido algo cada vez. En la actualidad compran algo que creen que será relativamente fácil vender obteniendo, algún día, un buen beneficio. Saben que cuantos más deberes y negociaciones hagan como compradores, mejor les irá un día como vendedores de esa misma propiedad. Compara sus métodos con los de los Azul, miembros fundadores del club de ricos en cuanto a su cuenta de resultados. Tienen un patrimonio neto de alrededor del doble de sus ingresos anuales, y podrían pasar tiempos difíciles viviendo de ello durante algunos años. Los Azul se encuentran en una rutina de consumo. Ganan dinero para gastarlo, y gastan para ganar dinero. Compraron una casa de ensueño de 2,5 millones de dólares con una hipoteca multimillonaria.

El Sr. Verde y el Sr. Azul informaron de las acciones emprendidas en el proceso de comprar una vivienda (en la tabla 8-7). Durante su vida adulta, ambos han comprado casas ya existentes, pero más recientemente ambos decidieron construir una casa. Tanto si adquieres una casa ya existente como si te construyes una, estos estilos y procesos opuestos pueden resultarte de utilidad. Nótese que el Sr. Verde ha emprendido trece de las catorce acciones en su intento de conseguir el mejor trato posible al adquirir una vivienda. El Sr. Azul indicó que sólo emprendió cuatro de las acciones enumeradas.

El Sr. Azul compra casas que no se puede permitir fácilmente, y evita poner a prueba la sensibilidad del vendedor con respeto al precio: como sucede con la mayoría de los miembros del grupo de los RCR, es impaciente. Cree en la filosofía del «compra ahora y paga más tarde». En la actualidad, los RCR se sienten eufóricos debido a las repentinas alzas en sus ingresos. Así pues, por qué esperar hasta ser ricos de acuerdo con los estándares de su situación patrimonial. Gastan en previsión de ser acaudalados mañana, y en su mente ya son exitosos económicamente basándose en su cuenta de resultados. El Sr. Azul estaba seguro de que podría pagar su casa de 2,5 millones de dólares: después de todo, su banquero privado aprobó su enorme hipoteca.

El Sr. Azul contó los dólares en forma de ingresos que espera ganar a lo largo de los próximos diez años y previó las contribuciones que hará cada uno de sus clientes en forma de honorarios y comisiones al fondo para pagar su hipoteca. Este extraordinario y muy productivo vendedor lo tiene todo calculado en cuanto a la ecuación de su compra.

El Sr. Azul considera el crédito como un arma para mejorar su situación patrimonial, por lo que cree en usar el dinero de otras personas a través de préstamos hipotecarios. Asume que su casa de 2,5 millones de dólares se revalorizará de forma importante incluso a corto plazo. Al igual que los RCR, cree firmemente que consiguió «un trato excelente» con su casa, pero al Sr. Azul le espera una sorpresa desagradable.

¿Quién obtiene la mayor parte de los «tratos excelentes» con las propiedades inmobiliarias residenciales? No son los Azul (los RCR), sino los Verde (los RESP). Una vez que decidió hacerse una casa, el Sr. Azul quería «cerrar» el trato de inmediato. El experimentado constructor percibió que el Sr. Azul era un «perro en celo», y que el «perro» quería tener la casa ya mismo. Por definición, es insensible al precio y los costes, pero muy sensible al tamaño, la fachada, el estilo, el jacuzzi y otras características caras.

TABLA 8-7

ACCIONES EMPRENDIDAS EN EL PROCESO DE COMPRA DE UNA VIVIENDA: EL SR. VERDE FRENTE AL SR. AZUL

	TIPO DE RICO	
	En cuanto a su situación patrimonial: Sr. Verde	**En cuanto a su cuenta de resultados: Sr. Azul**
1. PLANIFICACIÓN Y DELIBERACIÓN		
No pagar nunca el precio inicial pedido por una vivienda	Sí	Sí
Estar dispuesto a abandonar un trato en cualquier momento	Sí	Sí
Buscar los precios de las viviendas vendidas recientemente en el vecindario	Sí	Sí
Tomarse semanas e incluso meses para comparar precios para conseguir el mejor trato general	Sí	No
No intentar nunca comprar una vivienda en poco tiempo	Sí	No
2. BÚSQUEDA		
Buscar un vecindario que disponga de excelentes escuelas públicas	Sí	No
Adquirir una vivienda que te puedas permitir fácilmente	Sí	No
Buscar una vivienda con bajos costes de mantenimiento y una gran eficiencia energética	Sí	No
Buscar una vivienda «chollo» que forme parte de una ejecución hipotecaria, un acuerdo de divorcio o una liquidación de patrimonio	Sí	No
Buscar un vecindario con unos impuestos a la propiedad razonables	No	No
3. NEGOCIACIÓN		
Poner a prueba la sensibilidad al precio del vendedor haciendo una oferta con un precio muy rebajado	Sí	No
Pedir al agente inmobiliario que reduzca su comisión de modo que el vendedor pueda reducir el precio	Sí	No
Hacerte una vivienda	Sí	Sí
Pedir al constructor/vendedor que valore la casa de acuerdo con su precio de coste exacto o aproximado	Sí	No

El Sr. Verde nunca pagaría 2,5 millones por la casa que el Sr. Azul ocupa actualmente. Tiene demasiada experiencia como para pagar el precio completo al por menor, y es extremadamente paciente. Los constructores también perciben este rasgo. El Sr. Verde requirió y convenció a un constructor para que trabajara cerca de su precio de coste. Hizo sus deberes, realizó algunas estimaciones razonablemente buenas y le pidió con audacia al constructor los datos reales de los costes de las casas que había construido recientemente. El Sr. Azul tiene prisa y no tiene ni idea de cuánto costó realmente construir su casa.

Hay otro elemento presente. El Sr. Azul quiere expresarse. Siente una compulsión a reflejar su ser interior con una casa y una experiencia de construcción de su vivienda totalmente únicas. Su necesidad de autoexpresión puede verse satisfecha, pero a un elevado coste. La casa de los sueños del Sr. Azul es tan única que a ningún constructor se le podría ocurrir una analogía reciente en cuanto al coste. Siendo éste el caso, ¿cómo se puede esperar que un constructor le dé una cifra firme del coste? Sin unas cifras firmes de los costes no puedes negociar al precio de coste del constructor ni aproximado. Algunos constructores trabajan sólo bajo las condiciones del coste más un porcentaje. Es el precio de coste (*a priori* el gran desconocido) del constructor del Sr. Azul más, digamos un 20 % añadido a modo de sus honorarios. ¿Qué sucede cuando fuerzas a un constructor a edificar una casa tan única, tan hecha a medida, tan autorrealizadora desde el punto de vista arquitectónico, que cada día es una nueva experiencia de aprendizaje para él? Y cada día su contador corre. Estás pagando mucho dinero para hacer que avance por la curva del aprendizaje.

Si la construcción de tu casa acaba costando más que una tradicional, a los posibles compradores eso no les importará cuando tengas que venderla. No les interesará que te sintieras autorrealizado durante las fases de diseño y construcción. Les da igual el problema de tu constructor teniendo que empezar desde cero en la curva de aprendizaje.

El Sr. Verde ha sido constantemente capaz de «cerrar» un mejor trato porque tiene mucha más experiencia con los constructores y las propiedades inmobiliarias residenciales en su área. Insistió en que el agente inmobiliario redujera su comisión, de modo que el vendedor de la propiedad pudiera reducir su precio todavía más. Como negociador astuto cree en el poder de la competencia entre todos los actores de esta obra. Es mucho más paciente que el Sr. Azul: no es un «perro en celo». El constructor, el agente inmobiliario y el vendedor de la propiedad lo averiguaron porque, de hecho, hizo que les resultara fácil comprender sus motivos y sus necesidades para compararse una casa:

- Nunca intento comprar una casa o una parcela en poco tiempo. Siempre estoy buscando una gran oportunidad. Puedo tener en mi inventario, durante años, una parcela en la que poder edificar una vivienda antes de construir una casa en ella.

- Me tomo semanas, meses e incluso un año para comparar precios y encontrar el mejor trato general. Nunca voy con prisas.

- Siempre estoy buscando una casa o una parcela «que sean una ganga» que puedan formar parte de una ejecución hipotecaria, un acuerdo de divorcio o una liquidación de patrimonio.

- Sr. Constructor, si está dispuesto a trabajar conmigo por un precio, me adaptaré a su agenda. Cuando disponga de algo de tiempo libre, quizás esté interesado en edificar para mí.

- Soy un cliente inusual. Compro propiedades inmobiliarias residenciales no sólo como lugar para vivir, sino como inversión. Siempre compro con la idea de tener que vender algún día. Reduzca su comisión de la venta y estoy seguro de que el vendedor de la propiedad también ofrecerá un descuento adicional.

- La gente se fija en mí como líder de opinión. Suelen preguntarme por agentes inmobiliarios que recomendaría.

- Conozco a mucha gente en este sector. Me piden constantemente que les ayude a elegir a un constructor.

Hay varios otros factores responsables del éxito del Sr. Verde en sus experiencias de compra de casas. Es sensible al coste del ciclo de vida, y no al primer coste. El primer coste es el precio que paga por las parcelas, las casas y la construcción. El coste del ciclo de vida hace referencia a los costes directos e indirectos relacionados con una casa concreta a lo largo del tiempo.

¿Qué hay del Sr. Azul? Es relativamente más sensible al primer coste que al coste del ciclo de vida, pero, en general, es menos sensible a ambos aspectos que el Sr. Verde. Los RCR suelen engañarse al tomar decisiones sobre la compra de una vivienda: lo pintan todo de color de rosa con respecto a los primeros costes y los costes del ciclo de vida.

Es la variación en los costes del ciclo de vida lo que muestra las mayores diferencias entre los grupos de los RCR y los RESP. Tomemos, por ejemplo, los distintos costes relacionados con la selección de un vecindario que disponga de unas escuelas públicas excelentes. El Sr. Verde siempre escoge uno de ellos, pero no así el Sr. Azul. Antes de mudarse a su nuevo vecindario, no estudió la ubicación de las escuelas. Cuando se dio cuenta de que las escuelas públicas de la zona eran de calidad inferior en el mejor de los casos, la conmoción de la educación privada entró en escena. El Sr. Azul descubrió que sus hijos no lograrían que les admitieran en facultades de prestigio dada la preparación que estaban recibiendo en las escuelas públicas. Añade los gastos de la educación privada (33 000 dólares anuales) a los otros costes del ciclo de vida relacionados con conseguir un «trato fabuloso» con una parcela para construir una casa.

No es cierto que todos los millonarios estén orientados hacia las escuelas privadas y que se muestren reacios a la educación pública para sus hijos. En realidad, no es así. La mayoría indica que la calidad de las escuelas públicas fue un factor importante a la hora de tomar una decisión con respecto al «vecindario». Casi ocho de cada diez (el 79 %) afirmó que un criterio de decisión importante subyacente al proceso de selección de su casa fue:

Buscar un vecindario que tuviera unas escuelas públicas excelentes.

No es difícil darse cuenta de la relación entre la riqueza, el valor de las casas y la calidad de las escuelas públicas. Simplemente piensa por un momento cuánto cuesta enviar a tres hijos a una escuela privada. El típico millonario tiene tres hijos: ¿por qué querría vivir en un distrito escolar que requiriese del apoyo de escuelas privadas? No quiere. Incluso prefiere pagar un elevado precio de primer coste por casas ubicadas en vecindarios que dispongan de escuelas públicas de calidad.

La prueba adicional es que sólo el 26 % de los millonarios encuestados:

Buscaba vecindarios con unos impuestos sobre la propiedad razonables.

La mayoría de los RESP, como el Sr. Verde, son conscientes de las soluciones intermedias entre pagar unos mayores impuestos por la propiedad y disponer de escuelas públicas de calidad. El Sr. Verde, nunca en toda su vida, pensó en mudarse a un vecindario porque tuviese unas tasas tributarias relacionadas con las escuelas razonables. En su mente, unas tasas tributarias bajas equivalen a unas escuelas públicas de baja calidad.

La mayoría de la gente de EE. UU. nunca pagaría 1,7 millones de dólares por una casa de cinco habitaciones. Incluso aunque pudiesen permitírsela, la mayoría se la construirían en otro lugar. Está claro que el Sr. Verde podría haber comprado una casa de cinco habitaciones con un diseño y una superficie similar por mucho menos dinero «sólo si» su mujer y él estuviesen dispuestos a vivir en alguna otra ciudad de la zona en la que la metrópolis y sus suburbios adyacentes se extienden por tres estados (en este caso los estados de Nueva York, Nueva Jersey y Connecticut), pero fueron lo suficientemente inteligentes como para quedarse en Greenwich. Podrían haberse comprado una casa de cinco habitaciones por menos de la mitad de 1,7 millones de dólares, pero no habría estado en el mismo vecindario o uno de calidad similar.

El Sr. Verde rechazó llegar a una solución intermedia. Nunca consideró su decisión de invertir 1,7 millones de dólares en una casa como un riesgo. Para él, un riesgo consistiría en comprar una casa por 700 000 dólares en un vecindario con menos potencial que el que escogió. La inversión del Sr. Verde de 1,7 millones de dólares se ha más que doblado en algo menos de seis años, ya que tiene una casa encantadora en un barrio encantador. La zona y la vivienda son muy deseables para un número creciente de compradores de casas acaudalados.

El riesgo tiene otra cara en lo que se refiere al Sr. Verde. Encontrar y comprar una casa es un vecindario no maravilloso es relativamente fácil, pero el verdadero riesgo consiste en la dificultad para venderla, especialmente en las situaciones en las que las escuelas públicas son de calidad inferior. Por lo tanto, si el Sr. Verde hubiese pagado sólo la mitad de los 1,7 millones de dólares, cinco años más tarde puede que esa inversión se hubiera revalorizado sólo en el aspecto nominal. Las escuelas públicas tienen mucho que ver con el verdadero rendimiento de la inversión.

¿Por qué la gente como el Sr. Verde tiene una mayor capacidad de tomar buenas decisiones, con respecto a las casas, que los Sres. Azul de EE. UU.? El Sr. Azul tiene una visión estrecha y es fanático de las ventas para inversiones. Vende inversiones en el mercado de valores, y así es como gana unos ingresos elevados. Está completamente absorto en su forma de pelea de perros telefónica, y como resultado de ello descuida otras oportunidades para generar ingresos actuales y futuros.

El Sr. Azul no es el único. Uno de los factores subyacentes del comportamiento de los RCR es que tienden a ser adictos al trabajo. El trabajo los consume. Uno podría asumir que estas personas que obtienen unos ingresos elevados adoptan el estilo de vida de «trabaja duro y juega duro», pero, en general, están implicados en menos actividades sociales, religiosas, cívicas y de ocio que los RESP. Tienden a trabajar más y a jugar menos, y son los que es menos probable de entre todos los grupos de gente con ingresos altos que indiquen que «les encanta su trabajo».

Nótese que muchos RESP trabajan muchas horas y trabajan duro, pero no son adictos al trabajo que no disfrutan con su empleo. No hay nada más agotador que trabajar en algo que no te gusta.

Los RCR ganan dinero a lo grande y gastan a lo grande. Y es improbable que emprendan acciones defensivas para reducir el coste de gestionar su hogar, ya que, en su mente, tales acciones no valen la pena. Reducir los costes de gestión y comprar casas de la forma en que lo hace el Sr. Verde también se considera trabajo: un trabajo que, desde su punto de vista, paga mucho menos, en general, que su principal vocación.

En algunas situaciones, su argumento es válido. Quizás nunca te hagas rico usando cupones de descuento para hacer la compra, pero tales actividades tomadas en su conjunto tienen una influencia importante sobre tu situación patrimonial. Los RCR no tienen un argumento válido cuando se trata de adquirir viviendas: queda muy claro, a partir de esta encuesta a nivel nacional de EE. UU. que el hogar puede ser más que el castillo de alguien. Para ellos, puede ser y es una buena inversión.

Si un comprador no planifica ni estudia las oportunidades disponibles, una casa puede ser una mala inversión. Muchas parejas de RCR han descubierto que cuando se trata del proceso de compra de una vivienda, las prisas son malas consejeras. Eso es incluso más obvio cuando intentan vender la casa que compraron con prisas años antes.

EL OLFATO DEL CAZADOR

A principios de la década de 1980, las tasas de interés eran las más altas de la historia. Incluso los fondos de inversión en el mercado monetario pagaban un 20 % o casi. La gente salía de la bolsa porque estaba recibiendo unos beneficios garantizados e incomparables sobre su dinero en metálico y equivalentes. ¿Qué había del mercado inmobiliario residencial? Con unas tasas hipotecarias del 20 % o cercanas en algunas áreas, la gente no tenía el estado de ánimo propicio para comprar, lo que tuvo un efecto enfriador de los precios del mercado inmobiliario. Los vendedores rezaban por desprenderse de sus viviendas, pero frecuentemente se quedaban sin vender y sin estar ocupadas durante meses e incluso años.

En esta misma época, los Stanley queríamos comprar una casa más cerca del centro de la ciudad. Mi desplazamiento diario al trabajo era de casi cincuenta kilómetros por sentido, y la peor parte era el embotellamiento en un puente de dos carriles. Parecía que todos mis vecinos y yo estábamos parados y embotellados cada día en la misma ridícula zona cercana al puente. Mientras estaba parado ahí pensé: «¿Qué pasaría si pudiera vivir al otro lado de este río? Me ahorraría una hora cada día». Pero siempre me encontraba con el contraargumento: «Es estúpido siquiera pensar en vender una casa y comprar otra cuanto las tasas de interés son tan altas». Este intercambio prosiguió durante meses y más meses.

Pero la discusión terminó después de entrevistar a diez multimillonarios. Los resultados de este grupo de sondeo me dejaron una importante buena impresión en relación con las propiedades inmobiliarias. Como parte de mi presentación, mencioné que vivía en Atlanta (Georgia). A su vez, ellos se presentaron: todos vivían y trabajaban en el área metropolitana de Nueva York, y todos eran propietarios de un negocio y ricos de primera generación.

Curiosamente, me di cuenta de que un encuestado se refirió a Atlanta como una tierra de oportunidades. Otros repitieron en voz alta: «Atlanta, Atlanta». Durante la pausa a mitad de la reunión y tras la finalización de las entrevistas, varios encuestados se acercaron a mí con Georgia en su pensamiento. Me preguntaron si estaba comprando propiedades inmobiliarias en Atlanta. También hablaron sobre las grandes perspectivas para las propiedades inmobiliarias ahí.

Esto no tuvo ningún sentido para mí. En primer lugar, ninguno de estos multimillonarios encuestados era profesional de las propiedades inmobiliarias. Sus datos biográficos mencionaban otros sectores: impresiones, suministros de oficina, tasaciones, manufacturas, etc. En segundo lugar, estaba confuso por su entusiasmo en invertir en propiedades inmobiliarias. Parecía insensato, dadas las tasas de interés en esa época. ¿Por qué estaba esta gente interesada en el mercado inmobiliario y por qué en Atlanta?

Les dije que no estaba interesado en comprar propiedades inmobiliarias debido a las altas tasas de interés y el estancamiento general del mercado. Sí, incluso la maravillosa Atlanta estaba sufriendo debido a las elevadas tasas de interés. Uno de los encuestados dijo algo que me causó un impacto importante y duradero.

Brown: ¡Tom, éste es el mejor momento para comprar!

Doctor Stanley: Pero las tasas de interés son muy altas. ¿Quién está comprando?

Brown: La gente inteligente, que no siempre necesitan pedir dinero prestado. ¿Has pensado en comprar?

Doctor Stanley: Sí, muchas veces. De hecho, estamos pensando en construir una casa, pero nos encontramos con el viejo problema de las tasas de interés.

Brown: ¿Dispones de suficiente dinero para comprar una parcela edificable en una zona de calidad?

Doctor Stanley: Sí.

Brown: Entonces hazlo. Hazlo ahora. Nunca sigas a la multitud. Apuesto a que hay muchas propiedades en venta. Mira en los anuncios clasificados […]. Llama a algunos bancos que tengan ejecuciones hipotecarias.

El día después de esta lección empecé a buscar una parcela. Brown tenía razón: había bastantes parcelas en venta en los anuncios clasificados. Al poco tiempo compré una, pero tuve en cuenta distintas ofertas y tuve la oportunidad de visitar a distintos vendedores. La parcela que escogí tenía casi media hectárea en lo que antaño fue una plantación. El precio de esta fantástica parcela fue de 29 500 dólares. Tan sólo dos años antes, una parcela de este tipo se habría vendido por el doble. Durante la siguiente alza en el precio de las propiedades inmobiliarias, algunas parcelas similares se vendieron por 100 000 dólares.

¿Quién estaba vendiendo cuando yo estaba comprando? Varios constructores estaban sufriendo debido a las malas condiciones económicas, pero seguían teniendo facturas y deudas que pagar. Algunos de ellos tenían casas, unas casas encantadoras, paradas sin hacer nada. Muchos también tenían parcelas. No obstante, había pocos compradores, a pesar de que estas casas y parcelas tenían un precio bastante inferior al coste para el constructor.

Había otro grupo interesante de vendedores que encajaba en la descripción de «ricos en cuanto a su cuenta de resultados». Cada uno de ellos había comprado parcelas no como inversión, sino como lugares en los que construir sus casas de ensueño durante los períodos en los que la euforia motivada por la economía había infectado Atlanta. Pagaron precios elevados en un mercado con una alta demanda. La economía estaba dando lugar a un número anormalmente grande de corredores de bolsa con unos ingresos elevados o que generaban unas comisiones altas, profesionales de la venta de seguros de vida, directores de desarrollo de nuevos negocios de ingeniería y contratación y profesionales de la asistencia sanitaria. La mayoría de esta gente hizo esas compras pidiendo créditos mientras, al mismo tiempo, incrementaba su inventario de bienes de consumo y préstamos. Compraban y pedían prestado como si los tiempos felices fuesen a durar para siempre. Estaban comprando en un mercado con una alta demanda.

¿Qué hay de los ricos en cuanto a su situación patrimonial? Al mismo tiempo estaban vendiendo sus parcelas. Cuando el mercado se dio la vuelta, los ricos en cuanto a su situación patrimonial volvieron a comprar. Algunos se aferraron a sus parcelas edificables durante años, a lo largo de varias subidas y bajadas de la economía. Entonces, justo en el pico de los precios de las propiedades inmobiliarias, pusieron sus casas en venta. Muchos construyeron casas en las parcelas compradas a un precio de ganga. Algunos hicieron trueques con sus parcelas y compraron casas que eran propiedad de constructores. Otros encontraron «las mejores compras» en zonas residenciales que monitorizaban rutinariamente. Algunos esperaron, deliberadamente, a que el mercado tocara fondo para que los constructores les edificaran casas (en una época en las que los constructores estaban más que encantados de construir a precio de coste o cerca de él simplemente por disponer de trabajo).

Ésa es la razón por la cual los millonarios que vivían en la ciudad de Nueva York estaban interesados en las propiedades inmobiliarias y, en especial, en las propiedades inmobiliarias en Atlanta. Varios de los miembros de este grupo indicaron que tenían hijos o nietos que estudiaban en la Universidad Emory o el Instituto de Tecnología de Georgia. Las visitas a estos estudiantes les dieron la oportunidad de fijarse en el mercado de Atlanta. Otra característica distintiva de los pudientes es la productividad. En esencia, «mataron dos pájaros de un tiro», demostrando una vez más que otra marca distintiva de la mentalidad del millonario es la productividad.

LAS PROPIEDADES INMOBILIARIAS COMO PARTE DE LA CARTERA DE VALORES

Hay algo más acerca de los ricos en cuanto a su situación patrimonial: no ponen todos los huevos de sus inversiones en la misma y única cesta vulnerable. Existe el importante mito sobre los pudientes de que «tienen todo su dinero en sus propios negocios». Ni de lejos. La mayoría de los millonarios tampoco lo fían todo al mercado de valores, el mercado inmobiliario, los mercados de la fruta y las verduras o el mercado de los electrodomésticos. La mayoría diversifican bien, y la mayor parte tiene algún tipo de inversión en propiedades inmobiliarias. Incluso muchos de esos millonarios que sienten una gran afinidad por las acciones comunes tienen alguna propiedad inmobiliaria.

Hay una fuerte correlación entre el patrimonio neto y la proporción de la riqueza de alguien invertida en propiedades inmobiliarias.

Lo aprendí al principio de mi trayectoria profesional. Fui contratado por una gran compañía de inversiones para llevar a cabo un estudio sobre los hábitos inversores de los multimillonarios. Cuando pregunté al grupo de sondeo sobre los hábitos de inversiones, la mayoría tenía una porción de su riqueza en categorías de inversión financiera convencionales, pero tenían muchísimo más que acciones y bonos.

La mayoría eran inversores privados astutos. Los propietarios de negocios poseían alguna propiedad inmobiliaria industrial; otros tenían su propio complejo de oficinas, fábrica, complejo de ciencias médicas, propiedades en alquiler, propiedades vacacionales en alquiler, centros comerciales, etc.

Varios de los encuestados invertían ocasionalmente en casas unifamiliares, y uno de los encuestados, Alvin, tenía olfato de cazador. Era una persona que abandonó los estudios en el instituto y que era propietario de un negocio de distribución que valía más de 30 millones de dólares. Vivía en un vecindario excelente justo a las afueras de la ciudad de Nueva York. Dejó muy claro que su casa la compró después de ser multimillonario, durante una fase del mercado que favorecía al comprador. La casa prácticamente había triplicado su valor en unos quince años.

Alvin se puso una mayor medalla por algunas de sus otras inversiones relacionadas con las casas. Se dio cuenta de que en su propio vecindario excelente solía haber focos de oportunidades económicas. Su primer objetivo fue una casa que había cerca de la suya que llevaba vacía casi un año debido a un divorcio. Durante esa época, la casa había quedado descuidada. Al final se puso en venta, pero el mercado inmobiliario estaba en una época floja para los potenciales vendedores.

Alvin acabó comprando la casa por un precio de ganga. La limpió, la pintó y realizó mejoras generales. Se la alquiló a un familiar durante varios años, y luego el mercado volvió a ser favorable. Los compradores superaban en número a los vendedores, por lo que puso la casa en venta por un 20 % por encima del precio tasado.

Alvin es rico en cuanto a su situación patrimonial, y los RESP venden para obtener beneficios, y no porque tengan una necesidad apremiante. No necesitaba el dinero, y sabía que el mercado estaba al alza, por lo que le puso un precio a la propiedad teniéndolo presente. En el mercado al alza, el valor de la casa subía cada día: todo lo que necesitaba era un comprador que quisiese pagar un precio alto por una casa en el «vecindario de las casas maravillosas».

Alvin vendió la propiedad prácticamente por el precio solicitado, y se embolsó más del 50 % de su inversión. Ganó más de lo que hubiera ganado en esa época si hubiera invertido en la bolsa.

Hacer lo que Alvin hizo no es algo apto para la mayoría de las personas. Recuerda que era el dueño de su propia empresa y que tenía un personal de mantenimiento y de oficina numeroso al que pagaba para que estuviese pluriempleado en su aventura con las propiedades inmobiliarias. Además, Alvin no partía de cero en la curva del aprendizaje. Me dijo que si se hubiera encontrado partiendo de cero o prácticamente de cero, nunca se habría planteado comprar casas para invertir. Si no te encuentras en una posición similar, quizás quieras pensarte dos veces seguir el ejemplo de Alvin, pero incluso aquéllos sin su personal ni su experiencia encuentran productivo comprar casas para su uso personal en un vecindario con el que estén familiarizados.

Un número creciente de los millonarios pertenecientes al grupo de los RESP está haciendo lo que ha hecho Alvin: marcando el precio de su propia casa en un vecindario de casas maravillosas y esperando a conseguir el precio que han pedido. Venden cuando el mercado favorece a los vendedores y compran cuando el mercado favorece a los compradores. Suelen adquirir gangas en su vecindario o en vecindarios adyacentes. Algunos entran a vivir a estas casas maravillosas y otros simplemente las usan como vehículos de inversión.

JUGAR EN CASA Y JUGAR FUERA

Un número creciente de RESP se están convirtiendo en expertos en ciertas áreas. Cuando ven una oportunidad para incrementar su patrimonio neto en un cierto vecindario que conocen bien, la aprovechan. En la actualidad no es inusual encontrarse con un hogar acaudalado que ha se ha mudado a una casa de mayor o menor valor varias veces. Cada vez más, esto se da en el mismo vecindario o entre vecindarios adyacentes. Cuando estos RESP descubren una casa a precio de ganga en el «área que dominan», se abalanzan sobre ella.

Muchas veces, una casa que se iba a poner a la venta en el mercado se descubría no en la sección de los anuncios clasificados, sino durante una conversación durante una partida de bridge o una conversación casual en una reunión de la asociación de madres y padres de alumnos. Llamo a esto *jugar en casa,* como si habláramos del equipo deportivo local. El equipo local tiene la ventaja de jugar en su propio campo y apoyado por su afición. El caso de Alvin está muy relacionado con esta idea. Tiene la ventaja de jugar en casa en comparación con muchos compradores potenciales que no saben tantas cosas sobre el vecindario. Además, puede que se encuentren en una visita de un par de días para comprar una casa relacionada con un cambio de empleo. Piénsatelo dos veces antes de siquiera plantearte la compra de una casa cara «en un fin de semana». Si no dispones de ninguna alternativa, por lo menos contrata los servicios del mejor agente inmobiliario de la zona para que te ayude. Frecuentemente son estas personas, incluyendo a otros trabajadores por cuenta ajena, los que se encuentran en situaciones de *jugar fuera de casa.*

GANAR LOS PARTIDOS FUERA DE CASA

No necesitas la ventaja de jugar en casa si juegas el partido como lo hace Dye, un empleado que ha trabajado para dos importantes corporaciones durante su muy viajada trayectoria profesional. Durante cada una de sus seis últimas mudanzas a larga distancia, su mujer y él han obtenido unos beneficios considerables en cada ocasión. No importaba que hubiese vivido en Chicago durante muchos años, luego en Houston varios más y que luego le trasladaran a Orlando: los Dye siempre ganaban dinero cada vez que se mudaban. Compraban barato y vendían caro. ¿Cómo logró un miembro del *equipo visitante* marcar en los seis de los seis partidos que jugó fuera de casa?

En cada ocasión, los Dye se transformaban en miembros del equipo local, tal y como volvieron a hacer con la compra y la venta de su vivienda más reciente. Dye me explicó que nunca compra o vende una casa cuando está en una situación apurada. Al igual que la mayoría de los RESP, él y su esposa son muy pacientes. Tienen un plan y un conjunto de objetivos que seguir.

Cuando la empresa de Dye –una de las cincuenta mayores de EE. UU.– le dijo que tenía otro encargo más y otro traslado, su mujer y él estaban bien preparados. No permitieron que la euforia de una nueva tarea y la mudanza a una ciudad emocionante se tradujera en forma de una mala decisión.

En su aventura más reciente, a la pareja le llevó seis meses vender su antigua casa y tomar una decisión con respecto a una compra. La empresa de Dye era muy justa, incluso generosa. Le informó de que la corporación empresarial se había ofrecido a comprar cada una de las seis casas que necesitaba vender: en cada ocasión por un buen precio de mercado; pero Dye rechazó esa oferta, y fue inteligente al hacerlo. Cada vez que la pareja vendía una casa, ganaba por lo menos un 15 % más que el valor justo de mercado. El valor justo de mercado suele calcularse por analogía: los tasadores se basan en los precios de venta recientes de las casas de una zona concreta, dados ciertos parámetros de superficie y estilo.

Los Dye fueron capaces de ser más astutos que los expertos, los experimentados tasadores, y ganar mucho dinero por cada casa que vendieron. Creen firmemente que:

¡La limpieza es sagrada!

Sus casas siempre estaban inmaculadas por dentro y por fuera. Los Dye no sólo limpian su casa hoy con la expectativa de venderla mañana: siempre está lista para entrar a vivir, y son extremadamente exigentes con respecto a las casas que compran: sólo compran aquellas que están en un estado excelente. Luego van uno o dos pasos más allá de la excelencia. El color interior y exterior y la decoración siempre están actualizados. Sólo compran casas que creen que podrán vender más adelante consiguiendo un beneficio.

¿Quién sería más probable que comprase una casa más que excelente, pero con un recargo del 20 % por encima del precio de mercado? ¿Qué comprador pagaría un recargo por poder entrar a vivir de inmediato en una casa completamente equipada? En el caso más reciente, los Dye vendieron su casa a una pareja que estaba empleada en el sector informático y sólo pensaban en su trayectoria profesional. La pareja se mudaba frecuentemente. Ambos tenían treinta y muchos años y tenían un trabajo muy exigente y muy bien pagado que implicaba viajar mucho. Ninguno de los dos tenía ningún interés en restaurar o incluso redecorar una casa, ni estaban interesados a comprar una vivienda nueva del inventario de un constructor o en hacerse una a medida. Asumieron correctamente que las casas nuevas necesitan un césped nuevo, una decoración nueva, cortinas nuevas y otras cosas. Esta pareja estaba enfrascada en su trabajo, se dedicaban totalmente a su trayectoria profesional y conseguían unos ingresos altos. Para ellos, el tiempo y el esfuerzo dedicados a cosas ajenas a su vocación se traducía en grandes aspectos negativos.

Querían una casa en la que pudieran entrar a vivir de inmediato, y era muy sensibles a las variaciones en las condiciones de las casas que tenían en cuenta, pero eran significativamente menos sensibles a las variaciones de precio entre las casas que competían por su dinero. Además, la pareja dedicó un fin de semana a encontrar una casa adecuada, y no sabía nada del mercado inmobiliario en la ciudad a la que la habían hecho trasladarse. En esencia, se trataba de otra pareja más de RCR que estaba jugando otro *partido fuera de casa.* Esta pareja pagó el mayor recargo por encima del precio de mercado en la historia de la zona residencial: casi un 33 %. Diecisiete meses después, esa misma pareja vendió la casa por tan sólo un 85 % de lo que había pagado por ella, pero en ese momento la casa ya no estaba en un estado más que excelente y la pareja tenía prisa por vender. Su empresa subvencionó parte de la pérdida.

Ten siempre un plan a punto antes de que tú o tu empresa decidáis que ha llegado el momento de cambiar de domicilio.

Parte de este plan consiste en mantener tu casa en un estado excelente, pero también deberías mantenerte en contacto con los mejores agentes inmobiliarios de tu zona. Ponte en contacto con ellos cada seis meses, más o menos. Anota, periódicamente, los nombres de las superestrellas en propiedades inmobiliarias residenciales y confía completamente en esta lista. Pide a los socios de tu empresa que te den referencias y solicita a las empresas inmobiliarias los nombres de sus mejores agentes. Cuando los entrevistes, pregúntales sobre las condiciones del mercado, y no temas preguntarles sobre su productividad reciente. Pregúntales, en especial, cuántas de sus ventas recientes han procedido de clientes que se mudaron a esa zona. Pregúntales acerca de la cantidad media de tiempo que esos clientes dedicaron a buscar antes de comprar una casa.

Frecuentemente, los mejores agentes inmobiliarios tienen relaciones laborales estrechas con las mejores empresas de los principales sectores de tu zona. Si estás en San Francisco, por ejemplo, quizás quieras pensar en un agente inmobiliario que dé servicio a compañías del sector informático y de la alta tecnología. Cuando una gran empresa contrata a un empleado importante de fuera del estado, la compañía quiere que la transición vaya como una seda. Parte del proceso consiste en pedirle a un agente inmobiliario de primera que eche un cable, por lo que tu plan debería incluir familiarizarte con agentes inmobiliarios que tengan un excelente historial haciendo que estas empresas y los ejecutivos entrantes estén contentos. Piensa seriamente en contratar a uno de ellos para que incluya tu casa en su lista de posibles ventas. Me he encontrado con que muchos de estos agentes inmobiliarios muy productivos trabajan especialmente duro para vender las casas que, además, están en su lista. No disfruto diciendo que suele ser un error contratar a un vecino, un amigo o incluso un familiar como agente inmobiliario.

Los negocios son los negocios, y hoy todavía más que antes, no puedes darte el lujo de estar representado por alguien que no sea un verdadero experto en propiedades inmobiliarias que sea muy productivo y completamente profesional.

En mi cabeza hay una muy clara distinción entre tres tipos de agentes inmobiliarios. En primer lugar tenemos a los que llamo «listadores», luego están los «vendedores» y por ultimo están los agentes extraordinarios de ventas y *marketing* que son geniales tanto para adquirir listas con los precios de propiedades como para vender lo que ellos y otros agentes tienen en su lista. Pregúntate qué tipo de agente inmobiliario quieres.

Hay algunos listadores y vendedores excelentes. Algunos listadores muy dinámicos han acumulado una tremenda buena relación de confianza con otros agentes inmobiliarios, de modo que esos otros agentes toman especial nota cuando su nombre aparece en un cartel de «En venta»; pero la mayoría de los agentes no son comandos de ventas y *marketing* ni por asomo. Desde su punto de vista, es mucho más fácil animar a un vecino, un amigo o un familiar para que se apunte a su lista, su lista y su lista. Es mucho más difícil vender, porque la mayoría de las ventas se hacen a desconocidos; pero en mi cabeza los mejores agentes inmobiliarios tienen listas y venden.

Siempre recomendaré a Connie Glenn

No todo el mundo puede vender propiedades inmobiliarias. Sólo un pequeño número de profesionales de las ventas inmobiliarias alcanza el estatus de PEV (lo que llamo profesionales extraordinarios de las ventas) y lo conservan durante las recesiones en el mercado inmobiliario. Connie Glenn es una de ellos.

Una vez me encontré en la poco envidiable posición de tener que vender una casa cuando las tasas hipotecarias eran de cerca del 20 %. Lo que quedaba del mercado inmobiliario en Atlanta en esa época era un mercado favorable a los compradores. Al igual que millones de otros propietarios de viviendas, cometí el error de pedirle a la primera persona que me vino a la mente (un amigo, vecino y agente inmobiliario a jornada parcial) vendiera la propiedad. Era lo más sencillo. Después de más de dos meses, los únicos resultados fueron ninguna oferta, nada de aperitivos para agasajar a los posibles compradores y muy pocas visitas.

Quedó claro que se tenía que hacer un cambio. Llamé al director de la mayor agencia inmobiliaria de Atlanta. «Quiero el nombre de su mejor agente [...]. No, no quiero al mejor de esta ciudad o de aquella otra en el área metropolitana de Atlanta. Quiero al mejor caballo de su establo».

Connie y su ayudante aparecieron en mi casa poco después de haberla llamado. Estuvo de acuerdo en aceptar mi caso. Las visitas aumentaron de un día para otro. Al cabo de un mes la casa se vendió por un 95 % del precio solicitado. Quedé sorprendido por su éxito. El mercado no sólo estaba en una época difícil, sino que la casa era de madera de cedro. Los revestimientos de cedro no son mi primera opción en Georgia, ya que pierde color y se llena de moho. Es necesaria una limpieza periódica. ¿Quién pagaría el 95 % del precio solicitado? Connie encontró a un ejecutivo de la industria maderera al que le encantaba el cedro. «Después de todo, Tom, ¿dónde esperarías que viviera un experto maderas: en una casa de ladrillo de estilo colonial? Sería malo para su reputación y para la imagen de su empresa maderera».

Mi experiencia con Connie me enseñó algo sobre el *marketing*. Si quieres evitar perder dinero en tus tratos inmobiliarios, llama a un

PEV (Stanley, T. J.: *Marketing to the affluent*. Dow-Jones Irwin, Homewood [Illinois], 1988, pp. 40-41).

Nótese que Glenn listó, tasó y vendió nuestra propiedad. Su encargada me dijo que Connie asentó su reputación como agente de élite «buscando activamente listados de casas que otros eran incapaces de vender». En su cabeza, toda casa tenía un comprador potencial: la clave consistía en encontrar a ese comprador. Connie siempre tenía la capacidad de hacerlo.

Lo que Connie Glenn hace para ser y consagrarse como una PEV es tan sencillo que la mayoría de la gente es incapaz de verlo. La brillantez en las ventas y el *marketing* suele mostrarse de las formas más sencillas y prácticas y, en último término, se ve en los resultados. Connie reconoció que cada mercado inmobiliario tiene un conjunto particular de características. Estas características tienen una gran importancia en el comportamiento relativo a la compra de viviendas.

Georgia es uno de los cinco grandes estados en cuanto a producción maderera. Es un estado con enormes extensiones de bosques. Muchas empresas implicadas directa o indirectamente en la industria maderera tienen presencia en Georgia. El tamaño de estas empresas oscila entre el más gigantesco y el más diminuto. Es gente que vive por y para la madera.

Saber que Georgia es un «estado maderero» te dice que mucha de la gente que viene a vivir aquí está empleada o será contratada por compañías madereras. Connie lo comprendió y desarrolló contactos y una gran reputación en la industria maderera y otros sectores clave. Tiene lo que se llama olfato de cazador, y tiene la determinación de un perro de presa.

Si te mudas varias veces a lo largo de tu trayectoria profesional y contratas, cada vez, los servicios de alguien como Connie Glenn, probablemente te embolsarás mucho más dinero gracias a su experiencia en las ventas. No es inusual que tras cinco o seis traslados tengas una cifra neta mayor que el precio de compra de tu primera vivienda. La gente como Connie puede ser responsable, y de hecho lo es, de cientos de miles de dólares en tu bolsillo: en algunos casos hasta millones a lo largo de la vida de un millonario.

¿Plan o pánico?

Como parte de tu plan para vender o comprar una casa, decide tus parámetros de tiempo. No te asustes si te encuentras con que te tienes que mudar a otra zona geográfica. Prevé que, si eres un empleado, tu empresa podría pedirte que te traslades algún día. Por lo tanto, decide de antemano durante cuánto tiempo estarás dispuesto a buscar una casa. Los Dye estaban bastante dispuestos a esperar hasta seis meses para encontrar una vivienda y, por supuesto, para vender la casa que tenían en ese momento, pero esta opción no es para todo el mundo. La empresa de Dye fue generosa y pagó todos los gastos de la mudanza, incluyendo el alquiler mientras la pareja buscaba una casa. Si tu empresa no es tan espléndida, quizás descubras que vale la pena alquilar, de modo que dispongas del tiempo necesario para pasar de ser un miembro del equipo visitante a uno del equipo local. Algunos meses de alquiler no suponen una cantidad muy grande para comprar una casa que se revalorice y que finalmente sea fácil revender.

Las predicciones perfectas no existen

Me resulta sorprendente ver que algunas personas dedican más tiempo a la compra de un coche que a la de las casas que adquieren. Tal y como reza el dicho, a los tontos no les dura el dinero. Antes de que ni siquiera te plantees comprar una casa, tómate tiempo para estudiar las pistas. Pregunta por qué vende el propietario. Puede que no te diga que es porque la casa de su vecino se está convirtiendo en algo que molesta a la vista. Es muy fácil pasar por alto el estado de las viviendas que rodean a aquélla en la que estás interesado. Frecuentemente, la gente no presta atención a estas otras casas. Ve más despacio, pasea por el vecindario y examina de cerca las otras viviendas. ¿Qué porcentaje de ellas necesita alguna obra en su exterior? ¿Cuántas necesitan canalones nuevos? ¿Qué tal están cuidados el césped y los arbustos? ¿Quiénes son tus posibles vecinos? ¿Qué hacen para ganarse la vida?

Pregúntale a tu agente inmobiliario sobre las tendencias en el vecindario. ¿Están los precios de las casas al alza, no varían o van a la baja? Haz preguntas de ese estilo y te beneficiarás. Tu agente quedará impresionado con tu sensibilidad y puede que sea más sincero con sus respuestas.

Mientras paseas por el vecindario, llama a alguna puerta. Habla con la gente que podría ser tu vecina y échale una ojeada cuidadosa. Pregunta sobre las escuelas de la zona. Pregunta qué es lo que les gusta o les desagrada del vecindario.

Estas preguntas pueden ayudarte a tomar una decisión informada con respecto a la compra. ¿Qué pasa si el valor de las casas de un vecindario no sigue el ritmo de las viviendas ubicadas en vecindarios cercanos? ¿Qué sucede si una de cada cinco casas necesita que se pinte su exterior? ¿Qué pasa si el propietario de la casa de al lado ha perdido recientemente su empleo como ejecutivo medio en una compañía? ¿Qué sucede si su casa necesita reparaciones en su exterior? En tal caso, piensa muy en serio en comprar una propiedad en otro lugar.

Muchos vecindarios decaen en términos de valor en dinero real: eso sucede incluso en zonas pudientes. Frecuentemente, es imposible predecir si un vecindario concreto aumentará o descenderá de valor, y esto es especialmente cierto en las zonas residenciales completamente nuevas o casi nuevas. En este aspecto tengo una norma sencilla. Fíjate detenidamente en las casas de un vecindario respetable. Si más de una de cada cinco necesitan ser pintadas o que se realicen tareas de paisajismo, quizás desees evitar el riesgo de comprar ahí.

CONSTRUIR O COMPRAR

El día que empecé a escribir este capítulo, mi amigo John se pasó por mi casa para pedirme consejo sobre si comprar o construir una casa para su familia. Le dije a John que era afortunado: las cifras estaban frescas en mi cabeza. ¿Qué hacen los millonarios con respecto al asunto de «construir frente a comprar»?

- Sólo alrededor de uno de cada cuatro (el 27 %) de los millonarios se ha construido, en alguna ocasión, una casa. Esto incluye todas las categorías: viviendas habituales, segundas viviendas, casas de veraneo, casas en las que pasar el invierno, etc.

- La proporción de millonarios que se construye casas en lugar de comprarlas aumenta con el nivel de su patrimonio neto. Sin embargo, sólo el 35 % de los decamillonarios se ha construido una casa en alguna ocasión.

John pareció un poco sorprendido por estas revelaciones, pero ya había previsto su respuesta. Parece que John quiere construir porque piensa que así puede ahorrarse dinero, y pensaba que la mayoría de los millonarios se construyen casas en lugar de comprar viviendas ya existentes. Después de proporcionarle mi información, elaboró una hipótesis completamente nueva:

Ahora lo entiendo. Los millonarios no necesitan ahorrar dinero edificando. Pero yo no lo soy [rico]. Ésa es la razón por la que quiero construir.

EL MITO DEL «AHORRARÉ DINERO»

¿Por qué la gran mayoría de los millonarios nunca se construye casas? Creen que construir tiene algunos beneficios con respecto a comprar, pero también piensan que esos beneficios no compensan los costes marginales de su tiempo, energía y otros recursos importantes.

Este hecho difiere de las opiniones convencionales. Existe la creencia popular de que la gente rica tiene la necesidad de productos hechos a medida. ¿Acaso no tienen los millonarios un ego tan enorme que quieren cosas diseñadas especialmente para ellos? No te equivoques al respecto: hay algunos que actúan de esta manera.

Para esta gente no hay nada que sustituya a una casa edificada y diseñada a medida. Su casa no es una simple casa: es una extensión de quiénes son ellos y qué quieren decirle a la gente sobre ellos mismos. La compra de una casa de segunda mano, independientemente de lo bonita que sea, simplemente no satisfará sus necesidades. Éste es un pequeño segmento de la población de los millonarios: menos de uno de cada diez están incluidos en esta categoría.

Un segmento muy pequeño, de menos de quince de cada cien millonarios, decide construirse su vivienda principal porque cree que así puede ahorrarse dinero. En realidad, estos millonarios son muy sensibles a las variaciones en las diferencias de costes entre edificar una casa y comprarla. Algunos actúan como si se asignara un recargo inferior al valor de su tiempo. Creen que es económicamente beneficioso dedicar más tiempo al proceso de la construcción que a trabajar en su vocación principal. Este grupo incluye a los compradores de gangas más sensibles a los precios de entre todos los millonarios. Se construyen una casa porque creen que van a ahorrarse mucho dinero haciéndolo. Puede que se fijen en una casa ya existente con un precio de 400 000 dólares y se digan: «La podría haber construido por 300 000 dólares, incluyendo la parcela».

¿Qué sucede si eres un abogado joven en un puesto con grandes perspectivas para ascender? Si te hacen socio, tus ingresos pasarán de los 78 000 dólares anuales a más de 300 000. ¿Deberías tomarte tiempo para que te construyan una casa? ¿Estás dispuesto a coger cientos de llamadas de tu constructor, tus proveedores y tus subcontratistas en tu oficina durante un período de entre seis y diez meses? ¿Crees que vale la pena visitar el emplazamiento de las obras cada pocos días para asegurarte de que todo se hace correctamente?

Simplemente, imagina que dos abogados jóvenes están compitiendo por un puesto como socio de un bufete. ¿Por quién apostarías, por el Sr. Construir o por el Sr. Comprar? Incluso aunque el Sr. Construir se ahorrase 100 000 dólares por una vivienda comparable, dedicó tanto tiempo y esfuerzo al proyecto que eso redujo la intensidad de su rendimiento como abogado. No logró el puesto de socio del bufete.

EL BUEN ASESORAMIENTO LEGAL

Hay una enorme variación entre los grupos profesionales en cuanto a construirse o comprarse una casa. Los millonarios pertenecientes a ciertas categorías profesionales es bastante más probable que se construyan una casa en lugar de comprar una vivienda ya existente. Como norma, los abogados ricos son reacios a construir.

- Casi nueve de cada diez abogados (el 88 %) nunca se han hecho una casa.

- Los millonarios de la categoría profesional de los altos ejecutivos de compañías (el 32 %) y aquellos que son propietarios de negocios o empresarios (el 31 %) es algo más probable que se hagan casas que la media (el 27 %) de todos los millonarios.

- Hay una relación entre el nivel de riqueza de alguien y su propensión a hacerse una vivienda. Alrededor de uno de cada cuatro (el 24 %) de los millonarios del grupo con un patrimonio neto de entre 1 y 2 millones indican que se han hecho una casa. Por el contrario, alrededor del 35 % de los decamillonarios se han construido una vivienda.

Es improbable que los abogados ricos se hagan una casa especialmente para ellos por dos razones: la primera es que son extremadamente productivos. El 80 % tiene unos ingresos que superan los 200 000 dólares anuales, y alrededor de la mitad gana más de 400 000 dólares. Piensa en el tiempo y el esfuerzo que lleva generar tales ingresos a la luz de un hecho: los servicios legales no pueden inventariarse, sino que deben prestarse constantemente. Muchos de los encuestados pertenecientes a la profesión legal dijeron que ellos y sus colegas no tienen tiempo para implicarse en la construcción de una casa. Los abogados son buenos jueces del valor de su tiempo, y hacerte una vivienda es un proceso que consume mucho tiempo.

La segunda razón es que los abogados comprenden los riesgos legales y económicos implicados en la contratación de un constructor. Puedes contratar al mejor, al más honesto de tu estado y, pese a ello, tener problemas. Si queda discapacitado o fallece justo después de haber erigido la estructura de tu casa o justo después de que le hayas pagado una pequeña fortuna para iniciar el proyecto, ¿quién edificará entonces tu vivienda? ¿Dónde irá a parar el dinero que le avanzaste al constructor?

Aquí tenemos algunos otros «problemas» que los millonarios han compartido conmigo sobre sus experiencias recientes con la construcción de su casa.

- Mi constructor contrató a un «subcontratista» para que empapelara las paredes de nuestro vestíbulo de cinco metros. Después de eso, el «subcontratista» telefoneó y le preguntó a mi mujer si estaba contenta con el empapelado de la pared. Le informó de que todo estaba bien excepto por un pequeño detalle: el papel pintado se había puesto boca abajo. Como resultado de ello, el constructor nunca pagó al «subcontratista», pero le aplicó un gravamen a nuestra vivienda. Esto, a su vez, impidió que se aprobara nuestra hipoteca permanente. Tuvimos que contratar a un abogado y constituir una fianza. Todo ello llevó más tiempo que dinero. Todo el papel pintado tuvo que retirarse para poner uno nuevo. Nuestro constructor no fue de gran ayuda.

- [...] Construida en una colina empinada [...], grandes vistas [...], el contratista vertió el hormigón para el sótano justo después de unas lluvias torrenciales. Todo ello [la losa de hormigón húmedo] se desparramó [...]. [Todo] el hormigón se fue colina abajo [...]. El contratista dijo que había sido culpa mía por insistir en tener un sótano completo. Mi abogado le persuadió para que viese las cosas desde nuestro punto de vista.

- Nuestro constructor nos aseguró que no había rocas debajo [de nuestra parcela]. El primer día de las obras de excavación para construir los cimientos telefoneó [...] [y] preguntó: «Podría apañarse con unos bloques de cemento a modo de cimientos? ¿Sin sótano? [...]. Hemos encontrado granito bajo la superficie». Después de más de doscientos cartuchos de explosivos y más de una semana de voladuras y retirada de escombros nos encontramos en un aprieto económico [...]. Ya está bien de poner precio con costes adicionales [...]. Nos costó más de 10 000 dólares sólo retirar las rocas con camiones.

- Un trabajador hizo un agujero en nuestros cimientos para las tuberías. Luego rellenó la zona que había alrededor de las tuberías con el tipo incorrecto de mortero [...]. Agrietó nuestros cimientos de tres metros [...] de arriba abajo [...]. Sigue agrietado [...], sigue teniendo filtraciones cuando llueve [...]. He llamado a mi abogado.

- [...] El subcontratista [encofrador] cobró de más al nuestro constructor. Él nos pasó el problema [las facturas] a nosotros. Cuando le preguntamos [...], simplemente se enfadó.

- Él [el constructor] dijo que la colocación de la estructura sería el miércoles. Pensábamos que se refería al miércoles de la semana siguiente, y no de dos meses a partir de ese momento.

- [El constructor] nos dijo que nuestra chimenea estaría acabada en cuanto su albañil especializado en piedra regresara al trabajo [...]. ¡Nuestro constructor era su propio albañil especializado en piedra!

- Los instaladores de la moqueta atravesaron, con las grapas, los sensores de nuestro sistema de alarma. Conocimos a muchos policías justo después de mudarnos a nuestra nueva casa.

- [...] El contratista empleó a un novato con una excavadora para que finalizara la nivelación. Niveló todos y cada uno de los árboles de nuestro jardín trasero de treinta por sesenta metros [...,] que estaba repleto de diversos árboles de hoja caduca.

- Al completarse la obra nos llegaron facturas de trescientos sesenta proveedores. Probablemente hablamos con la mitad de ellos durante el proyecto.

- [...] Tengo un montón de quejas de mis clientes sobre sus constructores. Son casas muy caras [...] y gente muy enfadada.

Por lo tanto, si estás interesado en que construirte la casa de tus sueños, piensa en lo que he aprendido de los millonarios. Consulta a tu abogado y, si es posible, pídele que te ayude a localizar a un constructor. Si tu abogado es socio en un bufete grande, partirás con alguna ventaja. De entre cincuenta o cien abogados es probable que encuentres por lo menos a cinco o diez que se hayan hecho una vivienda y puede que algunos incluso hayan quedado completamente satisfechos con sus constructores (o puede que, por lo menos, tengan clientes que contrataran a constructores «de calidad superior»). Permite que tu abogado te relate todos los asuntos legales implicados en la construcción de tu casa.

Que nunca, siquiera, se te pase por la cabeza firmar un contrato de construcción sin la contribución de tu abogado. Incluso mejor: pídele que te redacte el contrato y luego deja que se ocupe él de los detalles con el constructor. No te vuelvas loco con respecto a tu necesidad de expresar quién eres en conexión con la casa que te están edificando. Si insistes en que cada elemento en la vivienda de tus sueños sea único y hecho a medida, prepárate para retrasos, decepciones y sobrecostes. En términos de tiempo y dinero, es más productivo evitar una casa hecha completamente a medida.

MÁS QUE EL PRECIO DE COMPRA

Telefoneó a mi oficina una mañana: se trataba de un padre con una pregunta inusual. Adam (le llamaré así) tenía un patrimonio neto de unos 20 millones de dólares. Parecía perplejo con mi respuesta. Pensó que sencillamente diría: «¡Qué gran idea!».

Adam: ¿Debería comprarle a mi hijo Gabriel una casa de 425 000 dólares?
   Le dije a Adam que primero tendría que hacerle algunas preguntas, y que luego le aportaría algo de información. Asumí que con la información se decidiría.
Doctor Stanley: ¿Cree que su hijo puede permitírsela?
Adam: Quizás no me he expresado con claridad. Yo le voy a comprar la casa a mi hijo [...], a pagarla entera.
Doctor Stanley: Lo comprendo. No estoy hablando del precio de compra. Estoy hablando de los costes relacionados con gestionar una casa de 425 000 dólares y el estilo de vida relacionado con una vivienda así.

Le expliqué a Adam que 425 000 dólares era algo así como la cuota de acceso a un club de campo, pero que las cuotas mensuales eran otro asunto. Adam no pareció captar la idea que le quería transmitir. Creía que su hijo Gabriel tendría pocas cargas económicas.

Después de todo, Gabriel no tendría que pagar una hipoteca y dispondría de la propiedad de una casa valorada en 425 000 dólares. ¿Qué podía ser más fácil? Empecé a pensar que Adam ya había tomado su decisión. Parecía dispuesto a comprarle la casa a Gabriel: después de todo, 425 000 dólares sólo suponían alrededor del 2% del patrimonio neto de Adam; pero hay un problema con este razonamiento. En varios sentidos, es irrelevante la cantidad de esta riqueza que esté implicada, ya que son Gabriel y su familia los que tendrán que vivir en la casa.

Doctor Stanley: ¿Cuánto gana su hijo anualmente?

Adam: [...] Unos treinta mil dólares.

Doctor Stanley: ¿En qué trabaja?

Adam: Acaba de empezar una nueva trayectoria profesional en el sector de los seguros y las inversiones.

Doctor Stanley: ¿Qué hay de su esposa? ¿Trabaja ella?

Adam: Es peluquera a jornada parcial, pero quiere dejarlo y ser ama de casa a jornada completa.

Doctor Stanley: ¿Así que me está diciendo que la pareja tiene unos ingresos combinados ligeramente superiores a cuarenta mil dólares? Eso está muy cerca de la media de todos los hogares estadounidenses.

Gabriel y su esposa quizás sólo estén justo por encima de la media en términos de sus ingresos combinados, pero estarían de maravilla si viviesen en un vecindario lleno de casas de 425 000 dólares. Era muy consciente de las características demográficas de los vecindarios a los que Gabriel y su mujer habían ido para comprar su casa. El hogar típico en esos lugares tenía unos ingresos anuales de más del triple de los de la pareja.

Doctor Stanley: ¿Cree que su hijo y su mujer encajarán viviendo en este vecindario pudiente? Debo decirle que muchos de los hogares de esa zona tienen unos ingresos anuales del orden de las seis cifras. La mayoría de los cabezas de familia son ejecutivos, profesionales o propietarios de negocios exitosos.

Adam: Ella [la nuera] fue quien lo propuso. Le gusta la zona [ese vecindario pudiente] en el condado que hay al norte. Tiene un club de tenis y de golf como parte de la urbanización. Quiere ser ama de casa a jornada completa y jugar al tenis.

LA DURA REALIDAD

Incluso después de este intercambio de impresiones, no estaba logrando transmitir mi argumento. Adam seguía pensando que, con una única compra de 425 000 dólares, sus responsabilidades económicas relacionadas con el alojamiento de Gabriel serían de cero. Me di cuenta de que había llegado el momento de sacar el armamento pesado en relación con la realidad. Adam todavía no era consciente de la elevada probabilidad de que su hijo y su nuera probablemente necesitaran grandes y continuas dosis de ayudas económicas externas (AEE). Adam no podía entender el hecho de que cuesta mucho dinero mantener una vivienda en un vecindario en el que las casas cuestan 425 000 dólares. Hace falta mucho dinero independientemente de las cuotas de la hipoteca.

Doctor Stanley: ¿Se hace una idea de cuáles serán los impuestos a la propiedad por una casa de 425 000 dólares?

Adam: No lo sé.

Doctor Stanley: Bueno, se encuentran entre los 7 600 y los 8 000 dólares. Pero los impuestos siguen subiendo. La unidad familiar gana [en neto, después de pagar los impuestos sobre la renta, la seguridad social, etc.] probablemente menos de 35 000 dólares de los 40 000 brutos. Así que, veamos: eso es un mínimo de 7 600 dólares en relación con los 35 000, o alrededor de un 22 % de sus ingresos.

Con esta revelación, empecé a hacer progresos. Empecé con una serie de preguntas sobre otros gastos domésticos. También ilustré a Adam con varios múltiplos. Una casa de 425 000 dólares es más del triple del valor medio actual de una vivienda familiar en Estados Unidos. A nivel nacional de EE. UU., la gente que compra una casa de 425 000 dólares tiene unos ingresos que son de más del triple de la media.

¿Cuánto valen las casas de los estadounidenses ricos? Ésa no es una pregunta fácil que contestar con los datos de mi encuesta, ya que la mayor parte son geoespecíficos. Sobrerrepresenté deliberadamente los vecindarios con altas concentraciones de millonarios. Por el contrario, más de la mitad de los vecindarios de EE. UU. no han sido encuestados. Tienen unas bajas concentraciones millonarios, o no hay millonarios en ellos, pero puede que haya un millonario por cada cien casas. Esto contrasta enormemente con la muestra geoespecífica en la que se basa este libro. De media, más del 70 % de los hogares encuestados se encontraba en la categoría de los millonarios. No es sorprendente que estos vecindarios muy pudientes tengan muchas casas caras, pero esto mismo no ocurre a nivel nacional de EE. UU.

¿Quién posee los datos más completos sobre los millonarios? No es un servidor: la respuesta se encuentra en la Agencia Tributaria de EE. UU. Ésta proporcionó recientemente información que puede usarse para estimar el valor de las casas de los distintos grupos clasificados según su riqueza. Lo maravilloso de esta información es que es fácil de entender. Incluye a todos los millonarios, y no sólo a aquellos que viven en urbanizaciones exclusivas, y los contiene a todos: desde a los granjeros millonarios de las zonas rurales de EE. UU. hasta los comerciantes de chatarra de vecindarios obreros y ejecutivos muy acaudalados que viven en barrios exclusivos llenos de casas que valen varios millones de dólares.

Mi análisis de estos datos puede usarse como gran herramienta defensiva. ¿Qué sucede si tu hijo y su esposa te están presionando para que les compres una vivienda cara? Te dicen: «¡Todos viven en casas que tienen este valor!». También te dicen que «sólo es una pequeña porción de tu riqueza». Adam y otros deberían responder con una sencilla verdad, la misma que le aporté a Adam: la mayoría de los millonarios a nivel nacional de EE. UU. vive en casas valoradas en mucho menos de 425 000 dólares, y si el típico millonario se siente cómodo viviendo en una casa así, los hijos e hijas menos pudientes de los millonarios también deberían sentirse cómodos.

TABLA 8-8

LAS CASAS DE LOS MILLONARIOS EN EE. UU.: VALOR MEDIO SEGÚN EL PATRIMONIO NETO[1]

Patrimonio neto	Patrimonio neto medio	Residencia/vivienda personal: valor medio
1 000 000 hasta por debajo de 2 500 000 dólares	1 470 553 dólares	220 796 dólares
2 500 000 hasta por debajo de 5 000 000 dólares	3 392 416 dólares	354 043 dólares
5 000 000 hasta por debajo de 10 000 000 dólares	6 809 409 dólares	545 499 dólares
10 000 000 hasta por debajo de 20 000 000 dólares	14 045 501 dólares	779 444 dólares
20 000 000 dólares o más	58 229 024 dólares	1 073 980 dólares
Todos los que tienen 1 000 000 dólares o más	2 938 515 dólares	277 640 dólares

1. Base de datos de MRI (Mediamark Research & Intelligence) de 1999 y estimaciones de la Agencia Tributaria de EE. UU. de 1996.

Nótense los datos proporcionados en la tabla 8-8. Según la Agencia Tributaria de EE. UU., que incluye todos los hogares de los millonarios a nivel nacional de EE. UU. y, por lo tanto, incluye ciertas categorías geo-demográficas no sondeadas en mi estudio, como por ejemplo, los granjeros y otros, el valor medio del hogar del millonario estadounidense se estima que es de 277 640 dólares. Los millonarios pertenecientes a la categoría con un patrimonio neto de entre 2,5 y hasta por debajo de los 5 millones de dólares vive en casas que valen, de media, 354 043 dólares. Gabriel está proponiendo vivir en una casa que es más cara que la que poseen la mayoría de los millonarios.

La nota defensiva

Hay cientos de miles de padres acaudalados en EE. UU. en la actualidad que experimentan o experimentarán problemas similares a los de Adam. ¿De qué defensa disponen contra la presión de las AEE en forma de una vivienda subvencionada? Ahora disponen de un contraargumento. Se podría proporcionar en forma oral o escrita.

NOTA

PARA: Gabrieles y Gabrielas

DE: Progenitores adinerados

ASUNTO: Tu petición de una vivienda subvencionada (es decir, un regalo en forma de una casa de 425 000 dólares)

Por favor, reconsidera tu petición de que te compremos una casa de 425 000 dólares. En este sentido, cabe destacar lo siguiente:

- De media, el millonario/a estadounidense dispone de un patrimonio neto que se encuentra justo por debajo de los 3 millones de dólares. Pese a ello, vive en una casa valorada en sólo 277 640 dólares. Tú no eres millonario. Así pues, ¿por qué es necesario que vivas en una casa de 425 000 dólares? Compara 277 640 con 425 000 dólares y quizás veas la luz. Estás proponiendo vivir en una casa que vale un 153,1 % más que la vivienda del millonario prototípico.

- Nótese que, de media, el millonario típico que vive en su casa de 277 640 dólares tiene unos ingresos anuales de unos 145 000 dólares. Los ingresos anuales de tu hogar son de alrededor de 40 000 dólares. Eso supone alrededor del 27,6 % de lo que los millonarios ganan de media. Quizás podrías usar estas cifras para determinar el valor de una casa que resultaría más adecuada, dados tus ingresos actuales. ¿Por qué no te planteas una casa con un valor del 27,6 % (el porcentaje que representan tus ingresos en relación con los de un millonario) de la del millonario típico (276 000 dólares)? Esto se traduce en unos 77 000 dólares.

- Hay algunas casas pequeñas «para empezar» a unos treinta o cincuenta kilómetros de aquí que se encuentran en ese rango de precios. Una casa con un valor así encajaría bien para alguien que gana unos 40 000 dólares anuales. Si insistes en vivir en una casa cara, sólo te subvencionaremos hasta 77 000 dólares de la compra. Tendrás que pagar el coste adicional. Así pues, quizás desees posponer tu compra hasta que hayas adquirido más capital.

El caso de Adam no es inusual. Es un padre entregado a Gabriel, y sigue en la fase de negación. Sigue creyendo que una vez que le dé la casa de 425 000 dólares, Gabriel será autosuficiente de algún modo, pero incluso con unos ingresos que dupliquen los que ganan, Gabriel y su mujer tendrán dificultades para mantenerse.

¿Qué pasará, probablemente, cuando Gabriel tome posesión de su vivienda de 425 000 dólares? Él y su esposa necesitarán de dosis constantes de AEE por parte de Adam. Estas subvenciones pueden tener un efecto reductor de la ambición y el desarrollo de una autoimagen fuerte. Sí, Adam sigue pensando que su hijo será más ambicioso y tendrá más confianza en sí mismo sólo si [...]. ¿Sólo si qué?: sólo si Gabriel pudiese vivir en un vecindario lleno de triunfadores ambiciosos con unos ingresos elevados; pero la ambición y la confianza en uno mismo no se contraen como una enfermedad. Vivir cerca y alrededor de gente ambiciosa y con unos ingresos altos no transformará automáticamente a Gabriel en una persona productiva. He incluido algunas estadísticas sobre los gastos domésticos de los hogares con los ingresos anuales del de Gabriel (*véase* la tabla 8-9). También incluye datos sobre los ingresos y los gastos de los posibles vecinos de Gabriel (aquellos con unos ingresos superiores a los 90 000 dólares). Nótese que los gastos totales de estos hogares son de 80 6645 dólares, o más del doble de los ingresos actuales de Gabriel y su mujer.

El coste completo de aceptar AEE

Normalmente hay condiciones relacionadas con las AEE que uno acepta. Una pareja casada de cuarenta y tantos años quería hacerse una casa de 570 000 dólares, pero iban un poco cortos de capital. Así pues, el marido le pidió una ayuda a sus padres, que eran ricos y estaban jubilados. Habían vivido en Ohio la mayor parte de su vida y tenían algún interés por mudarse para vivir más cerca de su hijo y su familia. Atlanta los atraía, pero nunca habían dado el paso de comprarse una vivienda en esa zona.

Sus expectativas de mudarse a Atlanta se iluminaron el día que su hijo los llamó y les pidió una ayuda para comprarse una casa. Sin ella nunca podría permitirse que le construyeran la casa de sus sueños. Si tú fueras sus padres, ¿cómo responderías ante su petición? Cierto, quizás tengáis un patrimonio de varios millones de dólares, pero ahora estáis jubilados. Los años en los que obtenías unos grandes ingresos ya han quedado atrás. Mereces disfrutar de los años dorados que te queden sin tener que proporcionar a tus hijos adultos y que recibieron una educación universitaria unos cientos de miles de dólares.

¿Cómo puedes decir que no sin herir los sentimientos de tu hijo? ¿Deberías atreverte a mencionar que ya subvencionaste la compra de su última casa? La pareja pensó en varias respuestas, y acabó encontrando una ganadora. Le dijeron a su hijo que le proporcionarían la ayuda, pero que había una condición: su arquitecto tendría que hacer algunas modificaciones en los planos de su casa.

TABLA 8-9

GASTOS ANUALES MEDIOS CONCRETOS Y CARACTERÍSTICAS: HOGARES CON UNOS INGRESOS DE 90000 DÓLARES Y MÁS FRENTE A AQUÉLLOS CON UNOS INGRESOS INFERIORES A 90000 DÓLARES[1]

Ítem	Menos de 90000 dólares: la gente que es como Gabriel	90000 dólares y más: los vecinos potenciales de Gabriel
Número de hogares (miles)	79704	5022
Ingresos antes de impuestos	30220 dólares	136898 dólares
Edad de la persona de referencia	47,9	47,1
NÚMERO MEDIO EN EL HOGAR		
Personas	2,5	3,1
Menores de 18 años	0,7	0,8
Personas de 65 y más años	0,3	0,1
Asalariados	1,2	2,1
Vehículos	1,8	2,7
Porcentaje de propietarios de la vivienda:	61	91
Con hipoteca (porcentaje del total)	36	75
Con hipoteca (porcentaje de propietarios de la vivienda)	59	82
Arrendatario	39	9
Negro	11	4
Blanco o de otras etnias	89	96
Universidad	46	82
Gastos totales	30167 dólares	80645 dólares
Comida	4331	9010
Comida en casa	2721	4451
Comida fuera de casa	1608	4559
Vivienda	9448	25121
Alojamiento	5251	14532
Viviendas en propiedad	3080	11887
Viviendas alquiladas	1864	940
Equipamientos, combustibles y servicios públicos	2091	3491

TABLA 8-9 (continuación)

Ítem	Menos de 90 000 dólares: la gente que es como Gabriel	90 000 dólares y más: los vecinos potenciales de Gabriel
Gestiones del hogar	423	1876
Suministros para las labores domésticas	412	967
Muebles y equipamientos para el hogar	1272	4255
Ropa y servicios	1540	4732
Transporte	5690	12 521
Compras de vehículos	2547	4964
Gasolina, aceite, otros	2831	6101
Transporte público	312	1455
Asistencia sanitaria	1696	2747
Ocio	1476	4467
Educación	389	1816
Aportaciones dinerarias	863	4019
Seguro personal, pensiones	2870	12 614

1. Fuente: Oficina de Estadísticas Laborales del Departamento de Trabajo de EE. UU. para el período 1994-1995. Tal y como se informa en el Resumen 98-10, noviembre de 1998.

Los padres sugirieron que todo el sótano se transformase en un apartamento con dos habitaciones, una cocina competa, un baño completo y un aseo, una sala de estar, moqueta y todos los electrodomésticos. Cuando finalmente decidieran mudarse de Ohio, sólo tendrían que instalarse en casa de su hijo y su familia, y sin pagar alquiler. La mudanza podría producirse incluso antes si uno de ellos fallecía o quedada impedido. ¡Qué gran oferta! El hijo no sólo recibiría varios cientos de miles de dólares, sino que también tendría a su madre y su padre. Cuesta creer que rechazase el trato.

Capítulo 9

EL ESTILO DE VIDA DE LOS MILLONARIOS: REAL FRENTE A IMAGINADO

Pensamientos de un millonario «yanqui de Connecticut»:
Un chiste que dio en el blanco [...]. Dos amigos estaban paseando por una acera cuando uno de ellos miró hacia arriba [...], vio al Sr. Crane que se acercaba hacia ellos. Rápidamente cruzó al otro lado de la calle. Entonces su amigo le preguntó:
—¿Por qué evitas a Crane?
—Porque es un hombre que vive de su capital.
¡Aunque pocos de nosotros, los yanquis, evitaríamos a los amigos por derrochar su capital, ciertamente no nos pillarían ni muertos haciendo eso!

Doctor W. H. H.

Contrasta la filosofía del «yanqui de Connecticut» con la de PRR (Personalidad de la Radio Regional). Es el «máximo consumidor». Me llamó un día y me preguntó si me podía entrevistar, y accedí. Fue muy persuasivo y tenía una bonita voz al teléfono: su programa ocupaba el segundo o tercer lugar en su área de transmisión.

Me preguntaba por qué me había pedido que me presentase una hora antes de la transmisión del programa, pero lo averigüé en cuanto llegué. Me saludó y entonces me explicó su problema. Su contrato estaba abierto a su renovación y había pasado mucho tiempo negociando con el alto ejecutivo de la emisora. Creía firmemente que se ahorraría mucho dinero si no contrataba a un agente, así que él era su propio representante. Lamentablemente, no estaba representado por un negociador experimentado. Al cabo de diez minutos, PRR me explicó sus problemas financieros.

En ese momento tenía una deuda de más de 30 000 dólares con su tarjeta de crédito, lo que se traduce en más de 7 000 dólares de pagos anuales de intereses.

Ese saldo negativo de 30 000 dólares tampoco era algo inusual para él. Había tenido este tipo de saldo pendiente durante muchos años, y frecuentemente excedía los 30 000 dólares; pero ésta sólo era la primera etapa del relato de su historia. PRR gana más de 100 000 dólares anuales, lo que le sitúa en el 7 % superior de todos los generadores de ingresos en EE. UU. ¿Qué hay de su nivel en cuanto a su patrimonio neto? ¿Sospecharías que este tipo, de treinta y muchos años, tendría un patrimonio neto de varios cientos de miles de dólares? Pues, de hecho, PRR tiene un patrimonio neto negativo. ¿Cómo es posible? ¿Tiene una gran familia a la que mantener? ¿Han comprado él y su mujer una casa cara? ¿Está amortizando todos sus préstamos para los estudios?

La respuesta a todas estas preguntas y otras similares es *no*. Es soltero, vive de alquiler y arrienda sus coches. Pero no es ahí a donde va a parar todo su dinero, y PRR no es el único. Hay mucha más gente con su mismo estilo de vida, y todos tienen una cosa en común: creen que uno debe gastar mucho dinero para disfrutar de la vida. PRR es un hiperderrochador. Es algo que está en su cabeza y en sus hábitos. Cree que adquirir ciertos productos y servicios tiene una influencia directa en su felicidad.

PRR y su grupo quieren ser felices y disfrutar de la vida, pero hay un problema. Sólo puede hacerlo si sus ingresos aumentan. ¿Cómo debería enfocar PRR el asunto de sus necesidades en cuanto a su salario con el alto ejecutivo? Probablemente dispongas de una respuesta que es muy distinta a la estrategia que él empleó. PRR le dijo a su jefe lo que acababa de bosquejar: que tenía deudas y que no podía llegar a fin de mes; pero le explicó mucho más. Estaba cada vez más preocupado por la expectativa de no ser feliz, y que la única forma de ser feliz es gastando para así alcanzar el «Mundo del Placer».

Si tú fueras el jefe de PRR, ¿cómo responderías a este argumento? Tu empleado necesita más dinero porque está arruinado. Puede que, como su jefe, fueras más receptivo a un argumento basado en los aumentos de su productividad, pero eso no era parte del argumento negociador de PRR. ¿Debería el jefe de PRR aumentarle el sueldo? Todo se resume en las necesidades básicas: PRR necesita un trabajo y su patrimonio neto está en cifras negativas. Está a merced de su empleador, y no al revés. No importa que PRR tenga una docena de relojes, dos coches caros, tenga cuentas abiertas en los mejores bares de solteros de la ciudad, coma en excelentes restaurantes y tenga todo tipo imaginable de equipamientos recreativos. No posee riqueza. Está en el filo de la navaja económica. No puede vivir durante más de un mes o dos sin un sueldo.

Esto ya es lo suficientemente malo por sí solo, pero PRR fue un paso más allá al explicarle a su jefe su problema económico. Probablemente no le aumentarías el sueldo a este tipo. Incluso peor, quizás empieces a buscar a un sustituto para PRR porque crees que cualquier empleado clave que esté poseído por las posesiones y el consumo no puede ser productivo. Tener un patrimonio neto negativo puede distraer la atención y suele tener un efecto reductor del desempeño en el trabajo. Ésta es una situación desafortunada para PRR: olvidó algo sobre la vida. Uno no tiene que comprar productos y servicios para sacarle provecho. El estilo de vida de PRR es el de comprar y consumir. Para él es imposible disfrutar del verano sin tener una moto acuática o dos (quizás compradas a crédito). ¿Cómo puede divertirse sin pasar algunas horas tomando un whisky escocés «de marca superior» por siete dólares por chupito en un bar de moda? PRR es derrochador, come en exceso, va demasiado arreglado, bebe demasiado, viaja en exceso, se divierte demasiado y es excesivamente indulgente consigo mismo en general. Parece que todo lo que hace aparte del trabajo y dormir cuesta mucho dinero. Se centra en sí mismo y en sus propios problemas, y cree que puede gastar para así encontrar en camino hacia el «Club de la Felicidad».

El estilo de vida de PRR es muy diferente de las actividades e intereses de la mayoría de los millonarios. Piensa que los millonarios son incluso más indulgentes consigo mismos que él, pero está equivocado. La moderación en el consumo y un estilo de vida saludable y disciplinado son las marcas distintivas de los estadounidenses pudientes. ¿Son congruentes los hábitos propios de tu estilo de vida con ser cada vez más productivo? Para la mayoría de la gente con la mentalidad del millonario, la respuesta es «Sí». Para PRR la respuesta es «¡No!». Ten presente a PRR y su estilo de vida mientras revisas las actividades e intereses de los millonarios que comentamos en este capítulo.

REAL FRENTE A IMAGINADO

Revisemos las actividades propias del estilo de vida en las que se implicaron 733 millonarios durante el mes pasado. Antes de asimilar esta información, imagina al típico millonario. ¿Crees que su estilo de vida es muy distinto al de la mayoría de la gente? Recuerda que los millonarios descritos en este libro se encuentran entre los propietarios de negocios más productivos, los altos ejecutivos de empresas, los médicos y los abogados de EE. UU. También viven en muchos de los vecindarios de mejor calidad. Sus casas valen, de media 1,4 millones de dólares. Han recibido una buena educación: alrededor del 90 % son graduados universitarios. Tienen unos ingresos medios anuales de más de 600 000 dólares y un patrimonio neto en el rango superior de las siete cifras.

¿Qué hacen estas personas con su tiempo cuando no están en el trabajo? Si crees que todos los millonarios son adictos al trabajo, estás equivocado. La mayoría tiene un estilo de vida equilibrado, y sus actividades e intereses no son tan ostentosos como nos quieren hacer creer los productores de películas de Hollywood y los escritores de la prensa popular.

¿Te esperarías que asistir a servicios religiosos fuese una actividad demasiado común para los millonarios hechos a sí mismos? Seguramente esta gente sólo cree en sí misma y en su capacidad de generar unos niveles elevados de ingresos y riqueza: incorrecto. Quizás esperarías que sea más fácil encontrar a estos millonarios comprando en cadenas de grandes almacenes de lujo o en tiendas minoristas de ropa elegante que comiendo en un Burger King o un McDonald's. Vuelve a intentarlo.

Ten una cosa presente. Los millonarios son extraordinariamente exitosos a la hora de obtener grandes ingresos y acumular riqueza. Las actividades relacionadas directamente con estos objetivos, como la planificación de inversiones y consultar a asesores constituyen, normalmente, una parte importante de sus listas de actividades. En muchos otros aspectos de las actividades propias de su estilo de vida, los millonarios son de todo menos extraordinarios. Tienen pocos hábitos que los diferencien de la mayoría de nosotros.

Las pruebas las encontramos en los datos. Cuando la gente me pregunta sobre el estilo de vida de los millonarios, tengo una respuesta breve. El típico millonario es, en tres palabras:

Una cita barata.

En la tabla 9-1 se enumeran veintisiete actividades propias del estilo de vida junto con el porcentaje de los millonarios que se implicaron en cada una de ellas durante el mes anterior. Estas actividades se clasifican del puesto número uno al veintisiete de acuerdo con el porcentaje de millonarios que indicó que participó en cada actividad. La tabla 9-2 agrupa diversas actividades en categorías más amplias. ¿Cuál es la actividad clasificada en primer lugar?

Socializar con tus hijos o nietos.

LOS AMIGOS FRENTE A LAS COSAS

La interacción con la familia ocupa el primer lugar en la clasificación. La segunda en la escala de las actividades es:

Recibir visitas de amigos íntimos.

Recuerda cuánto te divertías con tus amigos íntimos cuando eras niño. Jugar con tus amigos en la arena del parque o en los columpios no costaba dinero. Los millonarios tampoco gastan mucho cuando reciben la visita de sus amigos íntimos. ¿Cuánto cuesta jugar a las cartas o invitar a algunos amigos a venir a casa a cenar? No mucho: es la interacción con la gente que te importa lo que es más valioso.

Muchos jóvenes creen que la verdadera diversión implica gastar dinero. La diversión se ha convertido en una herramienta de *marketing* para muchos bienes de consumo y servicios. ¿Necesitas realmente comprarte un barco de 50 000 dólares para pasar el rato con tu mejor amigo? ¿Puedes vivir simplemente un día más sin una moto náutica? Si no tienes una, ¿quién querrá ser tu amigo? ¿Se experimenta la diversión simplemente gastando una pequeña fortuna en Disney World? ¿No lograrás hacer nuevos amigos y conservar a los viejos si no tienes una cabaña para ir a esquiar la montaña? A los buenos amigos les gustas, y quieren estar contigo por razones distintas a los bienes de consumo que poseas.

TABLA 9-1
ACTIVIDADES PROPIAS DEL ESTILO DE VIDA DE LOS MILLONARIOS:
UN DIARIO DE TREINTA DÍAS (N = 733)

IMPLICADOS EN LA ACTIVIDAD EN EL ÚLTIMO MES/30 DÍAS

Actividades/orientación del estilo de vida	Porcentaje	Clasificación
Socializar con tus hijos/nietos	93	1
Recibir visitas de amigos íntimos	88	2
Planear inversiones	86	3
Estudiar oportunidades de inversión	78	4
Hacer fotografías	67	5
Ver a tus hijos/nietos practicar deporte	61	6
Consultar con un asesor de inversiones	59	7
Estudiar arte/inversiones	53	8
Asistir a servicios religiosos	52	9
Hacer jogging/correr	47	10[1]
Rezar	47	10[1]
Comer en un McDonald's o un Burger King	46	12
Jugar al golf	45	13
Asistir a conferencias	43	14
Asistir a eventos religiosos	37	15
Cuidar de familiares mayores	35	16
Comprar en grandes superficies que ofrecen precios reducidos por comprar al por mayor	31	17[1]
Bricolaje/carpintería	31	17[1]
Jugar a la lotería	27	19
Comprar en cadenas de grandes almacenes de lujo	26	20
Estudiar/coleccionar grandes vinos	25	21
Jugar al tenis	23	22
Comprar por Internet	22	23[1]
Leer la Biblia/obras religiosas	22	23[1]
Comprar en tiendas minoristas de ropa elegante	19	25
Comprar en grandes almacenes	17	26
Conducir campo a través con un 4x4	5	27

1. Empatadas en esta posición con otra actividad propia del estilo de vida

TABLA 9-2

CATEGORÍAS RELATIVAS A LAS ACTIVIDADES PROPIAS DEL ESTILO DE VIDA DE LOS MILLONARIOS: UN DIARIO DE TREINTA DÍAS (N = 733)

IMPLICADOS EN LA ACTIVIDAD EN EL ÚLTIMO MES/30 DÍAS

Actividades/orientación del estilo de vida	Porcentaje	Clasificación
RELIGIOSAS		
Asistir a eventos religiosos	37	15
Asistir a servicios religiosos	52	9
Rezar	47	10[1]
Leer la Biblia/obras religiosas	22	23[1]
Asistir a conferencias	43	14
INVERTIR		
Estudiar oportunidades de inversión	78	4
Planear inversiones	86	3
Estudiar arte/inversiones	53	8
Consultar con un asesor de inversiones	59	7
ACTIVIDADES NORMALES Y CORRIENTES		
Comprar en grandes superficies que ofrecen precios reducidos por comprar al por mayor	31	17[1]
Comprar en grandes almacenes	17	26
Bricolaje/carpintería	31	17[1]
Comer en un McDonald's o un Burger King	46	12
FAMILIA		
Socializar con tus hijos/nietos	93	1
Ver a tus hijos/nietos practicar deporte	61	6
Cuidar de familiares mayores	35	16
COMPRAS/OCIO DE LUJO		
Comprar en tiendas minoristas de ropa elegante	19	25
Comprar en cadenas de grandes almacenes de lujo	26	20
Jugar al golf	45	13
VIÑEDOS Y ACTIVIDADES CAMPESTRES		
Conducir campo a través con un 4x4	5	27
Estudiar/coleccionar grandes vinos	25	21

TABLA 9-2 (continuación)

Actividades/orientación del estilo de vida	Porcentaje	Clasificación
AMIGOS Y FOTOGRAFÍA		
Hacer fotografías	67	5
Recibir visitas de amigos íntimos	88	2
PONERSE EN FORMA		
Hacer jogging/correr	47	101
Jugar al tenis	23	22
ACTIVIDADES INDIVIDUALES		
Jugar a la lotería	27	19
Comprar por Internet	22	231

1. Empatadas en esta posición con otra actividad propia del estilo de vida.

Es importante que la juventud estadounidense descubra que los millonarios, e incluso los decamillonarios, no dependen de los bienes de consumo para disfrutar de la vida. Sus placeres y su propia satisfacción tienen más que ver con su familia, amigos, religión, independencia económica, forma física y quizás un poco de golf. Piensa en ello de otra forma: no hay nada más patético que una persona sin amigos íntimos, sin una familia cariñosa, pero que posea millones de dólares en bienes de consumo. La gente así forma una parte muy pequeña de la población de los millonarios. De hecho, hay una fuerte correlación positiva entre el número de actividades propias del estilo de vida relacionadas con la gente con la que uno se implica y el nivel de su patrimonio neto. Es tal y como me dijo en una ocasión un multimillonario. Fue el entrenador del equipo de *softball* de mi hija durante muchos años, y aunque no estaba premeditado, conoció a muchos padres exitosos que eran dueños de negocios. Algunas de estas personas acabaron siendo clientes suyos. No importa que te dediques al *marketing* de propiedades inmobiliarias comerciales o a los servicios legales: ayuda ser activo, interaccionar con otras personas exitosas.

Se han escrito muchos chistes sobre la gran propensión de la gente exitosa a jugar al golf y pasar el rato en el club de campo jugando al tenis. Mucha gente rica juega al golf y al tenis. A modo de apunte, hay una correlación positiva bastante marcada entre el nivel de riqueza y el jugar al golf.

Los decamillonarios es casi el doble de probable que jueguen al golf que los no millonarios con unos ingresos elevados.

El golf es importante para muchos millonarios. ¿Cómo se compara su importancia con respecto a ver a los hijos practicar deporte? El golf ocupa el segundo lugar. Incluso en plena temporada de golf, sólo el 45 % de los millonarios indicó que había jugado al golf durante el mes anterior. El golf ocupa el decimotercer lugar en la clasificación general. Compara esto con otra actividad relacionada con el deporte: un 61 % de los millonarios indicó:

Ver a sus hijos o a sus nietos practicar deporte.

Había un mayor porcentaje de millonarios que vieron a sus hijos practicar deporte (el 61 %) respecto a los que jugaron al golf (el 45 %) o al tenis (en 23 %). La importancia de ver a los hijos practicar deporte tiene algo que va más allá de su amor por sus retoños. Alrededor de la mitad de los millonarios encuestados practicó deportes competitivos en algún momento de su vida, incluso aunque sólo se tratara de fútbol americano en el equipo universitario para estudiantes de primer año o de *softball* para alumnos de primer año en el instituto. La mayoría de los participantes cree que se benefició de la práctica de deportes de competición. Puede que, como resultado de ello, se haya potenciado una cierta naturaleza competitiva. Mediante estas experiencias aprendieron sobre la importancia del trabajo en equipo. Existe un beneficio adicional: los datos indican que la gente que practicó deporte en la escuela hace ejercicio con mayor frecuencia durante su época adulta. Los beneficios para la salud y psicológicos de la práctica regular de ejercicio están bien documentados.

Los padres más adinerados animan a sus hijos a participar en actividades deportivas. Creen que forma parte del hecho de convertirse en una persona equilibrada, y pasan tiempo viéndoles jugar. Esto no significa que los progenitores millonarios sean superiores o que quieran más a sus hijos: se trata de un asunto de las preferencias de la gente con respecto a su tiempo y de prioridades.

Existe una fuerte correlación positiva entre el nivel de patrimonio neto de alguien y la frecuencia con la que ve a sus hijos practicar deporte.

¿Cómo puede ser posible? El sello distintivo de ser rico es tener el control sobre a qué dedicas tu tiempo. Los datos procedentes de mis encuestas a nivel nacional de EE. UU. indican que la relación es ciertamente fuerte. Por lo tanto, no resulta sorprendente que la asistencia de padres a eventos deportivos extraescolares sea superior en las zonas ricas en contraposición con los barrios obreros, ya que los adinerados tienen un mayor poder de decisión con respecto a su tiempo que la gente que no es opulenta. Como la mayoría de los millonarios son trabajadores autónomos propietarios de un negocio o profesionales, planifican sus propios horarios. Incluso los altos ejecutivos empleados por corporaciones públicas disponen de mucha capacidad de decisión en lo tocante a su tiempo. Se les asigna una tarea, y cómo la finalicen es asunto de ellos. Para los obreros de una línea de montaje o los que están conduciendo un camión durante la hora del partido, el trabajo tiene prioridad. La principal diferencia entre los millonarios y aquéllos con un nivel de riqueza medio es cómo son compensados. A los millonarios se les suele pagar según su rendimiento y sus resultados, mientras que a la mayoría de los demás se les paga por hora de trabajo, el número de piezas fabricadas o algunas restricciones sobre su tiempo y su libertad de movimientos. Muy por el contrario, el éxito económico es función directa de ser capaz de definir la propia distribución del tiempo y la libertad de movimientos.

Una cita barata

Como no puedes estar en dos sitios al mismo tiempo, si estás viendo a tus hijos jugar un partido no puedes estar comprando en tiendas minoristas de ropa elegante ni en cadenas de grandes almacenes de lujo. Si socializas con tus hijos, incluso aunque sea jugando a pillar en el patio trasero, no puedes estar echando monedas a una máquina tragaperras en un casino. Todo esto forma parte del concepto de una «cita barata».

Simplemente, fíjate en las cifras que aparecen en la tabla 9-3. Compara los porcentajes de millonarios que informaron sobre su implicación en diversas actividades. Las actividades propias de una «cita barata» superan a las que cuestan dinero. De hecho, se trata de algo más que de un asunto de costes: muchas actividades que suponen una «cita barata» de hecho mejoran la productividad. Nótese también en la tabla 9-3 que la mitad de los millonarios (el 47 %) practicaban la oración. No cuesta mucho consultarle a Dios, y para un porcentaje importante de los millonarios, la fe religiosa es una fuerza poderosa en su vida. También es un factor importante que, de hecho, subyace a su éxito económico y espiritual, tal y como se detalla en el capítulo 4 («La relación entre la valentía y la riqueza»).

Hay varias otras dimensiones del concepto de la «cita barata». La mayoría de los millonarios no son el tipo de gente que se implica con el bricolaje, especialmente si la finalización de una tarea lleva más de algunas horas. Saben que el tiempo es oro. El típico millonario gana más de 320 dólares por hora gracias a su vocación principal. Si necesitan instalar una estantería, puede que les lleve una hora serrar, lijar y pulir, por no mencionar el tiempo adicional para comprar la madera. Además, instalarla lleva más tiempo. Si, al final, hacen falta tres o cuatro horas para instalar un objeto de madera que vale diez dólares, esa estantería vale realmente entre 1 050 y 1 400 dólares en forma de oportunidades perdidas.

No son sólo los factores económicos los que dictan la aversión del millonario por las tareas de bricolaje. ¿Cuál es el primer sustitutivo de las actividades de bricolaje? Para los millonarios es jugar al golf. Hay una correlación negativa muy marcada entre el tiempo dedicado a jugar al golf y las actividades de bricolaje. El golf puede ser caro, teniendo en cuenta el coste de la membresía, la tarifa por usar el campo de golf, el equipamiento y la vestimenta, pero los millonarios justifican los gastos y los costes de oportunidad relacionados con jugar al golf.

No es golf. El verdadero juego en la calle del campo es hacer nuevos clientes y mantener contentos a los actuales.

TABLA 9-3

UNA «CITA BARATA» FRENTE A ACTIVIDADES CARAS: LAS REALIDADES DE LAS ACTIVIDADES PROPIAS DEL ESTILO DE VIDA DEL DIARIO MENSUAL DE LOS MILLONARIOS (N = 733)

Actividad de una «cita barata»	Porcentaje	Frente a actividad cara	Porcentaje	Diferencia absoluta (porcentaje)	Relación: porcentaje superior frente a porcentaje inferior	Actividad con un mayor porcentaje
Ver a tus hijos/ nietos practicar deporte	61	Comprar en tiendas minoristas de ropa elegante	19	42	3,2	«Cita barata»
Planear inversiones	86	Comprar en cadenas de grandes almacenes de lujo	26	60	3,3	«Cita barata»
Rezar	47	Comprar en tiendas minoristas de ropa elegante	19	28	2,5	«Cita barata»
Recibir visitas de amigos íntimos	88	Comprar por Internet	22	66	4,0	«Cita barata»
Estudiar oportunidades de inversión	78	Estudiar/ coleccionar grandes vinos	25	53	3,1	«Cita barata»
Asistir a servicios religiosos	52	Jugar a la lotería	27	25	1,9	«Cita barata»
Socializar con tus hijos/nietos	93	Comprar en tiendas minoristas de ropa elegante	19	74	4,9	«Cita barata»
Hacer fotografías	67	Conducir campo a través con un 4x4	5	62	13,4	«Cita barata»

El golf ocupa el lugar número trece en la escala de las actividades, muy por debajo de planear inversiones, que ocupa el tercer puesto. Planear inversiones es un deporte individual, y no hace falta ningún equipamiento especial. Simplemente pregunto a todos los millonarios con los que me tropiezo en la biblioteca. Voy allí a buscar información para mis libros, y

414

están ahí, esperando en una cola, para analizar los últimos informes redactados por *Value Line* (una empresa de estudio independiente de inversiones y dedicada a las publicaciones sobre finanzas) y Standard & Poor (una agencia estadounidense de calificación de riesgo en servicios financieros). Ir a la biblioteca no cuesta ni un centavo, y ni siquiera es necesario que tengas el carnet de la biblioteca para acceder a muchas de las mejores publicaciones dedicadas al estudio de las inversiones.

UN DIARIO DE DOCE MESES

Existen algunos beneficios de estudiar las actividades propias del estilo de vida en términos de un período de doce meses, porque entonces podemos incluir actividades anuales como las vacaciones y preparar la declaración de la renta. La tabla 9-4 enumera treinta actividades propias del estilo de vida junto con los porcentajes y la clasificación correspondiente relativa a la cantidad de millonarios que se implicaron en cada actividad por lo menos una vez durante los últimos doce meses. La tabla 9-5 agrupa estas actividades en categorías de actividades similares.

La mayoría de estas actividades propias del estilo de vida son muy diferentes a las de la forma de vida lujosa que imagina la gente: ésas son más comunes entre los no millonarios con unos ingresos elevados que entre los millonarios de primera generación. Este estilo de vida pseudopudiente entre los no millonarios estadounidenses explica por qué la mayoría de la gente que lleva un nivel de vida alto nunca se hace rica.

Cuando se menciona el término *millonario,* la mayoría de los estadounidenses imaginan un estilo de vida intelectual y con un consumo elevado. Pregunta a la población general acerca de las actividades e intereses de los millonarios a nivel anual. ¿Cuál de las siguientes crees que ostentaría un puesto alto en la clasificación?

- ¿Esquiar en las montañas Rocosas?

- ¿Esquiar en los Alpes?

- ¿Navegar en un yate?

- ¿Apostar en casinos?

- ¿Hacer un crucero alrededor del mundo?

- ¿Irse de vacaciones a Palm Springs?

- ¿Ir a un torneo de tenis del Grand Slam?

- ¿Irse de vacaciones a París?

Si has imaginado cualquiera de estas actividades, estarías equivocado. Todas ellas están clasificadas en la mitad inferior de la escala de frecuencia.

TABLA 9-4

ACTIVIDADES PROPIAS DEL ESTILO DE VIDA DE LOS MILLONARIOS:
UN DIARIO DE DOCE MESES (N = 733)

IMPLICADOS EN LA ACTIVIDAD EN EL ÚLTIMO AÑO/LOS ÚLTIMOS 12 MESES

Actividades/orientación del estilo de vida	Porcentaje	Clasificación
Consultar con un experto en impuestos	85	1
Ir a museos	81	2
Actividades comunitarias/cívicas	68	3
Jardinería	67	4
Recaudar fondos para organizaciones benéficas	64	5
Ir a un gran evento deportivo	62	6
Negocios/actividades de asociaciones profesionales	61	7
Ir a ver una obra de teatro	60	8
Ir a bailes o eventos para recaudar fondos	57	91
Irse de vacaciones al extranjero	57	91
Ir a ferias/ventas de antigüedades	49	11
Comprar obras de arte originales	42	12
Jugar a la lotería	33	13
Preparar tu propia declaración de la renta	30	141
Pescar	30	141
Fontanería hecha por uno mismo	27	16
Ir de acampada/excursionismo	25	171

Actividades/orientación del estilo de vida	Porcentaje	Clasificación
Apostar en un casino	25	171
Ir a esquiar a las montañas Rocosas	22	19
Irse de vacaciones a París	20	201
Navegar en un yate	20	201
Segar tu propio césped	19	22
Ir a un concierto de rock	17	231
Irse de vacaciones a Palm Springs	17	231
Pintar el exterior de tu casa	13	25
Ir a un torneo de tenis del Grand Slam	11	261
Ir de caza/practicar el tiro	11	261
Actividades en aguas bravas	9	28
Ir a esquiar a los Alpes	4	29
Irse de crucero alrededor del mundo	3	30

1. Empatadas en esta posición con otra actividad propia del estilo de vida

La actividad número uno consiste en consultar a un experto en impuestos.

¿Es ésta tu visión de los millonarios y multimillonarios estadounidenses? ¿Por qué participan tantos millonarios en esta actividad? Puede que tenga algo que ver con el hecho de que el típico millonario de este estudio pagó más de 300 000 dólares en impuestos en la declaración de la renta del año pasado. Casi uno de cada cinco pagó más de 1 millón de dólares. Los ricos pagan más de la parte equitativa de impuestos que les corresponde en EE. UU. Aquéllos con unos ingresos anuales de 1 millón de dólares o más suponen menos de un 1 % de los hogares estadounidenses, pero son responsables de alrededor del 14,7 % de los impuestos de la renta recaudados. Obviamente, la mayoría de los millonarios ven los beneficios de consultar a un experto en impuestos. Incluso un 5 o un 10 % de reducción en los impuestos equivale al pago de todos o de buena parte de los costes de la educación universitaria de un hijo.

TABLA 9-5

ACTIVIDADES PROPIAS DEL ESTILO DE VIDA DE LOS MILLONARIOS: UN DIARIO DE DOCE MESES AGRUPADO POR CAMPOS (N = 733)

IMPLICADOS EN LA ACTIVIDAD EN EL ÚLTIMO AÑO/LOS ÚLTIMOS 12 MESES

Actividades/orientación del estilo de vida	Porcentaje	Clasificación
RESPONSABILIDADES CÍVICAS		
Recaudar fondos para causas benéficas	64	5
Actividades comunitarias/cívicas	68	3
Asistir a bailes o actividades para recaudar fondos	57	9[1]
ARTE, OCIO O VIAJES		
Comprar obras de arte originales	42	12
Ir a ferias/ventas de antigüedades	49	11
Ir a museos	81	2
Ir a ver una obra de teatro	60	8
Irse de vacaciones al extranjero	57	9[1]
Irse de vacaciones a París	20	20[1]
ACTIVIDADES DE BRICOLAJE/HECHAS POR UNO MISMO		
Jardinería	67	4
Segar tu propio césped	19	22
Fontanería hecha por uno mismo	27	16
Pintar el exterior de tu casa	13	25
Preparar tu propia declaración de la renta	30	14[1]
DEPORTES		
Esquiar en las montañas Rocosas	22	19
Esquiar en los Alpes	4	19
Ir a un torneo de tenis del Grand Slam	11	26[1]
Ir a un gran evento deportivo	62	6
AVENTURAS AL AIRE LIBRE		
Ir de camping/excursionismo	25	17[1]
Actividades en aguas bravas	9	28

Actividades/orientación del estilo de vida	Porcentaje	Clasificación
Ir a un concierto de rock	17	23[1]
DEPORTES		
Pescar	30	14[1]
Navegar en un yate	20	20[1]
Ir de caza/practicar el tiro	11	26[1]
JUEGOS DE AZAR		
Apostar en un casino	25	17[1]
Jugar a la lotería	33	13
Negocios/actividades de asociaciones profesionales	61	7
VIAJES DE LUJO		
Irse de vacaciones a Palm Springs	17	23[1]
Irse de crucero alrededor del mundo	3	30
SENSIBILIDAD A LOS IMPUESTOS		
Consultar a un experto en impuestos	85	1

1. Empatadas en esta posición con otra actividad propia del estilo de vida

Nótese algo más relacionado con los impuestos sobre la renta: sólo el 30 % de los millonarios encuestados presentan su propia declaración de la renta, y una tercera parte de ellos son contables públicos colegiados o abogados. Aquí tenemos un patrón interesante: existe una correlación negativa muy marcada y estadísticamente significativa entre las actividades de bricolaje listadas y la riqueza.

En orden de clasificación de acuerdo con el grado de importancia tenemos:

1. Segar tu propio césped.
2. Fontanería hecha por uno mismo.
3. Preparar tu propia declaración de la renta.
4. Pintar el exterior de tu casa.

Aquéllos con unos niveles bajos de riqueza acumulada tienen una mayor tendencia a llevar a cabo todas o la mayor parte de estas actividades. Muy por el contrario, hay una fuerte correlación entre el nivel de riqueza de alguien y el contratar a un profesional para que le haga la declaración de la renta.

Puede que los multimillonarios llevaran a cabo, en un tiempo, tareas de bricolaje antes de convertirse en decamillonarios. Como norma, esto no suele ser así, y la edad tampoco tiene que ver mucho con la variación en las actividades de bricolaje entre los grupos de gente con unos ingresos elevados o con un patrimonio neto alto. Por lo demás, hay pruebas claras de que las actividades de bricolaje reemplazan a la acumulación de riqueza.

De hecho, no eres el primero que escucha estos resultados. Le hablé a mi mujer de esta relación momentos antes de examinar los resultados arrojados por el ordenador. No quedó sorprendida por los datos empíricos.

Sra. Stanley: Los millonarios [...] que no hacen tareas del hogar. ¿Qué hacen con su tipo libre?
Doctor Stanley: Se implican en actividades que mejoran su riqueza.
Sra. Stanley: Ilumíname después de sacar a pasear al perro.

El sustitutivo más importante
De las treinta actividades propias del estilo de vida enumeradas en el diario de doce meses, una destaca por tener la mayor correlación inversa con el patrimonio neto.

JUGAR A LA LOTERÍA
Cuanto mayor es patrimonio neto de una persona, menos probable es que juegue a la lotería.

FUERA DE LA OFICINA

¿Qué joven actual generador de unos ingresos elevados será probablemente el millonario de mañana?: uno que trabaje duro y escoja una vocación ideal. Pero si esta persona planea potenciar su patrimonio neto en el futuro, debe implicarse en ciertas actividades externas. En primer lugar, deberá trabajar codo con codo con asesores fiscales y consultores de inversiones con beneficios fiscales. Luego debe convertirse en alguien activo en su comunidad. No hay una actividad propia del estilo de vida más noble que:

Recaudar fondos para causas benéficas.

Nótese que casi las dos terceras partes de los millonarios (el 64 %) se implicó en esta actividad en los últimos doce meses, y que había una correlación positiva fuerte entre esta actividad y el patrimonio neto.

Algunos sostienen que la colecta de fondos para organizaciones caritativas es una actividad para aquellos que ya son muy ricos, los «superiores» dentro de la población de los adinerados; o sugieren que recaudar fondos para asociaciones benéficas es una actividad dominada por la gente que heredó su riqueza. De hecho, ofrecer tiempo para conseguir fondos para organizaciones caritativas no está significativamente relacionado con la edad o la riqueza heredada, y no es algo dominado por los multimillonarios de mayor edad. Tampoco es, puramente, el terreno de aquellos que ya son opulentos.

La mayoría de los millonarios actuales recaudaban fondos para buenas causas antes de ser económicamente independientes, y la mayoría lo hicieron con intenciones nobles.

Las buenas intenciones se ven recompensadas incluso aquí en la tierra. La gente económicamente exitosa y la siguiente generación de gente económicamente productiva dedican su tiempo a estas causas. Cuando se congregan en diversas situaciones para la recaudación de fondos, llegan a conocerse y apreciarse. A la gente siempre se la ve en su mejor momento cuando se implica en causas nobles, y su reputación e integridad se ven, a su vez, mejoradas.

A lo largo de los años de estudio de la gente exitosa, he descubierto una norma sencilla:

Si deseas llegar a ser rico, relaciónate con gente económicamente productiva.

El arte, el ocio y los viajes

¿Además de la recaudación de fondos, hay otras actividades propias del estilo de vida relacionadas con el nivel de riqueza de alguien? Cuanto mayor capital acumula alguien, más probable es que se implique en actividades relacionadas con el arte, el ocio y los viajes. El 57 % de los millonarios se fueron de vacaciones al extranjero el año pasado, pero los decamillonarios son incluso más tendentes a los viajes internacionales: siete de cada diez se implicaron en esta actividad.

¿Desmiente esto la teoría de que los millonarios sólo gastan dinero de formas que potencien su riqueza? Es lógico asumir que las vacaciones son por placer, y no por negocios, con la finalidad de invertir o para clasificarlas como gastos con ventajas fiscales. Sin embargo, para muchos millonarios unas vacaciones, especialmente en el extranjero, pueden hacer aumentar, y de hecho lo hacen, su patrimonio neto.

Piensa en el médico que es trabajador autónomo. El año pasado tuvo unos ingresos netos de casi 1 millón de dólares. El doctor Edwards es un facultativo extraordinario, en parte porque se mantiene constantemente al día con respecto a los cambios y los avances de la medicina. También escribe y publica artículos relacionados con su propio trabajo, y frecuentemente le piden que exponga artículos de investigación en congresos médicos regionales, nacionales a internacionales.

Hay muchos congresos y oportunidades para que el doctor Edwards dé conferencias: generalmente tiene varias cartas en su escritorio procedentes de distintas asociaciones que quieren que dé una charla en sus reuniones. Algunas incluso ofrecen un modesto estipendio de 1 000 dólares y le pagan el alojamiento. Tiene muchos puntos del programa de recompensas para los pasajeros que vuelan frecuentemente, acumulados gracias a todos esos viajes hechos en el pasado: suficientes para llevarse a toda su familia en avión a cualquier parte del mundo.

Dada la elección de Chicago en febrero o de París en mayo, no es sorprendente que el doctor Edwards se vaya de vacaciones al extranjero frecuentemente. Puede matar dos pájaros de un tiro. Puede dar su conferencia, que es, en parte, un coste de hacer negocios, y él y su mujer pueden hacer lo que hace alrededor de la mitad del resto de los millonarios que viajan el extranjero: ir a Europa para comprar o «invertir» en obras de arte originales y asistir a subastas de antigüedades.

El caso del doctor Edwards es típico entre los multimillonarios. Sólo una minoría de ellos viaja al extranjero con el único propósito de pasar las vacaciones. Para la mayoría hay algún otro asunto implicado, generalmente una mezcla de negocios, inversiones y placer, pero no necesariamente en ese orden. El mezclar los negocios y el placer tiene algunas ventajas fiscales, pero antes de que planees viajar al extranjero con los beneficios fiscales y de negocios en mente, consulta a un contable público colegiado o a un abogado fiscalista. Hay muchas zonas grises implicadas en la mezcla de los negocios, el placer y las inversiones en obras de arte y antigüedades.

En general, la gente productiva tiene más oportunidades de lograr esta mezcla, y frecuentemente ven sus vacaciones subvencionadas.

EN BUSCA DE LOS MILLONARIOS

Imagina que eres un investigador de mercados joven e inexperimentado al que le habían asignado que entrevistase a millonarios. Disponías de una gran cuenta de gastos que te permitió viajar por todo el mundo, y encontraste algunos millonarios en los lugares en los que buscaste. Tu jefe no quedó completamente satisfecho con tu trabajo.

TABLA 9-6

«UNA CITA» CON UN EXPERTO EN IMPUESTOS Y LA RECAUDACIÓN DE FONDOS PARA CAUSAS BENÉFICAS FRENTE A LAS ACTIVIDADES «DE CLASE ALTA»: LAS REALIDADES DEL DIARIO DE DOCE MESES DE UN MILLONARIO (N = 733)

Las actividades «de clase alta»	Porcentaje	Consultar con un experto en impuestos Porcentaje (relación con las actividades de clase alta)	Recaudar fondos para causas benéficas Porcentaje (relación con las actividades de clase alta)
Irse de vacaciones a París	20	85 (4,3)	64 (3,2)
Esquiar en las montañas Rocosas	22	85 (3,9)	64 (2,9)
Esquiar en los Alpes	4	85 (21,3)	64 (16,0)
Ir a un torneo de tenis del Grand Slam	11	85 (7,7)	64 (5,88)
Navegar en un yate	20	85 (4,3)	64 (3,2)
Irse de vacaciones a Palm Springs	17	85 (5,0)	64 (3,8)
Irse de crucero alrededor del mundo	3	85 (28,3)	64 (21,3)

Informaste de que te encontraste con millonarios de vacaciones en París, pero tu jefe te remitió a la tabla 9-6, que muestra que sólo el 20 % de los millonarios se fueron de vacaciones a París el año pasado. Entonces te preguntó si habías visitado a alguno de los asesores fiscalistas que suelen frecuentar los millonarios. No pensaste en esta perspectiva porque, como la mayoría de la gente, te imaginas a la gente rica trabajando o tomándose unas vacaciones caras. Nunca te los imaginaste sentados en la oficina de un asesor fiscal trabajando en sus problemas de impuestos, pero es cuatro veces más probable encontrarlos ahí que de vacaciones en París.

Así pues, tu jefe no quedó contento en absoluto con tus esfuerzos por encontrar a millonarios esquiando en los Alpes. Sólo uno de cada cien hizo eso el año pasado. Hubo muchos millonarios en ese crucero al que fuiste el año pasado, pero no eran una muestra representativa. Sólo tres de cada cien millonarios se fueron de crucero. Tu jefe te sugirió encarecidamente que encontraras otra línea de trabajo. De hecho, estás en proceso de ser reemplazado. Tu jefe acaba de contratar a una mujer joven que es muy activa recaudando fondos para asociaciones de beneficencia. Ellen persuadió a tu jefe para que la contratara porque afirma que la mayoría de los millonarios son activos en la recaudación de fondos para causas nobles, y ella ya trabaja con muchos de ellos. Tal y como indican las cifras en la tabla 9-6, Ellen está en lo cierto con su afirmación de que el consumo desmesurado no es cosa de los millonarios, mientras que la recaudación de fondos sí. La recaudación de fondos supera a:

- Irse de vacaciones a París en una proporción de 3 a 1.

- Ir a esquiar a los Alpes en una proporción de 16 a 1.

- Ir a torneos de tenis del Grand Slam en una proporción de 6 a 1.

- Navegar en un yate en una proporción de 3 a 1.

- Irse de crucero alrededor del mundo en una proporción de 21 a 1.

UNA LLAMADA PARA DESPERTARSE

¿Es verdad que a quien madruga Dios le ayuda? Puede. Si convertirse en millonario fuese función directa de madrugar más que los demás, muchos conductores de autobuses escolares y lecheros serían ricos. La mayoría no son millonarios. Sería demasiado fácil. Míralo desde otro punto de vista. No hay cosas seguras en lo relativo a convertirse en millonario. Algunos factores significativos pueden explicar variaciones en la riqueza, y se pueden hacer afirmaciones en cuanto a las probabilidades, pero no es posible decir con un 100 % de certeza que fulanito o menganita se vayan a convertir en millonarios si se despiertan temprano cada mañana.

En una época creía lo que mis padres me dijeron: que despertarme más temprano que los demás mejoraría mis ingresos y, finalmente, mi patrimonio neto. En aquella época pasaba muchos fines de semana haciendo de *caddie*. Durante mi primer año, el *caddie* máster tuvo un problema. Varios *caddies* experimentados se quejaron de que el *caddie* máster «tenía favoritismos». Les contaron a algunas personas importantes en el club la naturaleza política de la asignación de áreas a los *caddies*.

No estoy seguro de que hubiera motivaciones políticas, pero el *caddie* máster estaba en el punto de mira. Sinceramente, no me preocupaba mucho. Era el *caddie* de doce años más joven y menos experimentado de todos, así que siempre recibía las bolsas de los palos de dos tipos que nunca daban propina. Siempre acababa con «Bob y Andy Anciano» o con alguno de sus familiares. Normalmente tenían ochenta y muchos años o eran nonagenarios. No sólo tenía que llevarles las bolsas, sino además sus sillas plegables. Como norma, a los hermanos «Anciano» les llevaba entre seis y ocho horas completar el recorrido de los dieciocho hoyos, incluyendo su almuerzo, que duraba noventa minutos. Incluso con muchos *mulligans*, estos presuntos golfistas nunca bajaban de ciento diez golpes.

Pero el asunto de los hermanos «Anciano» nunca me molestó, realmente. Era el *caddie* menos experimentado de todos, y ellos eran multimillonarios, personas famosas en la industria estadounidense. Así pues, sospecho que pensaban que me pagaban un sueldo excesivo. Sin embargo, algunos de los *caddies* mayores aborrecían trabajar para estos tipos. Algunos pensaban que el *caddie* máster asignaba a los jugadores que daban buenas propinas a sus familiares y a los amigos de sus hijos.

Para resolver este problema, el club acordó un método para la asignación del trabajo: el método de «respetar el orden de llegada». Al *caddie* que llegara el primero cada mañana se le asignaría el primer dúo o cuarteto de jugadores. Qué sencillo y qué democrático, pero qué improductivo.

El sistema no duró mucho tiempo. Los mejores golfistas, los más competitivos, fueron los primeros en quejarse. En el pasado siempre habían conseguido que los mejores *caddies,* los más experimentados, trabajaran para ellos. Insistieron en ello, y frecuentemente se llevaban consigo a los mejores *caddies* cada vez que jugaban al golf. La mayoría de las veces daban unas propinas muy generosas de acuerdo con el rendimiento de los muchachos que les llevaban las bolsas; pero ser *caddie* implica mucho más que llevar las bolsas de los palos.

Un buen *caddie* es un instructor, asesor, *coach* y motivador, todo ello en la misma persona. Cuando los mejores jugadores eran emparejados con *caddies* que carecían de estas cualidades, se enfadaban. Odiaban el sistema de «respetar el orden de llegada».

En cierta forma, esto es análogo a la acumulación de riqueza en EE. UU. La gente más productiva, ya se trate de *caddies* o abogados, gana más que los menos productivos. El mero hecho de que un abogado se presente antes de la hora a un proceso judicial no le asegura que vaya a ganar el caso.

En todo caso, el sistema para los *caddies* basado en el orden de llegada fracasó estrepitosamente. El primer sábado en el que fue implementado, llegué al puesto de los *caddies* a las 07:00 h. El lugar ya estaba lleno de *caddies.* Así pues, el sábado siguiente me desperté a las 04:00 h y pedaleé con mi bicicleta a través del precioso condado de Westchester para llegar al club, y llegué antes de las 05:30 h. Pese a ello, no fui el primero en la cola: ya había cinco o seis muchachos allí de pie frente al puesto de los *caddies.* Los que habían llegado realmente temprano estaban durmiendo en el suelo del servicio de caballeros. Llevaban allí desde aproximadamente las 23:00 h del día anterior.

¿Cómo podía alguien ganar esta competición? ¿Era ésta la forma más productiva para alguien de usar su tiempo y energía? La respuesta es la misma en lo tocante a la acumulación de riqueza. Las personas millonarias hechas a sí mismas debían dar con una forma de alcanzar la independencia económica. Eligieron una vocación que les recompensaba por ser productivas durante las horas en las que trabajaban. En esencia, no se trata de la hora a la que la gente inicia su jornada laboral o se despierta por la mañana lo que hace que logre el éxito económico: es lo productiva que sea durante las horas de trabajo lo que cuenta.

¿Pagan más a los maestros escolares y profesores universitarios más preparados, experimentados y productivos que a los menos productivos? Generalmente no. Sólo en los institutos y las universidades más competitivas se recompensa a los miembros del profesorado más productivos por su rendimiento superior. En otras instituciones educativas se trata, simplemente, de una cuestión de cuántas horas, días y años ha sido un profesor miembro del cuerpo docente. Una mentalidad de «el primero en llegar» no es tolerada por la gente ambiciosa y productiva. La antigüedad sólo debería ser relevante cuando se dé a baremos objetivos de rendimiento el mayor peso en la distribución de los recursos económicos. Sin tales incentivos, la gente productiva se irá o se volverá menos productiva. Aquellos que se queden serán los que miren los relojes y los calendarios. Así pues, ¿qué pasa si fueron los primeros en ser contratados, pero pese a ello producen poco?

¿Qué tiene esto que ver con hacerse rico en EE. UU.? Si trabajas en un entorno que premia el rendimiento, probablemente te verás motivado, a través de las oportunidades económicas, a trabajar a un gran nivel.

Madrugar más que otros no es difícil. No requiere un gran nivel de inteligencia; pero ser el primero es importante en otro aspecto. Si eres el primero que idea un producto innovador, probablemente vencerás a los que se levantan más temprano, ya que ellos asignan una mayor importancia al llegar pronto que al desarrollar un producto creativo. Así pues, permite que todos aquellos que quieran ofrecer productos y servicios iguales al resto se despierten antes del amanecer. Trabajar doce horas diarias quizás sea un requisito para, simplemente, ir tirando en un sector despiadado.

Recuerda una cosa acerca de la mentalidad de «el primero en llegar», ese sistema tan generalizado en el sector del funcionariado de nuestra economía. Muy pocos millonarios son funcionarios, y tienen una orientación completamente distinta. Quieren ser compensados según el rendimiento. No quieren que sea de ninguna otra manera. Nunca serían capaces de motivarse si trabajasen en un entorno en el que el primero en llegar o el primero en haber sido contratado recibiera automáticamente la parte del león de los recursos económicos.

En términos de los millonarios y de los no millonarios que generan unos ingresos elevados:

No hay una correlación estadísticamente significativa entre la hora a la que se levanta alguien por la mañana y su nivel de riqueza.

El típico millonario se levanta cada día laborable hacia las 06:40 h. La mediana de la hora eran las 06:25 h. Sólo alrededor de uno de cada cinco se despierta antes de las 05:40 h.

Yo solía despertarme mucho más temprano. También solía escribir durante ocho o diez horas diarias cuando no estaba dando clase; pero descubrí que mis libros y artículos los completaba con más rapidez cuando sólo escribía tres o cuatro horas diarias. En último término, es la calidad de lo escrito, y no las jornadas de diez horas, lo que produce un libro superventas. Si el cerebro de un escritor, que es el generador de ideas, echa el cierre después de tres o cuatro horas escribiendo, el resultado de los días en los que se escribe durante seis horas puede que sea de una calidad lamentable.

¿Con qué frecuencia has oído hablar de empresarios ambiciosos que se despiertan a las 03:00 h cada día? ¡Ya basta del saber popular! No hay diferencias estadísticamente significativas entre los millonarios de las distintas categorías profesionales en cuanto a la hora a la que se despiertan cada día laborable. Los altos ejecutivos de empresas privadas se despiertan, de media, un poco antes que el resto, pero no se trata de una diferencia significativa.

ODA AL DOCTOR BILL

Uno de mis mentores fue el doctor Bill Darden, una destacada autoridad sobre la investigación relativa al estilo de vida. Su despacho estaba justo enfrente del mío mientras estuve en la escuela de estudios de posgrado. En aquella época, Bill era profesor titular. Me di cuenta de que llegaba cada día a mitad o a última hora de la de mañana. Su puerta siempre estaba abierta mientas se encontraba ahí: Bill era muy amable con los estudiantes de posgrado que le pedían consejo. Dedicaba mucho de su tiempo a aquellos que se lo pedían. ¿Cuándo, entonces, llevaba Bill a cabo sus investigaciones y escribía? Lo averigüé una mañana temprano.

Entre en el centro de ordenadores alrededor de las 02:00 h un día para ejecutar algunos programas muy pesados que requerían de mucho tiempo de cálculos informáticos y que, por lo tanto, quedaban relegados al turno de madrugada. No había mucha gente allí, pero Bill estaba ejecutando sus programas. Me dijo que la mayoría de las madrugadas estaba trabajando, creando programas informáticos y procesando datos numéricos. No tenía a ningún estudiante de posgrado como ayudante que pudiera hacer estas cosas por él.

Mis estudiantes de posgrado pensaban que el doctor Bill Darden empezaba su jornada a las 10:00 o las 11:00 h, pero erraban en por lo menos la mitad de lo que pensaban. De hecho, Bill tenía dos mañanas laborables. La primera empezaba hacia las 01:00 h y duraba hasta que sus programas se ejecutaban. Se iba a dormir a las 03:00 h. Luego se despertaba a las 09:00 h y llegaba a su despacho entre las 10:00 y las 11:00 h. En la mayoría de las mejores universidades y facultades, los miembros del profesorado trabajan muchas horas y muy duro, pero puede que no veas a muchos de ellos a las 08:00 h en su despacho cada mañana. Trabajan cuando quieren trabajar y se diseñan su propio horario. Lo mismo pasa con mucha gente adinerada y productiva. Si pudieras controlar tu jornada laboral y crear tu propio horario, quizás decidirías que la norma de trabajar desde las 08:00 hasta las 17:00 h no encaja en tu estilo. Mientras seas productivo, poco importa que estés procesando datos numéricos a las 02:30 o a las 10:00 h. No obstante, no lo intentes si tu empleador estipula que debes estar en tu escritorio desde las 08:00 hasta las 17:00 h.

¿Por qué los doctores Bill Darden del mundo trabajan a veces mejor a las 02:30 h que a las 09:00 h? Descubrió que el centro informático siempre estaba demasiado abarrotado y que le distraía excesivamente durante las horas normales de oficina. Acabó consiguiendo una cátedra distinguida como profesor universitario en parte porque sus ideas se publicaban en las mejores revistas académicas. La gente que valoraba su trabajo nunca se preguntó si el autor trabajaba desde las 08:00 hasta las 17:00 h o desde las 02:00 hasta las 09:00 h: se fijaban en el producto final. No todos se encuentran en su mejor estado mental y físico entre las 08:00 y las 17:00 h. Bill me contó que su trabajo y sus ideas mejores y más productivos solían aparecer antes del amanecer. Ése era el período del día en el que la mayoría de la gente estaba durmiendo. ¿Cuándo eres tú más productivo? ¿Coincide este período con tus horas de trabajo programadas? Si no es así, piensa en modificar tu horario. Es mucho más fácil hacerlo cuando eres tu propio programador de horarios.

Capítulo 10

UN APUNTE FINAL
SOBRE LA MENTALIDAD DEL MILLONARIO

¿Qué me dicen la mayoría de los millonarios que aprendieron en sus años de juventud? Aprendieron a:

Pensar de forma distinta al resto de la gente.

Buena parte de este libro se ha diseñado alrededor de un tema central: vale la pena ser distinto. Nunca he estado interesado en estudiar a los que uno de mis encuestados llama «los privilegiados». Los describía como gente que parecía destinada a triunfar en la vida. Supuestamente, tienen un cociente intelectual muy alto, obtuvieron sobresalientes en todas las asignaturas en todos los cursos desde preescolar hasta la facultad de Derecho o la de Medicina, la escuela de estudios de posgrado u otros tipos de instituciones educativas; se han graduado con las mejores distinciones en las mejores escuelas y facultades estadounidenses; tienen una apariencia excelente; son altos y tienen los ojos azules; fueron de los mejores atletas de EE. UU. en cuatro deportes universitarios; puedes seguir el rastro a sus antepasados y sus fideicomisos hasta llegar a la batalla de Hastings en 1066; nunca sudan ni una gota y pese a ello ganan millones de dólares cada año; juegan al golf de maravilla; están en todas las juntas para cualquier causa noble; no tiene ni una caries ni dolencias físicas de ningún tipo; han tenido cinco esposas o maridos adorables, todos los cuales eran supermodelos, etc.

¿Por qué no me interesan los privilegiados? Nunca he conocido a un millonario que poseyese todas estas cualidades. Pese a ello, la mayoría de los no millonarios cree que los llamados privilegiados constituyen la mayor parte de la población de los millonarios de EE. UU., pero sigo buscando. Sin embargo, estoy más interesado en gente como Paule Rossmann, el magistral piloto de combate con un brazo lesionado. Recordarás que el capítulo 1 comentábamos que compensó este defecto. Se adaptó a su problema.

De hecho, su falta de un atributo, que normalmente es clave, fue el catalizador de su cambio de estrategia. Fue un as porque aprovechó su sentido creativo. Encontró una forma mejor de derrotar a sus competidores, que eran, en el contexto de los pilotos de combate, unos privilegiados. Ellos eran la perfección física.

La perfección física puede que sea importante en los combates aéreos, pero Rossmann evitaba esas disputas. Ganaba porque seleccionaba el objetivo, el momento, el lugar, la altitud y el ángulo de ataque. Era proactivo. Debo preguntarme cuántos de los privilegiados a los que abatió fueron conscientes de que su oponente sólo tenía un brazo bueno. Rossmann fue, además, el mentor del As de Ases, el poseedor del récord del mundo en victorias en el aire, Erich Hartmann.

¿A quién quieres como mentor? Quiero a alguien que no sea un privilegiado.

Quiero aprender sobre cómo convertirse en alguien económicamente productivo de aquellos que tuvieron una o más imperfecciones. Ellos son los que averiguaron cómo ganar. La mayoría de estos ases de la productividad económica posee pocas de las características de los privilegiados. Curiosamente, muchos de mis encuestados me han dicho que, si fuesen guapos, parcialmente hermosos o totalmente bellos, nunca habrían llegado a ser tan productivos. ¿Por qué no? Porque nunca habrían tenido que ser tan cuidadosos con la selección de su vocación, vocación y vocación ideal.

Piensa en el siguiente caso práctico. Tú decides si Donald y Winifred Sonner son privilegiados o si puede que tengan un poco de Paule Rossmann en ellos.

Un perfil de Donald y Winifred Sonner, de la empresa Southern Bloomer Manufacturing Company

De la forma en la que Donald Sonner lo explica, es como si realmente nunca hubiese tenido un empleo en su vida (por lo menos no trabajando para ninguna otra persona). El jefe, que tiene sesenta y cuatro años, de la Southern Bloomer Manufacturing Company, sita en Bristol (Tennessee), dice que ha ascendido y descendido por la escala muchas veces desde que se convirtió en millonario por primera vez cuando tenía veinticuatro años.

¿Qué le llevó a trabajar para sí mismo? ¿Y cómo se le ocurrió la idea de fabricar ropa interior para prisiones y parches para limpiar armas, todas ellas hechas de retales de tela?

«Como hombre muy joven que vivía en una granja trabajábamos realmente duro», recuerda.

En aquella época teníamos que ir a buscar nuestro correo a una oficina postal que se encontraba en una tienda del pueblo, y era yo que el que iba al establecimiento a por el correo.

Mientras estaba en la tienda, en muchas ocasiones llegaban los vendedores ambulantes ofreciendo guantes, pipas, calcetines: ese tipo de cosas. Siempre que el hombre que dirigía el establecimiento les pagaba, se guardaban el dinero en forma de un gran rollo en el bolsillo. Siempre llevaban un gran rollo de billetes y, como procedíamos de una granja, nunca habíamos visto dinero. Estos tipos tenían más efectivo que Dios.

Cuando tenía quince años (tenía una vieja camioneta) me fui a Carolina del Norte a comprar calcetines. Había vendido dos vaquillas y estaba buscando [calcetines] baratos. Cuando regresé me di cuenta de que había comprado calcetines de segunda y que no podía venderlos a las tiendas. Así pues, fui a campamentos de aserraderos y vendí los calcetines. Al final los vendí todos y obtuve un beneficio bastante bueno. La siguiente vez fui y compré más, pero sabía mejor qué es lo que estaba buscando.

Desde esa experiencia, Sonner ha hecho (y a veces perdido) su fortuna intuyendo mercados que quizás eran inusuales para sus bienes de calidad inferior a la máxima.

Trabajo en el sector de los trastos. Soy el tipo que compra segundas ca-
lidades (los restos de los lotes de tela) de las fábricas textiles. Soy como su
contenedor. Y he desarrollado un negocio que consume estos bienes.

Lo que hace que un negocio como el mío funcione es el hecho de que
disponemos del capital para comprar [el tejido], tanto si lo vendemos como
si no: es como un desguace, un lugar en el que hay piezas usadas de coche.
Intentamos vender todo lo que podemos, y el último recurso consiste en
convertirlo en trapos y venderlo a industrias.

Por ejemplo, los Sonner prácticamente han acaparado el mercado de los
parches para limpiar armas, que fabrican a partir de los retales recogidos del
suelo de las naves de corte de la tela e incluso del de las naves de costura
después de haber fabricado sus prendas (también, y por supuesto, hechas de
tela con defectos). Dice, del negocio de los parches para limpiar armas:

Al principio se reían de mí. La gente decía: «No podrá durar mucho».
Sin embargo, fue dinero caído del cielo: disponía de un suministro inagota-
ble, y ha crecido hasta convertirse en un negocio considerable para nosotros.

Las fábricas textiles de calcetines de segunda calidad, los militares para
los parches para limpiar armas: en medio de estos mercados fundó su
empresa (Southern Bloomer) basándose en un mercado en el que la mayoría de la gente no hubiera pensado: las prisiones y los hospitales psi-
quiátricos para sus prendas de segunda calidad.

Empezó a producir ropa interior para los presos después de haber perdido toda su fortuna. La elección de su mercado implicaba que no tenía
que fabricar productos uniformes y de primera calidad, por lo que pudo
empezar con un negocio pequeño.

Había un hospital psiquiátrico cercano y dije: «Tienen mujeres ahí».
Necesitaban un artículo que resistiera su gran lavado de ropa a alta tem-
peratura. Mediante la compra de estos restos de lotes de telas lotes les pu-
de proporcionar un lote por su presupuesto, y con este pequeño negocio
pude dedicar mucha labor de costura.

Cuando tienes algo que vender, tienes que aprender dónde hay un
mercado.

En el mundo actual de la vestimenta, donde las grandes cadenas han borrado del mapa al viejo mercado de los negocios de menor tamaño, un negocio pequeño debe ser más creativo, dice, y desarrollar ideas que no requieran de mucho capital.

La esposa de Sonner, Winifred, dirige el negocio con él y dice que es una gran socia, encabezando el *marketing* y permitiéndole a él gestionar la fabricación. «Es una mujer maravillosa, pero también es maravillosa en su interior –dice Sonner–, y está dispuesta a luchar para ganar».

En los negocios debes sacrificar mucho. Mi primera mujer fue una chica de pueblo de las montañas. Como hombre joven gane muchísimo dinero vendiendo ropa de mujer. A medida que ganábamos dinero, se convirtió en algo muy importante para ella, hasta el punto en el que quedó corrompida por él. El dinero afecta a la gente de forma distinta.

Winifred y yo nos sentimos cómodos el uno con el otro independientemente de dónde nos encontremos. Somos un equipo fabuloso. No sé quién es el jefe, pero hay algún tipo de magia entre nosotros.

Así pues, ¿qué es importante en los negocios y la vida: amar tu trabajo, el dinero, tener una buena educación? Sonner dice:

Tiene que gustarte lo que haces: como un perro conejero. Persigues al conejo y te olvidas de todo lo demás salvo de cazar al conejo. Tienes que vivirlo, pero también obtienes placer y cierto éxito de ello.

No tengo muchos estudios: sólo un año en el instituto. Desarrollas una sensación con respecto a las ideas que no implican mucho dinero. No creo que el bagaje educativo sea, en muchos casos, tan importante como la voluntad de ganar.

Ganar dinero mientras vigilaba sus costes fue una lección dura de aprender para Sonner, y es una que recomendaría a la gente joven que quiera embarcarse en los negocios por sí misma.

Mucha gente con la que no tengo nada en común habla sobre sus cuotas. No tendría nada por lo que tuviera que pagar cuotas para devolver dinero por nada en este mundo.

El dinero prestado ha supuesto mi ruina. En la actualidad no pediría prestado ni un centavo.

Una persona hecha a sí misma no es generalmente un tipo que esté intentando impresionar a alguien. Podría conducir cualquier coche que quisiera, pero conduzco una furgoneta de 1988. Está en buen estado. La compré usada en 1990 por 5 000 dólares. Conduzco un Volvo de 1982. Está limpio. Es un buen coche. Creo que pagué 3 000 dólares por él.

Tienes que hacer una de dos cosas. O tener un máster en un buen campo o trabajar muy duro y usar tu cabeza para fundar algo pequeño.

Pedir prestado demasiado dinero ocupa un lugar elevado en la lista de malas ideas para un negocio.

[Pedir prestado] mucho dinero para un negocio nuevo es lo peor del mundo. Si no tienes nada de dinero, aprendes a hacer cosas sin él. Si tienes dinero, cometes errores. Cuanto más dinero, mayores los errores.

Estás pagando intereses veinticuatro horas al día y siete días a la semana. Si no tienes a ningún banco vigilándote de cerca quizás no hagas tantas cosas, pero no hace falta mucho para alimentarlos.

Otra perdición de las empresas emergentes es tener un inventario demasiado grande. Dice:

El inventario es la muerte de muchos negocios pequeños. Siempre pensé que la industria de producción era buena, ya que o lo vendes o te lo tienes que comer, así que aprendes a hacerlo circular.

Y tienes que sacrificarte. Aprendes a hacer cosas con menos y, a su vez, haces crecer el negocio. Ésa es la razón por la cual los niños de segunda y tercera generación no pueden hacer seguir creciendo la empresa de sus progenitores.

Sus padres estaban atentos a los obstáculos, y los chicos carecen de esa experiencia.

Las ocho partes

El caso de Donald y Winifred Sonner es un caso real del éxito económico. Detalla la importancia del trabajo duro, la concentración, la valentía, el no seguir a la muchedumbre con las ofertas de productos del tipo «yo también», y la elección de cónyuge. La economía estadounidense recompensa a aquéllos con la mentalidad del millonario. Así pues, recuerda los ocho elementos importantes de la ecuación del éxito económico:

1. Comprender los factores clave del éxito que nuestra economía recompensa y seguirá recompensando: el trabajo duro, la integridad y la concentración.
2. No permitir nunca que un expediente académico mediocre se interponga en el camino de llegar a ser económicamente productivo.
3. Tener el coraje de asumir algún riesgo económico, y aprender a superar la derrota.
4. Elige una vocación que no sólo sea singular y rentable. Escoge una que ames.
5. Ten cuidado al elegir a tu cónyuge. Aquellas personas económicamente productivas se casaron con un hombre o una mujer que poseían las características que son compatibles con el éxito.
6. Gestionan un hogar económicamente productivo. Muchos millonarios prefieren reparar o restaurar antes que comprar algo nuevo.
7. Sigue el camino de los millonarios al elegir un hogar. Estudia, investiga y negocia agresivamente.
8. Adopta un estilo de vida equilibrado. Muchos millonarios son «citas baratas». No hace falta mucho dinero para disfrutar de la compañía de tus familiares y amigos.

AGRADECIMIENTOS

Quiero, en especial, dar las gracias a mi mujer, Janet, por su orientación, paciencia, ayuda y apoyo desinteresado en este proyecto. Sin Janet, este libro nunca se habría escrito.

Agradezco enormemente las contribuciones de mis hijos, Sarah y Brad, en sus papeles como asistentes de investigación para este proyecto. Sarah llevó a cabo todo el análisis informático de la muestra *ad hoc*. Brad participó en los procesos de codificación y tabulación de estos datos.

Mi editora, Christine Schillig, merece un reconocimiento muy especial. Es una verdadera profesional con muy buen ojo para las ideas cruciales. Chris marca unos estándares muy elevados para la excelencia en la edición. También agradezco las muchas contribuciones hechas por Tom Thornton, presidente de Andrews McMeel Publishing. Su continuo interés por *La mente millonaria* a lo largo de su desarrollo ha sido una gran fuente de estímulo.

Agradezco, con gran placer, la importante contribución hecha por el Survey Research Center, el Institute for Behavioral Research y la Universidad de Georgia por la recopilación y tabulación de los datos de la muestra basada en datos geográficos para este libro. Merecen elogios especiales el doctor James J. Bason, director del Survey Research Center y los excelentes esfuerzos de su personal, en concreto: Linda J. White, Kathleen J. Shinholser, Zelda R. McDowell, Mary Ann Mauney y Cindy Burroughs.

Un reconocimiento especial le corresponde a Beth Day por su ayuda en la gestión de varias de las entrevistas para los casos prácticos.

Estoy en deuda con Bill Marianes, de Troutman Sanders, por su extraordinaria pericia representándome.

También se agradecen los magníficos esfuerzos de Ruth Tiller en el procesamiento del texto de varias versiones del manuscrito, de David Knapik por su excelente procesamiento numérico y de Art Gifford por sus esfuerzos en el cálculo de innumerables valores actuales y por ordenar el laberinto de las oportunidades económicas.

Estoy profundamente agradecido a la doctora Molly S. Yelnats por sus sabios consejos, ánimos y apoyo a lo largo de este proyecto.

APÉNDICE 1:

EN BUSCA DE LOS RICOS
EN CUANTO A SU SITUACIÓN PATRIMONIAL

SEGMENTACIÓN POR VECINDARIO

Por cada uno de los 226399 bloques censales/vecindarios de EE. UU. se hizo una estimación de la incidencia de los hogares millonarios. Los hogares millonarios se definieron en términos de patrimonio neto. La proporción de hogares millonarios en cada vecindario se determinó usando la metodología patentada desarrollada por Jon Robbin.

Esta metodología implica ajustar los ingresos que no son fruto del trabajo que suponen una información incompleta, su capitalización con una tasa racional de beneficio real y estimar el patrimonio neto a través de un ajuste no lineal con una curva de Lorenz que exprese la proporción de patrimonio neto atribuible a las fuentes medidas por el censo como función del volumen de los ingresos que no son fruto del trabajo (dividendos, intereses y beneficios por rentas). La base empírica de este modelo deriva de la Encuesta de Finanzas de los Consumidores (Reserva Federal) y su sobremuestreo de la riqueza. Las series y los estudios de las Estadísticas de Ingresos de la Agencia Tributaria de EE. UU. proporcionan la base para estimar la tasa de rendimiento.

Usando esta metodología, Jon dio lugar a una clasificación que ordenó los 226399 vecindarios en orden descendente según su incidencia de millonarios. Este paso permitió una selección específica de las áreas con una mayor incidencia para identificar una muestra de hogares en ellos como potenciales encuestados con una elevada probabilidad de ser millo-narios, tal y como se los ha descrito. Los potenciales encuestados se esco-gieron aleatoriamente de vecindarios con una incidencia de más del 30 % de millonarios en cada estrato de incidencia de los millonarios. Esta muestra estratificada se diseñó de forma que hubiese una proporción cre-cientemente superior de millonarios escogidos en aquellos vecindarios que tenían la mayor incidencia de hogares millonarios (es decir, el 50 %, el 60 %, el 90 %, etc.). Los 2487 vecindarios escogidos se estimaba que contenían las mayores concentraciones de hogares en la categoría de los millonarios.

Las organizaciones de listados comerciales pudieron proporcionarnos los nombres de los cabezas de familia y las direcciones de aproximada-mente el 95 % de los hogares tabulados mediante el censo de estos 2487 vecindarios. Las direcciones que ocupaban más de tres líneas y con más de un nombre en el mismo número de teléfono se descartaron debi-do a la elevada probabilidad de que fueran organizaciones comerciales. Se escogieron más de 5000 hogares al azar para su uso en las encuestas a partir de los hogares enumerados en los 2487 vecindarios.

La encuesta nacional a nivel de EE. UU. basada en la geodemografía se llevó a cabo entre el 20 de mayo de 1988 y el 24 de agosto de 1998. Cada cabeza de familia de los 5063 hogares recibió un cuestionario de nueve páginas, un modelo de carta en el que se le solicitaba su participa-ción y un billete de un dólar como incentivo para que respondiera. Tam-bién incluía un sobre de respuesta comercial en el que devolver la encues-ta rellenada. Se rellenaron 1001 encuestas a tiempo para su inclusión en el análisis. En conjunto, la tasa de respuesta fue del 19,8 %. De los 1001 encuestados, 733 (o el 73,2 %) de total tenían un hogar con un patrimonio neto de 1 millón de dólares o más.

UNA MUESTRA COMO PRUEBA PREVIA

Complementé esta encuesta con una encuesta alternativa. Las encuestas *ad hoc* de este tipo son útiles porque incluso los métodos de geocodifica-ción más sofisticados suelen ignorar a los millonarios que viven en áreas con menores concentraciones de hogares con un patrimonio neto elevado. Esta encuesta también se usó como prueba previa para el diseño del cuestionario y la metodología general de la investigación. Los 638 millonarios que respondieron tenían unas credenciales en forma de su cuenta de resultados y su situación patrimonial que les haría cumplir con los requisitos para tener unas hipotecas enormes.

APÉNDICE 2

NEGOCIOS QUE SON PROPIEDAD DE MILLONARIOS O SON GESTIONADOS POR ELLOS
(MUESTRA NACIONAL A NIVEL DE EE. UU. BASADA EN LA GEODEMOGRAFÍA)

El patrimonio neto de este encuestado era de ___ veces el valor esperado[1]	Tipo de negocio indicado por el encuestado	El patrimonio neto de este encuestado era de ___ veces el valor esperado[1]	Tipo de negocio indicado por el encuestado
17[2]	Producción de acero	4	Consultoría ejecutiva
14	Banca comercial	4	Estudio/ingeniería de suelos
13	Contratación de construcciones	4	Consultoría ejecutiva
12	Producción de petróleo	4	Comunicaciones de marketing
9	Software informático	4	Contabilidad
7	Ropa al por menor	4	Diseño de fabricación de ropa
7	Publicidad en exteriores	4	Concesionarios de coches
7	Fabricación de cremalleras	4	Agente de talentos/música
6	Distribución de madera	4	Fabricantes de productos originales para coches
6	Compañías de inversión en propiedades inmobiliarias	3	Impresión/artes gráficas
6	Paisajismo	3	Procesado de alimentos
5	Contratación general	3	Manufacturas

5	Fabricación de ordenadores	3	Fabricación de equipos de seguridad
5	Compañías de inversión en propiedades inmobiliarias	3	Promociones inmobiliarias
5	Salones de belleza	3	Ingeniería industrial
5	Ventas al por menor con descuento	3	Concesionarios de coches
5	Manufacturas textiles	3	Fabricación de ropa
5	Compañías de inversión en propiedades inmobiliarias	3	Concesionarios de coches
5	Fabricación de alta tecnología	3	Fabricación de productos de madera
5	Servicios	3	Transporte/distribución
5	Capital de riesgo	3	Contratación de construcciones
4	Diseño industrial	3	Distribución de petróleo
4	Servicios funerarios	3	Capital de riesgo
4	Servicios de exportación	3	Manufacturas
4	Servicios de marketing	3	Contratación de ejecutivos
4	Banca de inversión	3	Promociones inmobiliarias
4	Asistencia sanitaria	3	Fabricaciones aeroespaciales/electrónicas
4	Distribución	3	Fabricación de maletas
3	Fabricación de plásticos	2	Manufacturas

El patrimonio neto de este encuestado era de ___ veces el valor esperado[1]	Tipo de negocio indicado por el encuestado	El patrimonio neto de este encuestado era de ___ veces el valor esperado[1]	Tipo de negocio indicado por el encuestado
3	Geología/prospecciones petrolíferas	2	Manufacturas
3	Logística/actividad comercial	2	Distribución de productos promocionales
3	Fabricaciones y ventas aeroespaciales	2	Comercio de materias primas
3	Contratista de edificaciones	2	Ingeniería eléctrica
3	Contratación de construcciones	2	Viajes
3	Gestión de inversiones	2	Inversiones inmobiliarias
3	Manufacturas	2	Impresión
3	Restaurante	2	Comunicaciones por fax
3	Piezas de camión	2	Distribución al por menor
3	Fabricación de piezas artísticas/artesanía	2	Consultoría de asistencia sanitaria
3	Fundición de aluminio y magnesio	2	Crédito/colecciones
3	Promociones inmobiliarias	2	Equipos e instrumentos para industrias de procesos (petrolíferas, farmacéuticas, químicas, energía)
3	Seguros	2	Contratación de edificaciones
3	Electrónica/industrial	2	Fabricación de ropa

3	Muebles al por menor/distribución de electrodomésticos
3	Fabricación de piezas de coche
2	Marketing/publicidad de productos de alta tecnología
2	Empresas de finanzas/préstamos
2	Agencia de seguros
2	Fabricación de envases/paquetes
2	Propiedades inmobiliarias comerciales
2	Correduría de propiedades inmobiliarias
2	Restaurante
2	Promociones inmobiliarias y contratación de edificaciones
2	Manufacturas
2	Energía
2	Compañía de servicios financieros
2	Investigación de marketing
2	Distribución de suministros médicos
2	Pensiones/seguros

2	Correduría inmobiliaria
2	Agencia publicitaria
2	Manufacturas textiles
2	Fabricación de muebles
2	Producción de sustancias químicas
2	Impresión
2	Contratación de edificaciones/promociones inmobiliarias
2	Soldadura
2	Relaciones públicas
1	Suministro de esculturas
1	Construcción/urbanización
1	Consultoría ejecutiva
1	Contratación de edificaciones
1	Comercio internacional de materias primas a granel
1	Gestión de/inversión en propiedades inmobiliarias
1	Procesado de acero

El patrimonio neto de este encuestado era de ___ veces el valor esperado[1]	Tipo de negocio indicado por el encuestado	El patrimonio neto de este encuestado era de ___ veces el valor esperado[1]	Tipo de negocio indicado por el encuestado
2	Consultoría ejecutiva	1	Concesionarios de coches
2	Impresión	1	Textil
2	Concesionarios de coches	1	Diseño de ordenadores
2	Concesionarios de coches	1	Importación/exportación
2	Banca hipotecaria	1	Cines
2	Concesionarios de coches	1	Gestión de cobros de cuentas
2	Manufacturas textiles	1	Prospecciones petrolíferas y gasísticas
2	Propiedades inmobiliarias comerciales y contratación de edificaciones	1	Propiedades inmobiliarias comerciales
2	Contador público colegiado		
1	Manufacturas	1	Servicios de asistencia sanitaria
1	Manufacturas	1	Ventas de exportaciones militares
1	Aviación	1	Radiodifusión/comunicación
1	Propiedades inmobiliarias comerciales	1	Ciencia/diseño cosmético
1	Manufacturas	1	Construcciones de paisajismo
1	Calzados al por menor	1	Distribución

1	Construcción	1	Fabricación/distribución de lámparas e iluminación
1	Impresión/publicación	1	Contratación de edificaciones
1	Promotor inmobiliario/constructor	1	Consultoría ejecutiva
1	Franquiciado de comida rápida	1	Servicio de alimentos
1	Manufacturas	< 1	Inversiones inmobiliarias
1	Fabricación de productos para el control de líquidos	< 1	Fabricación de electrónica
1	Industria de servicios	< 1	Servicios de asistencia sanitaria
1	Seguros de vida	< 1	Publicación
1	Contratista de edificaciones/promotor inmobiliario	< 1	Contratación de edificaciones
1	Distribución de vinos	< 1	Agencia de publicidad
1	Venta al por menor de mobiliario doméstico	< 1	Diseño de software
1	Ordenadores/software	< 1	Manufacturas textiles
1	Negocios numismáticos	< 1	Ventas al por menor
1	Correduría de propiedades inmobiliarias	< 1	Hotel/alojamiento
1	Contratación de edificaciones	< 1	Fabricación de electrónica
1	Transportes marítimos	< 1	Construcción, arquitectura y promoción de propiedades inmobiliarias
1	Seguros	< 1	Servicios a la industria alimentaria

El patrimonio neto de este encuestado era de ___ veces el valor esperado[1]	Tipo de negocio indicado por el encuestado	El patrimonio neto de este encuestado era de ___ veces el valor esperado[1]	Tipo de negocio indicado por el encuestado
1	Distribución de joyería	< 1	Seguros
1	Planificación/consultoría-ingeniería	< 1	Propiedades inmobiliarias productoras de ingresos
1	Fabricación de vestidos de noche para mujeres	< 1	Contratista de perforación de pozos de petróleo
1	Inversión en propiedades inmobiliarias	< 1	Manufacturas/ropa sport para mujeres
1	Concesionarios de coches	< 1	Sistemas de purificación de agua
1	Consultoría/ingeniería	< 1	Distribución de cosméticos

1. Patrimonio neto esperado = edad x 0,112 x ingresos. Los ingresos hacen referencia a los ingresos anuales totales del hogar.

2. Por ejemplo, el patrimonio neto de este encuestado, propietario y director de una empresa de producción de acero, superó el valor esperado en 17 veces.

APÉNDICE 3

NEGOCIOS QUE SON PROPIEDAD DE MILLONARIOS O SON GESTIONADOS POR ELLOS (MUESTRA NACIONAL *AD HOC*)

El patrimonio neto de este encuestado era de ____ veces el valor esperado[1]	Tipo de negocio indicado por el encuestado	El patrimonio neto de este encuestado era de ____ veces el valor esperado[1]	Tipo de negocio indicado por el encuestado
11[2]	Alquiler de equipamientos	4	Entrega de pequeña paquetería
11	Tienda de venta al por menor de ropa/inmobiliaria	4	Promotor de hoteles/apartamentos
8	Automóviles	4	Impresión
8	Contratación de construcciones/electricidad	4	Servicios de asesoría de inversiones
8	Arrendamiento/financiación	4	Compañía de construcciones de acero
7	Fabricación de herramientas/plásticos	4	Madera
6	Banca comercial	4	Banca
6	Venta al por menor de muebles y electrodomésticos	4	Agencia de seguros
6	Impresión	4	Empresa de servicios financieros
6	Asistencia sanitaria	3	Contratación de empleados
6	Empresa de dragados	3	Investigación económica
6	Promociones inmobiliarias/contratación de construcciones	3	Fabricación de equipamiento alimentario
6	Empresa de inversión	3	Hoteles

451

El patrimonio neto de este encuestado era de ___ veces el valor esperado[1]	Tipo de negocio indicado por el encuestado	El patrimonio neto de este encuestado era de ___ veces el valor esperado[1]	Tipo de negocio indicado por el encuestado
5	Promociones inmobiliarias	3	Información de mercados
5	Agricultura	3	Desarrollo urbanístico
5	Banca de inversión	3	Gestión de información informática
5	Empresa de control de plagas	3	Relaciones públicas
5	Cultivador de setas	3	Manufacturas
5	Restaurante/masas/golosinas	3	Agricultura
5	Residencias de ancianos	3	Representante de fabricantes
5	Contratista de construcciones	3	Capital de riesgo/capital privado
5	Concesionario de coches	3	Negocio de tiendas de comestibles
5	Distribución	3	Corderos
5	Manufacturas	3	Transportes
6	Mobiliario de oficina	3	Compañía de inversiones inmobiliarias
4	Asistencia sanitaria	2	Compañía de inversiones inmobiliarias
4	Ingeniería/construcción	2	Gas industrial/sustancias químicas
4	Manufacturas	2	Contratista de aire acondicionado
4	Agencia publicitaria	2	Importador de vinos
4	Agencia de seguros	2	Farmacia

2	Empresa de transportes marítimos	1	Fabricación de bienes duraderos
2	Contratista de construcciones	1	Compañía inmobiliaria
2	Producción de sustancias químicas	1	Distribuidor de equipamientos quirúrgicos
2	Propiedades inmobiliarias	1	Tratante de arte
2	Contratista de construcciones	1	Finanzas/transportes/inmobiliaria
2	Salud y buena forma física	1	Inmobiliaria
2	Servicios	1	Farmacias
2	Inversiones inmobiliarias	1	Prospección y producción de petróleo y gas
2	Seguros	1	Contratación
2	Agencia de seguros	1	Inmobiliaria
2	Correduría inmobiliaria	1	Recaudación y créditos
2	Alquiler de coches y furgonetas	1	Tecnología de la información
2	Materiales de construcción al por menor	1	Artículos de deporte
2	Alta tecnología	1	Empresa informática
2	Banca de inversión	1	Artículos de deporte
2	Promociones inmobiliarias/derecho	1	Televisión
2	Compañía química	1	Tecnología simple
2	Compañía petrolífera	1	Electrónica
2	Fábrica farmacéutica	1	Fabricación y construcción

El patrimonio neto de este encuestado era de ___ veces el valor esperado[1]	Tipo de negocio indicado por el encuestado	El patrimonio neto de este encuestado era de ___ veces el valor esperado[1]	Tipo de negocio indicado por el encuestado
2	Videojuegos	1	Petróleo y gas
2	Empresa de inversión inmobiliaria	1	Asistencia sanitaria
2	Compañía de ventas inmobiliarias	1	Contratista eléctrico
2	Banca comercial	1	Ventas al por menor
2	Gestión de inversiones	1	Suministros médicos
2	Artes gráficas	1	Agencia de publicidad
2	Banca hipotecaria	1	Consultoría ejecutiva
2	Distribuidor de neumáticos	1	Gestión de asistencia sanitaria
2	Servicio de comidas	1	Búsqueda de ejecutivos
2	Correduría inmobiliaria	1	Fabricación de equipamientos médicos
2	Banca de inversión	1	Materiales de construcción al por menor
2	Banca de inversión	1	Seguros
2	Alojamiento	1	Radiodifusión/comunicación
2	Ingeniería de tráfico	1	Inmobiliaria comercial
2	Agencia publicitaria	1	Vinos y licores al por menor
2	Agencia de seguros	1	Petróleo y gas

2	Concesionarios de coches	1	Capital de riesgo
2	Mobiliario comercial	1	Alta tecnología
2	Madera	1	Artículos deportivos al por menor/derecho
1	Financiaciones especializadas	1	Ordenadores
1	Fabricación de cerámica	1	Correduría inmobiliaria
1	Consultoría ejecutiva	1	Software
1	Compañía de inversiones inmobiliarias	1	Franquicias de agencias inmobiliarias
1	Agricultura	1	
1	Consultoría ejecutiva	1	
1	Software	> 1	Distribuidor de envases/embalajes
1	Empresa de paquetería/impresión	> 1	Ocio
1	Estrategia política/relaciones públicas	> 1	Telecomunicaciones
1	Automoción	> 1	Consultoría
1	Consultoría de gestión de empresas	> 1	Consultoría
1	Fabricación de bienes de consumo	> 1	Distribuidor de piezas de coche
1	Vidrio	> 1	Empresa financiera
1	Compañía de búsqueda de ejecutivos	> 1	Ventas y fabricación química especializada
1	Manufacturas	> 1	Productos de cuidado personal

El patrimonio neto de este encuestado era de ___ veces el valor esperado[1]	Tipo de negocio indicado por el encuestado	El patrimonio neto de este encuestado era de ___ veces el valor esperado[1]	Tipo de negocio indicado por el encuestado
1	Investigación aérea/espacial	> 1	Aeroespacial
1	Asistencia sanitaria/mantenimiento de la salud	> 1	Publicidad
1	Alta tecnología	> 1	Ocio
1	Petróleo y gas	> 1	Ocio
1	Publicación	> 1	Banca de inversión
1	Empresa de ventas al por mayor	> 1	Papel
1	Semiconductores	> 1	Tratante de acciones y opciones
1	Consultoría informática	> 1	Comunicaciones radiofónicas
1	Psicología industrial	> 1	Consultoría de marketing
1	Ordenadores	> 1	Telecomunicaciones
1	Astillero naval	> 1	Producción televisiva
1	Procesamiento de plásticos	> 1	Plásticos
> 1	Fabricación de ropa	> 1	Agencia de seguros
> 1	Distribución mayorista	> 1	Comestibles
> 1	Fabricación de acero	> 1	Empresa de valores

1. Patrimonio neto esperado = edad x 0,112 x ingresos. Los ingresos hacen referencia a los ingresos anuales totales del hogar.
2. Por ejemplo, el patrimonio neto de este encuestado, propietario y director de una empresa de producción de acero, superó el valor esperado en 17 veces.

ÍNDICE DE TABLAS

ÍNDICE